© Verlag Zabert Sandmann GmbH
München
1. Auflage 2006
ISBN (10) 3-89883-161-2
ISBN (13) 978-3-89883-161-1

Redaktion Karen Guckes-Kühl
Julei M. Habisreutinger
Roland Müller-Waldeck

Redaktionelle Mitarbeit Katharina Englert
Margarete Dreßler
Dr. Christa Söhl
Dr. Barbara Münch-Kienast
Martina Solter

Rezepte Peter Mayr

Grafische Gestaltung Georg Feigl
Werner Kopp

Illustrationen Johann Brandstetter

Umschlaggestaltung Georg Feigl

Herstellung Karin Mayer
Peter Karg-Cordes

Lithografie Christine Rühmer

Druck und Bindung Mohn media Mohndruck GmbH
Gütersloh

Besuchen Sie uns auch im Internet unter www.zsverlag.de

Pater Kilian Saum OSB
Dr. Johannes Gottfried Mayer · Dr. med. Alex Witasek

HEILKRAFT DER KLOSTER-ERNÄHRUNG

Vorbeugen, behandeln, heilen

INHALT

Vorwort	6

Die Ernährungslehre der Mönche und Nonnen 8
Warum das traditionelle Wissen ein Segen für unsere Gesundheit ist. Die Wurzeln der Klosterernährung, die bis in die Antike zurückreichen und vieles mit den großen Lehren Asiens gemeinsam haben.

Die Steckbriefe der Lebensmittel 32
Die wichtigsten natürlichen Lebensmittel, die eine Rolle für unser Wohlbefinden spielen. Ihre Geschichte, ihre Herkunft, ihre Inhaltsstoffe und ihr gesundheitlicher Wert.

Unser tägliches Brot richtig genießen 174
Das Wunder des Verdauungsvorgangs: Wenn wir essen, wird Nahrung zu einem Teil von uns. Warum bewusstes Essen und richtiges Essverhalten für unsere Gesundheit so wichtig sind.

Heilen durch Ernährung 192
Ein- und Durchschlafstörungen	194
Depression	199
Migräne	202
Karies und Parodontose	206
Nasennebenhöhlenentzündung	210
Chronische Bronchitis	215
Funktionelle Herzbeschwerden	219
Gefäßverkalkung	224

Bluthochdruck	229
Niedriger Blutdruck	233
Reizmagen und Magenschleimhautentzündung	236
Reizdarm	241
Leberbeschwerden	245
Bauchspeicheldrüsen- und Zwölffingerdarmentzündung	250
Darmpilzerkrankungen	254
Übergewicht	259
Diabetes mellitus	264
Harn- und Nierensteinleiden	268
Harnwegsinfekte	271
Prostatabeschwerden	274
Zyklusstörungen und Klimakterium	277
Hauterkrankungen	282
Gelenkbeschwerden	288
Osteoporose	292

Die Rezepte 296

Gesund bleiben und werden durch die Heilkraft der Ernährung. Eine Auswahl an Rezepten, damit Sie die Ernährungsempfehlungen garantiert zu Hause umsetzen können.

Personen und Werke	324
Glossar	330
Register	332

Vorwort

Von Dr. Johannes G. Mayer und Dr. med. Alex Witasek

Essen bedeutet nicht nur das Stillen des Hungers und das Gefühl der Zufriedenheit danach. Essen bedeutet, dass körperfremde Stoffe durch den Prozess der Verdauung zu körpereigener Substanz werden: Das, was wir essen, wird Teil von uns. Essen heißt den Organismus erneuern, ergänzen und ihn selbst und seine existenziellen Funktionen am Leben erhalten. Es kann daher nicht gleichgültig sein, was und wie wir essen.

Essen wir uns krank?

Bis in die jüngste Vergangenheit hinein war das tägliche Brot oft nur mühsam und manches Mal nur unter Gefahren zu beschaffen. Genug zu essen zu haben war ein Grund, dankbar zu sein, das Essen bewusst und zufrieden zu genießen. Heute sind Lebensmittel und Esswaren mühelos und preiswert überall im Überangebot zu haben. Gerade die Vielfalt des Nahrungsangebots und der Überfluss scheinen aber zu einer Geringschätzung des Werts ursprünglicher Lebensmittel geführt zu haben. Nahrung besteht heute nicht nur aus dem, was die Natur und die menschliche Arbeit hervorbringen, sondern zu einem hohen Prozentsatz auch aus Erzeugnissen der Industrie. Nicht alle dieser Erzeugnisse sind gesundheitlich unbedenklich. Immer mehr Menschen ernähren sich falsch, oft aus Zeitnot und Bequemlichkeit, essen gedankenlos und schnell. Werden sie krank, vertrauen sie in die Allmacht der Pharmazie und Medizin. Fast alle Zivilisationskrankheiten können aber auch ganz allein durch falsche Ernährung verursacht werden, insbesondere Herz-Kreislauf-Erkrankungen, rheumatische Beschwerden, Diabetes und Krebs.

Die Pharmaindustrie profitiert

Gegen die meisten dieser Krankheiten sind passende Medikamente entwickelt worden. Wirksame Medikamente haben aber in der Regel Nebenwirkungen, die meist wiederum mit anderen Medikamenten behandelt werden. Das belastet nicht nur den Organismus, sondern auch die Gesellschaft. Der Verbrauch an pharmazeutischen

Produkten steigt enorm an, und ebenso die Kosten. Die Gesundheitssysteme sind bereits an den Grenzen ihrer Möglichkeiten angelangt.

Die gemeinsame Wurzeln mit den großen Lehren Asiens

Was und wie sollen wir aber essen, um gesund zu bleiben und wie können wir es durch eine geeignete Ernährung vermeiden, krank zu werden? Mit diesen Fragen beschäftigten sich die Menschen schon viele Jahrhunderte vor unserer Zeitrechnung. In China entwickelte sich die Lehre von Yin und Yang, vom ausgewogenen Gleichgewicht zwischen zwei gegensätzlichen Polen in allen Lebensbereichen. Sich im Gleichgewicht befinden heißt gesund sein, sich im Ungleichgewicht befinden krank sein.

Ernährung kann beides herbeiführen. Auf ganz ähnliche Weise ordnet die indische Lehre des Ayurveda jedes Lebensmittel bestimmten Qualitäten zu, die seinen Wert und seine spezifische Eignung bestimmen. Dabei ist es stets das Ziel, den Menschen durch eine geeignete Ernährung gesund zu erhalten. Erst in zweiter Linie steht die Bemühung, kranke Menschen durch eine geeignete Ernährung zu heilen. Auch die individuelle Konstitution des Menschen, sein Typus und seine Lebensumstände spielen dabei eine wichtige Rolle. In bemerkenswerter Parallelität haben auch die Mediziner des Altertums – allen voran Hippokrates – ihre medizinischen Lehren auf der Erhaltung der Gesundheit durch die richtige Diätetik aufgebaut. Lebensmittel seien Arznei und Arznei sei Lebensmittel, lautet ihre Forderung. Im frühen Christentum hat der heilige Benedikt in seiner Ordensregel festgelegt, welche Art und welches Maß an Nahrung alten, jungen, kranken oder schwer arbeitenden Menschen zuträglich ist.

Altes Heilwissen neu entdeckt

Vieles von diesem Wissen über die Eigenschaften und Heilkräfte natürlicher Lebensmittel, das früher Allgemeinwissen war, ist in unserer technikgläubigen Zeit verloren gegangen. In der Klosterheilkunde ist es über die Jahrhunderte erhalten geblieben. Den Mönchen und Nonnen ist es gelungen, das medizinisch-philosophische Heilwissen der antiken Kulturen mit der christlichen Lehre zu vereinen und zu bewahren. Sie vermittelt dieses jahrtausendealte Wissen um den besonderen Ernährungswert und die Heilwirkung von Lebensmitteln natürlichen Ursprungs, wie es auch die moderne Ernährungswissenschaft bestätigt. Richtige Ernährung, so wie sie die Klosterheilkunde lehrt, kann helfen, gesund zu bleiben und auch wieder gesund zu werden. Wir haben es selbst in der Hand, Verantwortung für unsere Gesundheit zu übernehmen.

DIE ERNÄHRUNGSLEHRE DER MÖNCHE & NONNEN

Warum das traditionelle Wissen ein Segen für unsere Gesundheit ist. Die Wurzeln der Klosterernährung, die bis in die europäische Antike zurückreichen und vieles mit der chinesischen Medizin und der ayurvedischen Ernährungslehre gemeinsam haben.

Die Ernährungslehre der Mönche und Nonnen

Warum das traditionelle Heilwissen so wertvoll für unsere Gesundheit ist

Brot, Olivenöl, Wein: Diese Nahrungsmittel galten als geheiligte Geschenke der griechischen Götter Demeter, Athene und Dionysos und versinnbildlichen zugleich die sakralen Elemente der christlichen Kirche.

Brot, Olivenöl, Wein – den Griechen der Antike waren diese Nahrungsmittel geheiligte Geschenke der Götter Demeter, Athene und Dionysos, den Gottheiten des Ackerbaus, der Weisheit und des Weines. Brot, Olivenöl, Wein – das sind auch die drei Elemente der Sakramente der christlichen Kirche. Die symbolische Verwandlung von Brot und Wein in das Fleisch und das Blut Christi ist das zentrale Geschehen der heiligen christlichen Messe. Olivenöl dient als sakrales Salböl. Das bedeutet eine unauflösliche Verbindung des Göttlichen mit dem Menschlich-Irdischen.

»Der Gras hervorsprossen lässt für das Vieh und Pflanzen zum Dienst des Menschen, damit er Brot hervorbringe aus der Erde und Wein, der des Menschen Herz erfreut; damit er das Angesicht glänzend mache vom Öl und Brot des Menschen Herz stärke«, heißt es im Schöpfungspsalm 104 (Vers 14 f). Das frühe Christentum erkannte in der Schöpfung, die den Menschen, seinen Körper und seinen Geist, alle anderen Geschöpfe und die Nahrung eines jeden mit einschließt, ein Geschenk der Güte des Schöpfers. Ein Geschenk, das der Mensch mit Dankbarkeit und Sorgfalt zu bewahren hat.

Über die ursprünglich Leben spendende Bedeutung hinaus galten die geheiligten Lebensmittel auch als heilsam. Wurden sie einem geschenkt, ging man sorgsam mit ihnen um, war einem nicht nur Leben, sondern auch Gesundheit gegeben. Die Ansicht, dass Lebensmittel Arzneien sind und Arzneien Lebensmittel, vertrat bereits Hippokrates. Die Klosterheilkunde, die an das Wissen der Antike anschließt, stützt sich auf diesen Gedanken der Prävention von Krankheiten durch die richtige, die gesunde Ernährung.

Die ganzheitliche Sicht der Krankheiten

Das Wissen der antiken und frühmittelalterlichen Heilkunde ist auf ganz unterschiedlichen Wegen in die Klosterheilkunde eingegangen. Vieles verdanken die Klöster Gelehrten und Ärzten, die sich darum bemüht haben, dem Christentum antikes Wissen zu vermitteln – oft gegen Widerstände und mit viel Geschick, denn für viele haftete diesem Wissen der Geruch nach Heidentum und Sünde an.

DIE ERNÄHRUNGSLEHRE DER MÖNCHE UND NONNEN

Der Mensch sündigt, die Götter strafen. Ursprünglich sahen die meisten der großen Religionen Krankheiten als eine Strafe oder Prüfung der Götter oder des einen Gottes an. Den Menschen stand es nicht zu, sich um die Heilung des Kranken zu bemühen, sie hätten damit dem göttlichen Willen zuwidergehandelt. Allein der Gott konnte die Strafe zurücknehmen. Um ihn gnädig zu stimmen, brachten die Menschen Opfer dar, sandten Gebete und Beschwörungen aus. Oder sie suchten Hilfe bei Zauberei und Magie.

In der weiteren Entwicklung des Wissens setzte sich eine naturwissenschaftliche Sichtweise durch, die sich auf Beobachtungen und empirische Erfahrungen gründete. Vorherrschend war eine ganzheitliche Betrachtung, das heißt, dass die Krankheit eines Menschen und ihre Heilung eng mit seiner Lebensweise, seinen Lebensumständen und seiner seelischen Verfassung zusammenhängt, ein bis heute uneingeschränkt gültiger Ansatz.

Es herrschte Gewissheit, dass die Verdauung der für die Gesundheit wichtigste Vorgang im Körper ist. Entsprechend maß man der Ernährung große Bedeutung zu, sie galt als Schlüssel für ein gesundes Leben. Dabei orientierten sich Ärzte und Gelehrte über Jahrhunderte bis ins Zeitalter von Renaissance und Barock zumeist an der Viersäftelehre.

Der Schlüssel für ein gesundes Leben: Der richtigen Ernährung maß man im Mittelalter große Bedeutung für die Gesunderhaltung von Körper, Geist und Seele zu. Bis heute wird in den Klöstern jede Mahlzeit zelebriert – in dem Bewusstsein für die Gaben der Schöpfung.

Alles zum Leben notwendige wurde in den Nutz- und Kräutergärten der Klöster angebaut – wie hier im restaurierten Klostergarten der Abtei Seligenstadt.

Pater Kilian pflückt die Birnen aus dem Klostergarten Oberaltaich gern selbst.

Die Theorie der Viersäftelehre

Die mittelalterliche **Viersäftelehre** (auch als Humoralpathologie bezeichnet) hat ihren Ursprung in der Antike und soll vor allem auf Hippokrates (um 460–370 v. Chr.) zurückgehen. Den Grundelementen Feuer, Wasser, Luft und Erde ordnete bereits Zeno von Elea (um 490–430 v. Chr.) die so genannten Primärqualitäten zu: heiß, kalt, feucht, trocken. Hippokrates begründete darauf seine Theorie der vier Körpersäfte. Blut *(haîma)* galt als feucht und heiß, gelbe Galle *(cholé)* als trocken und heiß, schwarze Galle *(melancholía)* als kalt und trocken und Schleim *(phlégma)* als kalt und feucht.

Aristoteles (384–322 v. Chr.) stellte den Elementen sodann je ein Primärqualitätenpaar zur Seite: Luft und Blut, Wasser und Schleim, Feuer und gelbe Galle, Erde und schwarze Galle. Aus der Vermischung und qualitativen Veränderung dieser Stoffe verändert sich Materie, entstehen Stoffe. Dabei sind Elemente und Lebenssäfte als Bausteine des Makro- bzw. Mikrokosmos gleichwertig.

Das individuelle Gleichgewicht der Körpersäfte

Im gesunden Körper sind die Körpersäfte im Gleichgewicht. Krankheiten bedeuten ein Ungleichgewicht der Säfte, das krankhafte Verhältnisse von heiß, kalt, feucht und trocken hervorruft. Lebensmittel teilte man in die Qualitäten wärmend, kühlend, befeuchtend und trocknend ein – entsprechend der so genannten Qualitätenlehre.

Ein Ungleichgewicht der Säfte beim kranken Menschen versuchte man durch die geeigneten Speisen wieder auszugleichen. War das Gleichgewicht eines Menschen z. B. ins übermäßig Feuchte verschoben, so sollte er trocknende Speisen zu sich nehmen. Menschen, bei denen Kälte und Feuchte überwog, wurde geraten, Speisen mit stark wärmenden und trocknenden Gewürzen wie Pfeffer, Galgant und Muskat zu würzen, um sie zu beleben und ihre träge Verdauung anzuregen. Ein Übermaß an heißer und trockener *Cholera* (gelber Galle) sollte durch kühlendes und befeuchtendes Obst und Gemüse, wie beispielsweise Melonen, Gurken, Pfirsiche, Granatäpfel, und durch viel Trinken ausgeglichen werden.

Mit der Viersäftelehre begannen die Ärzte des Altertums, systematisch die Ursachen der individuellen Unterschiede zwischen den einzelnen Menschen zu beschreiben, denn in jedem Menschen sind die Säfte anders verteilt. Die Viersäftelehre war durch viele Jahrhunderte hindurch beherrschend in der Heilkunde. Erst ab dem 16. Jh. verlor sie langsam an Bedeutung, wurde aber bis ins 19. Jh. hinein angewendet. Auch in der Traditionellen Chinesischen Medizin und der traditionellen indischen Heilkunst Ayurveda gelten mit den Elementen Yin und Yang und den Doshas ganz ähnliche Vorstellungen vom inneren Gleichgewicht des gesunden Körpers.

Gemeinsame Wurzeln mit den großen Lehren Asiens

Die chinesische Medizin entstand vor rund 2500 Jahren hauptsächlich in China, Indien und der Mongolei und beinhaltet ein großes empirisches Wissen, das über Generationen als Familiengeheimnis weitergegeben wurde. Ihre Wurzeln reichen bis zu den ersten chinesischen Dynastien zurück. Der Begriff »Traditionelle Chinesische Medizin« wurde erst in den 50er-Jahren des vergangenen Jahrhunderts unter Mao Zedong geprägt, der die Methodik der Diagnostik und Therapie zusammenfassen ließ, die im chinesischen und auch allgemeinen orientalischen Kulturkreis bis dahin betrieben wurde. Die Traditionelle Chinesische Medizin umfasst aber nicht die gesamte chinesische Medizin. Sie basiert auf der Annahme, dass der menschliche Körper Krankheiten bekämpft und sich wieder erholt, wenn er sich im Gleichgewicht der beiden Polaritäten Yin und Yang befindet. Das Yin-Yang-Konzept wurde 700 bis 1000 v. Chr. zum ersten Mal gesichert erwähnt. Am Anfang standen Yin und Yang für konkrete Dinge, so stand Yin für die schattige, Yang für die sonnige Seite eines Hügels. Im Laufe der Zeit wurde Yin zum Schatten, Yang zum Sonnenlicht. Die ständig weitergehende Abstrahierung führte so zu vielen weiteren Entsprechungspaaren wie dem Prinzip des Schöpferischen Yang und des Empfangenden Yin, dem Männlichen Yang und Weiblichen Yin, dem Geist Yang und der Welt Yin. Die Lehre von Yin und Yang gründet sich schließlich auf einem Dualismus in allem Weltgeschehen. Die genannten Gegensätze bilden gemeinsam eine Einheit. Beide lösen sich periodisch ab, etwa Kälte und Wärme, Ruhe und Aktivität. Wird die richtige Periodizität gestört, z. B. das Verhältnis von Ruhe zu Aktivität im menschlichen Tagesablauf, bedeutet dies eine Disharmonie, die auf Dauer zu Krankheiten führen kann.

Pflanzen, die dem Römischen Salat ähneln, sind bereits auf etwa 4500 Jahre alten Reliefs zu sehen. In der Klosterheilkunde galt Salat als kühlend und damit als beruhigend und schmerzlindernd.

Gemüse schrieb man unterschiedliche Qualitäten zu: warm, kalt, feucht oder trocken. Dadurch sollte ein Ungleichgewicht der Säfte ausgeglichen werden.

DIE ERNÄHRUNGSLEHRE DER MÖNCHE UND NONNEN

Fisch als Hauptspeise gesunder Ernährung: Zur besseren Haltbarkeit und für einen guten Geschmack wurden Fische von den Händlern in Essig eingelegt. Sie galten als sehr bekömmlich.

Ayurveda, die traditionelle indische Heilkunst, ist eine Kombination aus empirisch rationaler Naturlehre und Philosophie religiösen Ursprungs, die sich auf die für die menschliche Gesundheit notwendigen physischen, mentalen, emotionalen und spirituellen Aspekte konzentriert. Wörtlich übersetzt bedeutet Ayurveda »Wissen über das lange Leben«. Das medizinische System entwickelte sich in Ansätzen seit etwa 500 v. Chr. Auch die ayurvedische Lehre hat einen ganzheitlichen Anspruch, in den der ganze Mensch einbezogen wird.

In der Typologie spricht man von unterschiedlichen Temperamenten, Energien oder Lebenssäften, den so genannten Doshas. Diese werden als *Vata* (Wind, Luft, *Pneuma*), *Pitta* (Feuer und Wasser, *Chole*) und *Kapha* (Erde und Wasser, *Phlegma*) bezeichnet.

Die Doshas kommen in jedem Organismus vor, dabei dominieren meist ein oder zwei Doshas. In einem gesunden Organismus sollen sich diese Energien in einem Gleichgewicht befinden. Erkrankt ein Mensch, muss der Arzt wissen, welche Doshas bei seinem Patienten vorherrschen, denn jeder Menschentyp benötigt andere Medikamente und Behandlungen. Ziel der ayurvedischen Heilkunst ist die Vermeidung von ernsthaften Krankheiten, indem man versucht, den Auslöser der Krankheit zu verstehen und ungesunde Gewohnheiten aufzugeben. Dazu gibt es eine spezielle Ernährungslehre, bei der auch die Doshas eine wichtige Rolle spielen und bei der für jeden Typ bzw. jedes Individuum andere Ernährungsempfehlungen zutreffend sind. Es gibt aber auch allgemeine Empfehlungen, die für alle gelten (siehe Kasten links). Die Lehre der Ayurveda von den Doshas entspricht weitgehend der Viersäftelehre; die Empfehlungen zur Ernährung weisen erstaunliche Parallelen zu den Klosterregeln des heiligen Benedikt auf (siehe Seite 21).

Die Basis der Klostermedizin

Platon vertrat eine ähnliche Theorie. In Platons (um 427–347 v. Chr.) System beruht die Gesundheit auf einem harmonischen Gleichgewicht zwischen den drei Elementen *Pneuma* (Wind oder *Vata*), *Chole* (Galle, Feuer oder *Pitta*) und *Phlegma* (Wasser oder *Kapha*). In seinen medizinischen Vorstellungen legt Platon besonderes Gewicht auf

---

> ### Die ayurvedische Ernährungslehre
>
> *Die ayurvedische Lehre empfiehlt für jeden Menschen eine individuelle Ernährung, daneben gibt es allgemeingültige Regeln: So wird empfohlen, nur bei Hunger zu essen und keine Zwischenmahlzeiten einzunehmen. Nie sollte in unruhiger Gemütsverfassung gegessen werden und mindestens drei Stunden Pause sollten zwischen den Mahlzeiten liegen. Wichtig ist es auch, sich nicht völlig satt zu essen und die Hauptmahlzeit mittags einzunehmen. Die Lebensmittel müssen frisch sein, und in jeder Mahlzeit sollen alle sechs Geschmacksrichtungen (salzig, sauer, süß, herb, bitter, scharf) enthalten sein. Die Ernährungsregeln der ayurvedischen Lehre weisen erstaunliche Parallelen zu den Klosterregeln des heiligen Benedikt auf.*

eine strenge, disziplinierte Lebensweise. Möglicherweise sind auch Arzneien und medizinische Rezepte aus Indien in die Heilkunde des antiken Griechenland übernommen worden und haben diese beeinflusst. Auf der anderen Seite sind Einflüsse der griechischen Medizin auf die indische und chinesische Medizin nachweisbar.

Der bekannteste Arzt des griechischen Altertums war **Hippokrates** (460 bis ca. 375 v. Chr.). Anders als die bisherige medizinische Tradition, in der der Arzt das Wissen nur an den Sohn weitergab, öffnete Hippokrates die Wissensvermittlung auch für Fremde. Er stand der medizinischen Schule von Kos vor und wirkte dort als Arzt und Schriftsteller. Nach ihm wurde der ›Corpus hippocraticum‹ benannt, eine Sammlung von Schriften des Hippokrates sowie anderer Autoren aus seinem Umfeld und der Ärzteschule von Kos. Die Schriften verkünden ein allgemeines Bestreben nach einer Medizin, die auf der vernunftgemäßen Naturbeobachtung basiert. Hippokrates ist vor allem durch den bis heute in der Medizinethik viel beachteten hippokratischen Eid der Ärzte berühmt geworden. Er wurde schon zu Lebzeiten hoch verehrt. Er gilt als Begründer der Medizin als Wissenschaft, insbesondere der rational-empirischen Schulmedizin.

Basis der koischen Schule ist die Abkehr von magisch-religiösen Vorstellungen und eine Zuwendung zur naturphilosophischen Erklärung von Krankheiten: Krankheiten entstehen demnach aus einem Ungleichgewicht der vier Körpersäfte Blut, Schleim, gelbe Galle, schwarze Galle. Der Arzt kann die Heilung durch Lebensumstellung, Diät, Arzneimittel oder auch operative Eingriffe unterstützen. Dabei wird die Diätetik in der Medizin der Antike der medikamentösen und chirurgischen Therapie übergeordnet. Diätetik bedeutet nicht allein den richtigen Umgang mit Essen und Trinken, sondern auch den Umgang mit allen Bereichen des menschlichen Lebens. Die Ernährungsweise steht in einer inneren Verbindung mit Moral und Gerechtigkeit, hat also einen sehr hohen Stellenwert im Leben des Menschen und der ärztlichen Kunst. Hippokrates forderte vom Arzt körperliche und geistige Hygiene, persönliche Integrität, Vorsicht, Empathie (Einfühlungsvermögen) und analytisches Denken. Der Arzt solle sich auf sorgfältige Beobachtung, Befragung und Untersuchung stützen und seine Diagnose und seine Therapie systematisch erarbeiten. Die Wertschätzung der Anamnese (Vorgeschichte) des Patienten, seiner Lebensumstände und seiner seelischen Situation hat bis heute in der modernen Medizin uneingeschränkt Gültigkeit.

Eine alt bewährte Krankenkost: Gerstengrütze sollte dem Abfließen der Galle dienen. Nach Plinius wurde Gerste zunächst gewässert, eine Nacht getrocknet, danach geröstet und gemahlen.

Die Theorien des berühmten griechischen Arztes Galen von Pergamon bildeten auch die Grundlage der Medizin Hildegards von Bingen.

Galens frühe medizinische Lehren

Die Medizin der europäischen Antike prägt auch ganz wesentlich Galen oder **Galenos von Pergamon** (129 bis etwa 200). Er war griechischer Arzt und Anatom, studierte in Pergamon und Smyrna und bildete sich auf vielen Reisen weiter. Galens herausragende Leistung bestand darin, zwei im Widerstreit befindliche medizinische Lehren zu verbinden – nämlich die »empirische« mit der »dogmatischen« Tradition. Die »empirische« Tradition war von Hippokrates gegründet worden, der den Körper aus der Viersäftelehre verstand. Demnach hat jeder Körper sein individuelles Gleichgewicht dieser Säfte. Geraten diese ins Ungleichgewicht, kommt es zur Krankheit. Die »dogmatische« Tradition geht auf die alexandrinische Medizin aus dem 3. Jh. v. Chr. zurück. Sie beschäftigt sich mit den festen Bestandteilen des Körpers. Die Urheber dieser Tradition sind Herophilos und Erasistratos, womöglich die ersten, die je einen Menschen seziert haben.

Die Viersäftelehre mit den dazugehörigen Aufteilungen in die vier Elemente, die vier Temperamente, die vier Jahreszeiten, die vier Lebensalter ist grundlegender Bestandteil seiner Lehre. Galen folgte Aristoteles in seiner Überzeugung, dass die Natur jede Körperstruktur so vollkommen geschaffen habe, dass sie ihre Funktionen auf bestmögliche Weise ausüben kann. Galens Theorien bildeten auch die Grundlage der Medizin der Hildegard von Bingen.

Medizin in der Spätantike und im Mittelalter

Auf der Schwelle zwischen Spätantike und Mittelalter hat sich Cassiodor (490 bis etwa 580) große Verdienste als Vermittler zwischen dem klassischen Bildungsgut der Antike und christlichem Weltverständnis erworben. Er wirkte in höheren öffentlichen Ämtern als Quaestor, Consul und Praefectus und war Berater des Ostgotenkönigs Theoderich des Großen. Cassiodor gilt als einer der Wegbereiter des europäischen Mönchstums, einer neuen Kulturepoche. Er gründete das klosterähnliche Bildungsinstitut »Vivarium«, das bald zu einem Zentrum religiösen und kulturellen Lebens wurde. Das Vivarium verfügte über eine umfassende Bibliothek mit Schriften des klassischen Altertums von Hippokrates, Dioskurides und Galen. Cassiodor ließ zahlreiche griechische Texte ins Lateinische übersetzen und forderte in seiner Schrift ›Institutiones divinarum et saecularium litterarum‹ zum Studium der antiken Wissenschaften, besonders auch der Medizin und der Lehre von den Kräutern und den Mischungen der Arzneien auf.

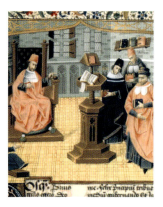

Diese Malerei aus dem 15. Jh. zeigt den persischen Arzt Avicenna mit seinen Vorgängern aus der Antike, Galen und Hippokrates. Die arabischen Ärzte erwarben fundierte Medizinkenntnisse, die seinerzeit beispiellos blieben.

Avicenna, der Vater der modernen Medizin

Im arabisch-persischen Raum galt die Medizin bereits früh als Wissenschaft. **Avicenna** (um 980–1037) oder mit persischem Namen Abu Ali Ibn Sina, zählte zu den berühmtesten Persönlichkeiten seiner Zeit und gilt als »Vater der modernen Medizin«. Er war ein überdurchschnittlich begabtes Kind. Bereits als Heranwachsender studierte er Jura, Philosophie, Logik und Physik und hatte sich schon mit 18 Jahren einen Ruf als Mediziner gemacht. Sein Gesamtwerk ist äußerst umfangreich. Als sein größtes und bedeutendstes Werk gilt der ›al-Qanum al-Tibb‹, der ›Canon Medicinae‹, der die endgültige Verfeinerung der griechischen, römischen und arabischen Gedanken über die Medizin darstellt. Der ›Canon‹ behandelt in fünf Büchern die Theorie der Medizin, einfache Arzneimittel, Pathologie und Therapie, Chirurgie und Allgemeinkrankheiten und die Produktion von komplexen Heilmitteln. Besonderes Gewicht legt er auf die Diäten. Essen und Trinken besitzen nicht nur für den Christen, sondern auch für den gläubigen Moslem einen sakralen Charakter und sollen auf Jahreszeiten, Tageszeiten und Lebensphasen wie Bewegung und Ruhe, Ausscheidungen und Affekte abgestimmt werden. Er bemerkte auch die enge Beziehung zwischen den Gefühlen und dem Körper, zwischen Psyche und Soma, und beobachtete, dass Musik eine positive physische und psychische Wirkung auf Patienten hat.

Die arabische Medizin war im frühen Mittelalter der christlichen weit voraus. Nahe Bagdad gab es eine Schule, in der sowohl Theorie als auch Praxis gleichzeitig gelehrt wurden und beispielsweise auch menschliche Körper zu Lehrzwecken seziert wurden. Über Nordafrika erreichte der Islam ab 711 das heutige Spanien und brachte dem bislang hauptsächlich von den Westgoten beherrschten Land eine Blütezeit der Kultur und Wissenschaft. Das Emirat Córdoba war ein Zentrum für Philosophie, Medizin, Astronomie, Dichtung und Musik. Es gab eine angesehene Universität, Krankenhäuser und eine Bibliothek mit mehr als 500.000 Bänden. Hier fand der erste friedliche Zusammenschluss islamischer, jüdischer und christlicher Traditionen zum Nutzen der Medizin statt.

Heilen als Gebot der Nächstenliebe

In Mitteleuropa galt die Medizin als Wissenschaft zunächst wenig. Im frühen Christentum herrschte weitgehend die Auffassung, dass Krankheiten von Gott verhängte Strafen und Prüfungen seien und folglich

Feigen sprach die Klosterheilkunde eine leicht wärmende und stark trocknende Wirkung zu. Ein Trank aus gekochten Feigen und Ysop galt als hilfreich gegen Husten, Grippe und Stoffwechselerkrankungen.

Ein großer Teil des Getreides wurde zu Brot verarbeitet, die Körner wurden aber auch gekocht, wie z. B. zu Polenta, Porridge und Getreidebrei.

Heilkräuter- und -pflanzen spielten eine überaus wichtige Rolle für die Erhaltung der Gesundheit. Die Mönche und Nonnen kannten bereits ihre Wirkung – ob verdauungsfördernd, keimhemmend oder blutdrucksenkend.

der Versuch, sie zu heilen, gotteslästerlich sei, weil der Mensch in den Heilsplan Gottes nicht korrigierend eingreifen dürfe. Das irdische Leben war weniger von der Hoffnung auf Gesundheit und Glück getragen als von der Sehnsucht nach einem besseren Leben im Jenseits. Leiden war ein elementarer Bestandteil des christlichen Lebens, ein Weg zur Läuterung. Das zu erringende Seelenheil hatte einen ungleich höheren Wert als die Gesundheit des Körpers.

Zur Rechtfertigung der Heilkunde gelang es aber, das Gebot der Nächstenliebe und den Beistand des Heiligen Geistes mit der Heilung von Krankheiten zu verbinden. Diese Verbindung der gültigen christlichen Auffassung mit der Legitimität ärztlichen Tuns im Sinne der Nächstenliebe ist in einem der bedeutendsten medizinischen Werke der karolingischen Zeit erfasst, dem ›Lorscher Arzneibuch‹. Es wurde um 795 im Kloster Lorsch geschrieben, umfasst 150 Seiten und ist das älteste erhaltene Werk der Klosterheilkunde. Unter anderem berichtet es über hochinnovative Verfahren der therapeutischen Versorgung. Der Autor des ›Lorscher Arzneibuchs‹ versuchte, das antik-heidnische medizinische Wissen für die eigene christliche Gegenwart zugänglich zu machen. Damit erreichte er eine wahrhaft epochemachende Wirkung. Denn tatsächlich fand am Hofe Karls des Großen eine grundsätzliche Neubewertung der Medizin statt. Zum ersten Mal erscheinen formulierte Grundgedanken zur Rechtfertigung der Heilkunde mit dem Liebesauftrag christlicher Caritas (Nächstenliebe, Wertschätzung). Der Arzt wirkt mit seiner Tätigkeit nicht gegen den Heilsplan, sondern als Instrument göttlicher Gnade. Die Vermittlung medizinischen Wissens wird Bestandteil der klerikalen Aufgaben, die Klöster werden damit beauftragt, dieses Wissen weiterzutragen. Neben der *cura animae*, der Sorge für die Seele, waren die Mönche von nun an auch für die *cura corporis*, die Sorge für den Körper, zuständig.

Unter anderen erwähnt das ›Lorscher Arzneibuch‹ auch Cassiodors ›Institutiones‹ und das Kapitel über die Lebensmittellehre, das mit folgendem Satz beginnt: »Die Gesundheit der Menschen beruht in erster Linie auf der Verträglichkeit der Speisen.«

Die Gesundheitstafeln des Ibn Butlan

In der Zeit vom 9. bis zum 13. Jh. verfassten arabische, persische und jüdische Ärzte zahlreiche »Gesundheitsregimen«, die auf dem Wissen von Hippokrates, Dioskurides und Galen beruhten (Dioskurides war ein griechischer Arzt, der als Militärarzt unter Claudius und Nero arbeitete. Er ist der Verfasser der ›Materia Medica‹, die ca. 1000 Arzneimittel umfasst). Die *Regiminae sanitatis* stellen im Mittelalter ein eigenes Genre von medizinischen Schriften dar. Oft wurden die Regimen oder Gesundheitsbücher individuell für einzelne, sozial hoch stehende Personen verfasst und gaben Anweisungen für eine gesunde Ernährung und eine gesunde Lebensführung. Die Mehrheit der Regimen wendet sich aber an ein allgemeines Publikum. Unter diesen ragen besonders das ›Tacuinum sanitatis‹, die Gesundheitstafeln des christlichen Arztes **Ibn Butlan** (um 1000–1066), heraus, der in Bagdad lebte und einen legendären Ruf genoss. Die Tafeln enthalten besonders schön und liebenswürdig gestaltete Bilder, auf denen nicht nur viele Lebensmittel, sondern auch andere für das Leben wichtige Dinge wie Kleidung und Blumen, Tätigkeiten wie Jagen und Fechten, Phänomene wie Himmelsrichtungen, Winde und Jahreszeiten mit ihren unterschiedlichen Qualitäten warm, kalt, feucht und trocken gezeigt und beschrieben sind.

Hauptnahrungsmittel im Kloster waren Getreide und Getreideprodukte. Getreide wurde vorwiegend mit dem ganzen Korn vermahlen, was der Vollwertkost entspricht.

Manche Klöster sind bis heute völlig autark; sie bauen ihre Lebensmittel selber an.

Die Gesundheitsregimen des Mittelalters

Inhaltlich geht es bei den Gesundheitsregimen meist um sechs Lebensbereiche, die der Mensch selbst steuern kann, die also nicht von der Natur vorgegeben sind. Die *res naturales*, die von der Natur vorgegebenen Dinge, kann der Mensch nicht selbst bestimmen. Er hat keinen Einfluss darauf, ob es gerade Winter oder Sommer ist, Tag oder Nacht, ob er Mann oder Frau ist, groß oder klein. Die *res non naturales* kann der Mensch selbst bestimmen: wie viel er schläft oder wacht, wie viel er isst und trinkt, wie viel er sich bewegt und seinen Körper pflegt. Das sind die sechs Hauptthemen der Gesundheitsregimen.

In der deutschen Ausgabe des ›Tacuinum sanitatis‹ von Ibn Butlan, des wohl wichtigsten Gesundheitsregimens des Mittelalters, werden die *sex res non naturalis* »als sechs nebennatürliche Ding« bezeichnet und mit folgenden Worten vorgestellt: »Die Luft in gesunder Weise aus- und einzuatmen und zu empfangen, Speiße und Trank ordentlich

Hildegard von Bingen stand in der Tradition der Viersäftelehre. Ihre medizinische Theorie beruht darauf, dem erkrankten Menschen das Gleichgewicht der Säfte wiederzugeben, indem man ihm befeuchtende, trocknende, wärmende oder aber kühlende Speisen reichte.

zu nützen, die rechtmäßige Übung als auch die Ruhe des Leibes zu gebrauchen, desgleichen des Schlafens und Wachens, von der Öffnung und Verschließung des Leibes, von den innerlichen Begierden oder Affekten wie Freude, Zorn, Furcht, Angst usw.«

Ein weiterer berühmter Autor von Gesundheitsregimen ist **Arnald von Villanova**, auch Arnald von Montpellier (um 1235–1311). Er stammt aus Katalonien und war zu seiner Zeit ein sehr berühmter Mann. Sein Werk umfasst rund 40 Titel, die am besten gesicherte und wohl bekannteste Schrift sind die ›Regimen sanitatis ad regem Aragonum‹. Jedes Gesundheitsregimen befasst sich eingehend mit Lebensmitteln. Denn die meisten Lebensmittel galten auch als Arzneimittel. Auch in den Kräuter- und Arzneibüchern finden wir Aussagen über die Lebensmittel, getreu dem Satz des Hippokrates: »Deine Lebensmittel seien Arznei und deine Arznei sei Lebensmittel.«

Eine Frau mit Charakter: Hildegard von Bingen

Eine in unserer Zeit wiederentdeckte, berühmte Autorin wissenschaftlich medizinischer Schriften des Mittelalters ist **Hildegard von Bingen** (1098–1179). Sie war selbstbewusst und eigenwillig, eine Frau von starkem Charakter und verstand es immer wieder, sich gegen die Herrschenden durchzusetzen. Hildegard von Bingen gründete 1150 mit Genehmigung von Papst Eugen III. ihr eigenes Kloster, dem sie als Äbtissin vorstand. Wie eigentlich alle Gelehrten ihrer Zeit war sie eine Universalgelehrte. Sie beschäftigte sich mit Religion, Biologie, Musik und Medizin und verfasste mehrere bedeutende Schriften. Sie bekundet die Überzeugung, dass Heil und Heilung des kranken Menschen allein von der Hinwendung zum Glauben, der allein gute Werke und eine maßvolle Lebensordnung hervorbringt, ausgehen kann. Das Buch ›Liber subtilitatum diversarum naturarum creaturarum‹ (›Buch über das Wesen der verschiedenen Kreaturen und Pflanzen‹) wurde später in zwei Teile geteilt. Die ›Causae et curae‹ (›Ursachen und Heilungen‹) behandeln die Entstehung von Krankheiten und haben die Physiologie und Pathologie des Menschen zum Thema. Die ›Physica‹ beschreibt den heilkundlichen Nutzen von Pflanzen, Tieren und Mineralien.

Hildegard stand in der Tradition Galens und der Viersäftelehre. Ihre medizinische Theorie beruht darauf, dem erkrankten Menschen das Gleichgewicht der Säfte wiederzugeben, indem man ihm je nach der individuellen Situation befeuchtende, trocknende, wärmende oder kühlende Speisen reichte. Bei einem Übermaß an schwarzer Galle, die kalt und trocken ist, empfahl Hildegard z. B. Küchlein aus Bohnenmehl und dem ausgepressten Saft von Bockshornklee sowie heißem und trockenem Galgant und Pfeffer zu essen und dazu einen Trank aus Honig und Süßholz zu sich zu nehmen. So ergibt sich eine wärmende und befeuchtende Speise, die der Melancholie entgegenwirken soll.

Das Interesse an medizinischen Schriften im Mittelalter war beachtlich. **Konrad von Megenberg** (1309–1374) verfasste ein auch für Laien verständliches naturwissenschaftliches Handbuch, das ›Buch der Natur‹, eine Übersetzung des ›Liber de natura rerum‹, das ein umfassendes Kompendium des damaligen medizinischen Wissens darstellt. Konrad von Megenberg war ein gelehrter Geistlicher. Von 1359 bis 1363 leitete er die Stephansschule in Wien und war ab 1348 Domherr in Regensburg, wo er als Lehrer und Autor wirkte. Außer seinem berühmtesten Werk, dem ›Buch der Natur‹, veröffentlichte er zahlreiche Schriften über Theologie, Philosophie und Naturkunde.

Die benediktinische Regula

Die für die Klosterheilkunde und das gesamte Klosterwesen bedeutendste Persönlichkeit des frühen Mittelalters war Benedikt von Nursia (um 480–547; Nursia ist das heutige Norcia in Umbrien). Benedikt stammte aus der Familie eines reichen Landbesitzers. Nach der Schulzeit kam Benedikt zum Studium nach Rom. Abgestoßen von der Sittenlosigkeit der Studenten, zog er sich in die Berge zurück und schloss sich einer Gruppe von Einsiedlern an. Drei Jahre lebte er mit ihnen, dann bot man ihm an, den Posten eines Vorstehers in einem nahe gelegenen Kloster zu übernehmen. Benedikt willigte ein und versuchte, das Leben im Kloster neu zu ordnen. Das machte ihn jedoch bei den Klosterbrüdern verhasst, man versuchte sogar, den unbequemen Benedikt zu vergiften. Der Anschlag schlug jedoch fehl, die Legende – von denen es um Benedikt zahlreiche gibt – berichtet, dass der Kelch zerbrach, als Benedikt das Kreuzzeichen über ihm machte und das Gift als Schlange dem Kelch entwich. Später gründete Benedikt das Kloster von Monte Cassino, in dem er ab 529 selbst lebte und die dortige Gemeinschaft führte.

Für dieses Kloster schrieb er auch seine berühmte »Regula Benedicti«, die für alle Aspekte des mönchischen Lebens praktische Verhaltensregeln gibt. Die Ordensregel ist streng, entspricht aber in allem dem Gebot christlicher Nächstenliebe. Benedikts weitherzige Menschlichkeit, die durchdachte Fürsorge für die Brüder, das Verständnis und

Ein Konzept von Disziplin und Maß: In der Ordensregel des heiligen Benedikt sind die Zeiten für Gebet, Lesung, Arbeit und Ruhe vorgegeben. Zumindest in der Fastenzeit sollte jeder Mönch ein Buch lesen.

Benedikt von Nursia, der Vater des abendländischen Mönchstums, gründete das Kloster von Monte Cassino. Für die dortige Gemeinschaft schrieb er auch seine berühmte »Regula Benedicti«.

Mitgefühl für Kinder, Alte, Kranke und Schwache ist beeindruckend. Bei aller Strenge, die sonst für die Regel gilt, gesteht sie jedem Menschen, auch jedem Mönch, individuelle Eigenarten und Bedürfnisse zu, weiß um die Schwächen der menschlichen Natur und dass man nicht jedem das Gleiche abverlangen kann. Kranken, Schwachen und Kindern erlaubt Benedikt vieles, was den anderen verboten ist. Die Ordensregel ist tatsächlich so überzeugend und umfassend, dass Papst Gregor der Große (540–604) sie auch als verbindlich für alle Klöster und sogar für die gesamte römische Kirche erklärte.

Die Lehren der Klosterheilkunde

Nach dem Vorbild der Philosophen und Ärzte der Antike suchte Benedikt nach den Regeln für ein geglücktes, ein gesundes Leben. »Wer hat Lust am Leben und möchte gute Tage schauen?« lautet seine Frage. Das Klosterleben nach seiner Ordensregel wollte Wegbereitung und Hilfestellung für ein gelungenes Leben sein. Die Erhaltung der Gesundheit des Körpers und damit der des Geistes und der Seele war ein zentrales Anliegen. Dabei ging es in der Klosterheilkunde vor allem um die Gesunderhaltung des Menschen, seines Körpers, seines Geistes und seiner Seele durch eine richtige Ernährung und eine ideale Lebensweise. Sie orientiert sich an dem Grundsatz des Gleichgewichts und der Harmonie der Säfte im gesunden Körper. Diese Auffassung der Klosterheilkunde entspricht neben den Lehren der Medizin der Antike weitgehend auch der chinesischen Lehre von Yin und Yang und denen der Ayurveda. Die Vorstellung, dass ein gesunder Körper sich im Zustand der Harmonie, ein kranker in dem der Disharmonie befindet, hat also durchaus universellen Charakter.

Eine ganz besondere Beachtung schenkte die mittelalterliche Klosterheilkunde dem Verdauungsvorgang und seinen Organen. Nicht Herz, Kreislauf und Blutgefäße standen an erster Stelle, sondern die Organe der Verdauung und des Stoffwechsels. Magen, Darm, Leber und Galle galten als ursprüngliche Quelle für Gesundheit, aber auch für die Entstehung von Krankheiten. Nahrung, ihre Verarbeitung im Verdauungsprozess

---

Die Ordensregel des heiligen Benedikt

Zu seiner »Regula Benedicti« wurde Benedikt von Nursia wohl vom spätantiken Mönch- und Eremitentum inspiriert. Sie beinhaltet ein Konzept von Disziplin und Maß: Die Mönche leben zölibatär, die Ernährung ist einfach, die Zeiten für Gebet, Lesung, Arbeit und Ruhe sind vorgegeben.

Das mönchische Leben beinhaltet täglich sieben Stundengebete, geregelte Arbeit und Lektüre, jeder Mönch sollte zumindest in der Fastenzeit ein Buch lesen. Herausragend an seiner Regel ist das für die Lebensbewältigung hilfreiche Gebot der Ausgewogenheit und des rechten Maßes. Auch das friedliche Zusammenleben in gegenseitigem Respekt ist in der Regel Benedikts enthalten. Frieden im Verhältnis zwischen den Oberen und den Mitbrüdern zu erreichen und zu erhalten ist eines ihrer Ziele.

und die Weiterleitung ihrer Wirkstoffe in den Organismus sind die entscheidenden Faktoren für die Erhaltung der Gesundheit.

Gesund bleiben mit der richtigen Lebensweise

Bei der Erhaltung der Gesundheit und damit der Vorbeugung von Krankheiten spielt aber nicht ausschließlich die Ernährung die zentrale Rolle, auch alle anderen Aspekte des Lebens werden von der Klosterheilkunde mit einbezogen, getreu der Erkenntnis, dass Gesundheit von Körper, Geist und Seele untrennbar miteinander verbunden sind. Die Aufnahme der »Regimina sanitatis«, der Gesundheitsregimen, in die Klosterheilkunde ist dabei von besonderer Bedeutung, denn der Leitgedanke der Gesundheitsregimen ist die Erhaltung der Gesundheit durch bestimmte Regeln der Ernährung und der Lebensführung. Ibn Butlan teilte sie in seinem ›Tacuinum sanitatis‹ in sechs lebenswichtige und notwendige Bereiche ein und gibt Anweisungen zur richtigen Lebensweise:

1. Behandlung der Luft, die ans Herz dringt *(aer)*.
2. Rechte Anwendung von Speise und Trank *(cibus et potus)*.
3. Richtige Anwendung von Bewegung und Ruhe *(motus et quies)*.
4. Der Schutz des Körpers vor zu viel Schlaf oder Schlaflosigkeit *(somnus et vigilia)*.
5. Richtige Behandlung vom Flüssigmachen und im Zurückhalten der Säfte *(excreta et secreta)*.
6. Rechte Ausbildung der eigenen Persönlichkeit durch Maßhalten in Freude, Zorn, Furcht und Angst *(affectus animae)*.

Benedikt übergibt seine Ordensregel an die klösterliche Glaubensgemeinschaft. Die einfache Formel für seine Regel lautet: »ora, labora et lege« (»bete, arbeite und lese«).

Die sechs notwendigen Dinge gelten für den modernen Menschen wie für den des Mittelalters, teilweise haben sie heute aber noch umfassendere Bedeutung gewonnen. So sprechen wir z. B. auch heute von dem Umgang mit Licht und Luft, ihrer Qualität und Reinheit, der konkreten Umgebung – unserer Umwelt –, dem natürlichen Wandel des Klimas in den Jahreszeiten.

Verantwortung für sich selbst übernehmen

Der Mensch hat die Aufgabe, die *res non naturales* täglich zu regulieren und ins rechte Gleichgewicht zu bringen, um gesund zu bleiben. »Nur durch das ständige Bemühen des Menschen, seine labile Natur zu

Das Dreschen der Gerste, des ältesten Getreides, das die Menschheit angebaut hat. Gerste ist ein schneller Energielieferant für schwer Arbeitende und Geschwächte.

stabilisieren, kann das Gleichgewicht gehalten werden, die Mitte zwischen den Extremen, die allein Gesundheit bedeutet« (›Tacuinum sanitatis‹). Es obliegt dem Menschen also, um das Ziel der Gesundheit zu erreichen, seine Natur und seine Veranlagung in eine Kultur der Lebensführung zu fassen. Denn letztlich bedeutet Gesundheit nichts Geringeres als die Integration des Menschen und seiner Natur in die kosmische Ordnung. Um dieses Ziel zu erreichen, bedarf es ständiger Mühe und Anstrengung. Wege zu diesem Ziel zeigen die Gesundheitsregimen beständig auf. Sie finden ihre Entsprechung in der Ordensregel des heiligen Benedikt.

Essen und Trinken in der Klosterheilkunde

Alle Ernährung soll dem hippokratischen Grundsatz folgen, dass Lebensmittel Arznei sein solle und Arznei Lebensmittel. Das bedeutet, dass man sich der gesunderhaltenden Eigenschaften der Lebensmittel und ihrer ausgleichenden Wirkung bei Ungleichgewichten im Körper sehr bewusst war.

Hauptnahrungsmittel im Kloster waren Getreide und Getreideprodukte. Die Klöster versorgten sich vielfach völlig autark, sie bauten ihre Lebensmittel selbst an. Getreide wurde vorwiegend mit dem ganzen Korn vermahlen, was einer Vollwertkost entspricht. Ein großer Teil des Getreides verarbeitete man zu Brot, die Körner wurden aber auch gekocht, wie z. B. zu Polenta, Porridge und Getreidebrei. Dabei wurden oft Getreidesorten vermischt. Das ›Lorscher Arzneibuch‹ empfiehlt beim Brot ausdrücklich Mischbrot, weil es besser zu verdauen sei. Dinkelmehl wurde mit Gerstenmehl und Hirse gemischt, Roggenmehl mit Gersten- und Weizenmehl. In Notzeiten wurde das Getreide mit Hülsenfrüchten gestreckt. Die Gesundheitsregimen rieten einhellig zu gesäuertem Brot. Das Brot wurde zu bestimmten Zeiten gebacken und musste dann lange halten. Frisches Brot gab es nur selten, man meinte auch, es sei schädlich für die Verdauung, vermutlich seiner treibenden und gasbildenden Wirkung wegen. Das harte Brot wurde in Suppen eingetunkt oder als Einlage verwendet.

Nach der Ordensregel des heiligen Benedikt sollte es zur Hauptmahlzeit, dem *Prandium*, das war außerhalb der Fastenzeit das Mittagessen, zweierlei gekochte Speisen geben. Wer von einer Speise nicht essen konnte, sie also nicht vertrug oder mochte, konnte zur Stärkung von der anderen essen. Wenn es Obst oder Gemüse gab, sollte auch dies zusätzlich gereicht werden. Oft bestand der erste Gang aus Getreide, vielleicht Gersten- oder Hafergrütze. Die andere gekochte Speise bestand meist aus Kräutern oder Wurzeln. Kräuter waren dabei die über der Erde wachsenden Teile wie Lauch, Kohl oder Salat. Wurzeln waren der Sammelbegriff für unter der Erde wachsendes Gemüse wie Rüben, Karotten, Sellerie, Zwiebeln.

Fisch und Geflügel sind kein Fleisch

Fleisch gab es im Kloster selten. Benedikt lehnte es ab, das Fleisch vierfüßiger Tiere, also von Säugetieren, zu essen. Wenn es einmal Fleisch gab, so das von Fisch oder Geflügel. Auch Milchprodukte fanden in der Klosterküche Verwendung. Eine Spezialität der Klosterküche ist der Käse. Zwar gaben die Kühe damals nicht so viel Milch wie die Kühe heute, aber die Mönche verwendeten keine Butter; so gab es genügend Milch, um mit der Käseherstellung experimentieren zu können. Unsere Käsevielfalt verdanken wir also ursprünglich auch den Klöstern. Tatsächlich ist Käse aus ernährungswissenschaftlicher Sicht die günstigste Form, das Kalzium aus der Milch für uns nutzbar zu machen. Aus der Sicht der heutigen Ernährungswissenschaft sollte der Hauptteil der Ernährung aus Vollkornprodukten, frischem Gemüse und Früchten und wertvollen Fetten natürlichen Ursprungs bestehen. Weißes Fleisch und Fisch, Eier, Hülsenfrüchte und Milchprodukte sollten in Maßen genossen werden, während rotes Fleisch, Süßigkeiten und Weißmehlprodukte am besten nur einen sehr kleinen Teil der Ernährung ausmachen. Das ist sehr nah an dem, was bereits vor gut 1000 Jahren in den Gesundheitsregimen gelehrt und in der Klosterküche praktiziert worden ist: Das, was Feld und Garten zur Verfügung stellte, Getreide, Gemüse und Obst, gab es je nach Jahreszeit reichlich. Fisch, Geflügel und Eier ein- bis zweimal in der Woche, rotes Fleisch war den Kranken vorbehalten und Süßigkeiten gab es nur zu bestimmten Festtagen. Auch heute rät die Ernährungsmedizin im Allgemeinen dazu, zweimal in der Woche Fisch, einmal Fleisch und jeden zweiten Tag vegetarisch zu essen.

Behandlung und Pflege der Kranken

»Die Sorge für die Kranken muss vor und über allem stehen: Man soll ihnen so dienen, als wären sie wirklich Christus; hat er doch gesagt: ›Ich war krank, und ihr habt mich besucht‹ und: ›Was ihr einem dieser Geringsten getan habt, das habt ihr mir getan‹. So heißt es in der Regula 36, die kranken Brüder.

Schon in der Antike schätzte man Brötchen aus süßem Auszugsmehl, obwohl bekannt war, dass das Mehl aus Vollkorn wesentlich gesünder ist. Hildegard von Bingen beschrieb Weizen als »warm und vollkommene Frucht«.

Kürbis galt nicht nur als angenehme Speise in heißen Ländern, er wurde vielmehr gezielt gegen die »Hitze« innerer Organe empfohlen, womit Fieber und Entzündungen gemeint sind.

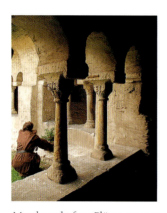

Man braucht feste Plätze, um zur Ruhe zu kommen. Nicht nur im Mittelalter, auch heute noch sind die Klöster für viele Menschen eine Stätte, die einem Halt gibt.

Zunächst waren die Klöster für die Sorge um die kranken Brüder zuständig, die *cura corporis*. Ihnen halfen sie nach dem Wissen, das ihnen dank zahlreicher Schriften und empirischer Erfahrung aus Jahrhunderten zugänglich war. Immerhin hatten die Klöster die Aufgabe, Wissen anzusammeln, zu bewahren und weiterzugeben. So waren sie auch für gesundheitlichen und diätetischen Rat, Prävention und Therapie von Krankheiten zuständig. Die Führung von Hospizen und Spitälern lag später auch ganz in kirchlicher bzw. klösterlicher Hand. Zunehmend kamen Kranke aus der Bevölkerung, um sich im Kloster Hilfe und Rat zu holen. Gemäß ihres Auftrags, in christlicher Nächstenliebe und Demut dem Nächsten zu dienen, behandelten die Mönche jeden Kranken und Schwachen, der zu ihnen kam. In den Zeiten von Kriegen, Wirren, Epidemien und Hunger waren die Klöster oft wahre Inseln der Stabilität im unsteten Meer des politischen und sozialen Geschehens. Bemüht um größtmögliche Autarkie, bauten die Mönche ihre Lebensmittel meist selbst an, bewirtschafteten Kräutergärten mit Heilpflanzen, bereiteten je nach Klima und Region Wein und Bier selbst zu, legten Fischteiche an und hielten Nutz- und Milchvieh. Zur Fürsorge dem Nächsten gegenüber galt auch die Speisung der Bedürftigen, also die Versorgung mit Lebensmitteln.

Fleisch als Krankenkost

Kranke und Geschwächte waren nicht den allgemeinen Essensgeboten unterworfen. Für sie gab es Ausnahmen von den Ernährungsregeln. So erlaubte und verordnete Benedikt von Nursia ausdrücklich den Schwachen und Kranken zur Stärkung das Fleisch vierfüßiger Tiere. »Auf das Fleisch vierfüßiger Tiere sollen alle verzichten, außer die ganz schwachen Kranken.«

Barmherzigkeit, Mitgefühl und Wertschätzung – das, was das Wort Caritas umfasst – dem anderen gegenüber sind feste Grundsätze des christlichen Glaubens. Die Mönche waren angehalten, diese Grundsätze auf jedermann, auch auf den Geringsten, anzuwenden. Es konnte nicht ausbleiben, dass diese großzügige Gesinnung gelegentlich auch ausgenützt wurde. Fleisch war stets ein Luxus, auf den in der Fastenzeit ganz verzichtet werden sollte. Nur den ganz Schwachen und Kranken gestand Benedikt ja ausdrücklich das Fleisch von Säugetieren zur Kräftigung zu. Es kam vor, dass einige, die Mangel litten oder Mühe hatten, die Fastenzeit durchzuhalten, Schwäche und Krankheit simulierten, um an das begehrte Fleisch zu kommen.

Das Essen im Rhythmus der Zeit

Die Benediktiner versammeln sich siebenmal am Tag, um gemeinsam zu beten. Der Tag beginnt am frühen Morgen mit *Laudes* und endet am Abend mit *Komplet*, dazwischen liegen *Prim, Terz, Sext, Non* und *Vesper*. Die Essenszeiten und die Häufigkeit der Mahlzeiten ist von der Jahreszeit und vom Kirchenjahr abhängig.

Von Ostern bis Pfingsten wurde grundsätzlich zweimal täglich gegessen, mittags und abends. Die Hauptmahlzeit wurde entweder zur sechsten Stunde – das entspricht 12 Uhr mittags – oder zur neunten – das entspricht 3 Uhr nachmittags – gereicht. Im Sommer gab es mittwochs und freitags – diese Tage galten als Fastentage – nur eine Mahlzeit täglich. Vom 14. September bis kurz vor Weihnachten und von Januar bis zur Beginn der Fastenzeit (Aschermittwoch) gab es nur eine Mahlzeit am Tag, sie wurde zur neunten Stunde, also um 3 Uhr nachmittags eingenommen. In der Fastenzeit gab es auch nur eine Mahlzeit am frühen Abend. Das Abendessen fand im Allgemeinen sehr früh statt. Der Tisch sollte auch im Winter noch bei Tageslicht abgeräumt werden. Man aß im Kloster immer in der Gemeinschaft, allerdings schweigend. Ein Mönch las dabei zur Erbauung aus heiligen Schriften. Auch wann und wie, was und wie viel gegessen und getrunken werden soll, wurde in der Ordensregel des Benedikt festgelegt. Dem Begründer des abendländischen Mönchstums ging es um die richtige Einbettung der Ernährung in den Tagesablauf, in den Jahreskreislauf, sogar in den Lebenslauf. Was am Vormittag gut und nützlich ist, z. B. Rohkost, ist am Abend ungünstig. Was für einen Jugendlichen sinnvoll ist, kann einem alten Menschen schaden. Da viele Klöster bis heute selbst Nahrungsmittel anbauen, sind die verwendeten Lebensmittel in der Regel frisch, eine Anpassung an die Jahreszeiten ergibt sich von selbst.

Fasten als existenzielle Erfahrung

Noch bis vor 150 Jahren war Mangel an Nahrung, sogar Hungersnot für die meisten Europäer zwangsläufig eine häufig gemachte Erfahrung. Es gab Missernten, Unwetter

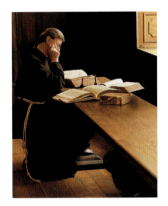

Studium in der Bibliothek: Benedikt von Nursia forderte ausdrücklich zum Lesen auf. So sammelten sich hinter den Klostermauern über Jahrhunderte Schätze des Wissens an.

Pater Kilian pflückt Johannisbeeren. Ihre Heilkraft bei Fieber wurde schon im Mittelalter gelobt.

Das Ernten des Roggens forderte besondere Aufmerksamkeit, denn leicht fallen die Körner aus den Ähren zu Boden. Schon im Mittelalter wurde das Roggenbrot geschätzt, noch mehr jedoch das Mischbrot aus Roggen- und Weizenmehl.

und Kriege, die eine regelmäßige Versorgung mit Nahrung ausschlossen. Am Anfang des Frühlings blieb oft nichts anderes übrig, als zu fasten, denn die Wintervorräte waren dann meist aufgebraucht und die aus dem Winter erwachende Natur bietet außer einigen Kräutern und für Salate verwendbaren frühen Pflanzen noch keine Nahrung. Fasten bzw. vorübergehender Mangel an Nahrung scheint für den menschlichen Organismus aber kein Nachteil zu sein, er war jahrtausendelang daran gewöhnt. Weit schlimmer scheint sich eine permanente Überfüllung auszuwirken.

Fasten ohne äußere Notwendigkeit, als Mittel der inneren Läuterung und der Konzentration auf geistige Dinge, ist untrennbar mit den großen Weltreligionen verbunden. Vor den entscheidenden Erfahrungen der Erleuchtung und Gottesnähe mussten die Religionsstifter eine Phase der Enthaltsamkeit durchmachen. So fastete z. B. Mohammed, bevor ihm der Koran offenbart wurde. Buddha tat es unter dem Bodhi-Baum, um zur Erkenntnis zu gelangen. Auch Moses musste 40 Tage ohne Essen und Trinken auf dem Berge Sinai ausharren, bevor er Gottes Wort empfangen durfte. In diesen Legenden ist meist von einer Fastenzeit von 40 Tagen die Rede. Das ist ungefähr die Zeitspanne, die ein gesunder Mensch ohne Nahrung und ohne bleibende Schäden am Organismus überleben kann. Die 40 Tage lassen sich also als Anspielung auf die existenzielle Erfahrung verstehen, an die Grenzen des eigenen Lebens zu gehen.

Auch bei den Naturvölkern und den Völkern der Antike gehörte freiwilliges Fasten zur Vorbereitung auf wichtige Ereignisse. Jäger, Priester und Magier fasteten, um ungewöhnliche Fähigkeiten zu erlangen. Durch Fasten gewannen die Menschen Kraft und Energie. Fasten bedeutet Verzicht, aber gerade durch diesen Verzicht erzielt der Fastende wertvollen Gewinn. In diesem Sinn ist die Tradition des Fastens eine Erfahrung, die zum kulturellen Erbe der Menschheit gehört.

Die ursprüngliche Freude an Essen und Trinken

Benedikt von Nursia hat das Fasten als festen Bestandteil des klösterlichen Lebens in seine Ordensregel mit aufgenommen. Für ihn dienen die Fastenzeiten als Gelegenheiten, sich auf die wichtigen Dinge des Lebens zu konzentrieren. Zum Fasten gehört nicht nur der Verzicht auf Essen und Trinken, sondern Selbstbeobachtung und innere Einkehr. Verzichten sollte der Fastende auf Fleisch, Wein, wenn möglich auch auf Schlaf, aber auch auf Vergnügungen und Oberflächlichkeiten.

Ein weiterer Sinn des Fastens ist es, den Unterschied zwischen Fasten und Feiern zu erleben, zwischen Verzicht und Genuss und damit auch die ursprüngliche Freude an Essen und Trinken wiederzufinden. Für viele ist es eine eindrucksvolle Erfahrung, zu lernen, wie wenig Essen unser Körper braucht, um uns gesund am Leben zu erhalten. Durch den zeitweiligen Verzicht lernen wir auch, bewusster zu essen, das Essen mehr zu schätzen, Nahrung als etwas Wertvolles zu erkennen, über das wir uns freuen können. Die Ergebnisse des Heilfastens sind ein eindrucksvoller Beweis dafür, wie es mit so einfachen Mitteln wie zeitweiligem Verzicht und Umstellung auf die für das einzelne Individuum geeignete Nahrung gelingen kann, die schon verlorene Gesundheit wieder zurückzugewinnen.

Eine rare Köstlichkeit blieb das Fleisch von Säugetieren für arme Menschen und Klosterleute. Es kam von frei herumlaufenden Tieren, die frische Kräuter gefressen hatten – heute eine teure Delikatesse.

»Lebensmittel seien Arznei und Arznei sei Lebensmittel«

Einen gesunden Körper zu haben, ohne Beschwerden und Schmerzen zu leben, körperlich und geistig leistungsfähig zu sein und zu bleiben, zufrieden und glücklich – das haben sich die Menschen immer gewünscht, das war immer ihr höchstes Gut.

Dass Gesundheit und mit ihr die Qualität unseres Lebens untrennbar mit der Qualität unserer Nahrung und mit der Art unserer Ernährung zusammenhängen, ist eine uralte Menschheitserfahrung. Die Völker des antiken Asiens, Europas und Nordafrikas, da wo die menschlichen Kulturen ihren Anfang nahmen, wussten um die sakrale Bedeutung von Nahrung und Trank. Das, was sie nährte und am Leben erhielt, war göttliches Geschenk, wert, mit Achtung, Respekt und Dankbarkeit entgegengenommen zu werden. Als die großen Weltreligionen entstanden, einte sie die Haltung ihrer Nahrung gegenüber: Christen, Juden und Moslems, Hindus und Buddhisten, ihnen allen war Essen und Trinken geheiligtes Gut. Ein Gut, das meist auch eingebunden war in das religiöse Ritual. Die tägliche Nahrung und der Umgang mit ihr hatte eine zentrale, lebensentscheidende Bedeutung für Kultur und Tradition, für das ganze menschliche Leben.

»Lebensmittel seien Arznei und Arznei sei Lebensmittel«, soll Hippokrates gefordert haben. Damit ist nichts anderes gemeint, als dass von der Nahrung die Gesundheit des Menschen abhängt. Das Wissen um die Abhängigkeit der Qualität des Lebens von der Qualität der Nahrung und der Art der Ernährung war in Antike und Mittelalter noch Allgemeinwissen. Wie ein roter Faden zieht sich durch die Menschheitsgeschichte die Erkenntnis, dass Gesundheit nichts anderes bedeutet

Frisches Fleisch von Lamm, Schaf und Hammel galt in der Klosterheilkunde als das beste und bekömmlichste, gefolgt von Zickleinfleisch. Auch der Milch von Schaf und Ziege gab man den Vorzug vor der Kuhmilch.

Der Tagesablauf im Kloster richtete sich nach dem natürlichen Sonnenlicht. So sollte z. B. das Abendessen noch vor Einbruch der Dunkelheit eingenommen werden.

als im Gleichgewicht zu sein: im Gleichgewicht zwischen den Elementen des Körpers, zwischen Körper, Geist und Seele, zwischen Mensch und Natur. Zum Gleichgewicht gehört ein Leben nach Maß, ohne Zuviel oder Zuwenig, ein Leben im periodischen Rhythmus von Essen und Trinken, Bewegung und Ruhe, Schlafen und Wachen, eingefügt in die Ordnung des kosmischen Geschehens. Das Einfügen des eigenen Lebens in die kosmische Ordnung galt als kulturbildende Leistung, um die der Mensch sich täglich neu bemühen muss und die er stets aufs Neue zu erbringen hat.

Der Verlust der Werte

Die Ordnung des Lebens, sein Rhythmus, die Anpassung an die natürlichen Gegebenheiten wie Tag und Nacht, Sommer und Winter, haben heute eine weitgehende Auflösung erfahren. Wir ignorieren die Gesetzmäßigkeiten der Natur. Wir machen die Nacht zum Tag, wir wechseln in wenigen Stunden von einer Jahreszeit in die andere, wir beuten aus ohne Rücksicht und Gewissen, wir produzieren Abfall, der niemals verrotten wird, wir verändern das Klima mit unseren selbst geschaffenen industriellen Ausdünstungen. Der so noch nie da gewesene Überfluss an Nahrung in den Industrienationen der westlichen Welt hat zu einer weitgehenden Geringschätzung und Missachtung der natürlichen Lebensmittel und ihrer Ursprünge geführt. Die massenhafte Aufzucht von Tieren und Pflanzen hat pathologische und pervertierte Züge angenommen. Industriell gefertigte Nahrung, oft mit schädlichen Zusätzen und ohne jeden Ernährungswert, aber in der Werbung hochgepriesen, wird augenscheinlich viel gekauft, sonst würde sich ihre Herstellung ja nicht mehr lohnen.

In unserer hochtechnisierten Wohlstandswelt herrscht der Glaube an den Wert des Geldes und die Macht der Technik. Wir glauben fest an die Erreichbarkeit fast eines jeden Zieles, auch das der Gesundheit, durch Technik und Geld. Die Medizin kann inzwischen fast alles. Die Schäden an der Gesundheit, die durch falsche Ernährung und falsche Lebensweise entstanden sind, können mit Medikamenten und raffinierten chirurgischen Methoden wieder beseitigt werden. Das alles kostet viel Geld, inzwischen mehr als vorhanden ist. Die Kosten der Versorgungs- und Gesundheitssysteme wachsen ins Unermessliche, das Sozialgebäude beginnt zu wanken, die Grenzen des Möglichen sind fast schon erreicht. Vielleicht werden sich wirklich bald nur noch die ganz Reichen eine medizinische Versorgung leisten können.

DIE ERNÄHRUNGSLEHRE DER MÖNCHE UND NONNEN

Allmählich aber scheint sich jenes Gefühl des Unbehagens und der Nachdenklichkeit, das so oft den Anfängen eines Wandels vorausgeht, auch beim modernen Menschen bemerkbar zu machen. Manch einer mag sich an den alten Spruch erinnern, dass Vorbeugen besser ist als Heilen. Und es mag ihm der Gedanke kommen, dass der Mensch vielleicht doch nicht unendlich reparierbar ist und Geld und Technik allein möglicherweise doch nicht gesund und auch nicht glücklich machen. Dass es vielleicht doch besser wäre, sich gesund statt krank zu essen. Dass es lohnte, darüber nachzudenken, was Lebensmittel eigentlich bedeuten, nämlich Mittel zum Leben, und dass vom Umgang mit ihnen tatsächlich unser Leben abhängt.

»Lebensmittel seien Arznei und Arznei sei Lebensmittel« – der Satz von Hippokrates hat bis in unsere Zeit seine Gültigkeit.

Die Kraft des alten Heilwissens

Durch die Jahrhunderte haben sich aus empirischer Beobachtung, philosophischer Erkenntnis und ethischer Überzeugung Wege gebildet, die bestanden haben. Diese Wege, Wege zur gesunden Ernährung, zum gesunden Leben, haben sich in erstaunlicher Gleichartigkeit unabhängig voneinander in den unterschiedlichsten Kulturen und Religionen geformt, Jahrhunderte vor unserer Zeitrechnung in China und Indien, im antiken Griechenland, in den frühen arabischen Kulturen. In der Klosterheilkunde sind sie zusammengetragen und bewahrt geblieben. Diese Wege zu begehen ist nicht schwer. Es gehört dazu die Einsicht in das Wunderwerk unseres Körpers. Das Wissen, dass Körper, Geist und Seele untrennbar zueinander gehören und dass es Nahrung ist, die sie im Einklang erhält. Und es gehört auch ein bisschen Demut dazu. Erkenntnis, dass wir eingebunden sind in die Ordnung und das Regelwerk der Natur und des Kosmos, dass wir nicht Herren der Schöpfung, sondern nur »Kollegen alles Bestehenden« (C. Nooteboom) sind. Sterblich wie alles, aber hoch befähigt, die Zeit des Lebens gut zu gestalten, ein gesundes und geglücktes Leben zu leben.

Das geordnete Klosterleben und die Ruhe verhelfen zu neuen Einsichten – auch in die Heilkraft natürlicher Lebensmittel.

DIE STECKBRIEFE DER LEBENSMITTEL

Unsere wichtigsten natürlichen Lebensmittel – ihre Herkunft, ihre Inhaltsstoffe, ihr gesundheitlicher Wert. Über die Jahrtausende erprobtes Wissen über unsere Nahrung, das heute von der modernen Ernährungswissenschaft bestätigt wird.

ARTISCHOCKE *Cynara scolymus L.*

Leonhart Fuchs fasst in seinem Artikel zu »Strobildorn«, die er erstmals auch »Artischock« nennt, zusammen: »Die Wurzel des Strobildorn in Wein gekocht und getrunken, vertreibt den bösen Geschmack des ganzen Leibs (...). Sie treibt kräftig den stinkenden Harn aus. (...) Die Blätter, solang sie noch zart und jung sind, werden wie Spargel und ähnliche Gemüse gegessen. Die Welschen (Romanen) bereiten auch die obersten Köpflein, wenn sie noch jung sind, zur Speise, zu machen Lust und Begierde zu ehelichen Werken.«

GESCHICHTE

Die Gemüseartischocke, eine besondere Kultursorte, auch Kardone genannt, war bereits den Römern bekannt. Der berühmte Arzt Galen von Pergamon (2. Jh. n. Chr.) erwähnte sie zwar nicht als Arznei, jedoch als wichtiges Lebensmittel. Die Römer brachten die Artischocke auch in die Klosterkultur des frühen Mittelalters. Im ›Lorscher Arzneibuch‹ (um 795) wird sie unter dem Namen »cinara« geführt und Karl der Große verordnete ihren Anbau in den ›Capitulare de villis‹. Ausführlich geht Hieronymus Bock in seinem ›New Kreutter Buch‹ auf die stachelige Pflanze ein. Unter »Krafft und Würkung« wird angegeben, dass die Artischocke den Harn treibe, zur Stärkung der Schwachen diene, die »verstopfte« Leber und die Niere reinige und bei Gelb- und Wassersucht helfe.

HERKUNFT UND HANDELSWARE

Die Artischocke aus der Familie der Korbblütler (Asteraceen oder Kompositen) kam von Ägypten über die arabischen Länder nach Europa. Plinius berichtet, dass sie zu seiner Zeit (1. Jh. n. Chr.) in Italien nur in Sizilien angebaut wurde. Heute sind nur noch Kulturpflanzen erhalten, die Urform scheint gänzlich verschwunden zu sein. Große Anbauflächen befinden sich in Italien, Frankreich, Griechenland, Marokko, Algerien, Israel sowie in Spanien und Rumänien.

Vor allem die so genannten Artischockenherzen werden als Delikatesse angeboten und sind äußerst beliebt. So heißen die fleischigen Blütenböden der kurz vor dem Aufblühen stehenden Blütenkörbchen. Außerdem sind die jung geernteten Artischockenknospen sehr begehrt, da sie äußerst zart sind, nur wenige Bitterstoffe enthalten und ganz verzehrt werden können. Die jungen Knospen kommen in der Regel nur in den Anbauländern auf den Markt. In einigen Ländern, beispielsweise in Italien, werden auch die jungen Blätter der Pflanze als Gemüse verzehrt. Die Artischocke hat einen leicht herben bis bitteren Geschmack.

INHALTSSTOFFE

Artischocken liefern neben Eiweiß eine Menge Kohlenhydrate, viele Ballaststoffe und Polyphenole (u. a. Flavonoide), die mehr oder weniger in der ganzen Artischocke und auch im Blütenboden zu finden sind. Die fleischigen Blütenböden sind sehr kalorienarm und haben einen hohen Anteil an Kohlenhydraten, die den Blutzuckerspiegel nicht belasten und deshalb für Diabetiker von großer Bedeutung sind. Ihre medizinische Wirkung verdanken Artischocken vor allem dem Bitterstoff Cynarin, der überwiegend in den Blättern und in den Knospen steckt. An Inhaltsstoffen sind außerdem die Vitamine C, E und Betacarotin reichlich enthalten sowie die Mineralstoffe und Spurenelemente Kalzium, Kalium, Magnesium, Eisen und Phosphor.

HEILWIRKUNG

Mit ihren Bitterstoffen wirkt die Artischocke besonders gut gegen Verdauungsschwäche, die auf eine Störung von Leber und Galle zurückzuführen ist. Ihre Inhaltsstoffe unterstützen nicht nur die Leber in ihrer Funktion, sondern regenerieren darüber hinaus auch die Zellen der Leber. Die in Artischocken enthaltenen Polyphenole regen die Gallensaftproduktion und Gallensaftausscheidung an, wirken antioxidativ und tragen zur Senkung der Blutfettwerte bei. Daher wird die Artischocke zur Vorbeugung von Gallensteinen, gegen Arteriosklerose sowie bei erhöhten Blutfettwerten empfohlen. Um bis zu 15 Prozent kann der Cholesterinspiegel durch regelmäßigen Genuss von Artischockenblättern gesenkt werden. Weil das Gemüse wenig Kalorien hat und zugleich die Ausscheidungsorgane anregt, ist es ideal als Aufbaukost sowie bei Übergewicht und eignet sich gut für eine Entlastungskur. Die Flavonoide und der höhere Kaliumgehalt fördern die Harnbildung. Artischockenpresssaft besitzt besonders viele Bitterstoffe und wirkt verdauungsfördernd und allgemein stärkend.

Vorsichtshinweis

Bei Allergie gegen Korbblütler und auch bei Gallenwegsverschluss sollte man Artischocken auf keinen Fall essen.

Aus der Praxis

In der Klosterheilkunde wurde die Artischocke als wärmend und befeuchtend eingeordnet und galt als Mittel zur inneren Reinigung und als Aphrodisiakum, da sie erhitzt und die Säfte anregt.
So wird die Artischocke auch heute noch zur Entlastung und Entgiftung von Leber, Galle und Nieren empfohlen. Da in das Kochwasser des Gemüses wertvolle Inhaltsstoffe, wie etwa Bitterstoffe, übergehen, sollten Sie es möglichst nicht weggießen, sondern lieber zur Anregung der Verdauung trinken.

DIE STECKBRIEFE DER LEBENSMITTEL

Blumenkohl & Brokkoli

Brassica oleracea botrytis & B. o. b. var. italica

In der ›Naturalis historia‹ des Plinius (1. Jh. n. Chr.) nimmt die Darstellung der Kohlsorten und ihrer Heilwirkungen, z. B. gegen Magenleiden und Hautentzündungen, viel Raum ein. Plinius Zeitgenosse Columella schreibt in seinem Werk zur Landwirtschaft: »Etwa um die Zeit der Frühlings-Tag- und Nachtgleiche sammelt man Blumenkohl (cyma), Stängelkohl (caulis) zusammen mit anderen wilden und zahmen Pflanzen.« Dies dürften die ersten Hinweise auf Blumenkohl und Brokkoli sein.

GESCHICHTE

Schon die Römer schätzten den Kohl besonders und setzten ihn auch als Heilmittel ein. Brokkoli stammt möglicherweise aus Südgriechenland oder auch von den Inseln Kreta oder Zypern. Blumenkohl wurde erstmals eindeutig in zwei Kräuterbüchern des 16. Jhs. abgebildet, bei dem Niederländer Rembertus Dodonaeus (1554) und bei Joachim Camerarius (1626). Es ist anzunehmen, dass Blumenkohl aber schon früher bekannt war, doch gibt es darüber keine Aufzeichnungen. Wahrscheinlich kommt Blumenkohl aus den gleichen Gebieten wie Brokkoli und wurde im Spätmittelalter nach Italien gebracht. Von dort kam er mit den Römern nach Frankreich, Flandern und schließlich nach Deutschland. In der Klosterheilkunde des Mittelalters wurden alle Kohlsorten als kühlend und befeuchtend klassifiziert. Damit sind sie, sowohl innerlich als auch äußerlich angewendet, das ideale Heilmittel für viele Krankheiten wie Magengeschwüre oder Hautentzündungen.

HERKUNFT UND HANDELSWARE

Blumenkohl und Brokkoli sind vermutlich Abkömmlinge der wilden Kohlpflanze *Brassica cretica*. Dieser Kreuzblütler (Brassicaceen) zählt heute zur Sammelart *Brassica oleracea*. Beim hellgelben Blumenkohl stehen die Blütenknospen bei der Ernte noch am Beginn ihrer Entwicklung. Eine neue Züchtung ist die Blumenkohlvariante »Romanesco«, deren Kopf grün ist und die die Form einer Pyramide besitzt. Der Brokkolikopf, der aus dem noch nicht voll entwickelten Blütenstand der Pflanze besteht, wird als Gemüse genossen. Der Blütenstand setzt sich aus den kleinen Blütenknospen zusammen. Die im Handel erhältlichen Brokkoliköpfe sind meist grün bis blaugrün, sehr selten werden auch violette oder weiße angeboten. Auch die Strünke und die Stiele lassen sich gut zu Gemüse oder Suppen verarbeiten.

INHALTSSTOFFE

Wie alle Kohlvarianten enthalten auch Blumenkohl und Brokkoli Glucosinolate, die zu den sekundären Pflanzenstoffen gehören. Während der Lagerung und beim Zubereiten werden diese enzymatisch zu Isocyanat, Thioisocyanat und Indol gespalten. Diese Stoffe verleihen den Kohlgewächsen ihren typischen Geruch. Blumenkohl und Brokkoli weisen ein großes Spektrum an Mineralstoffen auf, aus denen Kalzium hervorsticht. Die Einzelwerte sind allerdings niedrig. Beide Sorten liefern etwa 3 Gramm je 100 Gramm an löslichen und unlöslichen Ballaststoffen und haben einen niedrigen Energiegehalt. An antioxidativen Vitaminen bietet der Brokkoli im Vergleich zum Blumenkohl weitaus mehr: Betacarotin mit 850 Mikrogramm (Blumenkohl: 10 Mikrogramm) und ebenso viel Lutein. Vitamin C ist im frischen Brokkoli mit 100 Milligramm und im Blumenkohl mit nur 65 Milligramm vertreten. Auch die für die Zellteilung wichtigen Vitamine (Vitamin A und Folsäure) zeigen diese Unterschiede. In der Zusammensetzung der Inhaltsstoffe steht der Romanesco dem Brokkoli nahe.

HEILWIRKUNG

Durch den niedrigen Energiegehalt und die hohen Vitaminanteile gelten Blumenkohl und Brokkoli als ideale Diätspeise bei Übergewicht. Da die B-Vitamine die Regeneration und Beruhigung der Nerven fördern, können diese beiden Kohlsorten beispielsweise bei Schlafstörungen helfen. Die reichlich vorhandenen Antioxidanzien wirken gegen jede Form von Entzündung, da sie freie Radikale abfangen. Für Magenempfindliche und bei Neigung zu Blähungen und Krämpfen ist der Blumenkohl der bekömmlichste unter den Kohlgemüsen und liefert zugleich wertvolle Schutz-

stoffe. Blumenkohl und Brokkoli können unkontrolliertes Zellwachstum verhindern und sollten daher regelmäßig verzehrt werden. Brokkoli gilt nach aktuellen Studien als das Lebensmittel zum Schutz vor Krebs, ebenso soll er wegen seiner schwefelhaltigen Inhaltsstoffe bei Helicobacter-pylori-Infektionen wirksam sein. Während Indole und Carotinoide das Brustgewebe und die Gebärmutter schützen, kann Lutein die Eierstöcke vor krankhaften Prozessen bewahren. Die Folsäure aus Brokkoli kommt hauptsächlich Frauen, die regelmäßig Hormone einnehmen, zugute. Folsäure und Vitamin K sind zudem gemeinsam für die Bildung des Eiweißgerüsts der Knochen notwendig und Kalzium stabilisiert die Knochenmasse. Die Ballaststoffe sorgen für eine langsame Freisetzung der Nährstoffe aus dem Speisebrei und so für einen stabilen Blutzuckerspiegel.

Vorsichtshinweis

Kohlsorten können Blähungen hervorrufen. Brokkoli und Blumenkohl neigen dazu, Nitrat zu speichern: Brokkoli etwa 70 Milligramm pro 100 Gramm und Blumenkohl 40 Milligramm.

Aus der Praxis

Nach der Klosterheilkunde war Kohl kühlend und befeuchtend, d. h., er ist energiearm, hat aber positive »Säfte«. Zur besseren Verdauung gibt man am besten Pfeffer und Muskat als Gewürze dazu. Nur kurz blanchierter Brokkoli gilt als ideales Lebensmittel für heutige Bedürfnisse. Er birgt viele zellschützende Vitamine und sekundäre Pflanzenstoffe und belastet die Verdauung viel weniger als andere Kohlsorten. Blumenkohl können Sie auch als Rohkost in kleine Stücke schneiden und leicht mit Essig und Zitronensaft beträufeln.

DIE STECKBRIEFE DER LEBENSMITTEL

BRENNNESSEL *Urtica dioica L.*

Schon Dioskurides führt die Eigenschaften auf, welche die Brennnessel zu einer beliebten Heilpflanze machen. Er unterscheidet zwei Arten: »Die eine ist wilder, hat rauere, breitere und dunklere Blätter und eine dem Leinsamen ähnliche, aber kleinere Frucht. Die andere hat feinen Samen und ist nicht so rau. Mit Muscheln gekocht, erweichen die Blätter der Brennnessel den Bauch, vertreiben Blähungen und leiten den Harn aus.« Weiterhin heißt es, dass die Brennnesselsamen in Wein gekocht »zum Beischlaf reizen«.

GESCHICHTE

Die Brennnessel war seit der Antike nicht nur eine bekannte Arzneipflanze, sie wurde auch als Lebensmittel genutzt. Das beste Zeugnis gab Plinius in seiner Naturgeschichte, der ›Naturalis historia‹ ab, wo die jungen Triebe als Gemüse empfohlen werden. Er erkannte übrigens schon, dass die feinen, spröden, glasartigen Haare der Brennnessel bei Berührung abbrechen und das Brennen mit verursachen. Im Laufe des Mittelalters gewann die Brennnessel immer mehr an Bedeutung und wurde zu einem nahezu universellen Heilmittel, wie ein ausführliches Kapitel über sie im ›Kräuterbuch‹ von Adam Lonitzer zeigt.

HERKUNFT UND HANDELSWARE

Vier Brennnesselarten bilden in Europa die Familie der Brennnesselgewächse (Urticaceen). Zwei davon finden in der Heilkräuterküche Verwendung: die Kleine Brennnessel (*Urtica urens*), bei der die Blütenstände aller Pflanzen männliche und weiblichen Blüten tragen und die Große Brennnessel (*Urtica dioica*) mit rein männlichen und rein weiblichen Pflanzen. Von beiden Arten können in der Küche Blätter, Triebspitzen und reife Früchte verwendet werden. Als Salatbeigabe oder Gemüse eignen sich die jungen Blätter blanchiert oder roh, weil sie noch wenig Brennhaare haben. Die Heilkunde nutzt meist die Triebe bzw. die Blätter der blühenden Pflanze.

INHALTSSTOFFE

Brennnesseln sind sehr gute Mineralstofflieferanten. Sie besitzen 480 Milligramm Kalium pro 100 Gramm Frischgewicht. Außerdem sind 1 bis 4 Gramm Silikate (Kieselsäuren) enthalten. Im Laufe des Jahreszyklus steigt der Silikatgehalt an. Außerdem liefern Brennnesseln 400 Milligramm Kalzium sowie antioxidativ wirkende Kaffeesäureester – sekundäre Pflanzenstoffe, die in den Blättern der *Urtica dioica* stecken, insbesondere wenn diese frisch sind. Aber auch im Presssaft ist der Gehalt überraschend hoch. Darüber hinaus finden sich in Brennnesseln eine Reihe weiterer stark wirksamer Antioxidanzien wie die Flavonoide Quercetin, Kämpherol und Isorhamnetin. Die Früchte der Brennnessel enthalten Vitamin E, Carotinoide sowie quellfähige Kohlenhydrate.

HEILWIRKUNG

Die Anwendung der Brennnessel bei Entzündungen der ableitenden Harnwege und zur Behandlung und Vorbeugung von Nierengrieß in Form von Tee oder Presssaft ist in der Pflanzenheilkunde etabliert. Um den Effekt zu verstärken, sollte ausreichend getrunken werden. Dann kann die Brennnessel dazu beitragen, Keime auszuspülen. Der hohe Gehalt an Kalium soll für die entwässernde Wirkung mit verantwortlich sein. Bei weitem nicht so bekannt ist das entzündungshemmende Potenzial der Brennnessel, welches auf Isorhamnetin und Kaffeesäureester zurückgehen dürfte. Die kurmäßige Anwendung der Brennnessel bei allen rheumatischen Beschwerden wie Arthrose, Gicht, aber auch bei Hexenschuss, Ischiasschmerzen, Zerrung, Verstauchung sowie Steifheit der Gelenke und Bewegungsschmerz kann zur Heilung beitragen, denn die Kieselsäure (Silizium) unterstützt die Knorpelbildung. Im Frühjahr bietet sich zur Stimulierung des Stoffwechsels eine Entgiftungskur mit Brennnesselsaft an, wobei Brennnesselmus noch wirkungsvoller zu sein scheint als der Saft. Aufgrund ihrer quellfähigen Kohlenhydrate wird die Brennnessel traditionell auch als Durchfallmittel verordnet. Gute Kombinationspartner sind Lebensmittel, die die Ausscheidungsorgane anregen wie z. B. Ballaststoffe, wie sie in Getreidevollwertprodukten, Knollensellerie, gekochten Kartoffeln enthalten sind oder Rettich, der die Darmperistaltik anregt. Bittere Salate und Gewürze wie Gelbwurz und Ingwer fördern die Ausleitung von Keimen über Leber und Galle.

Vorsichtshinweis

Allergiker sollten Brennnesseln nicht essen, weil sie biogene Amine wie Histamin enthalten. Brennnesseln in Straßennähe können stark mit Schwermetallen wie Quecksilber belastet sein. Da Brennnesseln Nitrat speichern, sind sie nicht zur Zubereitung von Säuglingsnahrung geeignet. Auch Erwachsene sollten möglichst nur Brennnesseln aus biologischem Anbau verwenden.

Aus der Praxis

In der Klosterheilkunde wurde vor allem die trocknende und dadurch ausleitende Wirkung der Brennnessel betont. Aufgrund dieser sowie ihrer entzündungshemmenden Eigenschaften kann sie rheumatische Erkrankungen lindern. Die Brennnessel wird auch als harntreibendes Mittel gegen Nierensteine und bei Husten empfohlen. Sie können sie in Form von Saft, Mus oder als Mineralstoffgetränk (Brennnesselwasser) regelmäßig oder als Kur genießen. Gute Kombinationspartner sind alle Lebensmittel, die die Ausscheidung anregen.

DIE STECKBRIEFE DER LEBENSMITTEL

Chicorée & Endivie
Cichorium intybus L. & Cichorium endivia L.

Zichorie (Chicorée) und Endivie behandelt Dioskurides gemeinsam: »Von dieser Gartenzichorie gibt es wiederum zwei Sorten, die eine ist mehr latticharting und breitblättrig (die Endivie), die andere hat schmalere Blätter und ist etwas bitter (Zichorie); alle sind sie adstringierend, kühlend und gut für den Magen.«

GESCHICHTE
Unter dem Namen »Cichorium intybus« wurde die Wegwarte in der Antike als Arznei und als Speise angebaut. Dies gilt auch für die Endivie, die oft mit demselben Namen belegt wurde. Alle Sorten von *Cichorium* galten in der Klosterheilkunde als kühlend und trocknend. Sie dienten als Wintersalat, weil sie sich einlagern ließen. In Wein gekocht sollen sie einen guten Magen bereiten, wie der ›Gart der Gesundheit‹ bezeugt.

HERKUNFT UND HANDELSWARE
Chicorée, Salatzichorie und Radicchio stammen von der Wegwarte (*Cichorium intybus*) ab, die zu den Korbblütlern (Asteraceen) zählt. Aus den im Winter in Treibhäusern abgedeckten Rüben (Wurzeln) werden feste Chicoréeknospen gezüchtet, die durch die Abdeckung bleich und zart werden und nur wenig Bitterstoffe enthalten.

INHALTSSTOFFE
Chicorée und Endivie haben einen hohen Wassergehalt, jedoch wenig Eiweiß, Fett und Mineralstoffe zu bieten. Dafür liefert Chicorée doppelt so viele Ballaststoffe wie andere Salate. Endiviengewächse weisen die gleichen Bitterstoffe auf wie Blattsalate. Chicorée besitzt relativ viel Vitamin A (572 Mikrogramm) – Endivie nur die Hälfte.

HEILWIRKUNG
Chicorée ist aufgrund seines hohen Ballaststoff- und Wassergehalts ein sehr gutes Mittel zur Darmpflege, die bei Darmpilz, Darmentzündung, Reizdarm, Blähungen und Verstopfung wichtig ist. Er ist eine ideale Vorspeise für fett- und eiweißreiche Speisen, weil er wegen der enthaltenen Bitterstoffe ihre Verwertung verbessert. Chicorée kann täglich gegessen werden. Durch die Bitterstoffe eignen sich die Zichorien bei Verdauungsschwäche, bei dyspeptischen Beschwerden, wie Blähungen und Völlegefühl, sowie bei Leber- und Gallenproblemen. Vitamin A stärkt das Immunsystem und trägt zur Regeneration der Schleimhäute bei.

Vorsichtshinweis
Endivie kann viel Nitrat speichern, im Chicorée findet sich dagegen meist nur wenig.

GEMÜSE

FELDSALAT

Valerianella locusta L.

Adam Lonitzer kennt nicht nur die eigentliche Rapunzel, eine Glockenblumenart, von der man die Wurzel aß, sondern auch die Waldrapunzel, den Feldsalat. Er schreibt: »Von den Rapunzeln verwendet man, wenn sie noch jung sind, Kraut und Wurzel in Salaten, sie kühlen sehr gut, machen einen guten Magen, bringen Lust zu essen, erfrischen den Mund.«

GESCHICHTE

Feldsalat wurde als Nutzpflanze in Mitteleuropa kultiviert. Die ältesten Funde stammen aus dem nördlichen Alpenvorland. Er wuchs zuerst auf den Getreidefeldern mit und wurde wild gesammelt, daher auch der Name Feldsalat. Im Garten angebaut wird er etwa seit dem 18. Jh. Die Klosterheilkunde schätzte den Feldsalat als kühlend und trocknend, aber auch als appetitanregend. Die erfrischende Wirkung, die Adam Lonitzer beschrieb, wird heute noch geschätzt und geht auf seine Fruchtsäure zurück.

HERKUNFT UND HANDELSWARE

Feldsalat gehört zu den Baldriangewächsen (Valerianaceen). Die jungen, winterharten Blattrosetten werden von Oktober bis März als Salat verwendet. Er gedeiht am besten auf Brachäckern. Noch heute wird er in Weinbaugebieten für einen besonders frischen Salat gesammelt. Feldsalat kommt bei uns weitgehend aus heimischem Anbau in den Handel.

INHALTSSTOFFE

Feldsalat besitzt viel Vitamin A (650 Mikrogramm) und Carotinoide wie Betacarotin und Lutein. Er hat zudem einen hohen Anteil an antioxidativen Phenolsäuren und dem Flavon Luteolin. In geringerem Umfang enthält Feldsalat auch Eisen, Zink und Vitamin C.

HEILWIRKUNG

Vitamin A ist wichtig für den Sehvorgang und das Wachstum von Haut und Schleimhaut. Carotinoide sind darüber hinaus ein sehr wirksamer Zellschutz, wobei sich Lutein vor allem in den Augen und in den Eierstöcken anreichert. Feldsalat ist daher für Frauen besonders gesund und kann während der Schwangerschaft und bei der Entwicklung des Kindes aufgrund des wachstumsfördernden Provitamins A, des Zinks und der schützenden Carotinoide hilfreich sein. Er eignet sich gut als Salat im Winter. Hier unterstützen die Carotinoide als Radikalfänger das in der kalten Jahreszeit sehr beanspruchte Immunsystem.

Vorsichtshinweis

Feldsalat kann viel Nitrat speichern.

DIE STECKBRIEFE DER LEBENSMITTEL

FENCHEL *Foeniculum vulgare Mill.*

Hildegard von Bingen, die bekannte Äbtissin der Klöster Disibodenberg und Ruppertsberg, schreibt um 1150 in ihrem Werk ›Physica‹ zur Fenchelknolle: »Wie auch immer sie gegessen wird, roh oder gekocht, macht sie den Menschen fröhlich und vermittelt ihm angenehme Wärme und eine gute Verdauung. Wer Fenchel täglich nüchtern isst, der vermindert üblen Schleim, unterdrückt üblen Atemgeruch und bringt seine Augen zum klaren Sehen.«

GESCHICHTE

Fenchel ist bereits seit der Antike als Gewürz- und Heilpflanze bekannt. Schon die Ägypter, Griechen und Römer schätzten dieses Gemüse aufgrund seiner vielfältigen Heilkräfte und des anisartigen Geschmacks seiner Samen. Dioskurides (60 n. Chr.) empfahl in der ›Materia medica‹ die Fenchelwurzel nicht nur bei Nieren- und Blasenleiden, sondern auch zur Förderung der Muttermilch und bei Menstruationsbeschwerden. Durch die Klosterkultur gelangte der Fenchel vom Mittelmeerraum bis über die Alpen und verbreitete sich zur Zeit Karls des Großen bis nach Nordeuropa. In der Klostermedizin wurde Fenchel als wärmende und trocknende Pflanze angesehen und bei Magen-Darm-Problemen und Atemwegserkrankungen verordnet. Viele Werke, vom ›Circa instans‹ (um 1150) bis hin zum ›Kräuterbuch‹ von Adam Lonitzer (1557), orientierten sich an den Rezepten des Dioskurides. So schrieb Lonitzer, dass »Fenchel gegessen, den Magen stärket und wohl dauen macht«. Einige Rezepturen mit Fenchelgemüse waren bei den Heilkundigen des Mittelalters besonders beliebt, wie etwa die Abkochung der Wurzel mit Gerstenmehl in Wein. Diese sollte Wasser aus dem Körper leiten oder gegen keuchenden Husten helfen.

HERKUNFT UND HANDELSWARE

Der Gemüsefenchel zählt zur Familie der Doldenblütler (Apiaceen). Vermutlich ist er durch Züchtungsversuche aus dem Bitteren und dem Süßen Fenchel hervorgegangen. Im Gegensatz zu diesen hat der Gemüsefenchel sehr kleinkörnige Früchte und seine unterirdischen Blattsprosse bilden eine Speicherzwiebel aus, deren Blätter dick und saftreich sind. Daher lautet die botanisch korrekte Bezeichnung auch Fenchelzwiebel. Obwohl Knollen aus einer Wurzel hervorgehen, hat sich in der Umgangssprache der Begriff »Fenchelknolle« eingebürgert. Die Anbaugebiete des frostempfindlichen Gemüsefenchels sind vor allem Italien, Frankreich, Griechenland, Schweiz, Spanien und Afrika.

GEMÜSE

INHALTSSTOFFE

Die Fenchelzwiebel besteht zu 92 Prozent aus im Pflanzengewebe gebundenem Wasser, einem hohen Kohlenhydratanteil sowie aus löslichen (Nichtstärkepolysaccharide) und unlöslichen (Zellulose) Ballaststoffen. Pro 100 Gramm Gemüse weist Fenchel 440 Milligramm Kalium auf. Auch Kalzium ist in nennenswerter Menge enthalten. Flavonoide wie Quercetin sowie die Carotinoide und Vitamin C zählen zu den natürlichen Antioxidanzien, die in der Fenchelzwiebel stecken. Darüber hinaus finden sich in Fenchel größere Mengen an wertvollen B-Vitaminen (B1, B2, Niacin, Pantothensäure, B6). Die ätherischen Öle der Fenchelzwiebel sind so deutlich zu schmecken, dass die Verwandtschaft zu Anis- und Fenchelfrüchten leicht festzustellen ist.

HEILWIRKUNG

Die Fenchelzwiebel hilft bei Verdauungsproblemen wie Blähungen, Völlegefühl und vor allem Verstopfungen sowie bei Steinbildung in Galle und Harnwegen. Da sie leicht verdaulich und ein basisches Lebensmittel ist, entlastet sie bei Reizmagen und anderen Verdauungsstörungen den Magen-Darm-Trakt und führt zu deutlicher Linderung der Beschwerden.

Der hohe Wassergehalt und die Ballaststoffe der Fenchelzwiebel sorgen für die darmreinigende und den Stuhl erweichende Wirkung. Dies pflegt die natürliche Darmflora und trägt so zur Entlastung der Leber und zur Stärkung des Immunsystems bei. Die Faserstoffe binden sowohl Fette als auch Stoffwechselprodukte und befördern sie aus dem Körper. Aufgrund dieser ausleitenden Wirkung unterstützen sie alle Kuren zur Entgiftung, die z. B. bei entzündlichen und allergischen Beschwerden angezeigt sind. Auf diese Weise werden auch die Cholesterin- und Triglyzeridwerte gesenkt. Das in Fenchel enthaltene Kalium fördert die Ausscheidung von Natrium und Wasser aus dem Körper, wirkt somit entwässernd und der Bildung von Harnsteinen entgegen. Die natürlichen Antioxidanzien schützen die menschlichen Zellen vor freien Radikalen. Die ätherischen Öle des Fenchels wirken bei Entzündungen des Nasen-Rachen-Raums schleimlösend.

Vorsichtshinweis

Fenchel kann in seiner Zwiebel reichlich Nitrat speichern. Das Blanchier- und Garwasser von Fenchel ist deshalb nicht für die Zubereitung von Säuglingsnahrung geeignet. Am wenigsten Nitrat ist in biologisch angebautem Freilandgemüse enthalten. Um die Nitrataufnahme möglichst gering zu halten, sollten die äußeren Blätter entfernt und das Gemüse in Wasser blanchiert oder gegart werden, denn warmes Wasser kann bis zu 80 Prozent des Nitrats herauslösen. Nitratspeichernde Pflanzen sollten mit Vitamin-C-reichen Lebensmitteln gegessen werden, um die Umwandlung in schädliches Nitrit zu hemmen.

Aus der Praxis

Nach der klösterlichen Lehre ist das Fenchelgemüse wärmend und trocknend und damit besonders geeignet bei Verstopfung, Stein- und Leberleiden und für Ausleitungskuren. Es wirkt lösend, entkrampfend und entwässernd. Fenchel sollte nach Möglichkeit nicht abends gegessen werden, da die Verdauung angeregt wird. Der leberschonende Fenchel passt besonders gut zu gebratenem Fleisch oder Fisch. Garen mit fetten Zutaten wie Käse, Butter oder Salatöl erleichtert die Aufnahme der fettlöslichen Vitamine.

GARTENMELDE *Atriplex hortensis L.*

Adam Lonitzer fasst die Anwendung der Melde wie folgt zusammen: »Ein Mus zur Speis bereitet, bekommt den dürren hitzigen cholerischen Menschen. Sie ist mäßig kalt und feucht im zweiten Grad. Oft genützt treibet sie die Spulwürmer aus. Die Melde erweicht den Bauch und ist Nutz denen so eine hitzige Leber haben. Mit Bingelkraut in einem Gemüs gesotten, die Brüh genützt, macht zu Stuhl gehen.«

GESCHICHTE

Die Gartenmelde gehörte schon in der Antike zu den Gemüsepflanzen, die kultiviert wurden. Der griechische Naturforscher Theophrastos (371–287 v. Chr.) schrieb, »sie sei ein bekanntes Gemüse, das zum Kochen dient und auch einige Heilkraft hat«. In der ›Naturgeschichte‹ von Plinius stand, dass die gekochte Melde, pur oder zusammen mit Malvenblättern oder Linsen, die Verdauung anregen soll. Laut dem ›Macer floridus‹ und der ›Physica‹ Hildegards von Bingen bewirke sie, als Gemüse zubereitet, eine gute Verdauung. In der mittelalterlichen Klosterheilkunde wurde die Gartenmelde mit ihrer kühlenden und befeuchtenden Qualität dem überhitzten, trockenen Choleriker empfohlen, der unter Gallenbeschwerden, überreiztem Magen und Oberbauchbeschwerden leidet. Sie diente außerdem zur Unterstützung der Entgiftung von Leber, Niere und Haut.

HERKUNFT UND HANDELSWARE

Die Gartenmelde ist ein altes Spinatgemüse aus der Familie der Gänsefußgewächse (Chenopodiaceen), das aus Mittelasien stammt. Heute kommt die Gartenmelde in Europa nur in Kulturen vor. Die rasch welkenden Blätter des Gemüses werden ungefähr im Juli zu Beginn der Blüte geerntet.

INHALTSSTOFFE

Die Gartenmelde ist reich an Mineralstoffen. In 100 Gramm sind 540 Milligramm Kalium (zum Vergleich: Bei der die Brennnessel sind es 470 Milligramm), 100 Milligramm Magnesium und 6 Milligramm Eisen enthalten. Auffallend ist auch der hohe Saponingehalt, mit dem sich die Wirkung bei Würmern und bei träger Verdauung erklären könnte. Die enthaltenen Oxalate machen die Zähne und die Zunge beim Verzehr rau.

HEILWIRKUNG

Die Gartenmelde kann bei Eisen- und Kaliummangel helfen. Kalium wirkt harntreibend und entwässernd und regt eine träge Verdauung an. Saponine reizen die Darmschleimhaut und können so den Stuhlgang beschleunigen.

Vorsichtshinweis

Gartenmelde kann allergische Reaktionen und Vergiftungen hervorrufen, wenn man sich über mehrere Wochen ausschließlich von ihr ernährt. Bei Nieren- und Blasensteinen sollte man Gartenmelde nicht essen, da sie viel Oxalat enthält.

GEMÜSE

Cucumis sativus L. GURKE

Während Dioskurides zur Gurke bemerkt, »dass der mit den Kernen und Mehl vermischte Saft in der Sonne getrocknet, die Haut des Antlitzes reinigt und verschönt«, heißt es in einem italienischen Gesundheitsregimen: »Man wähle aus dem Garten die großen von noch nicht zitronengelber Färbung. Wegen ihrer kalten und feuchten Eigenschaft lindern sie starkes Fieber. Sie sind harntreibend und erzeugen wässriges Blut.«

GESCHICHTE

Die Gurke stammt aus Indien und breitete sich von dort nach Osten und Westen aus. Vermutlich kam sie durch die Römer nach Mitteleuropa. Als Lebensmittel war sie weniger geachtet, da sie für damalige Bedürfnisse zu wenig Kalorien lieferte. Sie galt in der Klosterheilkunde jedoch als ideale Speise bei großer Hitze. Zusammen mit der Melone und dem Kürbis wurde sie besonders als Fiebermittel geschätzt, denn alle diese Gewächse galten als kühlend und befeuchtend.

HERKUNFT UND HANDELSWARE

Gurken gehören zu den Kürbisgewächsen (Cucurbitaceen). Von Japan bis Westeuropa existieren diverse Züchtungen in den verschiedensten Größen und Formen. Der Bitterstoff Elaterimid wurde zwar weitgehend weggezüchtet, aber noch heute findet man mitunter sehr bittere Salatgurken. Besonders gute Qualität haben die Spreewaldgurken. Gurken werden als längliche Salatgurken oder in Essig eingemacht als Gewürz- oder Senfgurken oder als milchsauer vergorene Salzgurken angeboten.

INHALTSSTOFFE

Gurken haben mit 96 bis 97 Prozent einen enorm hohen Wassergehalt. In ihnen stecken kaum Eiweiß oder Fett und nur 1 bis 2 Gramm Kohlenhydrate, meist in Form von Frucht- und Traubenzucker. Sie liefern deshalb auch kaum

Energie (12 kcal pro 100 Gramm). Mineralstoffe und Vitamine sind nur in sehr geringen Mengen nachweisbar. Allein Kalium ist mit 160 Milligramm noch erwähnenswert.

HEILWIRKUNG

Die Gurke eignet sich wegen ihres hohen Wassergehalts gut für Ausleitungskuren bei Übergewicht, Bluthochdruck, erhöhten Blutfettwerten, Müdigkeit, Migräne, Prostatabeschwerden sowie Harn- und Nierensteinen. Diese Eigenschaft und ihre niedrige Kalorienzahl machen Gurken zur idealen Reduktionskost. Das gebundene Wasser trägt zur Reinigung des Darms bei, vor allem in Verbindung mit verdauungsfördernden Gewürzen wie Ingwer, Pfeffer und Dill. Weitere, die reinigende Wirkung unterstützende Zutaten sind Zwiebeln, Knoblauch oder Bärlauch, die mit ihren schwefelhaltigen Verbindungen Schwermetalle binden und ausleiten können. Für eine kalorienarme und dennoch anhaltende Sättigung sorgt die Kombination mit Hirse, Reis, Amarant oder getrockneten Bohnen.

Vorsichtshinweis

Keine Unverträglichkeiten bekannt.

Kohl *Brassica oleracea L.*

Dioskurides nennt Kohl als ein gesundheitsförderndes Lebensmittel: »Der im Garten angebaute Kohl ist gut für den Bauch, wenn er kurz gekocht gegessen wird. Stark gekocht stillt er den Durchfall und dies noch mehr, wenn er zweimal gekocht wird und zwar in Lauge. Als Speise hilft Kohl denen, die an Kurzsichtigkeit und Zittern leiden. Er beseitigt auch – danach gegessen – das von einem Rausche oder vom Wein herrührende schlechte Befinden. (…) Der rohe Kohlsaft, mit Schwertlilie und Natron getrunken, erweicht den Bauch.«

GESCHICHTE

Der griechische Naturforscher Theophrastos (371–287 v. Chr.) kannte bereits drei Kohlarten: Kraus-, Glattblättrigen und Wilden Kohl. Nach Cato (235 v. Chr.) berichteten auch Plinius und Columella im 1. Jh. n. Chr. über den Kohl. Demnach gab es Strunkkohl, ähnlich unserem Kohlrabi; Sprossenkohl mit hochwüchsigen Stängeln und vielen Zweigen, die immer wieder abgeschnitten wurden; Blattkohl mit krausen Blättern, ähnlich dem Grünkohl; niedrigen Kohl mit festen, geschlossenen Köpfen (Krautkohl) und eine Art Brokkoli. Die jüngste Form ist der Rosenkohl, der erst im 18. Jh. in Holland gezüchtet wurde. Die Äbtissin Hildegard von Bingen empfahl den Kohl nur als Nahrung für Gesunde und Kräftige, die übrigen Autoren setzten ihn gegen alle Arten von Schmerzen und Entzündungen innerlich wie äußerlich ein. Auch der Kohlsaft wurde bereits in der Klosterheilkunde angewendet.

HERKUNFT UND HANDELSWARE

Die vielen Kohlarten sind Varietäten der *Brassica oleracea* aus der Familie der Kreuzblütler (Brassicaceen), deren Wildformen heute noch an den Küsten von Nordsee und Atlantik wachsen. Kohl steht unter den Gemüsearten im weltweiten Anbau an erster Stelle und wird überwiegend in Asien und Europa kultiviert. Zu den Kohlarten zählen Weißkraut, Blumenkohl, Rotkraut, Wirsing, Kohlrabi, Brokkoli, Grün- und Rosenkohl. Die Kohlsorten lassen sich zu Gemüse, Salaten, Säften und Milchsauervergorenem verarbeiten.

INHALTSSTOFFE

Die Kohlarten ähneln sich in der Zusammensetzung und im Gehalt an löslichen Ballaststoffen, Folsäure, Kalium, Kalzium und Carotinoiden. In 100 Gramm Grünkohl sind z. B. 450 Milligramm Kalium enthalten. Damit liefert er mit Rosenkohl von allen Kohlarten am meisten Kalium. Die enthaltenen Glucosinolate (Senföle) verursachen den typischen Kohlgeruch. Beim Schneiden des

Gemüses werden bestimmte Enzyme, die Myrosinasen frei, welche die Senföle zu Isocyanat, Isothiocyanat und Indol umwandeln. Im leicht sauren Milieu von Sauerkraut und Salaten wirken diese Enzyme besonders gut. Den höchsten Gehalt an Glucosinolaten weist der Rosenkohl auf. Alle Kohlarten (vor allem Grün- und Rosenkohl) verfügen über Flavonoide und weitere Polyphenole. Diese beiden Stoffgruppen wirken ebenso wie die speziell im Rotkohl enthaltenen Farbstoffe (Anthocyane) antioxidativ. Grünkohl besitzt jede Menge Carotinoide, Folsäure sowie Vitamin E, K und C. Die beiden Letzteren sind auch in Wirsing (2,5 Milligramm) und Rosenkohl (1,0 Milligramm) in größeren Mengen enthalten. Wirsing ist besonders reich an Vitamin C und E.

HEILWIRKUNG

Grünkohl und Rosenkohl sind besonders gesund, wobei alle Kohlarten bei regelmäßigem Verzehr gegen Entzündungen wie Harnwegsinfekte und Nasennebenhöhlenentzündung, aber auch gegen anormales Zellwachstum helfen können. Das Kalzium und die Folsäure sind bei Osteoporose für die Knochenbildung notwendig. Carotinoide reichern sich im Fettgewebe, in der Leber, in den Augen und in den Eierstöcken an und binden dort freie Radikale. Antioxidanzien und antikanzerogen wirkende Glucosinolate können bei Entzündungen der Magenschleimhaut und der Speiseröhre, bei Sodbrennen sowie bei Leber- und Lungenerkrankungen besonders hilfreich sein. Für Frauen im gebärfähigen Alter und ab dem 40. Lebensjahr sind alle Kohlarten empfehlenswert, weil sie die für die Zellteilung wichtige Folsäure sowie Indole liefern. Indol hat über die körpereigenen Östrogene einen positiven Einfluss auf die Gebärmutterschleimhaut und das Brustgewebe. Folsäure baut außerdem Homocystein ab, einen wichtigen Verursacher von Gefäßverkalkung (Arteriosklerose). Als sinnvolle Ernährung bei erhöhten Cholesterinwerten und bei Herz-Kreislauf-Erkrankungen wie Bluthochdruck und Arteriosklerose bieten sich die Kohlarten an, da sie wenig Fett, dafür cholesterinbindende Ballaststoffe und zahlreiche gefäßschützende Antioxidanzien enthalten. Vitamin E kann u. a. dem Entstehen gefäßverstopfender Plaques aus Cholesterin vorbeugen.

Vorsichtshinweis

Kohl kann Blähungen verursachen und viel Nitrat speichern. Es sollte möglichst Kohl verwendet werden, der aus ökologischem Anbau stammt und an warmen Tagen geerntet wurde. Dann enthält er am wenigsten Nitrat. Grünkohl, Wirsing und Weißkohl zählen zu den Gemüsen mit mittleren Nitratwerten (50 bis 100 Milligramm). Kohlrabi ist nicht zur Zubereitung von Säuglingsnahrung geeignet, da er viel Nitrat speichert. Die WHO gibt 220 Milligramm Nitrat pro Tag als Grenzwert an.

Aus der Praxis

Nach der mittelalterlichen Klosterheilkunde half Kohl bei Hautleiden, Geschwüren, rheumatischen Beschwerden und Gicht. Hildegard von Bingen und Lonitzer bewerteten ihn als kühlend und befeuchtend. Das gesäuerte Kraut galt als wärmend und trocknend und damit als eine Winterspeise, die mit ihren Vitaminen und Antioxidanzien das Immunsystem stärkt. Zum Schutz vor Blähungen sollten Sie alle Kohlarten mit verdauungsfördernden Gewürzen wie Kümmel, Pfeffer und Muskat kombinieren und möglichst nicht am Abend essen.

KÜRBIS *Cucurbita pepo L.*

Walahfrid Strabo beschreibt in seinem Gartengedicht aus dem 9. Jh. den Flaschenkürbis als besonders schmackhafte Speise: »Solange die Frucht des Kürbis noch saftig und zart ist, bevor im Spätherbst die Flüssigkeit vertrocknet und die Schale verholzt, sehen wir oftmals, wie der Kürbis zusammen mit anderen köstlichen Speisen am Tisch herumgereicht wird; die wohl zubereiteten Fruchtstücke, getränkt mit dem Fett der dampfenden Pfanne, ergeben einen hervorragenden Nachtisch als süße Delikatesse.«

GESCHICHTE

Kürbisse spielen bereits seit langer Zeit in der Ernährung eine wichtige Rolle. Bereits im alten Ägypten wurden diverse Kürbisarten in Malereien dargestellt. Die Griechen schätzten Kürbisse als Nahrungs- und Arzneimittel. Auch die Klostermedizin kannte die schmackhafte Frucht, wie das Zitat von Walahfrid Strabo zeigt. Dort handelte es sich jedoch um den Flaschenkürbis (*Curcurbita lagenaria*), den die Mönche aus dem Mittelmeerraum über die Alpen brachten. Erst durch Kolumbus kam der Gartenkürbis aus Mittelamerika nach Europa. Schon wenige Jahrzehnte später wurden verschiedene Sorten gezüchtet. Adam Lonitzer berichtete in seinem ›Kräuterbuch‹: »Etliche sind rund oder lang oder gekrümmt oder gebogen wie Hörner, etliche dünn, andere kräftig, groß oder klein, je nachdem, auf welchem Erdreich sie wachsen. Er ist eine angenehme Speise in heißen Ländern. Solches Gewächs wird fast in allen Gärten und an den Zäunen gefunden.«

In der mittelalterlichen Klosterheilkunde wurde der Kürbis gegen die »Hitze« innerer Organe, besonders der Leber, der Nieren und der Blase verordnet. Als eine »heiße« Krankheit galt nicht nur Fieber, sondern jede Entzündung im Körper. Kürbiskerne wurden ebenfalls bei Erkrankungen der Harnwege eingesetzt. Konrad von Megenberg empfahl als Krankenspeise gekochtes oder gebratenes Fruchtfleisch ohne Kerne.

HERKUNFT UND HANDELSWARE

Unter der Familie der Kürbisgewächse (Cucurbitaceen) sind viele Kürbisarten unterschiedlicher Formen, Farben und Herkunft zusammengefasst. Kürbisse werden heute auf der ganzen Welt angebaut, in Europa vor allem in Ungarn, Rumänien und Spanien. In Deutschland sind zwei Arten im Handel: der gewöhnliche Gartenkürbis (*Cucurbita maxima*), der ursprünglich aus Mexiko stammt, und der Riesenkürbis (*Cucurbita gigantea*). Grundsätzlich wird zwischen Sommer- und Winterkürbissen unterschieden.

Sommerkürbisse wachsen sehr schnell heran und können mit der Schale auch unreif gegessen werden. Winterkürbisse haben hingegen eine harte Schale und ein weiches Fruchtfleisch.

Als eine besondere Delikatesse gilt das Kürbiskernöl. Für die Ölgewinnung und die medizinische Verwendung wird überwiegend der »Steirische Ölkürbis« eingesetzt, bei dem die Schale der Kerne nicht verdickt. Die Kerne sind aus diesem Grund sofort genießbar und haben einen sehr hohen Ölgehalt.

INHALTSSTOFFE

Das Fruchtfleisch der Kürbisse besteht bis zu 90 Prozent aus Wasser, daneben aus Stärke, Zucker, Eiweiß und Ballaststoffen, relativ vielen Kohlenhydraten und sehr wenig Fett. Als Mineralstoffe sind Phosphor, Kalium und Eisen in größeren Mengen enthalten sowie Magnesium. Kürbisse sind weiterhin reich an Carotinoiden und den Vitaminen E, A, B1, B2 und B6 und nicht zuletzt an Vitamin C.

Die Kürbiskerne liefern wertvolle Fettsäuren (Linolensäure), Pflanzenhormone (Phytosterole), Vitamin E, Carotinoide und das wertvolle Spurenelement Selen. Einzigartig ist die Aminosäure Cicurbitin, die gegen Spul- und Bandwürmer wirkt. Das Kürbiskernöl besitzt etwa 80 Prozent mehrfach ungesättigte Fettsäuren. Davon macht die besonders gesundheitsförderliche Linolensäure über die Hälfte aus.

HEILWIRKUNG

Das Zusammenwirken der Vitamine A, C, E, mit den Carotinoiden, dem Spurenelement Selen und den ungesättigten Fettsäuren (z.B. Linolensäure) schützt vor Viruserkrankungen und unterstützt den körpereigenen Immunschutz.

Der gesamte Vitamin-B-Komplex ist sowohl für eine geregelte Verdauung als auch für gesunde Augen, Haare, Haut und Leber unerlässlich. B-Vitamine werden in der lichtarmen Jahreszeit besonders benötigt, insbesondere Vitamin B1 hilft gegen die Winterdepression. Auch aufgrund ihres hohen Ballaststoff- und Wassergehalts sind Kürbisse gut für die Verdauung. Die Mineralstoffe Kalium und Natrium sorgen für eine harntreibende Wirkung. Die Anwendung der Kürbiskerne des »Steirischen Ölkürbisses« bei Reizblase und bei einer gutartigen Vergrößerung der Prostata sind durch die Phytosterole erklärbar: Diese pflanzlichen Fettbegleitstoffe sowie Vitamin E stärken die Blasenmuskulatur, was gerade bei Reizblase wichtig ist, und wirken regulierend auf den Hormonspiegel. Sie lindern so die Störungen der Harnblasenentleerung bei Prostatavergrößerung. Die reizarmen Inhaltsstoffe entlasten den Magen, da sie Säuren abpuffern können.

Vorsichtshinweis

Kürbisfleisch muss unbedingt gekocht werden, es eignet sich nicht zum Rohverzehr.

Aus der Praxis

Schon in der Klosterheilkunde galt der Kürbis als sanft kühlend und befeuchtend und als ein Mittel zur inneren Reinigung und Entgiftung sowie bei Problemen der Harnwege. Um den vollen Nutzen des Kürbisses zu erhalten, empfiehlt es sich, Kürbissuppe mit Kürbiskernöl und Kernen im Herbst häufig auf den Speiseplan zu setzen. Kürbiskerne sollten Sie ruhig über das ganze Jahr hinweg regelmäßig knabbern, denn sie können den kleinen Hunger ebenso gut stillen wie ein Schokoriegel, sind dabei aber unvergleichlich gesünder.

Lauch & Bärlauch

Allium porrum L. & Allium ursinum L.

Im ›Macer floridus‹ werden viele Vorzüge des Lauchs genannt: »Wenn du die weißen Lauchteile in Wasser kochst und das erste Wasser abgießt und ein zweites aufgießt, nützt dieser Trank dem verhärteten Leib gar sehr, mit Wein vermischt, zieht der Saft aber zusammen.« Mit Wein wurde der Lauch Patienten gereicht, die an Vergiftungen litten.

GESCHICHTE
Die ältesten Nachweise für Lauch finden sich in Ägypten um 1550 v. Chr. Von den Römern wurde er nach Mitteleuropa gebracht. Ibn Butlan bewertete die Alliumarten als stark wärmend und mäßig trocknend. Einsatzgebiet waren kalt-feuchte Leiden wie Darmverstopfung und Gefäßverkalkung sowie niedriger Blutdruck.

HERKUNFT UND HANDELSWARE
Die Laucharten der Zwiebelgewächse (Alliaceen) wachsen auf der Nordhalbkugel. In Deutschland gibt es 29 Alliumarten, darunter Bärlauch in Laubwäldern und Porree, auch Winterlauch oder Lauch genannt, der in Kulturen wächst.

INHALTSSTOFFE
Die wichtigsten Inhaltsstoffe der Laucharten sind organische Schwefelverbindungen, die geruchlosen Alliine. Durch ein Vitamin-B6-abhängiges Enzym und Umsetzungsprozesse beim Garen entstehen daraus Lauchöle, die meist scharf schmecken und stark riechen. Intensiv schmeckender Lauch ist besonders reich an Lauchölen. Bärlauch und Lauch enthalten etwa 300 Milligramm Kalium. Lauch liefert außerdem bis zu 0,5 Milligramm Vitamin B6 pro 100 Gramm.

HEILWIRKUNG
Regelmäßig gegessen helfen Lauch und Bärlauch durch ihre Lauchöle bei erhöhtem Cholesterinspiegel, Arteriosklerose und Diabetes. Das ausleitende Kalium macht sie zur sinnvollen Nahrung bei hohem Blutdruck und anderen Herz-Kreislauf-Erkrankungen. Speziell das Vitamin 6 im Lauch unterstützt den Abbau von Homocystein und wirkt so einer Gefäßverkalkung entgegen. Spezielle Komponenten im Lauchöl des Bärlauchs lösen Verkrampfungen der Bronchien. Sein Lauchöl soll auch Schwermetalle binden und ausleiten. Lauch und Bärlauch wirken antiviral, antibakteriell und antimykotisch.

Vorsichtshinweis
Größere Mengen Lauch können den Magen reizen. Bärlauch kann bei zu niedrigem Blutdruck Schwindel und Benommenheit hervorrufen.

GEMÜSE

Löwenzahn

Taraxacum officinalie Web.

Im ›Kanon‹ des persischen Arztes Avicenna heißt es: »Diese bekannte Pflanze ist eine Spezies der Endivie. Ihre Eigenschaften sind Kälte und Feuchtigkeit und ihre Wirkung ist kühlend und öffnend. Der Milchsaft des Löwenzahns beseitigt das Weiße im Auge. Sein Saft nützt den Wassersüchtigen und öffnet die verstopfte Leber. Er schützt vor Gift.«

GESCHICHTE

Löwenzahn kam durch die morgenländische Kultur nach Westeuropa. Vor der Übersetzung des ›Kanons‹ von Avicenna findet sich kein sicherer Hinweis auf die Pflanze. Die »verstopfte Leber« im Zitat oben beschreibt einen mangelhaften Gallenfluss. Die Klosterheilkunde nannte die kühlende und befeuchtende Pflanze als Heimittel für die »heiße« und »kalte« Leber.

HERKUNFT UND HANDELSWARE

Löwenzahn gehört zur Familie der Korbblütler (Asteraceen) und wächst auf stickstoffreichen Böden. Die jungen Blätter werden für Salate, Suppen oder als Frischpflanzenpresssaft verarbeitet. Wurzel und Kraut dienen als Arzneimittel, die Stängel werden als Salat verwendet. Die im Herbst ausgegrabene Wurzel wird geröstet und wie die Zichorienwurzel als Kaffee-Ersatz genutzt.

INHALTSSTOFFE

Der Milchsaft weist verdauungsanregende Bitterstoffe auf. 100 Gramm Löwenzahnblätter enthalten 480 Milligramm Kalium sowie ein breites Spektrum an weiteren Mineralstoffen, Spurenelementen und Vitaminen. Erwähnenswert ist dabei der Eisengehalt von 3,3 Milligramm, des Weiteren das Vorkommen von Mangan und Vitamin B6. Zudem sind Carotinoide, Flavonoide sowie Vitamin E in größerer Menge vertreten.

HEILWIRKUNG

Die Bitterstoffe helfen bei Appetitlosigkeit, Verdauungsbeschwerden und bei Leber- und Gallenerkrankungen. Das Kalium im Löwenzahn leitet Wasser aus, weshalb die Blätter bei Harnwegsinfekten, zur Vorbeugung von Nieren- und Blasensteinen, bei Rheuma und Entlastungskuren verwendet werden. Kalium reguliert zusätzlich den Säure-Base-Haushalt. Mangan ist am Energiestoffwechsel und Eisen an der Blutbildung beteiligt. Vitamin B6 ist wichtig für den Kohlenhydratstoffwechsel, die Zinkverwertung und die Serotoninbildung.

Vorsichtshinweis

Die Bitterstoffe können den Magen reizen.

DIE STECKBRIEFE DER LEBENSMITTEL

MÖHRE *Daucus sativus L.*

Adam Lonitzer schreibt über die Möhre: »Es gibt grundsätzlich zwei Arten, die zahme und die wilde. Von den zahmen gibt es drei Sorten: die rote, die gelbe und die weiße. Die wilden Möhren werden auch Vogelnester genannt. Bei verstopfter Leber und Milz mache man einen Sirup von der Wurzel und dem Samen, mische Fenchelsaft darunter und trinke den abends und morgens.«

GESCHICHTE

Die wilde Möhre (*Daucus carota*) wächst fast überall. Man vermutet, dass die aus ihr kultivierte Gemüsekarotte (*Daucus sativus*) mit fleischiger Wurzel bereits in der jüngeren Steinzeit angebaut wurde. Nachweisen lässt sie sich allerdings erst in den schriftlichen Quellen der traditionellen europäischen Medizin. Bereits Hippokrates, Dioskurides und Galen schätzten die Möhre sehr. Während Hildegard von Bingen dem »Morkrut« außer der Sättigung keine besondere Wirkung zutraute, wurde die Pflanze im ›Macer floridus‹ hoch gelobt. Sie soll in Honigwein gekocht Verdauungsbeschwerden lindern und in Milch gekocht Durchfall beseitigen. Die Möhren galten auch als Aphrodisiakum, die »den Ehemann lustig machen«, wie Pietro Andrea Matthioli, der Leibarzt von Kaiser Maximilian II., im 16. Jh. schrieb.

HERKUNFT UND HANDELSWARE

Die Möhre zählt zu den Doldenblütlern (Apiaceen) und gedeiht in allen gemäßigten Regionen. Nur ihre Wurzel kann verzehrt werden. Seit dem 19. Jh. sind zwei Varianten bekannt: die Lange Möhre mit einer langen, spindelförmigen Wurzel und die Karotte, die eine kürzere und zylinderförmige Wurzel besitzt. Außerdem wird zwischen weißer, gelber und roter Möhre unterschieden. Letztere wird auch Carotin-Möhre genannt, weil sie besonders viel Carotinoid enthält. Sie ist heute am häufigsten erhältlich und wurde aus den gelben Möhren gezüchtet. Deshalb spricht man in Süddeutschland teils noch von Gelben Rüben. Die roten bis violettroten Möhren enthalten den Farbstoff Anthocyan. Weiße Möhren sind farbstofflos und wurden seit dem 19. Jh. nur noch als Futterrüben verwendet. Möhren sind frisch, tiefgefroren und als Saft im Handel.

INHALTSSTOFFE

Möhren bestehen aus etwa 6 bis 10 Prozent Kohlenhydraten, 88 Prozent Wasser, Ballaststoffen (Pektin und Oligosaccharide) und nur sehr wenig Fett und Eiweiß. Möhren und ihr Saft liefern nur etwa 28 kcal Energie pro 100 Gramm. Zucker (Rohr-, Trauben- und Fruchtzucker) stellen den größten Anteil an den Kohlenhydraten.

Obwohl Möhren (70) den gleichen glykämischen Index (GI) wie Baguette (70) besitzen, haben sie nur eine geringe glykämische Last (GL 3,4) und lassen daher den Blutzuckerspiegel nur wenig ansteigen. Unter allen Lebensmitteln besitzen sie mit etwa 11 Milligramm den höchsten Gehalt an Carotinoiden. Generell gilt, je höher der Anteil an Betacarotin ist, desto kräftiger ist die Orangefärbung. Silizium, B-Vitamine, Vitamin C und E kommen ebenfalls vor.

HEILWIRKUNG

Wegen ihrer niedrigen glykämischen Last sind Möhren bei Übergewicht zu empfehlen. Carotinoide werden vor allem in der Leber und im Unterhautgewebe gespeichert. Sie fangen freie Radikale ab und wirken als Schutz der Leber- und Hautzellen. Möhren sollten möglichst mit pflanzlichen Ölen oder Butter gegessen werden, damit die fettlöslichen Carotinoide optimal im oberen Darm resorbiert werden, wo sie in Vitamin A umgewandelt werden. Vitamin A ist am Sehvorgang, an der Zellbildung von Haut, Schleimhaut und Knochen und an der Neubildung von Spermien beteiligt. Da sich die Vitamine A, C und E in ihrer antioxidativen Wirkung ergänzen, sind Vitamin-C-reiche Lebensmittel und Vitamin-E-haltige Öle ideale Partner. Zusammen mit zinkhaltigen Lebensmitteln wie Austern, Weizenkeimen oder Hühnerei können Möhren die Zeugungskraft unterstützen. Möhren belasten nicht, weil sie fettfrei und cholesterinarm sind. Sie eignen sich daher bei Lebererkrankungen, Zwölffingerdarm- und Bauchspeicheldrüsenentzündungen. In Kombination mit Löwenzahn, Artischockenblättersaft, Eigelb und Sojaprodukten fördern Möhren den Gallenfluss. Bei Durchfall und Wurmbefall sind Möhren Speise und Arznei zugleich. Das Silizium aus Möhren fördert die Knorpelbildung und beeinflusst damit Gelenkerkrankungen positiv.

Vorsichtshinweis

Nur selten tritt das Sellerie-Karotten-Beifuß-Gewürz-Syndrom auf. Es wird so genannt, da es meist Pollenallergiker betrifft, die auf verschiedene Gewürze mit Unverträglichkeiten reagieren.

Aus der Praxis

Möhren wurden in der mittelalterlichen Klosterheilkunde als wärmend und trocknend beschrieben und haben eine stark verdauungsanregende und ausleitende Wirkung. Sie sind eine gute Nahrung für Säuglinge sowie allgemein in der Winterzeit. Bei Durchfall empfiehlt sich die Möhrensuppe nach Moro: Dafür 500 Gramm Möhren in Würfel schneiden, in wenig Wasser weich dünsten, pürieren und mit abgekochtem Wasser auf 1 Liter Suppenvolumen auffüllen. Die Suppe einmal kurz aufkochen und mit 3 Gramm Salz abschmecken.

OLIVE *Olea europaea L.*

Ibn Butlan beschreibt die verschiedenen Handelsformen und ihre Qualitäten im ›Tacuinum sanitatis‹ mit folgenden Worten: »Es gibt zwei Arten von Oliven. Die öligen nähren ziemlich stark. Die fetten, die in Salzwasser aufbewahrt werden, sind herb und machen deswegen Appetit. Sie stärken den Magen, besonders wenn man sie mit Essig isst. Die reifen Oliven sind heiß, die unreifen sind kalt.«

GESCHICHTE

Seit etwa 9000 Jahren sind wilde Oliven, vermutlich aus Syrien stammend, bekannt. Der Ölbaum stand für das Gelobte Land, für Wohlergehen und Reichtum. Für die Griechen war er ein Geschenk der Göttin Athene und ein Siegeszeichen bei den Olympischen Spielen. Ibn Butlan sah Oliven als mäßig wärmend und nur leicht trocknend an und daher besonders für ältere Menschen geeignet, aber auch als Speise in der kalten Jahreszeit oder in kühlerem Klima.

HERKUNFT UND HANDELSWARE

Der Echte Ölbaum (*Olea europaea*) aus der Familie der Ölbaumgewächse (Oleaceen) ist am Mittelmeer und im Nahen Osten beheimatet. Oliven bestehen aus fleischiger Schale und einem Kern. Rohe Oliven sind wegen ihrer Bitterstoffe ungenießbar. Sie werden durch mehrmaliges Einlegen in Wasser ausgewaschen. Im Handel sind unreife grüne und reife schwarze Oliven erhältlich. Seit der Antike werden Oliven in Salzlake eingelegt und zu »milchsauren Oliven« vergoren.

INHALTSSTOFFE

Die unreifen Oliven enthalten den Bitterstoff Oleuropein. Reife Oliven besitzen einen hohen Anteil an zellschützenden Sekundärstoffen und ungesättigten Fettsäuren. Besonders die einfach ungesättigte Ölsäure (Omega-9-Fettsäure) ist im Olivenöl in großer Menge vorhanden. Milchsaure Oliven liefern Lactobazillen, die für eine gesunde Darmflora sorgen.

HEILWIRKUNG

Oliven helfen bei Bluthochdruck, Herzrhythmusstörungen und Herzschwäche. Die sekundären Pflanzenstoffe Oleuropein und Hydroxytyrosol sind Radikalfänger (Antioxidanzien), wirken gegen Gefäßablagerungen und Mikroorganismen und sollen nicht nur den Blutdruck senken, sondern auch den Blutzucker normalisieren. Die Ölsäure hat einen günstigen Einfluss auf den Cholesterinspiegel und regt das Immunsystem an. Aufgrund ihrer antioxidativen und antimikrobiellen Eigenschaften können Oliven bei Karies, Paradontose und Entzündungen des Mund- und Rachenraums empfohlen werden.

Vorsichtshinweis

Selten lösen Oliven Allergien aus.

GEMÜSE

Pastinaca sativa L. PASTINAKE

> 5»Die Pastinaken werden roh und gekocht gegessen«, berichtet Ibn Butlan, und weiter:
> »Sie bieten weniger Nahrung als die Möhren, aber sie erzeugen Hitze, führen ab,
> verdünnen, treiben den Harn, verursachen Blähungen, reizen zu übermäßiger Begierde
> und erzeugen kein so gutes Blut. In einigen Gegenden schmecken sie gut, sie sind dennoch
> schwer zu verdauen, gleichgültig ob frisch oder alt.«

GESCHICHTE

Die Pastinake wurde ursprünglich im Mittelmeerraum, wo sie noch heute wild vorkommt, kultiviert. Eine erste eindeutige Beschreibung der Wurzel findet sich bei Dioskurides (1. Jh. n. Chr.). Mit den Römern kam die Pastinake auch über die Alpen. In der mittelalterlichen Klosterheilkunde galt die Pastinake als wärmend und befeuchtend. Sie wurde besonders älteren Menschen wegen deren kühleren und trockeneren Konstitution empfohlen. Der Hinweis Ibn Butlans auf ihre schwere Verdaulichkeit bezieht sich wohl auf den hohen Anteil an Ballaststoffen.

HERKUNFT UND HANDELSWARE

Die Pastinake gehört wie die Möhre zur Familie der Doldenblütler (Apiaceen). Sie hat gelbe Blüten und breitere Blattfiedern. In der Küche findet vor allem ihre Wurzel Verwendung, in der Volksmedizin werden ihre Früchte bei Nieren- und Blasenleiden als Tee zubereitet. Die Gemüsepastinake (*Pastinaca sativa*) gedeiht am besten in feuchtem, wintermildem Seeklima. Die wilde Pastinake ist in Deutschland weit verbreitet und wächst oft an Wegrändern.

INHALTSSTOFFE

Die Wurzel der Pastinake weist etwa gleich viel Stärke (9 Gramm pro 100 Gramm) wie die Kartoffel auf, etwas mehr Zucker (2,5 Gramm) als die Möhre, wenig Eiweiß, ätherische Öle, Flavone

und Furanocumarine. Außerdem enthält sie Ballaststoffe. Mit 525 Milligramm in 100 Gramm Gemüse ist der Mineralstoff Kalium vertreten.

HEILWIRKUNG

Pastinakenwurzeln können wie Kartoffeln gekocht oder in der Pfanne gebraten werden, sie eignen sich aber auch für Rohkostsalate. Kinder und ältere Menschen schätzen sie wegen ihres süßen Geschmacks. Roh sind sie mit einer glykämischen Last unter 10 für Diabetiker geeignet. Aufgrund ihrer Ballaststoffe lassen Pastinaken den Blutzucker nur langsam ansteigen. Herz-Kreislauf-Kranke profitieren vom Kaliumgehalt in Verbindung mit Magnesium aus Amarant, Sesam oder Mohn. Die leichtere Verdaulichkeit der gekochten Wurzel hilft bei Reizdarm und Darmentzündungen.

Vorsichtshinweis

Bei reichlichem Verzehr von Pastinaken kann die Haut wegen der enthaltenen Furanocumarine sonnenempfindlicher werden.

DIE STECKBRIEFE DER LEBENSMITTEL

PILZE *Fungi*

Eine erstaunliche Kenntnis der Pilze beweist schon Adam Lonitzer: »Sind weder Kräuter noch Gemüse, weder Blumen noch Obst, sondern eine überflüssige Feuchtigkeit des Erdreichs, der Bäume, der Hölzer.« Dioskurides schreibt zu den Speisepilzen: »(…) geben eine angenehme Suppenwürze; aber im Übermaß genossen, sind sie schädlich, da sie schwer verdaulich sind. Gegen alle Probleme bei Pilzen hilft ein Trank aus Olivenöl, Natron oder Lauge mit einer Brühe von Essig und Salz, (…) oder das Auslecken von viel Honig.«

GESCHICHTE

Vor allem in Asien kennt man Pilze schon seit Jahrtausenden als Nahrungs- und Heilmittel. In Europa werden sie vermutlich bereits seit der Jungsteinzeit zu medizinischen Zwecken genutzt. In Kulturen angebaut werden Pilze erst seit dem 18. Jh., und zwar auf Strohballen mit Pferdemist. Lonitzer empfahl im Mittelalter die Pilze »denjenigen, die an Haupt, Leber, Lunge oder Milz erkrankt sind, den Wasser- und Gelbsüchtigen, auch bei Darmkoliken und Beschwerden des Harnlassens. Ebenso bleichsüchtigen Frauen, welchen die Blutung ausgeblieben ist, auch allen Gichtkranken, bei allen Würmern und verschmutzten Lebensmitteln, die ein Mensch gegessen hat.« Da Pilze relativ viel Eisen enthalten, ist der Hinweis auf die »bleichsüchtigen Frauen« verständlich, außerdem unterstützen sie tatsächlich den Stoffwechsel.

HERKUNFT UND HANDELSWARE

Pilze sind genau genommen weder Pflanze noch Tier, sondern bilden eine eigene systematische Gruppe, die weder Blattgrün besitzt noch Photosynthese betreibt. Außerdem bestehen ihre Zellwände nicht aus der bei Pflanzen üblichen Zellulose, sondern aus Chitin wie bei den Insekten. Ein Pilz besteht aus drei Teilen: dem oberirdischen Fruchtkörper, dem im Boden verborgenen Geflecht (Myzel) und den Pilzfäden (Hyphen). Essbar ist der zumeist aus Hut und Stiel bestehende Fruchtkörper. Da die meisten Pilze in engen Gemeinschaften leben, konnten bislang nur wenige als Zuchtpilz angebaut werden. Zu den wichtigsten Zuchtpilzen zählen der Austernpilz, der Champignon, das Stockschwämmchen und der Shiitake-Pilz. Die bekannten Pfifferlinge, Steinpilze und Semmelstoppelpilze stammen aus Wildsammlungen. Das ganze Jahr über gibt es Trockenpilze im Handel, dabei sind getrocknete Steinpilze besonders aromatisch. Allerdings gehen beim Trocknen viele wertvolle Inhaltsstoffe verloren.

INHALTSSTOFFE

Speisepilze haben im Vergleich zu anderem Gemüse wenig Kohlenhydrate (1 Gramm pro 100 Gramm) und weisen einen durchschnittlichen Eiweiß- und Ballaststoffgehalt auf. Bei den Ballaststoffen hebt sich der Steinpilz mit 6 Gramm ab. Der Zellwandbaustein Chitin ist unverdaulich. Bemerkenswert ist der hohe Anteil an den Spurenelementen Zink und Eisen, beim Steinpilz beträgt der Zinkanteil sogar 1,5 Milligramm pro 100 Gramm. Der Champignon ist zudem ein Chromlieferant (20 Mikrogramm). Pilze enthalten sowohl Vitamin D als auch dessen Vorstufe Ergosterol. Alle Speisepilze besitzen einen hohen Gehalt an Vitamin B3 (Niacin). Steinpilze und Champignons weisen besonders viel Pantothensäure (B5) und Vitamin B6 auf.

HEILWIRKUNG

Speisepilze passen gut in eine Reduktionskost, weil sie einen niedrigen Nährwert haben und kaum Kohlenhydrate, Fett und Eiweiß enthalten, dafür aber den schwer verdaulichen Ballaststoff Chitin. Zur Kombination empfehlen sich dabei kalorienarme Kohlenhydratträger wie Reis, Kartoffeln und Nudeln. Eine solche Kombination ist sinnvoll, weil verschiedene Inhaltsstoffe der Pilze (Chrom, Zink, Vitamin B3, B5, B6) den Kohlenhydratstoffwechsel besonders gut unterstützen. Aus diesem Grund sind Pilze auch ideal für Diabetiker, denn sie erhöhen den Blutzuckerspiegel nicht und liefern dazu wertvolle Bausteine für den Kohlenhydratstoffwechsel. Bei Hautproblemen können Pilze wegen ihres Gehalts an Vitamin D, Vitamin B3 und Zink empfohlen werden. Zink ist das wichtigste Spurenelement für das Immunsystem. Es ist zuständig für die Verfügbarkeit von Insulin und fördert das Wachstum von Haut, Haaren und Nägeln. Chrom sorgt für die Aufnahme von Glukose aus dem Blut in die Körperzellen, sodass der Insulinspiegel nicht so stark ansteigt. Eisen spielt eine wesentliche Rolle bei der Blutbildung und als Baustein vieler Enzyme, besonders Frauen haben einen hohen Eisenbedarf. Vitamin B3 ist wie Chrom an der energetischen Verwertung von Kohlenhydraten beteiligt, außerdem ist es notwendig für ein gut funktionierendes Verdauungssystem. Vitamin B6 wird für die Zinkverwertung und die Bildung der Aminosäure Tryptophan benötigt, die stimmungsaufhellend wirkt. Vitamin B5 ist am Abbau der Kohlenhydrate und am gesamten Energiestoffwechsel beteiligt.

Vorsichtshinweis

Pilze können selektiv Schwermetalle und radioaktive Stoffe speichern, deshalb ist der Standort zu beachten. Der Champignon reichert Kadmium vor allem in den Lamellen an. Diese kann man vorbeugend entfernen. Eine gesundheitsgefährdende Belastung wird bei normalem Pilzgenuss jedoch nicht erreicht.

Aus der Praxis

Die Klosterheilkunde ordnete Pilze meist als kühlend und befeuchtend sowie als schwer verdaulich ein. Um dies zu verbessern, müssen Pilze sorgfältig zubereitet, das heißt möglichst 15 bis 20 Minuten gedünstet und dann ausgiebig gekaut werden. Zur Kombination empfehlen sich wärmende Speisen wie Dill, Kalbfleisch, Lauch, Weizen und Zwiebeln sowie kalorienarme Kohlenhydratträger. Frische Champignons können Sie auch roh genießen, auf diese Weise bleiben alle hitzeempfindlichen Vitamine erhalten.

DIE STECKBRIEFE DER LEBENSMITTEL

Rettich & Radieschen
Raphanus sativus L. & Raphanus sativus subsp. sativus L.

Dioskurides führt in seiner ›Materia medica‹ zum Rettich aus: »Er treibt den Harn. Dem Bauch ist er zuträglich, wenn man ihn zur Hauptmahlzeit nimmt, denn so befördert er die günstige Verteilung der Nahrungssäfte. (…) Er schärft aber auch die Sinne. Gekocht genossen ist er denen zuträglich, welche an chronischem Husten leiden und bei denen sich Verdichtungen in der Brust gebildet haben.«

GESCHICHTE
In China wurde der Rettich vermutlich zuerst genutzt. Die ältesten westlichen Rettich-Funde stammen aus dem antiken Griechenland, Theophrastos kannte schon mehrere Sorten. Rettiche wurden auch in den mittelalterlichen Klostergärten gezogen, wie im ›Hortulus‹ und im St. Gallener Klosterplan erwähnt. Hildegard von Bingen bemerkte, dass man durch häufigen Rettichverzehr abnehmen könne. Die Radieschen kamen wohl im späten Mittelalter aus Italien.

HERKUNFT UND HANDELSWARE
Rettiche, Radieschen und Meerrettich (*Armoracia rusticana*) gehören zur Familie der Kreuzblütler (Brassicaceen). Die heutigen roten Radieschen, die es früher auch in weißer und länglicher Form gab, unterscheiden sich vom Rettich durch ihre Blattform, aber auch durch ihren Ursprung. Es gibt Frühjahrs- (Mairettiche), Sommer- und Winterrettiche. Sommerrettiche reifen früh und sind kleiner, zarter und milder. Bei den spät reifenden Winterrettichen unterscheidet man zwischen den Weißen Rettichen mit großer, langer Wurzel, die innen hart, weiß und scharf sind, und den Schwarzen Rettichen, die außen schwarz und rau, innen weiß, hart und beißend scharf sind. Den schärfsten Geschmack weist der Mairettich auf. Radieschen werden in drei Sorten angebo-

ten: Treibhausradieschen im Winter, Frühlings-sowie Sommerarten. Die frühen Sorten haben ebenfalls einen schärferen Geschmack. Freilandware sollte bevorzugt werden, da sie am wenigsten Nitrat speichert. Höchste Gehalte werden in Pflanzen aus dem Gewächshausanbau gefunden.

INHALTSSTOFFE

In zwei Gruppen lassen sich die Inhaltsstoffe gliedern: in die Glucosinolate (Senföle), die wesentlich für den scharfen Geschmack sind, und in andere schwefelhaltige Verbindungen, deren Gehalt beim Rettich bei etwa 25 Milligramm pro 100 Gramm Frischgewicht liegt, bei einer scharfen Zwiebel dagegen bei 100 bis 200 Milligramm. Der Kaliumgehalt im Rettich beträgt meist etwa 430 Milligramm pro 100 Gramm und kann bis zu 600 Milligramm ansteigen. In den roten Schalen der Radieschen sind antioxidative Polyphenole und zellschützende Anthocyane enthalten. Die Salicylsäure, die entzündungshemmend, schmerzstillend und fiebersenkend wirkt, ist im Radieschen mit 1,2 Milligramm pro 100 Gramm vertreten. Das ist allerdings weit unter der wirksamen Dosis. Der Meerrettich besteht ebenfalls aus Senfölen und 680 bis 810 Milligramm Kalium pro 100 Gramm.

HEILWIRKUNG

Rettich und Radieschen fördern die Verdauung, indem die Senföle die Durchblutung der Magenschleimhaut steigern und so die Magensaftsekretion anregen. Außerdem sollen Rettich und Radieschen die glatte Muskulatur ankurbeln und damit die Darmperistaltik stärken. Dies beschleunigt den Transport des Speisebreis im Darm, lässt die Galle aus den Gallenwegen leichter abfließen und erleichtert auch das Entweichen der Gase bei Blähungen. Diese Eigenschaften sind auf die Senföle und die anderen schwefelhaltigen Verbindungen zurückzuführen. Da Rettich und Radieschen antimikrobiell wirken, beseitigen sie Fäulnis erzeugende Bakterien und Pilze und sind dadurch eine gute Ergänzung bei der Behandlung von Darmmykosen, Nebenhöhlenentzündungen und Bronchitis. Der Saft aus Weißem oder Schwarzem Rettich hilft kombiniert mit Honig bei Katarrhen der oberen Luftwege und Keuchhusten. Bei diesen Beschwerden empfiehlt es sich, Rettiche wöchentlich oder in Form einer Kur täglich zu essen. Eine Pause nach 3 bis 4 Tagen schont die Magenschleimhaut. Der Mineralstoff Kalium wird für die Erregungsleitung in Nerven und Herz, für den Säure-Base-Haushalt und die Magensaftsekretion benötigt.

Vorsichtshinweis

Scharfe Sorten können bei empfindlichen Personen Magenbeschwerden mit Sodbrennen und Aufstoßen verursachen. Wird Rettichpresssaft über mehrere Tage hinweg täglich getrunken, sollten 3 Tage Pause eingelegt werden.

Aus der Praxis

Die Klosterheilkunde sah den Rettich als wärmend und trocknend an. Er regt die Verdauung an und wirkt ausleitend. Rettich wurde für ältere Menschen und als Lebensmittel für die Winterzeit empfohlen. Nach Ibn Butlan soll er, nach der Hauptmahlzeit genossen, eine abführende und harntreibende Wirkung haben. Tatsächlich regt er den Stoffwechsel an und fördert die Ausscheidung. Die Kombination mit ballaststoffreichem Getreide wie Grünkern oder Lammfleisch mit reichlich L-Carnitin verstärkt die Wirkung des Rettichs.

Rote Bete *Beta vulgaris L.*

Im ›Tacuinum sanitatis‹ heißt die Rote Bete »Blete«. Man unterscheidet zwischen der schwarzen und der roten Blete, die zu Salat verarbeitet wird: »Dazu werden die Blätter in Wasser gekocht (…), anschließend werden sie in dünne Scheiben geschnitten und mit Olivenöl, Essig und Salz angerichtet. Sehr gesund sind auch die weißen, süßen Wurzeln; ihr Saft beseitigt Kopfschuppen, und mit Honig und etwas Salz vermischt lösen sie den Magen.«

GESCHICHTE

Schriften aus Babylon vor 700 v. Chr. kannten Rüben oder Beten unter »silqa« bereits als Lebensmittel. Theophrastos und Plinius berichteten, dass die Rote Bete aus Sizilien bei den Griechen und Römern sehr beliebt war. Bei Theophrastos heißt sie »sikelikon«, bei Plinius »sicula«. Beides bedeutet »Sizilianische«. Mit den Römern kam das Gemüse erstmals nach Mitteleuropa. Karl der Große ordnete ihren Anbau an und sie fanden sich auch in den Klostergärten der Karolingerzeit (8. und 9. Jh.). Lonitzer empfahl Blätter und Wurzel, die so genannte Rübe, als geeignete Speise für jeden und riet, dass die Wurzel wie Spargel mit Butter und Essig gegessen werden soll.

HERKUNFT UND HANDELSWARE

Rote Bete (Rote Rübe) und Mangold sind Sorten von *Beta vulgaris* aus der Familie der Gänsefußgewächse (Chenopodiaceen). Bei der Roten Bete (*Beta vulgaris var. esculenta*) hat sich der untere Teil des Stängels und der obere Teil der Hauptwurzel zu einer kugelförmigen Rübe von roter Farbe verdickt. Sie ist gekocht und geschält oder als Saft im Handel erhältlich. Mangold (*Beta vulgaris var. cicla*) wurde gezielt mit großen Blättern verschiedener Farbe gezüchtet. Man unterscheidet Blatt- und Stielmangold. Ersterer wird wie Spinat zubereitet, beim Stielmangold werden die Stiele und Rippen gedünstet. Mangold sollte beim Kauf stets frisch und ohne braune Flecken sein.

GEMÜSE

INHALTSSTOFFE

Rote Rüben enthalten sehr wenig Fett und Eiweiß, 2,5 Gramm lösliche und unlösliche Ballaststoffe und etwa 8 Gramm Kohlenhydrate. Wie die nah verwandte Zuckerrübe besitzt sie als Kohlenhydrate fast nur Saccharose (Rohrzucker), ihr glykämischer Index (GI) beträgt daher 64. Rote Bete weist alle Mineralstoffe, Spurenelemente und Vitamine in mittleren Mengen auf. Ihr Farbstoff, eine stickstoffhaltige, aromatische Verbindung (Betalain), ist antioxidativ wirksam und soll helfen, schlechtes Cholesterin im Blut zu senken. Mangold besteht zu 95 Prozent aus Wasser und Ballaststoffen, wirkt deshalb leicht abführend und hat nur 12 kcal. 100 Gramm Mangold liefern fast 3 Milligramm blutbildendes Eisen. Beide Beta-Arten enthalten größere Mengen an Oxalsäure.

HEILWIRKUNG

Rote Bete beugt durch ihre antioxidativ wirksamen Farbstoffe, die so genannten Betalaine, Gefäßablagerungen vor, mildert Entzündungen und schützt die Zellen. Da die Betalaine erst im Dickdarm abgebaut werden, kann Rote Bete bei Beschwerden der Magen- und Darmschleimhaut helfen. Wärme verändert die Betalaine, deshalb sollte Rote Bete gelegentlich auch roh geraspelt am Morgen oder Mittag zubereitet werden. Die Ballaststoffe der Roten Bete tragen ebenfalls zur Darmgesundheit bei.

Mangold unterstützt die Bildung des Blutfarbstoffs und ist deshalb besonders Frauen mit Eisenmangel zu empfehlen. Aber auch bei entzündlichen Magen-Darm-Erkrankungen kann Mangold hilfreich sein. Schwangere können ebenfalls unter Beachtung der praktischen Hinweise gelegentlich Mangold essen. Die Eisenaufnahme aus Mangold lässt sich verbessern, indem

fruchtsäurereiche (Rosenkohl, Sellerieknolle, getrocknete Äpfel, Ananassaft) oder Vitamin-C-reiche Lebensmittel (Brennnessel- und Petersilienblätter, Sanddornsaft) dazu gegessen werden. Vitamin C unterbindet zudem die Umsetzung von Nitrat in das ungesunde Nitrit. Die Rote Beete, die mit der Zuckerrübe verwandt ist, hat unter den Gemüsen einen relativ hohen Zuckergehalt. Sie kann aber aufgrund der anderen Inhaltsstoffe wie Ballaststoffen und Antioxidanzien vor allem als Rohkost auch gut von Diabetikern vertragen werden. In gekochter Form liefert sie relativ schnell verfügbare Energie für Sport und Arbeit. Alle Beta-Arten enthalten außerdem Oxalsäure, welche die Aufnahme von Eisen, Kalzium und Magnesium vermindern kann.

Vorsichtshinweis

Bei Neigung zu Nierensteinen und bei Magenerkrankungen sollte man Mangold und Rote Bete nicht essen, weil sie viel Oxalsäure enthalten. Wegen des Nitratgehalts sind Mangold und Rote Bete und deren Kochwasser nicht für die Ernährung von Säuglingen geeignet.

Aus der Praxis

Die Klosterheilkunde klassifizierte Mangold als nur sehr leicht wärmend und befeuchtend. Nach Ibn Butlan ist er kalorienarm, führt milde ab und belastet daher etwas den Magen. Dies kann man durch Zugabe von Essig und Senf ausgleichen. Deshalb eignet sich Mangold gut für eine Reduktionskost. Wird frisches Freilandgemüse oder biologisch angebautes Gemüse verwendet oder Mangold mit Vitamin-C-reichen Lebensmitteln kombiniert, nimmt der Nitratgehalt ab. Wärmen Sie das Gemüse nicht mehr als zweimal auf!

SALAT *Lactuca sativa var. L.*

Hildegard von Bingen steht dem Salat zwiespältig gegenüber: »Die Lattiche, die verzehrt werden können, sind sehr kalt. Wer sie daher essen will, der beize sie zuerst mit Dill und Essig oder mit etwas Ähnlichem. Sie sollen zweimal mit der Beize übergossen werden, bevor gegessen wird. Und wenn sie ein Kranker auf diese Weise gemäßigt isst, stärken sie das Gehirn und bereiten eine gute Verdauung.«

GESCHICHTE
Auf etwa 4500 Jahre alten Reliefs sind bereits Pflanzen zu sehen, die dem Römischen Salat ähneln. Aus Ägypten kam die Pflanze in der Antike zu den Griechen und Römern. Zur Zeit Karls des Großen verbreitete sich der Gartensalat in Mitteleuropa. In der Klostermedizin galt der kalte und feuchte Salat als kühlend und damit als beruhigend, schmerzlindernd, aber auch als schlecht verdaulich und in höheren Dosen als giftig.

HERKUNFT UND HANDELSWARE
Der Gartensalat gehört zur Gattung Lattich (*Lactuca*) der Familie der Korbblütler (Asteraceen). Vom kultivierten Lattich (*Lactuca sativa*) finden sich heute mehrere Kultursorten wie z. B. der Kopfsalat, zu dem Grüner Salat, Eisbergsalat, Lattich, Batavia u. a. zählen; weiter der Schnittsalat mit den Untersorten Blattsalat, Pflücksalat, Eichblattsalat und Lollo Rosso sowie der Bindesalat, zu dem der Romana-Salat und der Römische Salat gehören, der auch Kochsalat genannt wird.

INHALTSSTOFFE
Salat besteht aus bis zu 95 Prozent Wasser, wenig Eiweiß, Kohlenhydraten und Ballaststoffen. Frisch enthält er alle B-Vitamine, auch die seltenen B5- und B9-Vitamine. Der Kopfsalat liefert 8,5 Milligramm antioxidative Carotinoide. Dazu kommen Äpfelsäure und der Blattfarbstoff Chlorophyll. Im Lollo Rosso liegen größere Mengen an Phenolcarbonsäuren und Flavonoiden vor.

HEILWIRKUNG
Salat ist die einzige leicht verdauliche Rohkost, führt nur sehr selten zu Blähungen und ist deshalb bei Darmproblemen wie Obstipation und Reizdarm sowie bei Lebererkrankungen geeignet. Aufgrund der guten Verdaulichkeit ist Blattsalat die einzige Rohkost, die abends gegessen werden kann. Auch zur Vorbeugung von Darmmykosen, Darm- und Prostatakrebs wird er wegen seiner zahlreichen Antioxidanzien empfohlen. Die Carotinoide im Salat helfen, die Blutfette vor Oxidation und die Haut vor UV-Strahlung zu schützen. Diese Effekte werden durch Äpfelsäure und Chlorophyll unterstützt.

Vorsichtshinweis
Blattsalat aus dem Gewächshaus speichert viel Nitrat und ist oft mit Spritzmitteln belastet.

GEMÜSE

Rumex acetosa L. Sauerampfer

Odo Magdunensis schreibt: »Manche Leute verzehren es gierig im Frühling und halten es für eine altbewährte Erfahrung, dass ihnen dadurch der Abscheu vor Speise genommen wird. Seine Tugend und Kraft ist kühlend und trocknend, und das sehr ausgeprägt; von den Ärzten wird ihm hierin jeweils der dritte Grad verliehen.(...) Jegliche Form von Durchfall pflegt es, mit Wein eingenommen oder oftmals gegessen, zu zähmen.«

GESCHICHTE

Schon die Ägypter, Griechen und Römer haben Sauerampfer als Ausgleich von fetten Speisen gegessen. Dioskurides schrieb, als Gemüse gekocht, erweiche er den Bauch. Im Mittelalter wurde er von Seeleuten gegen Skorbut eingesetzt. Er galt in der Klosterheilkunde als stark kühlend und trocknend und wirksam bei heißem Magen, also bei überschießenden Verdauungssäften.

HERKUNFT UND HANDELSWARE

Die Sauerampferarten gehören zu den Knöterichgewächsen (Polygonaceen). Der Kleine Sauerampfer (*Rumex acetosella*) bevorzugt Mager- und Trockenrasen. Der Wiesensauerampfer wächst an feuchten Stellen. Der Gartensauerampfer (*Rumex rugosus*) wird in Deutschland, Frankreich und England als Gartenpflanze angebaut.

INHALTSSTOFFE

Sauerampfer zählt zu den ersten Vitamin-C-Lieferanten im Frühjahr mit 115 Milligramm pro 100 Gramm. Er enthält 2 Milligramm Eisen und antioxidative Flavonoide. Die Fruchtsäuren mit dem sehr hohen Oxalsäureanteil verursachen den typisch säuerlichen Geschmack.

HEILWIRKUNG

Vitamin C stimuliert die Bildung der weißen Blutkörperchen und der Interferone, körpereigener antiviral wirkender und zellwachstumshemmender Stoffe. Damit stärkt es die Abwehrmechanismen gegen Bakterien und Viren. Auch Eisen ist für die Bildung von Immunzellen wichtig. Die mild abführende und entwässernde Wirkung kommt vermutlich nur beim Verzehr größerer Mengen Sauerampfer zustande. Wegen des hohen Oxalsäuregehalts wird heute jedoch davon abgeraten. Gute Kombinationen sind magnesiumreiche Lebensmittel wie Amarant, Sonnenblumenkerne, Weizenkleie oder Kakaopulver, da Magnesium die Bildung von Kalziumoxalat-Nierensteinen hemmt.

Vorsichtshinweis

Bei Nierenerkrankungen sollte man keinen Sauerampfer essen, um eine Nierensteinbildung (Kalziumoxalat) zu vermeiden.

DIE STECKBRIEFE DER LEBENSMITTEL

SELLERIE *Apium graveolens L.*

Im ›Macer floridus‹ des Odo Magdunensis wird der Sellerie als wärmende und trocknende Pflanze beschrieben, die Magenblähungen beseitigen kann und Harn austreibt. »Die Abkochung mit Wasser und Essig getrunken, zieht den Bauch zusammen und zähmt Übelkeit und Erbrechen. Kranken soll sie ihre verlorene Farbe wiederbringen, wenn sie auf nüchternen Magen regelmäßig verzehrt wird.(…) Sie hilft weiterhin gegen Wassersucht und Milzschwellung, nützt auch der Leber, wenn sie mit Fenchelsaft gerieben und getrunken wird.«

GESCHICHTE

Sellerie ist eine sehr alte Kulturpflanze. Die Ägypter schätzten sie wegen ihrer aromatischen Blätter, sodass sie diese sogar ihren Toten mit ins Grab gaben, während die Griechen die Sieger in den sportlichen Wettkämpfen mit einem Kranz aus Sellerielaub ehrten. Hippokrates pries Sellerie als Nervenmittel. Nach Deutschland kam die Pflanze dann mit den Römern. Karl der Große befahl den Anbau der Pflanze in seinen Verordnungen für die Königsgüter, und auch der St. Gallener Klosterplan wies dem Sellerie ein eigenes Beet im Kräutergarten zu. Im ›Lorscher Arzneibuch‹ hieß es, dass der Sellerie bei keinem Gericht fehlen solle. Über das gesamte Mittelalter hinweg blieb der Sellerie eine äußerst beliebte Heilpflanze, sie fehlt in keinem Kräuterbuch.

HERKUNFT UND HANDELSWARE

Sellerie gehört zur Familie der Doldenblütler (Apiaceen). Er bevorzugt salzhaltige Böden und gedeiht als Wildpflanze vor allem an den Meeresküsten. Die Wurzel ist spindelförmig und mit vielen kleinen Nebenwurzeln versehen. Nur die Kulturformen entwickeln eine rundliche Knolle. Diese Knolle ist durch Verdickung des unteren Teils der Blattrosette und des Sprosses unterhalb der Keimblätter entstanden. Die Kulturpflanze ist in ganz Europa, in Westasien und auf dem amerikanischen Kontinent zu finden. Vom Sellerie

GEMÜSE

kann praktisch die gesamte Pflanze, das Grün und die geschälte Knolle in der Küche verwendet werden. Daher wurden drei Kulturvarietäten gezüchtet: der Knollensellerie, der auf die Knolle hin gezogen wurde, der Bleich- oder Staudensellerie, bei dem hauptsächlich die Blattstiele genutzt werden, und der Schnittsellerie, der viel Blattwerk ausbildet.

INHALTSSTOFFE

Hauptsächlich bestehen Knolle und Stängel aus Wasser, verschiedenen Ballaststoffen und einigen Kohlenhydraten wie Saccharose. In allen drei Varietäten, dem Stauden-, dem Schnitt- und dem Knollensellerie, sind geruchsbestimmende Phthalide (ätherische Öle), phenolische Verbindungen wie Chlorogensäure und Flavonoide enthalten. Besonders in den Blätter stecken ätherische Öle. Dort befinden sich auch zahlreiche Mineralstoffe und Spurenelemente wie Kalzium, Kalium, Magnesium, Natrium, Eisen, Phosphor und Chrom. Außerdem kommen die Vitamine A, C und E und einige B-Vitamine wie B3 (Nicotinamid) vor. Bleichsellerie enthält vor allem viel Lutein, ein antioxidatives Carotinoid. In der Selleriewurzel sind in geringer Menge Furanocumarine enthalten.

HEILWIRKUNG

Sellerie wirkt verdauungsfördernd und ausleitend durch das Zusammenwirken von ätherischem Öl, löslichen und unverdaulichen Ballaststoffen und Kalium. Die Ballaststoffe lösen sich mit Wasser zu Schleimen auf und können erst im Dickdarm gespalten werden. Sie tragen zur Vermehrung der Darmflora bei und lockern dadurch den Stuhl. So führen sie zu einer direkten Ausscheidung von Abfallprodukten, wodurch die Leber entlastet

wird. Sellerie ist daher gut geeignet für eine Reduktionskost, bei träger Verdauung und aufgrund seiner Bitterstoffe bei Gallen- und Leberleiden. Aktuelle Untersuchungen weisen darauf hin, dass Sellerie bei Stoffwechselerkrankungen wie erhöhtem Blutzucker und Blutfettspiegel hilfreich sein kann, da er den Abbau von Zucker und Fett fördert. Kalium und Chrom sind an der Regulation des Blutzuckerspiegels beteiligt, Vitamin B3 zusätzlich noch am Fettstoffwechsel. Phthalide, phenolische Verbindungen und Flavonoide dienen als Radikalfänger und Zellschutz.

Vorsichtshinweis

Nur selten tritt das Sellerie-Karotten-Beifuß-Gewürz-Syndrom auf. Es wird so genannt, da es meist Pollenallergiker betrifft, die auf verschiedene Gewürze mit Unverträglichkeiten reagieren. Aufgrund der enthaltenen Furanocumarine kann es nach Hautkontakt mit der Pflanze in der Sonne (UVA-Licht) zu Lichtempfindlichkeitsreaktionen kommen. Dies tritt verstärkt nach Pilzbefall oder Fungizidbehandlung des Selleries auf.

Aus der Praxis

Sellerie galt nach der Klosterheilkunde als mild wärmende (anregende), trocknende und damit ausleitende Gemüsepflanze. Kombiniert mit Fenchel unterstützt er die Leber. Sellerie ist ideal für die Ernährung in der heutigen Zeit, da er stoffwechselanregende und zellschützende Wirkstoffe und gut verdauliche, ausleitende Ballaststoffe enthält. Deshalb sollten besonders Menschen mit kalter, verdauungsschwacher Konstitution den wärmenden Sellerie essen. Auch frischer Selleriepresssaft hat eine verdauungsfördernde und zugleich nervenberuhigende Wirkung.

65

Spargel *Asparagus officinalis L.*

Dioskurides preist den Spargel so: »Der Spargel ist ein viel verzweigter Strauch mit (…) einer großen, runden Wurzel, welche eine Knolle hat. Gekocht oder gebraten und gegessen besänftigt Spargel Harnzwang, Harnverhalten und Blutstuhl. Die Wurzel in Wein oder Essig gekocht beruhigt Verrenkungen. Mit Feigen und Erbsen gekocht und gegessen heilt sie Gelbsucht, lindert Ischiasschmerzen und Blasenentzündung.«

HERKUNFT UND HANDELSWARE

Spargel gehört zu den Spargelgewächsen (Asparaceen). Aus der unterirdischen Sprossachse wird im Frühjahr die Sprossknospe in 8 bis 10 Tagen erntereif. Spargel benötigt leicht lehmige Sandböden mit hohem Nährstoffgehalt und wächst in aufgeworfenen Dämmen.

INHALTSSTOFFE

Spargel hat einen äußerst geringen Nährwert (18 kcal pro 100 Gramm), weil er sehr viel Wasser (92 Prozent) enthält. Die Aminosäure Asparagin sorgt für den typischen Geruch beim Kochen. Spargel liefert viel Kalium, Kalzium, Magnesium und Eisen. Außerdem enthält er die Vitamine B1, B2, C, E, Niacin und Folsäure.

GESCHICHTE

Spargel ist seit langem als Gemüse und Heilpflanze bekannt. Die Ägypter verwendeten ihn schon und auch die Griechen und Römer kannten ihn, wie Schriften von Hippokrates und Plinius belegen. Die mittelalterliche Klosterkultur brachte den Grünspargel nach Mitteleuropa. Der weiße Bleichspargel kam erst vor etwa 200 Jahren in Mode. Nach der Klosterheilkunde ist Spargel gemäßigt wärmend und trocknend, wegen seines hohen Wassergehalts wurde er manchmal auch als befeuchtend gewertet. Seine harntreibende Wirkung war ebenfalls schon bekannt, des Weiteren seine Eigenschaft, Verstopfungen aufzulösen und für gute Körpersäfte zu sorgen.

HEILWIRKUNG

Spargel wirkt entwässernd und säuernd. Er beugt Nierengrieß und Harnwegsinfektionen vor. Bei Übergewicht ist Spargel wegen seiner geringen Kalorienzahl empfehlenswert. Der hohe Kaliumgehalt und das Asparagin wirken harntreibend. Somit werden die Nieren entlastet, was sich auch bei hohem Blutdruck positiv auswirkt. Eisen, Magnesium und die B-Vitamine fördern die Blutbildung. Vitamin C und E schützen vor Krebs.

Vorsichtshinweis

Bei entzündlichen Nierenerkrankungen sollte man Spargel nicht essen. In seltenen Fällen kann es zu allergischen Hautreaktionen kommen.

GEMÜSE

Spinacia oleracea L. SPINAT

Im ›Gart der Gesundheit‹ wird Spinat mit den Empfehlungen der großen arabischen und persischen Ärzte vorgestellt: »Gekocht und gegessen besänftigt er den Bauch und nimmt die Schmerzen der Brust und der Lunge. Die Brühe vom Kraut getrunken führt die schlechten Feuchtigkeiten aus und macht einen angenehmen Atem. (...) Und wer im Leib Verstopfungen hat, der esse dieses Gemüse und trinke die Brühe davon, es hilft ohne jeden Zweifel.«

GESCHICHTE
Die ältesten Hinweise auf Spinat finden sich in arabischen Schriften aus dem 8. bis 10. Jh. Über das von den Arabern besetzte Spanien kam er nach Europa, wo ihn Albertus Magnus erstmals erwähnt. Spinat galt als ganz leicht kühlend, befeuchtend und sehr günstig bei Erkältungen.

HERKUNFT UND HANDELSWARE
Spinat gehört zur Familie der Gänsefußgewächse (Chenopodiaceen). Während es ihn anfangs nur als Frühjahrs- oder Herbstgemüse gab, werden inzwischen auch Sommersorten gezüchtet.

INHALTSSTOFFE
Spinat besitzt 0,65 Milligramm Mangan (pro 100 Gramm Frischgewicht) und 555 Milligramm Kalium. Er liefert relativ viel Eisen (3,8 Milligramm) und Biotin (7 Mikrogramm). An Lutein, einem Carotinoid, ist er mit bis zu 20 Milligramm kaum zu überbieten. Zudem finden sich Vitamin K (305 Mikrogramm) und Folsäure. Kritische Inhaltsstoffe sind Oxalsäure und Nitrat.

HEILWIRKUNG
Kombiniert mit zinkreicher Nahrung (z. B. Weizenkleie) schützt Spinat die Zellen vor freien Radikalen und baut Haare und Nägel auf. Mangan ist Bestandteil wichtiger Enzymsysteme des Protein- und Fettstoffwechsels und wird zudem für die Energiebereitstellung in den Zellen benötigt. Außerdem ist Mangan Baustein zellschützender antioxidativer Enzyme. Erhöhter Bedarf an Radikalfängern besteht bei entzündlichen Erkrankungen, Erkältungen, erhöhten Blutfettwerten und Stress. Gegen Herzerkrankungen liefert Spinat wertvolles Kalium und gegen Osteoporose Folsäure für den Aufbau des Eiweißgerüsts der Knochen. Lutein kann bei nachlassendem Sehvermögen helfen und schützt die Zellen der Eierstöcke.

Vorsichtshinweis
Spinat kann wegen des Oxalsäuregehalts Nieren- und Harnsteine verursachen. Wegen des hohen Nitratgehalts ist Spinat nicht zur Zubereitung von Säuglingsnahrung geeignet.

ZWIEBEL *Allium cepa L.*

Ibn Butlan schreibt zur Zwiebel (Cepe): »Aufgrund ihrer im höchsten Maße warmen Natur sind die Cepe sehr gesund und bekömmlich für alte Menschen und kalte Konstitutionen. Männern verleihen sie fruchtbaren Samen, sie schärfen das Auge, lockern den Körper auf und regen die Blase an. Den Kopfschmerz, den sie erzeugen, vertreibe man mit Essig und Milch. Gekocht oder in der heißen Glut gegart und mit Zucker und etwas frischer Butter angerichtet, bringen sie Erleichterung bei Husten, Asthma und verengter Brust.«

Ibn Butlan bemerkte, dass die Zwiebel die Säfte verfeinern und verdünnen und zudem den Appetit anregen kann. Die mittelalterliche Medizin verwendete sie gegen zahlreiche Beschwerden wie Schnupfen, Mundgeschwüre, Haarausfall, Vergiftungen und Insektenstiche.

HERKUNFT UND HANDELSWARE

Seit langem wird die Zwiebel in verschiedenen Sorten und Varietäten weltweit als Gemüse und als Heilpflanze geschätzt und in Kulturen angebaut. Bei der Sommerzwiebel unterscheidet man braun-, weiß- und rotschalige Sorten; dazu gehören auch die großen, mildsüßen Gemüsezwiebeln und die jungen, noch grünen Lauchzwiebeln. Neben der Sommerzwiebel findet sich die länger haltbare Schalotte (*Allium ascalonicum*) und die Winterzwiebel (*Allium fistulosum*), die am besten frisch verwendet wird, da sie durch Trocknen an Aroma verliert.

GESCHICHTE

Zwiebeln stammen vermutlich aus den Steppen und Gebirgen Mittel- und Ostasiens. Ungefähr 3000 v. Chr. gelangten sie über das Zweistromland nach Ägypten, wo sie erstmals als Kulturpflanze abgebildet wurden. Es findet sich sogar ein Sprichwort in ägyptischer Keilschrift zur Zwiebel, das ihre wohltuende Wirkung bei Leibschmerzen erwähnt. Auch Dioskurides empfahl sie zur Reinigung des Bauchs und als Heilmittel gegen Ohren- und Augenleiden. Die Römer schätzten die Zwiebel besonders als Grundnahrungsmittel und brachten sie nach Mitteleuropa.

INHALTSSTOFFE

Nach heutigem Wissensstand geht man davon aus, dass sich alle genannten Zwiebelsorten in ihren Inhaltsstoffen und damit auch in ihren Wirkungen sehr ähnlich sind. Die Sommerzwiebel enthält schwefelhaltige Aminosäuren wie Alliin, Methylalliin und Propylalliin sowie von diesen räumlich abgetrennt gespeicherte, abbauende Enzyme, die so genannten Alliinasen. Kommen diese Enzyme beim Zerschneiden der Zwiebel mit Alliin, Methylalliin oder Propylalliin in Kontakt, werden sie von den Enzymen abgebaut und es entstehen flüchtige, lauchartig riechende und augenreizende Schwefelverbindungen, die man Lauchöle nennt. Dies sind auch die Stoffe, die Knoblauch und Bärlauch den charakteristischen Geschmack verleihen. Hoch ist zudem der Gehalt an Quercetin, einem Flavonoid. Zusätzlich sind ätherisches Öl, Peptide, Flavonoide, Mineralstoffe wie Kalium, Kalzium, Phosphor, Eisen, Jod, Selen, Zink und verschiedene Vitamine (Betacarotin, C, E und Vitamin-B-Komplex) in allen Zwiebelsorten enthalten. Mit 100 Gramm frischen Zwiebeln kann der tägliche Bedarf an Vitamin B1 mehrfach gedeckt werden.

HEILWIRKUNG

Die in der Zwiebel enthaltenen Schwefelverbindungen halten das Blut flüssig, indem sie die Verklumpung der Blutplättchen verhindern und so der daraus folgenden Thrombose und Arterienverkalkung vorbeugen. Für den Kohlenhydratstoffwechsel wird u. a. Vitamin B1 benötigt (es kann nur kurz vom Körper gespeichert werden). Deshalb haben Vitamin B1 und Lauchöle aus der frischen Zwiebel einen positiven Einfluss auf erhöhte Blutzuckerwerte. Ähnlich wie Knoblauch vermag die Zwiebel auch erhöhten Blutfettgehalt und Blutdruck zu senken. Vermutlich sind es auch die Lauchöle der frischen Zwiebel, die helfen, Verkrampfung der Bronchien (z. B. bei Asthma) zu lösen. Die Linderung von Atemwegsbeschwerden durch Zwiebeln ist in aktuellen wissenschaftlichen Untersuchungen bereits mehrmals nachgewiesen worden, dennoch ist dies unter Therapeuten noch wenig bekannt. Die Lauchöle sorgen darüber hinaus für eine Aktivie-

rung des gesamten Verdauungstrakts, indem sie die Durchblutung der Magen- und Darmschleimhaut sowie den Fluss der Verdauungssäfte fördern. Der antimikrobielle Effekt der Lauchöle kann gut bei Helicobacter-pylori-Infektion, bakterieller Darmentzündung und entzündlichen Atemwegserkrankungen genutzt werden. *Helicobacter pylori* ist an der Bildung von Magengeschwüren maßgeblich beteiligt, indem es die Magenschleimhaut schwächt und sie für die Magensäure angreifbar macht. Das aus Alliin durch das Enzym Alliinase gebildete Sulfid Allicin regt die Darmbakterien an, Substanzen zu bilden, die Krankheitskeime im Darm zerstören können. Das Flavonoid Quercetin ist als Antikrebsmittel bekannt.

Vorsichtshinweis

Bei Personen, die gegenüber scharfen Lauchölen empfindlich sind, kann es durch den Genuss von großen Mengen an Zwiebeln zu Unverträglichkeitsreaktionen und Sodbrennen, Koliken und Durchfällen kommen. Zwiebeln können außerdem Blähungen verursachen.

Aus der Praxis

In den Gesundheitsregimen wurde die Zwiebel als sehr stark wärmend (im vierten Grad) und leicht befeuchtend (im ersten Grad) beschrieben. Die Wärme soll die Verdauung und die Arbeit der Leber anregen. Sie wird älteren und alten Menschen und bei kalten Konstitutionen empfohlen, da sie die Verdauungssäfte zum Fließen bringt und Ansammlungen im Blut oder in den Atemwegen auflöst. Die Kombination mit Ingwer und Kümmel kann Blähungen nach dem Genuss gekochter Zwiebeln vorbeugen.

DIE STECKBRIEFE DER LEBENSMITTEL

Apfel *Malus domestica Borkh.*

Adam Lonitzer schreibt von den verschiedenen Apfelsorten: »Die sauren Äpfel sind für diejenigen gut, deren Magen durch Feuchtigkeit und Wärme verderbt ist (Durchfall), denn sie stillen denselben. Die Äpfel mit einem scharfen Geschmack sind nützlich denjenigen, die eine grobe, aber nicht zu kalte Feuchtigkeit in ihrem Magen haben, denn sie lösen diese Feuchtigkeit auf. Süße Äpfel bekommen denjenigen gut, die einen kalten Magen haben. (…) Alle Äpfel sind gut gegen Ohnmacht und stärken das Herz.«

HERKUNFT UND HANDELSWARE

Apfelbäume gehören zur Familie der Rosengewächse (Rosaceen). Der Kulturapfelbaum (*Malus domestica*) entstand vermutlich durch eine Kreuzung vom Wilden Holzapfel (*Malus sylvestris*) und *Malus praecox*. Inzwischen gibt es weltweit etwa 20.000 Sorten, von denen einige allerdings kaum noch angebaut werden. Das größte Anbaugebiet ist China, gefolgt von Südamerika, Südafrika, Neuseeland und die USA. In Europa wird er in den milden Weingegenden Deutschlands, Österreichs und Südtirol, in der Normandie und den Gegenden um Hamburg kultiviert. Der weltweite Handel erfordert lager- und transportfähige Sorten. Um die Haltbarkeit zu verbessern, werden Äpfel gewachst, mit Gas behandelt oder gespritzt. Äpfel sind in Deutschland vor Bananen und Birnen das beliebteste Obst. Sie werden zu Getränken wie Saft, Most, Apfelwein, Cidre, Calvados und Obstler verarbeitet. Sie sind als Mus oder Kompott, in Mehlspeisen und Kuchen, als Beilage zu Wild und anderem Fleisch, für Salate, Saucen und Gratins aus der Küche nicht mehr wegzudenken. Getrocknete Apfelscheiben sind eine gesunde Süßigkeit.

GESCHICHTE

Der Apfelbaum stammt ursprünglich aus dem Südwesten Chinas. Kelten und Germanen nutzten die einheimischen Apfelsorten bereits zur Herstellung von Mus und Most. Mit den Römern kam der Obstanbau dann über die Alpen nach Mitteleuropa, wo ihn die Nonnen und die Mönche im frühen Mittelalter weiterkultivierten. Ibn Butlan lobte den Apfel in seinen Gesundheitsregimen. Hildegard von Bingen beschrieb den Apfel als »zart und leicht verdaulich« und roh nur Gesunden zuträglich. Kranke sollten ihrer Meinung nach lieber zu gebratenen Äpfeln greifen.

INHALTSSTOFFE

Äpfel enthalten pro 100 Gramm nur 54 kcal und zählen damit zu den kalorienarmen Obstsorten. Die Schalen enthalten besonders viele Wirkstoffe,

z. B. ist das Flavonoid Quercetin in den Schalen roter, grüner oder geflammter Äpfel enthalten. Auch der Gehalt an Hydroxyzimtsäure-Verbindungen und Katechinen können in der Schale zehnmal so hoch sein wie im Fruchtfleisch. Frische Äpfel sind besonders reich an Vitamin C, wobei der Gehalt ebenfalls in oder unter der Schale am höchsten ist. Zwischen den Sorten variiert der Vitamin-C-Gehalt stark, den höchsten weisen die Sorten Berlepsch, Idared, Goldparmäne, Boskop und Granny Smith auf. Weiterhin spielen Bodenqualität, Klima und Düngung eine große Rolle für den Vitamin-C-Gehalt. Äpfel enthalten sehr viele Ballaststoffe in Form von löslichem Pektin und unlöslicher Zellulose. Äpfel haben einen sehr hohen Gehalt an Fruchtzucker und einen relativ niedrigen an Fruchtsäure.

HEILWIRKUNG

Äpfel sind sehr gesund, wie schon das englische Sprichwort sagt: »An apple a day keeps the doctor away.« Denn Vitamin C und Quercetin, beides hochpotente Radikalfänger, stärken das Immunsystem und können freie Radikale in Form schädlicher UV-Strahlen und Umweltgifte wirksam bekämpfen. Beide helfen auch, Infektionen und Entzündungen zu verhindern. Es ist sogar nachgewiesen, dass ein regelmäßiger Verzehr – ungefähr fünf Äpfel in der Woche – Krebserkrankungen, besonders Lungenkrebs, verhindert. Diese Wirkung ist ebenfalls dem Vitamin C in Verbindung mit Quercetin zuzuschreiben. Außerdem schützen beide Inhaltsstoffe die Arterien vor Verkalkung. Der hohe Gehalt an Pektin, einem wasserlöslichen Ballaststoff, hat eine wohltuende Wirkung auf die Darmtätigkeit und beruhigt den Darm bei Nervosität und Durchfall. Ein mit der Schale fein geriebener Apfel ist ein altbe-

kanntes Hausmittel gegen Durchfälle. Zellulose ist zwar ein unverdaulicher Ballaststoff, regt aber ebenfalls die Darmtätigkeit an. Pektin und Zellulose sorgen zudem dafür, dass der Blutzuckerspiegel nach dem Essen nur leicht ansteigt. Der Körper wird entgiftet und überflüssiges Cholesterin kann gebunden und abgebaut werden. So wird mithilfe der Äpfel der Cholesterinspiegel im Blut gesenkt. Da Äpfel recht wenig Kalorien besitzen, sind sie z. B. bei Übergewicht eine ausgezeichnete Zwischenmahlzeit. Nach Möglichkeit sollten sie mit der Schale gegessen werden, damit die wertvollen Inhaltsstoffe unvermindert aufgenommen werden können.

Vorsichtshinweis

Die Unterschiede zwischen Äpfeln einzelner Standorte sind erheblich. Früchte, die um die halbe Welt gereist und mit Chemikalien und Gasen behandelt worden sind, haben deutlich weniger gesundheitlichen Wert als biologisch angebaute Äpfel von einer Streuobstwiese aus der Nachbarschaft. Diese sind somit wesentlich empfehlenswerter.

Aus der Praxis

Die süßen Äpfel galten in der Klosterheilkunde als leicht wärmend und befeuchtend, sie sollten das Herz stärken, den Geist erfreuen, den Magen aromatisieren und die Verdauung verbessern. Äpfel wurden für jedes Alter, zu jeder Jahreszeit und in allen Regionen empfohlen. Die sauren Äpfel galten hingegen als leicht kühlend und trocknend, sollten bei Ohnmachtsanfällen helfen und wurden vor allem jungen Menschen empfohlen.
Geriebener Apfel oder gekochtes Apfelmus kombiniert mit Zimt hilft gut gegen Durchfall.

Birne *Pyrus communis L.*

Ibn Butlan beschreibt die Wirkungen der Birnen anhand mehrerer Zitate großer medizinischer Autoritäten: »Birnen vertreiben die Ekelgefühle des Magens mit ihrem guten Geruch und mit ihrer Herbheit. (…) Die unreifen sind nur schwer zu verdauen. Galen sagt, sie nähren mehr als anderes Obst. Hippokrates sagt: Die unreifen kühlen und verstopfen den Bauch, die reifen bewirken das genaue Gegenteil.«

GESCHICHTE

Birnen lassen sich bis etwa 2000 v.Chr. zurückverfolgen. Die Griechen und Römer züchteten unterschiedliche Sorten, Plinius kannte bereits 38. Im 1. Jh. n.Chr. legten römische Legionen nördlich der Alpen Obstgärten an. Karl der Große förderte den Anbau von Birnbäumen in seinen Krongütern ebenfalls. Sowohl Hildegard von Bingen als auch Adam Lonitzer gaben den gekochten, weichen Birnen den Vorzug. Berühmt waren im Mittelalter die Birnen-Latwerge, ein Gemisch aus Birnenmus und Honig, in den verschiedene pulverisierte Wurzeln beigemengt wurden. Dieses Gemisch wurde bei Magenproblemen, Migräne und Erkrankungen der Atemwege verabreicht.

HERKUNFT UND HANDELSWARE

Der Birnbaum gehört zur Unterfamilie der Kernobstgewächse aus der Familie der Rosengewächse (Rosaceen). Birnen benötigen kühle, gemäßigte Temperaturen, um einen Fruchtansatz bilden zu können. Birnbäume blühen früher als Apfelbäume und sind daher empfindlicher. In Europa spielen die Varietäten von *Pyrus communis* die entscheidende Rolle, in Asien sind es die von *Pyrus pyrifolia* und *Pyrus sinensis*. Heute existieren ungefähr 2500 Arten von Kulturbirnen mit den Untersorten Tafelbirnen, Kochbirnen und Mostbirnen. Bei den Tafelbirnen unterscheidet man je nach Reifezeit Sommer-, Herbst- oder Winterbirnen. Sie werden unreif gepflückt, da reife Birnen äußerst empfindlich sind und beim Pflücken leicht beschädigt werden. Sie reifen jedoch auch nach dem Pflücken weiter. Verbreitete Sorten sind Bergamotte, Clapps Liebling, Williams Christ, Gellerts Butterbirne, Gute Luise und Gräfin von Paris. Das deutsche Klima ist für den Birnenanbau nicht sehr gut geeignet. Daher stammen die meisten Birnen bei uns aus dem Ausland. Wegen ihrer leichten Verderblichkeit werden Birnen oft weiterverarbeitet, z. B. zu Birnendicksaft, besonders aber zu dem beliebten Schnaps, der aus Williams-Christ-Birnen gebrannt wird.

INHALTSSTOFFE

Wie beim Apfel sitzen auch bei der Birne viele Wirkstoffe in und dicht unter der Schale. Birnen enthalten viel Vitamin C, B-Vitamine und Betacarotin. Außerdem sind sie reich an Mineralstoffen, sie verfügen über größere Mengen an Kalium, Magnesium, Kalzium, Eisen, Phosphor, Zink, Jod und Kupfer. An Pflanzenphenolen enthalten Birnen Proanthocyanidine und Flavonglykoside. Der Gehalt ist abhängig von Sorte, Reifegrad, Anbaubedingungen und Lagerung. Die Konzentration an Hydroxyzimtsäure-Verbindungen und Katechinen kann in der Schale teilweise zehnmal höher sein als im Fruchtfleisch, bei den Flavonglykosiden noch höher. Birnen haben viel Fruchtzucker und weniger Fruchtsäuren als Äpfel und schmecken deshalb süßer. Ihr Gehalt an Kohlenhydraten liegt bei 16 Prozent. Damit haben sie nach der Banane den zweithöchsten Wert unter den Obstsorten. Birnen bieten ebenso wie Äpfel eine gesunde und blutzuckerfreundliche Kombination von Fruchtzucker und Ballaststoffen in Form von Pektinen. Sie enthalten pro 100 Gramm 55 kcal.

HEILWIRKUNG

Das in der Birne enthaltene Kalium entwässert, dadurch werden die Nieren gestärkt und das Herz geschont. Für Bluthochdruckpatienten sind Birnen deshalb besonders geeignet. Die Pektine sind ebenfalls gut für Herz und Kreislauf, da sie sich sehr positiv auf den Cholesterinspiegel auswirken und somit der Gefäßverkalkung vorbeugen. Birnen besitzen mehr basische als saure Mineralstoffe und wirken deshalb ausgleichend auf den Säure-Base-Haushalt im Körper. Dies ist bei unserer eiweißreichen und meist zu sauren Ernährungsweise ein wichtiger Faktor. Birnen

werden auch gern bei Gicht, Rheuma und Arthritis empfohlen, da sie einen positiven Einfluss auf den Harnsäurespiegel haben sollen, der bei den genannten Krankheiten meist chronisch erhöht ist. Außerdem stärken Zink und Eisen das Immunsystem, ebenso wie das Vitamin C. Proanthocyanidine zählen zu den besten Radikalfängern und können ebenso wie Flavonglykoside und Katechine Krebserkrankungen vorbeugen, da sie Umweltgifte neutralisieren. Reife Birnen sind besonders leicht verdaulich und bekömmlich, sie fördern die Darmbewegungen und beugen zudem Verstopfung vor.

Ein Tee aus aufgekochten Birnenblättern soll bei Harnwegsproblemen Linderung bringen.

Vorsichtshinweis

Unreife, harte Birnen können empfindlichen Menschen schwer im Magen liegen und Blähungen verursachen. Besonders Kinder und alte Menschen sollten deshalb keine unreifen Birnen essen. Um länger lagerfähig zu sein, können Birnen zur besseren Haltbarkeit gespritzt sein. Bioware ist aus diesem Grund zu bevorzugen.

Aus der Praxis

Birnen wurden in der Klosterheilkunde als leicht kühlend und spürbar befeuchtend eingestuft. Deshalb wurden sie jungen Leuten sowie als Nahrung für die Sommerzeit empfohlen.

Reife Birnen sind sehr bekömmlich. Von der modernen Ernährungslehre wird die Birne besonders Schwangeren und älteren Menschen als stärkendes Lebensmittel sehr empfohlen. Da sich wie beim Apfel auch bei der Birne die Mehrzahl der positiven Inhaltsstoffe in der Schale befindet, sollten Sie diese nach Möglichkeit immer mitessen.

BROMBEERE *Rubus fruticosus L.*

Der ›Gart der Gesundheit‹ vergleicht die Brombeeren mit den Maulbeeren: »Diese Beeren sind sehr gut geeignet für diejenigen, die zur Steinbildung neigen, denn sie befördern sehr stark die Harnausscheidung und treiben damit auch den Stein hinaus, der lange Zeit in der Blase gelegen ist. Der Saft der Brombeeren mit dem Sirup von wildem Salbei gemischt ist eine große Hilfe für Lepröse (gravierende äußerliche Geschwüre).«

GESCHICHTE

Brombeeren wurden erstmals in den hippokratischen Schriften im 5. Jh. v. Chr. beschrieben. In der mittelalterlichen Klosterheilkunde wurden sie als kühlend, trocknend und zusammenziehend bezeichnet. Der Saft wurde in eingedickter Form aufbewahrt und vor allem gegen »heiße« Erkrankungen und Hautkrankheiten genutzt. Die Blätter waren ebenfalls schon in der Antike, aber auch in der mittelalterlichen Klosterheilkunde ein Arzneimittel zur Wundbehandlung.

HERKUNFT UND HANDELSWARE

Die Brombeere heißt auch Schwarzbeere oder Kratzbeere und gehört zur Familie der Rosengewächse (Rosaceen). Es gibt um die 400 Sorten. Inzwischen werden auch schon stachellose Züchtungen wie »Loch Ness« angebaut, Hauptsorte ist dabei »Theodor Riemers«. Brombeeren werden roh, tiefgefroren oder auch als Konfitüre angeboten. Aus den Blättern kann ein wohlschmeckender Tee gewonnen werden.

INHALTSSTOFFE

Brombeeren liefern viele Anthocyane, Gerbstoffe (Ellagsäure, Katechine) und Quercetin. Sie weisen reichlich Magnesium, Kalium, Mangan und Kupfer auf. 100 Gramm Brombeeren decken den halben Tagesbedarf an Vitamin C. Vitamin E und Folsäure sind ebenfalls enthalten. Die Blätter besitzen Gerbstoffe und organische Säuren.

HEILWIRKUNG

Anthocyane sind für die tiefdunkle Farbe und die immunstimulierende Wirkung der Brombeeren verantwortlich. Sie stärken die Gefäße und können helfen, Schlaganfälle zu verhindern. Ellagsäure kann ähnlich wie Quercetin und Katechin die Entstehung von Tumoren hemmen. Brombeeren sind daher als vorbeugendes Nahrungsmittel gegen Krebserkrankungen zu empfehlen. Kalium wirkt ausleitend und harntreibend. Gerbstoffe und organischen Säuren helfen auch bei leichten Durchfallerkrankungen. Warmer Brombeersaft lindert Heiserkeit und Halsentzündungen, das Kauen zarter Brombeerblätter kann Zahnfleischentzündungen entgegenwirken.

Vorsichtshinweis

Brombeeren aus dem Supermarkt können Schadstoffe (Insektizide, Herbizide) enthalten.

OBST

Phoenix dactylifera L. DATTEL

Ibn Butlan schreibt: »Wilde Datteln werden eingesetzt, um den schwachen Magen zu stärken und um den Blutfluss zu stillen. (…) Reife Datteln sind alle heiß und feucht, verursachen Verstopfung, (…) vermehren den Samen. Die herben Datteln sind etwas kühlend und trocknend. Weil sie langsam verdaut werden, stillen sie den Durchfall, stärken den Magen und verursachen Blähungen.«

GESCHICHTE

Die Dattelpalme gehört zu den ersten kultivierten Fruchtbäumen. Sie war so wichtig wie Brot, deshalb sprach man vom »Wüstenbrot«. Die Dattel galt in der mittelalterlichen Klosterheilkunde als wärmend und befeuchtend. Sie sollte stopfend wirken und Blähungen verursachen. Hildegard von Bingen, die eigentlich Obst für nicht sehr gesund hielt, schwärmte: »Die Dattelpalme ist warm und hat Feuchtigkeit in sich und ist klebrig wie Kleister und sie bezeichnet die Glückseligkeit.«

HERKUNFT UND HANDELSWARE

Dattelpalmen gehören zur Familie der Palmengewächse (Arecaceen). Sie ist die wichtigste Pflanze in der Oasenwirtschaft Nordafrikas. Die Datteln werden im Spätherbst (November/Dezember) geerntet und kommen frisch oder gepresst in den Handel. Sie werden auch zu Dattelhonig und Palmenwein verarbeitet. Getrocknete Datteln sind eine beliebte Zwischenmahlzeit und häufige Zutat in exotischen Gerichten.

INHALTSSTOFFE

Datteln sind reich an Vitaminen der B-Gruppe, außerdem an Vitamin C und D, Kalzium, Eisen und Phosphor. Sie haben einen hohen Gehalt an leicht verdaulichem Zucker und Eiweiß und einen beträchtlichen Nährwert. Die Trockenfrüchte sind sehr reich an Kalium und Eisen. 100 Gramm Datteln enthalten 650 Milligramm Kalium. Außerdem besitzen Datteln viele verdauungsfördernde Ballaststoffe. Frische Datteln liefern 230 kcal pro 100 Gramm, getrocknete Datteln 276 kcal.

HEILWIRKUNG

Mit rund 65 Prozent Kohlenhydratanteil sind Datteln sehr nahrhaft und als getrocknete Früchte gesund bei Bluthochdruck, denn der hohe Kaliumgehalt wirkt blutdrucksenkend. Kalium ist zudem lebensnotwendig für Herz und Gefäße, Nerven und Gehirn. Eisen ist für die Energiegewinnung und Blutbildung wichtig. Die verdauungsfördernden Ballaststoffe unterstützen den Darm in seiner Funktion.

Vorsichtshinweis

Günstige Datteln sind oft mit Kunstdünger und Pestiziden behandelt, deshalb sind Datteln aus biologischem Anbau zu bevorzugen.

DIE STECKBRIEFE DER LEBENSMITTEL

Erdbeere *Fragaria vesca L.*

Im ›Gart der Gesundheit‹ ist zu lesen: »Plinius spricht, dass Erdbeerenkraut sehr gut für ein Bad gegen den Blasenstein ist. Auch das Wasser, das man daraus destilliert, ist gut gegen Stein und fördert den Harnfluss, wenn man es trinkt. (…) die Frucht dienet dem Menschen und nimmt die unnatürliche Hitze und ist für die Choleriker besonders gut geeignet, (…), und diese Frucht bringt gerade denjenigen Kühlung und Feuchtigkeit.«

GESCHICHTE
Walderdbeeren wurden bereits in der Steinzeit gesammelt, spielten allerdings für die Ernährung keine große Rolle. Das änderte sich erst mit der Züchtung der Gartenerdbeere, die aus amerikanischen Arten im 18. Jh. entwickelt wurde. Die Frucht und die Blätter der Erdbeeren galten in der mittelalterlichen Klosterheilkunde als stark kühlend und befeuchtend. Ihr Saft sollte mit Honig gegen Schmerzen der Milz und mit Pfeffer bei Atemwegsbeschwerden eingenommen werden.

HERKUNFT UND HANDELSWARE
Erdbeeren gehören zu den Rosengewächsen (Rosaceen) und sind auf fast allen Kontinenten heimisch. Ihre Früchte sind keine echten Beeren, sondern Sammelnussfrüchte. Die eigentlichen Früchte sind die kleinen gelben Nüsschen auf dem roten »Fruchtfleisch«.

INHALTSSTOFFE
Erdbeeren enthalten sehr viel Vitamin C. Es können Werte von 50 bis 100 Milligramm pro 100 Gramm erreicht werden. Zudem sind verschiedene Formen der Anthocyane und bis zu 2 Prozent Ellagsäure (Gerbstoffe) vorhanden. Außerdem ist der hohe Gehalt an Katechinen, Kämpferol und Folsäure erwähnenswert. An Mineralstoffen fällt Mangan auf.

HEILWIRKUNG
Der hohe Gehalt an Vitamin C in Verbindung mit pflanzlichen Phenolen wie Katechin, Kämpferol und Quercetin macht Erdbeeren zu einem hochpotenten Heilmittel. Denn alle diese Stoffe weisen antioxidative, antibakterielle und antikanzerogene Eigenschaften auf. Letzteres gilt auch für die Ellagsäure. Katechin trägt weiterhin dazu bei, brüchige Gefäße zu stabilisieren. Erdbeeren sollen auch vor Gicht und Bluthochdruck schützen. Der hohe Gehalt an antioxidativ wirkenden Stoffen verringert Infektionen und entzündliche Prozesse. Folsäure hilft beim Zellwachstum und bei der Blutbildung. Mangan aktiviert eine Reihe von Enzymen, die eine wichtige Rolle bei der Blutgerinnung, der Knochenbildung und beim Fett- und Zuckerstoffwechsel spielen.

Vorsichtshinweis
Erdbeeren können allergische Reaktionen hervorrufen. Bei Empfindlichkeit gegen Birkenpollen können Kreuzallergien mit Erdbeeren auftreten.

OBST

Ficus carica L. FEIGE

Im ›Tacuinum sanitatis‹ steht zu den Feigen: »Die Feigen, die im September auf Rosten in der Sonne trocknen, sind im Winter eine willkommene Speise. (…) Sie bilden Blut von mäßiger Farbe (…), sind bekömmlich für die Brust und wirken gegen Gift. Schädliche Wirkungen sind Verstopfung, Winde und Geschwüre (…). Bekannt ist, dass zwei oder drei getrocknete Feigen, in Alkohol eingelegt (…), bei Asthma Wunder vollbringen.«

GESCHICHTE

Feigen gehören zu den ersten kultivierten Bäumen. Der Anbau begann etwa 10.000 v. Chr. Alle frühen Hochkulturen vom Zweistromland bis zum Nil nutzten Feigen. Die mittelalterliche Klosterheilkunde sprach den Feigen eine leicht wärmende und stark trocknende Wirkung zu. Empfohlen wurden sie bei Erkrankungen der Atemwege, vom Husten über Lungenentzündung bis zur Schwindsucht.

HERKUNFT UND HANDELSWARE

Die Echte Feige ist ein Baum aus der Familie der Maulbeergewächse (Moraceen). Er gedeiht in subtropischem und tropischem Klima und in Deutschland in Weinbaugebieten. Feigen können kugel- bis birnenförmig sein und eine grünliche bis violette Farbe besitzen. Getrocknete Feigen kommen oft aus der Türkei. Heute gibt es in der Saison auch frische Feigen zu kaufen.

INHALTSSTOFFE

Feigen sind reich an Betacarotin, Vitamin B1, B2, Niacin und Biotin. An Mineralstoffen sind in Feigen vor allem Kalzium, Kalium, Eisen und Zink enthalten. Getrocknete Feigen besitzen besonders viel Eisen (3300 Mikrogramm pro 100 Gramm) und Kalium (850 Milligramm). Feigen enthalten viel Fruchtzucker und viele Ballaststoffe. Frische Feigen liefern pro 100 Gramm 61 kcal, getrocknete Feigen 250 kcal.

HEILWIRKUNG

Der sehr hohe Kaliumgehalt der Trockenfrüchte reguliert den Blutdruck und schwemmt Wassereinlagerungen aus. Deshalb eignen sie sich gut als Nahrungsmittel bei hohem Blutdruck. Der hohe Eisengehalt sorgt für eine gute Sauerstoffversorgung des Bluts und stärkt das eisenabhängige Immunsystem. Der Radikalfänger Betacarotin und das Spurenelement Zink unterstützen ebenfalls das Immunsystem. Biotin ist gut für Haut und Haare und für den Stoffwechsel.

Getrocknete Feigen sind leicht verdaulich, ihre Ballaststoffe quellen im Darm leicht auf und aktivieren auf diese Weise die Darmtätigkeit. Feigen fördern somit die Verdauung, führen sanft ab und verbessern die Darmflora.

Vorsichtshinweis

Unreife Feigen enthalten einen Milchsaft, der Juckreiz und Hautausschläge hervorrufen kann.

DIE STECKBRIEFE DER LEBENSMITTEL

GRANATAPFEL *Punica granatum L.*

Ibn Butlan unterscheidet zwischen süßen und sauren Granatäpfeln: »Süße Granatäpfel lindern die Rauheit der Brust und den Husten, aber sie schaden auch, denn sie erzeugen Galle und Koliken. Die weinsauren Granatäpfel sind wirksam gegen Herzklopfen. Wenn man Granatäpfel zu Saft presst, führt er den Gallensaft aus und stärkt den Magen und die heiße Leber.«

GESCHICHTE

Der Granatapfel stammt vermutlich ursprünglich aus Persien und spielte schon in der griechischen Mythologie und im Alten Testament eine Rolle. Obwohl der Baum im kühlen Klima nördlich der Alpen nicht angebaut werden kann, war er überall bekannt, denn der sehr haltbare Granatapfel übersteht auch längere Transporte unbeschadet, wenn die feste Außenschale nicht verletzt wird. Seine rote Farbe und die vielen essbaren Kerne – es sollen insgesamt 613 je Frucht sein – machten ihn früher zum Symbol für weibliche Schönheit und Fruchtbarkeit.

HERKUNFT UND HANDELSWARE

Der Granatapfel (*Punica granatum*) gehört zur Familie der Weiderichgewächse (Lythraceen). Er wird im gesamten Mittelmeerraum, z. B. im Iran, in Armenien, in Ägypten, Tunesien, Israel, in der Türkei und in Spanien angebaut. Der Granatapfelbaum ist immergrün und kann einige hundert Jahre alt werden. Er wird bis zu 3 Meter breit und hat an der Spitze stumpfe, 10 Zentimeter lange, glänzende Blätter. Im Frühjahr und Sommer trägt er große, trichterförmige, orangerote Blüten. Die apfelähnlichen Früchte sind anfangs grün, später orangefarben. Die Ernte der Früchte beginnt im Spätsommer und dauert bis Dezember.

Der Granatapfel hat eine harte, lederartige Schale, einen Durchmesser von etwa 8 bis 9 Zentimetern und ist im Innern in kleine Kammern aufgeteilt. Darin befinden sich zahlreiche bis zu 3 Millimeter große, kantige Samen, die von einem geleeartigen, saftigen, tiefroten bis blassrosafarbenen Fruchtfleisch umgeben sind. Granatäpfel werden reif geerntet, weil sie nach der Ernte nicht mehr weiter nachreifen. Sie haben einen säuerlich frischen, leicht zusammenziehend herben Geschmack und sind dank der lederartigen harten Schale ziemlich gut haltbar. Granatäpfel werden in der einheimischen Küche bislang vor allem zur Dekoration verwendet, z. B. im Obstsalat und in Süßspeisen, aber auch zu Wild und Gans serviert. Der Granatapfelsaft ist eine besondere Spezialität und aus Granatäpfeln wird auch die bekannte Grenadine, ein Sirup, gewonnen. Grenadine ist rot und sehr aromatisch und wird hauptsächlich zum Aromatisieren und Färben von Cocktails verwendet. Beim Handhaben der Früchte ist Vorsicht geboten. Der Saft von Granatäpfeln hinterlässt Flecken, die kaum wieder zu entfernen sind. Früher benutzte man Granatapfelsaft u. a. auch zum dauerhaften Färben von Orientteppichen.

INHALTSSTOFFE

Vitamin C ist mit Abstand am meisten von allen Vitaminen im Granatapfel vorhanden. Daneben kommen Vitamin B1, B2 und Nicotinamid vor. An Mineralstoffen enthalten Granatäpfel besonders viel Kalium, Kalzium und Eisen. Neben Himbeeren und Erdbeeren weisen auch Granatäpfel größere Mengen an Gerbstoffen (Ellagsäure) auf. Sie enthalten außerdem Pflanzenfarbstoffe wie Anthocyane. Aus den Kernen des Granatapfels wird ein Öl gewonnen, das besonders in der Kosmetik geschätzt wird.

HEILWIRKUNG

Granatäpfel sind mit ihren unzähligen Samen nicht nur ein Symbol für Fruchtbarkeit, sondern auch ein Quell für die Gesundheit. Vitamin C stärkt die Immunabwehr. Die B-Vitamine regenerieren die Nerven und stärken diese. Das in Granatäpfeln enthaltene Kalzium hat wichtige Funktionen für das Körperskelett und gesunde Zähne und eignet sich zur Vorbeugung gegen Osteoporose. Es dient zur Signalübermittlung in der Zelle sowie zu der Reizübertragung im Nervensystem. Eisen unterstützt die Leistungsfähigkeit des Körpers, die Infektionsabwehr und ist wichtig für die Blutbildung. Kalium bestimmt den osmotischen Druck innerhalb der Zellen, be-

einflusst so die Wasserverteilung im Körper und wirkt entwässernd. Damit werden wichtige Organe des Körpers entlastet. Hoch dosiert kann Kalium auch den Blutdruck senken. Die im Granatapfel reichlich enthaltene Ellagsäure gehört zu den Polyphenolen und hat eine antioxidative Wirkung. Sie stärkt das Abwehrsystem und soll außerdem eine krebsvorbeugende und -hemmende Wirkung haben.

Die Gerbstoffe und die Anthocyane (Pflanzenfarbstoffe) in Granatäpfeln unterstützen die Bildung des Enzyms Paraoxonase. Dieses Enzym bekämpft oxidiertes Cholesterin. Untersuchungen in Israel haben gezeigt, dass bei gesunden Männern der regelmäßige Genuss von Granatapfelsaft die Neigung des »schlechten« Cholesterins, zu oxidieren und damit erst wirklich schädlich zu werden, um 43 Prozent reduziert – im Tierversuch waren es sogar 90 Prozent. Paraoxonase soll außerdem Plaques in den Gefäßen und damit Arteriosklerose verhindern.

Vorsichtshinweis

Keine Unverträglichkeiten bekannt.

Aus der Praxis

Schon Dioskurides unterschied zwischen süßen, sauren und den dazwischen liegenden »weinsauren«, das heißt säuerlichen Granatäpfeln. Empfohlen wurden die säuerlichen und sauren. Sie galten als kühlend und befeuchtend und damit als Mittel gegen zu viel Galle, gegen Fieber und bei Entzündungen im Mundraum. Die süßen Granatäpfel galten dagegen als leicht wärmend und befeuchtend. Mit Zucker gegessen sollten sie dafür sorgen, dass »der Magen das Essen gut kocht«, wie Konrad von Megenberg schrieb.

Heidelbeere *Vaccinium myrtillus L.*

Adam Lonitzer nennt folgende Wirkungen der Heidelbeere: »Heidelbeeren sind kalter und erdiger (trockener) Natur. Wein, in dem die Blätter und Früchte eingelegt wurden, fördert den Harn, die Monatsblutung der Frauen, treibt den Blasenstein aus und seine Wirkung bei übermäßiger Galle und gegen Kopfschmerz ist besonders bekannt. Der Saft der Blätter im Mund gehalten, ist hilfreich bei Mundfäule.«

GESCHICHTE

Heidelbeeren sind nördlich der Alpen heimisch. In der Klosterheilkunde galten sie als kühlend und trocknend und hilfreich bei Sehschwäche, Kopfschmerz und Mundfäule. Hildegard von Bingen bezeichnete sie als zu kalt, weil sie schwarz sind und deshalb schädlich. Wahrscheinlich brachte die Äbtissin sie mit der schwarzen Galle in Verbindung. Adam Lonitzer schätzte dagegen die positiven Wirkungen. Die Früchte und die Blätter wurden ähnlich angewendet wie die der Brom- und der Himbeere.

HERKUNFT UND HANDELSWARE

Heidelbeeren – auch Blaubeeren genannt – gehören zur Familie der Heidekrautgewächse (Ericaceen). Vor knapp 100 Jahren wurde aus der High-bush Blueberry (*Vaccinium corymbosum*) die Kulturheidelbeere gezüchtet, die gut zu lagern ist.

INHALTSSTOFFE

100 Gramm Heidelbeeren haben nur 36 kcal. An Mineralstoffen enthalten Heidelbeeren vor allem Mangan, Eisen und Zink, außerdem ist sie reich an Vitamin E. Heidelbeeren liefern relativ viel Gerbsäure. Neben Fruktose und Saccharose sind die Zuckeralkohole Xylit und Sorbit zu nennen. Für die Farbe der Beeren sorgen Anthocyane.

HEILWIRKUNG

Der hohe Gehalt an Mineralstoffen (wie Mangan und Zink) und an Xylit und Sorbit, die unabhängig von Insulin verstoffwechselt werden können, machen Heidelbeeren als Nahrungsmittel für Diabetiker empfehlenswert. Ihre Anthocyane können den Sehfarbstoff Rhodopsin schnell regenerieren, was sich positiv auf die Dämmerungs- und Nachtsichtigkeit auswirkt. Anthocyane sind hochpotente Antioxidanzien und haben bei Krebserkrankungen nachweislich eine vorbeugende Wirkung. Heidelbeeren enthalten Stoffe, die das Einnisten von Bakterien im Inneren von Blase und Harnleiter verhindern können. Deshalb verordnen Urologen ihren Patienten nach Eingriffen oft Heidelbeersaft, um die Infektionsgefahr zu mindern. Heidelbeeren verhindern das Zusammenkleben der Blutplättchen und helfen, Schlaganfälle und Thrombosen vorzubeugen.

Vorsichtshinweis

Heidelbeeren können im Übermaß genossen Durchfall auslösen.

OBST

Himbeere
Rubus idaeus L.

Adam Lonitzer schreibt: »Seine Frucht ist rot, hohl und süß, hat die Gestalt wie haarige rote Hütlein. (…) Das Laub, die Blüten, die jungen Sprosse und die Frucht, alles kann (…) äußerlich und innerlich verwendet werden, in Wasser gekocht zum Getränk, und mit Tüchern als Umschlag, es löscht jede Hitze ganz wunderbar. Auch ist das gebrannte Wasser gut, um alle hitzekranken Leute außen und innerlich zu kühlen.«

GESCHICHTE
Die Himbeere wurde erst in der Spätantike erwähnt, Plinius und fast zeitgleich Dioskurides sind zwei der Ersten, die von ihr berichteten. Himbeeren galten nach in der Klosterheilkunde als kühlend, befeuchtend und zusammenziehend. Den Früchten und den Blättern wurde die gleiche Wirkung wie den Brombeeren zugeschrieben. Sowohl Himbeeren als auch Brombeeren wurden bei Erkrankungen des Mund- und Rachenraumes, bei Durchfall und äußerlichen Entzündungen empfohlen.

HERKUNFT UND HANDELSWARE
Die Himbeere zählt zu den Rosengewächsen (Rosaceen) und wächst überall auf der Nordhalbkugel in halbschattigen Lagen. Kulturhimbeeren werden heute in vielen Ländern der gemäßigten Zone angebaut. Sie werden reif geerntet, weil sie nicht mehr nachreifen, und sind sehr aromatisch, allerdings vertragen sie keine lange Lagerung. Tiefgefrorene Früchte behalten lange ihr Aroma.

INHALTSSTOFFE
Himbeeren sind sehr reich an Anthocyanen, Gerbstoffen (Ellagsäure), Vitamin C und Folsäure. Außerdem enthalten sie Quercetin und verschiedene organische Säuren. Ballaststoffe machen 3 bis 4 Prozent des Frischgewichts aus. Hinzu kommen noch die Mineralstoffe Eisen, Kalium, Magnesium und Kalzium.

HEILWIRKUNG
Die Anthocyane wirken antioxidativ und gefäßstärkend. Vitamin C ist ein Radikalfänger und stärkt die Abwehrkräfte. Folsäure hat günstige Effekte auf die Gefäße. Antioxidative Lebensmittel gelten nicht nur als Schutz vor freien Radikalen, sondern auch als gute Prophylaxe gegen Krebserkrankungen. Die ebenfalls antikanzerogen wirkende Ellagsäure macht die Himbeere als Lebensmittel besonders wertvoll. Eisen begünstigt die Bildung roter Blutkörperchen, erhöht damit die Fähigkeit des Bluts, Sauerstoff aufzunehmen, und verbessert so die Leistungsfähigkeit des Körpers, stärkt die Abwehrkräfte und verringert die Infektionsgefahr. Außerdem wirkt das Kalium blutdrucksenkend und Magnesium stabilisiert zudem den Herzrhythmus.

Vorsichtshinweis
Keine Unverträglichkeiten bekannt.

DIE STECKBRIEFE DER LEBENSMITTEL

Johannis- & Stachelbeere

Ribes nigrum L., R. rubrum L. & R. uva-crispa L.

Der ›Gart der Gesundheit‹ schreibt zu den Johannisbeeren: »Diese Träublein nehmen den Durst, wenn man sie isst, besonders den Durst, der von der Hitze der Cholera, also der Galle kommt. Sie stillen auch den Fluss des Bauches (Durchfall). Johannisbeeren machen Lust auf Essen und Trinken. Der Saft von den Beeren ist hilfreich bei Herzzittern und nimmt den Brechreiz. (…) Ein Trank aus Johannisbeeren und Endivienwasser ist hilfreich bei Röteln, Pocken und Hautausschlag.«

GESCHICHTE

Im Mittelalter wurde hauptsächlich die Rote Johannisbeere verwendet, die erst durch die Araber in Europa bekannt wurde, während die Schwarze Johannisbeere eine heimische Waldpflanze ist. Letztere wurde vor allem medizinisch genutzt. Nahe verwandt mit beiden ist die Stachelbeere. Aus einer Kreuzung mit der Schwarzen Johannisbeere entstand die Jostabeere.

Im Mittelalter hieß die Stachelbeere auch »Klosterbeere«. Der Name spielt vielleicht darauf an, dass die Stachelbeere durch die Benediktiner verbreitet worden sein soll.

HERKUNFT UND HANDELSWARE

Die Johannisbeeren gehören zur Familie der Stachelbeergewächse (Grossulariaceen). Man unterscheidet Sträucher mit Roten oder Weißen Johannisbeeren (*Ribes rubrum*) und mit Schwarzen Johannisbeeren (*Ribes nigrum*). Die Saison für Johannisbeeren beginnt ungefähr am Johannitag und dauert von etwa Ende Juni bis Ende Juli oder Anfang August. Rote Johannisbeeren haben einen frisch-säuerlichen Geschmack, Weiße Johannisbeeren sind milder. Die Schwarzen Johannisbeeren haben einen ungewöhnlichen Geruch und einen sehr ausgeprägten, intensiv herben Geschmack. Johannisbeeren werden z. B. zu Saft und Gelee verarbeitet. Rote Johannisbeeren sind traditionell die Grundlage der roten Grütze. Aus Schwarzen Johannisbeeren wird in Frankreich der Likör Cassis hergestellt.

Die Stachelbeeren (*Ribes uva-crispa*) reifen von Juni bis August. Sie gibt es in den Farben Rot, Weiß und Grün. Zur Reifezeit im Sommer werden Stachelbeeren gelegentlich auch auf den Märkten angeboten. Stachelbeeren finden vielfach Verwendung als Marmeladen und Kompotte, auch als Chutneys und Saucen. Wohlschmeckend sind sie außerdem in Gebäck und Kuchen. Reife Stachelbeeren sind gekühlt bis zu sechs Wochen haltbar.

INHALTSSTOFFE

Der Energiegehalt von Johannis- und Stachelbeeren liegt zwischen 33 und 39 kcal pro 100 Gramm. Besonders viel Vitamin C enthalten Schwarze Johannisbeeren mit 175 Milligramm, Rote Johannisbeeren und Stachelbeeren liefern dagegen nur 35 Milligramm Gramm pro 100 Gramm. Alle drei Beerensorten sind zudem reich an Vitamin B, E und Betacarotin, wobei auch hier die Schwarzen Johannisbeeren am besten abschneiden. Stachelbeeren bieten außerdem viel Vitamin A. In großen Mengen vorhanden sind auch Ballaststoffe und Quercetin. An Mineralstoffen kommen Eisen, Kalium, Mangan und Zink vor. Schwarze Johannisbeeren und Stachelbeeren enthalten reichlich Hydroxyzimtsäure- und Hydroxybenzoesäure-Verbindungen und liefern im Vergleich zur Roten Johannisbeere deutlich mehr antioxidativ wirkende Anthocyane und mehr Gerbstoffe. Rote Johannisbeeren enthalten vor allem keimtötende Salicylsäure.

HEILWIRKUNG

Durch den hohen Vitamin-C-Gehalt in Kombination mit den Vitaminen E und A stärken und unterstützen Johannisbeeren das Immunsystem. Johannisbeerfrüche und ihr Saft werden deshalb zur Vorbeugung gegen Erkältungskrankheiten und zur Stärkung bei fiebrigen Erkrankungen eingenommen. Außerdem wirkt Vitamin C stärkend auf das Bindegewebe der Haut, Gelenke, Muskeln und Knochen. Durch ihren hohen Gehalt an Anthocyanen wirken Johannisbeeren zusätzlich gefäßstärkend und beugen Krebserkrankungen vor. Die Ballaststoffe, die vor allem in der Schale und den Kernen enthalten sind, mobilisieren den Darm und tragen zu einer ausgewogenen Darmflora bei. Der Frischpflanzenpresssaft wird bei akutem und chronischem Durchfall empfohlen. Der Gerbstoffgehalt sorgt dafür, dass Durchfälle schneller abklingen. Kalium regt die Entwässerung an und trägt so zur Blutreinigung bei. Eisen und Zink sind an der Blutbildung beteiligt, zudem wirkt Zink stimulierend auf das Immunsystem. Mangan hilft bei der Ernährung von Nerven und Gehirn, aktiviert verschiedene Enzyme und ist am Aufbau einiger Vitamine beteiligt. Hydroxyzimtsäure-Verbindungen können das Wachstum von Krebstumoren und die Metastasenbildung hemmen. Außerdem vermindern Hydroxyzimtsäuren – insbesondere in Verbindung mit Flavonoiden (Pflanzenfarbstoffen) – das Risiko für koronare Herzkrankheiten. Salicylsäure hat eine entzündungshemmende und schmerzstillende Wirkung.

Vorsichtshinweis

Johannis- und Stachelbeeren sind sehr anfällig für Krankheiten und Schädlinge und werden deshalb mit reichlich Chemikalien behandelt. Nach Möglichkeit sollten sie daher aus biologischem Anbau bezogen werden.

Aus der Praxis

In der mittelalterlichen Klosterheilkunde galten rote und schwarze Johannisbeeren als stark kühlend und befeuchtend. Allgemein wurde ihre durststillende Wirkung in Sommergetränken und bei Fieber geschätzt. Heute empfiehlt man den Vitamin-C-haltigen Johannisbeersaft besonders auch für den Winter.

Die »Kloster-« oder Stachelbeeren galten dagegen nur als schwach kühlend und mäßig trocknend. Sie wurden mit Fleisch gekocht und geschwächten und cholerischen Menschen empfohlen.

Kirsche *Prunus avium L.*

Adam Lonitzer sagt über die Sorten der Kirsche: »Manche sind süß, manche sind herb, manche sind sauer. Insgesamt jedoch sind die Kirschen alle kühlend und feuchtend. Die süßen erweichen den Bauch und laxieren weniger stark, sie bringen wenig Nährwert, machen aber ein gutes Blut. Saure Kirschen bereiten dem Magen Appetit und machen den Mund frisch. Die Kerne sind denjenigen hilfreich, die eine Neigung zu Harnsteinen haben.«

GESCHICHTE

Bereits in der Steinzeit haben Menschen nachweislich wilde Kirschen gesammelt. Kultivierter Anbau fand am Schwarzen Meer statt. Von dort importierte der römische Feldherr Lucullus den Baum nach Rom, was ihm großen Ruhm eintrug – im Gegensatz zu seinen militärischen Operationen. Die Römer brachten den Kirschbaum bald darauf über die Alpen zu uns.

HERKUNFT UND HANDELSWARE

Der Kirschbaum gehört als Steinobstgehölz zur Familie der Rosengewächse (Rosaceen). Die Urform der Kirsche war die wilde Vogelkirsche, aus der durch Kreuzungen und Mutationen die heutigen Kirschen enstanden sind. Wie schon im Mittelalter unterscheidet man immer noch zwischen Süß- und Sauerkirschen. Es gibt dabei etwa 500 Sorten Süßkirschen wie z. B. die weichfleischigen Herzkirschen und die festfleischigen Knorpelkirschen. Bei den Sauerkirschen sind 250 Sorten bekannt, die Weichseln oder Schattenmorellen sind dabei am geläufigsten. Kirschen werden in vielen Gegenden Deutschlands angebaut, große Mengen werden auch aus der Türkei und Griechenland importiert. Kirschen reifen nach der Ernte nicht mehr nach und werden deshalb bereits reif geerntet. Damit sie den langen Transport überstehen können, werden sie meist stark chemisch behandelt. Nach dem Kauf sollten sie schnell verzehrt werden, weil sie nicht lange haltbar sind. Kirschen unterscheiden sich in Geschmack, Konsistenz und Aroma von Sorte zu Sorte sehr. Sie eignen sich hervorragend zur Weiterverarbeitung. Eingemachte Kirschen, z. B. Schattenmorellen, gibt es vielfach in Gläsern zu kaufen. Auch Saft oder Schnaps, z. B. das bekannte Kirschwasser aus der Schweiz und dem Schwarzwald, sind sehr beliebt. Kandierte Kirschen werden häufig als Verzierung für Gebäck, Lebkuchen und Kuchen und als Maraschinokirschen – in Maraschino eingelegt – in Cocktails und Süßspeisen verwendet. Sauerkirschen eignen sich hervorragend für fruchtig-pikante Saucen, besonders zu Wildgerichten.

INHALTSSTOFFE

Süßkirschen haben einen relativ hohen Mineral-stoffgehalt, ohne Spitzenwerte zu erzielen. Erwähnenswert sind Kalium, Kalzium, Magnesium, Phosphor und bei den Sauerkirschen Eisen. Der Mineralstoffanteil lässt sich gut von außen erkennen, denn je dunkler die Farbe der Kirschen ist, desto höher ist der Gehalt. Das Gleiche gilt für den Pflanzenfarbstoff Anthocyan, von dem besonders viel in der Kirschhaut enthalten ist. An Vitaminen kommen die bioaktiven Vitamine Betacarotin, B1, B2 und B6 und vor allem C vor. Fruchtzucker, -säuren und phenolische Verbindungen bestimmen Geschmack und Farbe der Kirschen. Sauerkirschen unterscheiden sich in ihrem Gehalt an Wirkstoffen etwas von den Süßkirschen. Sauerkirschen enthalten mehr Eisen und Magnesium sowie mehr Vitamin C und Folsäure als die süßen, aber weniger Vitamine der B-Gruppe. Sie haben weniger Fruchtzucker und mehr Fruchtsäure als Süßkirschen.

HEILWIRKUNG

Nicht umsonst werden Kirschen besonders von Kindern gern gegessen. Sie enthalten alles, was Kinder zum Aufbau von Knochen und Zähnen, Knorpeln, Haut und Bindegewebe brauchen, nämlich Kalium, Kalzium, Magnesium, Eisen, Phosphor und Kieselsäure. Eisen, Vitamin C und Folsäure sind wichtig für die Blutbildung. Kalium sorgt mit seiner entwässernden Wirkung für die Entlastung von Herz, Leber und Nieren. Die Pflanzenfarbstoffe Anthocyan in der Haut wirken antioxidativ und entzündungshemmend. Den Ballaststoffen und dem Fruchtzucker schreibt man eine leicht abführende Wirkung zu.
Ein halbes Pfund Kirschen täglich soll den Harnsäurespiegel senken und so vor allem für Gichtkranke gut sein. Sauerkirschen stimulieren mit ihren Fruchtsäuren den Stoffwechsel und sind für die Blutbildung wegen des höheren Gehalts an Eisen besser geeignet. Süßkirschen helfen durch ihren hohen Vitamin-C-Gehalt bei inneren Entzündungen.

Auch die Naturmedizin nutzt Kirschen als Mittel gegen Parodontose und Arthritis. Sehr beliebt war lange Zeit folgendes Stärkungsmittel: Sauerkirschen wurden in einer Mischung aus Honig und Zucker über 14 Tage eingelegt. Dann wurde der Zucker mit Rosen- und Veilchensirup sowie Süßholzwurzel gekocht und mit Zimt, Gewürznelke und Muskatblüte gewürzt und mit gutem Wein vermischt und weitere 14 Tage gelagert. Die Kirschen wurden inzwischen getrocknet und schließlich mit dem Gewürzsirup gegessen.

Vorsichtshinweis

Die im Handel angebotenen Kirschen werden fast alle mit Pflanzenschutzmitteln behandelt, um die ernteschädigende Kirschenfruchtfliege zu vernichten. Dabei sollen Kirschen deutscher Herkunft noch am wenigsten belastet sein.

Aus der Praxis

Die Kirschen galten in der Klosterheilkunde als kühlend und befeuchtend, allerdings von unterschiedlicher Intensität. Vor allem die Sauerkirschen regten den Appetit an und wurden deshalb als Vorspeise gereicht. In der Heilkunde wurden sie gegen leichte Entzündungen, bei »heißer« Leber und »heißem« Magen und zur Stärkung des Herzes eingesetzt. Um Gelenkerkrankungen vorzubeugen, empfiehlt die moderne Ernährungslehre eine Kirschkur, bei der im Sommer täglich ein halbes Pfund Kirschen gegessen wird.

Melone

Citrullus lanatus Thun. & Cucumis melo

Der ›Gart der Gesundheit‹ berichtet: »Wer unnatürliche Hitze in dem Magen empfindet oder böses Fieber, für den sind die Melonen geeignet. (…) Es gibt zwei Arten: die einen sind rund und heißen Peponen, die anderen sind lang, die heißen Melonen oder Sommermelonen. (…) Diese Melonen haben zahlreiche Kräfte in sich, weil sie säuerlich sind. Der Same hat die Wirkung, dass er harntreibend wirkt und die Blase und Nieren reinigt.«

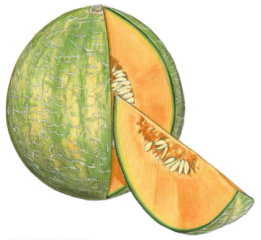

GESCHICHTE

Melonen werden seit einigen tausend Jahren im Orient kultiviert. Erste gesicherte Zeugnisse finden sich bei Plinius und Dioskurides. Seit römischer Zeit sind sie auch in Mitteleuropa bekannt. Sie galten in der Klosterheilkunde als eine beliebte kühlende und befeuchtende Speise, wie das Gartengedicht »Hortulus« von Wahlafrid Strabo, Abt des Klosters auf der Insel Reichenau, aus dem 9. Jh. bezeugt.

HERKUNFT UND HANDELSWARE

Die aus den Tropen stammenden Melonen gehören zu den Kürbisgewächsen (Cucurbitaceen). Es gibt Zucker- und Wassermelonen. Bei Ersteren befinden sich die Kerne in der Mitte der Frucht. Die Kerne der Wassermelonen sind im Fruchtfleisch verteilt. Reife Wassermelonen klingen hohl, wenn man daran klopft.

INHALTSSTOFFE

Wassermelonen liefern 37 kcal, Zuckermelonen 54 kcal pro 100 Gramm. Sie bestehen zu 85 bis 90 Prozent aus Wasser. Es sind Vitamin A, Carotinoide, die Vitamine der B-Gruppe (B1 und B2) und Vitamin C enthalten. Wassermelonen besitzen zusätzlich Vitamin B6. Fruchtsäuren sorgen für den charakteristischen Geschmack. Weiterhin nennenswert sind die Mineralstoffe Kalium, Eisen, Zink und Jod.

HEILWIRKUNG

Melonen liefern Mineralstoffe, entwässern bei Prostatabeschwerden und spülen überschüssiges Salz und Harnsäure aus. Sie werden Rheuma- und Gichtkranken empfohlen. Die entwässernde Wirkung, die durch Kalium unterstützt wird, senkt den Blutdruck. Die Fruchtsäuren regen die Verdauung an. Vitamin A und die Carotinoide sind für Augen, Haut, Haare, Knochen, Nägel und Zähne wichtig. Außerdem schützen sie vor Sonneneinfluss und stärken die Abwehrkraft, wirken antioxidativ, bewahren Blutgefäße vor schädlichen Ablagerungen und können einem Herzinfarkt vorbeugen. Eisen ist wichtig für die Blutbildung, Jod für die Funktion der Schilddrüse. Da Zucker- und Honigmelonen keine Fruktose enthalten, sind sie ein ideales Lebensmittel für alle von Fruktoseintoleranz betroffenen.

Vorsichtshinweis
Zu viel Melone kann Durchfall hervorrufen.

OBST

PFIRSICH
Prunus persica (L.) Batsch

Adam Lonitzer schreibt zum Pfirsich: »Blüte, Blätter und Kerne sind warmer und trockener Natur, die Frucht aber ist feuchtend und kühlend im zweiten Grad. Deshalb faulen sie auch leicht, wenn sie reif geworden sind. Pfirsiche bekommen dem Magen nicht gut, denn der Saft wird schnell faulig und sauer, sie sollen nicht nach, sondern vor anderen Speisen gegessen werden, damit sie nicht lange im Magen liegen und schnell hindurchgehen.«

GESCHICHTE
In China kannte man den Pfirsich bereits 2000 v. Chr. Von dort gelangte er nach Persien und nach Griechenland. Die Römer verbreiteten ihn schließlich in ganz Mitteleuropa. Die mittelalterliche Klosterheilkunde schätzte ihn als kühlend und befeuchtend bei Fieber.

HERKUNFT UND HANDELSWARE
Der Pfirsichbaum zählt zur Familie der Rosengewächse (Rosaceen). Der bis zu 8 Meter hohe Baum trägt im Sommer fleischige, mit einem Flaum bedeckte Früchte. Auch Nektarinen gehören zu den Pfirsichen; ihre Früchte sind glatt und ohne Flaum. Der Großteil der Früchte auf dem deutschen Markt stammt aus Italien.

INHALTSSTOFFE
Die Vitamine C (10 Milligramm) und E und die Mineralstoffe Kalium, Magnesium, Kalzium, Eisen und Zink sind in Pfirsichen reichlich vorhanden. Fruchtsäuren, Aromastoffe, Carotinoide und Flavone kommen ebenfalls vor. Mehlige Früchte bieten viele Ballaststoffe und Pektine. Pfirsiche sind kalorienarm. Die Inhaltsstoffe der Nektarine sind ähnlich.

HEILWIRKUNG
Vitamin C und E stärken nicht nur die Immunabwehr. Vielmehr schützen sie auch die Zellen als wichtige Antioxidanzien vor freien Radikalen, die

von außen aufgenommen oder im Körper gebildet werden und die den Alterungsprozess beschleunigen und Krankheiten begünstigen. Carotinoide und Flavone können helfen, Krebs vorzubeugen. Vitamin E kann das Vitamin C regenerieren. Kalium wirkt ausleitend und regt die Nieren an. Dadurch entwässern Pfirsiche und entlasten Herz und Kreislauf. Zink stärkt die Immunabwehr und wird für die Samenproduktion des Mannes benötigt. Fruchtsäuren kurbeln den Appetit an. Ballaststoffe und Pektine wirken leicht abführend und verdauungsanregend. Die Pektine können zusätzlich einen erhöhten Cholesterinspiegel senken.

Vorsichtshinweis
Bei unsachgemäßer Handhabung können sich Bakterien oder Pflanzenschutzmittel in der pelzigen Haut festsetzen. Daher sollten Sie die Früchte vor dem Verzehr gründlich waschen.

PFLAUME *Prunus domestica L.*

Adam Lonitzer schreibt über die Pflaumen: »Früchte der Pflaumenbäume haben nicht alle dieselbe Komplexion und Wirkung, weil sie von unterschiedlichem Geschmack und Wesen sind. Die Süßen erweichen den Bauch, die Sauren aber stopfen und belasten den Bauch. Aber alle haben kühlende und feuchtende Eigenschaften, die gedörrten Pflaumen sind etwas trocknend. Besonders die frischen Pflaumen erweichen den Bauch, viel gegessen sind sie aber schwer verdaulich, besonders für diejenigen, die einen kalten Magen haben.«

sie eine Kreuzung aus beiden. Man kennt etwa 2000 Sorten. Zu den Pflaumen gehören die kleinen, runden, gelben Mirabellen, die großen, grünlichen Reineclauden und die gelben Eierpflaumen. Zwetschgen haben eine bläuliche Fruchtschale, gelbes Fruchtfleisch und laufen spitz zu. Die weiße Wachsschicht schützt die Früchte vor Austrocknung und vor Mikroorganismen. In den Handel kommen sie als Frischware oder als Trockenfrüchte ohne Stein. Außerdem kann man sie auch einfrieren. Pflaumen werden vor allem in Asien und Europa angebaut, wobei Deutschland der größte Produzent in Europa ist. Die Früchte sollten beim Kauf eine schöne Farbe besitzen und nicht zu hart sein.

GESCHICHTE

Der Ursprung der Pflaume wird zwischen Kaukasus und Altaigebirge vermutet. Durch die Römer gelangten die Pflaumen 150 v. Chr. nach Italien, später brachten römische Legionäre sie über die Alpen nach Deutschland. Welch wichtige Bedeutung man den Pflaumen zumaß, machen auch die Bemühungen Karls des Großen deutlich, der den Anbau der Pflaume regelrecht verordnete.

HERKUNFT UND HANDELSWARE

Die Pflaume gehört zu den Rosengewächsen (Rosaceen) und steht in enger Verwandtschaft zu Schlehdorn und Kirschpflaume, vermutlich ist

INHALTSSTOFFE

Pflaumen bestehen zu fast 85 Prozent aus Wasser. Sie enthalten Eiweiß und Fett nur in geringem Maße. Obwohl sie sehr süß schmecken, ist der Energiegehalt der frischen Früchte mit 49 kcal pro 100 Gramm recht gering. Trockenfrüchte bringen es durch den Entzug des Wassers auf 222 kcal. Entsprechend sind auch die anderen Inhaltsstoffe konzentrierter. Insgesamt sind 10,2 Gramm an Kohlenhydraten vorhanden, dabei vor allem Glukose und Fruktose. Außerdem ist der je nach Sorte zwischen 1 und 19 Prozent liegende Sorbitanteil erwähnenswert. An Ballaststoffen bieten Pflaumen viel Pektin. Verschiedene

Fruchtsäuren wie Äpfel- und Zitronensäure sind u. a. für den leicht säuerlichen Geschmack verantwortlich. An Mineralstoffen und Spurenelementen sind Kupfer, Eisen und Zink sowie Kalium und Kalzium zu nennen. Der Vitamingehalt von Pflaumen ist zwar nicht besonders hoch, aber die vorhandenen Vitamine sind in einer ausgewogenen Konzentration vertreten. Es handelt sich um die Vitamine A, C, E und aus der B-Gruppe B1, B2 und B6. Die Schale weist einen hohen Gehalt an Anthocyanen auf, die zu den Polyphenolen gehören.

HEILWIRKUNG

Nicht nur in früheren Zeiten früher wurden Pflaumen bei Verdauungsproblemen empfohlen: Die abführende Wirkung der Pflaumen beruht auf ihrem hohen Anteil an Ballaststoffen und des Sorbits. Außerdem wirken die Fruchtsäuren appetitanregend und fördern die Produktion von Verdauungssäften, was ebenfalls die Verdauungstätigkeit anregt. Auf diese Art und Weise reinigen Pflaumen den Darm und kurbeln die Verdauung an. Aufgrund des hohen Wasseranteils und der im Vergleich dazu geringen Konzentration an Kohlenhydraten wirken Pflaumen zudem durststillend. Der niedrige Gehalt an Natrium und der hohe Kaliumanteil haben günstige Effekte auf das Herz-Kreislauf-System, da Kalium entwässernd wirkt und so auch den Blutdruck senkt. Durch die beschriebenen Wirkungen auf Darm und Niere eignen sich frische Pflaumen hervorragend zum Abnehmen. Aber nicht nur dem Körper, auch der Psyche tun Pflaumen gut, denn die Spurenelemente Kupfer und Zink wirken nervöser Unruhe und Depressionen entgegen. Dies wird noch unterstützt durch die B-Vitamine, die leistungsfördernd sind und die Nerven stärken. Vitamin E sorgt für Geschmeidigkeit der Arterien und hält die Haut glatt. Die gefäßschützende Wirkung wird zudem unterstützt durch Vitamin C, das ebenso wie die Anthocyane ein Antioxidans ist. Antioxidanzien schützen die Zellen vor der Zerstörung durch freie Radikale. Daher vermögen die Anthocyane Entzündungen zu hemmen und Krebs vorzubeugen. Die Kombination all dieser Wirkungen hilft, den Alterungsprozess zu verlangsamen. Indische Ärzte verwenden Pflaumen auch, um Fieber zu senken. Die Pektinanteile quellen im Darm auf und fördern die Verdauung, zudem werden durch sie Abfallprodukte und Giftstoffe mitgenommen und so schneller ausgeschieden. Weiterhin senken Pflaumen den Cholesterinspiegel. In den USA werden getrocknete Pflaumen zum regelmäßigen Verzehr empfohlen, um Krebs vorzubeugen.

Vorsichtshinweis

Die harten Häute der Früchte können im Darm zu Gärung führen. Empfindliche Personen sollten daher keine großen Mengen frischer Früchte essen und möglichst keine Flüssigkeit dazu trinken.

Aus der Praxis

Die Kräuterbücher unterschieden zwischen der angebauten Pflaume und der wilden Pflaume, damit meinten sie den Schlehdorn (Prunus spinosa). Die Klosterheilkunde schätzte beide Pflanzen. Pflaumen wurden als kühlend und befeuchtend, Schlehen als kühlend und trocknend betrachtet. Während Pflaumen den Bauch erweichen und den Stuhlgang fördern sollten, wurden Schlehen gegen Durchfall und »unnatürliche Hitze«, also Fieber, eingesetzt. Trockenpflaumen mit Zimt oder Ingwer kombiniert unterstützen Magen und Darm.

DIE STECKBRIEFE DER LEBENSMITTEL

Quitte   *Cydonia oblonga Mill.*

Adam Lonitzer schreibt: »Ihre Natur ist es, den Magen und die anderen inneren Organe der Verdauung zu stärken, zu kühlen und zu stopfen. (…) Vor einer Mahlzeit genossen stopfen sie, gleichwie sie nach einem Mahl das Gegenteil bewirken und die Öffnung befördern. Gebratene Quitten (…) halten die Dämpfe des Weines zurück, sodass sie nicht in das Haupt hinaufsteigen, sie treiben den Harn hinaus und helfen bei Aufstoßen.«

GESCHICHTE

Die Quitte stammt vermutlich aus Kleinasien und ist nach der Stadt Kydonia auf Kreta (heute: Chania) benannt, wo sie wahrscheinlich auch kultiviert wurde. Die griechische Mythologie sah die Quitte als Symbol für Glück, Liebe und Fruchtbarkeit. Nach Galen milderte der Quittensaft oder der Geruch der Quitte den Brechreiz. In der Klosterheilkunde wurden Quitten als leicht kühlend, zusammenziehend und als spürbar trocknend bezeichnet.

HERKUNFT UND HANDELSWARE

Die Quitte zählt zum Kernobst und zur Familie der Rosengewächse (Rosaceen). Wild ist er noch in Armenien und Persien zu finden. Es gibt zwei Zuchtformen: Birnenquitten und Apfelquitten. Sie können nicht roh verzehrt werden, weil sie sehr hart sind und herb-säuerlich bis bitter schmecken, und werden deshalb vor allem als Gelee, Kompott oder Saft zubereitet. Im Handel sind Quitten nur selten zu bekommen.

INHALTSSTOFFE

Die Früchte sind reich an Vitamin C und den Mineralstoffen Kalium, Kalzium, Magnesium, Zink und Eisen. Der hohe Pektingehalt ist für die gute Gelierkraft verantwortlich. Außerdem sind organische Säuren vorhanden. Die Kerne bieten reichlich Schleimstoffe, fettes Öl und Gerbstoffe. Sie enthalten das Blausäureglykosid Amygdalin.

HEILWIRKUNG

Vitamin C dient als Radikalfänger und stärkt die Abwehrkräfte. Kalium wirkt ausleitend. Eisen und Magnesium sind für die Blutbildung nötig. Daran ist auch Zink beteiligt, das wichtig für den Aufbau der roten und weißen Blutkörperchen ist und zusätzlich das Immunsystem stärkt. Pektin bindet durch seine Quellfähigkeit Giftstoffe und hilft gegen Durchfall. Zudem wirkt es regulierend auf den Blutzuckerspiegel, senkt die Konzentration an schädlichem Cholesterin und hemmt den Appetit. Auch heute noch werden die Früchte bei Zahnbeschwerden eingesetzt. Weicht man unzerkleinerte Quittenkerne in Wasser ein, werden Schleimstoffe frei, die Husten und Halsentzündungen lindern.

Vorsichtshinweis

Die Kerne enthalten giftige Blausäure.

OBST

RHABARBER
Rheum rhabarbarum L.

Lonitzer ist von der Rhabarberwurzel begeistert: »(…) reinigt nicht nur die Galle, sondern auch die phlegmatischen Feuchtigkeiten (den Schleim), säubert, reinigt und stärkt den Magen und die Leber und wehrt dem Leberschmerz, reinigt das Blut, öffnet die Verstopfung und heilt alle Gebrechen, die aus der Verstopfung entstehen können, wie Wassersucht, Gelbsucht, harte Milz und chronisches Fieber.«

GESCHICHTE
Bereits 2700 v. Chr. wurden Rhabarberwurzeln in China als Arznei verwendet. Nach Europa gelangte der Rhabarber jedoch erst im 16. Jh. In England erkannte man Mitte des 18. Jh., dass Rhabarber sich in der Küche nutzen lässt. Im 19. Jh. wurde er auch in Deutschland angebaut. Die Klosterheilkunde betrachtete Rhabarber als wärmend und trocknend im zweiten Grad.

HERKUNFT UND HANDELSWARE
Rhabarber gehört zu den Knöterichgewächsen (Polygonaceen). Im Jahresverlauf nimmt sein Säuregehalt zu. Es gibt grünstielige und rotstielige Sorten, die weniger sauer sind. In der Heilkunde nutzt man den Medizinal-Rhabarber (*Rheum palmatum*) in getrockneter Form als Tee.

INHALTSSTOFFE
Mit einem Wasseranteil von 93 Prozent liefert Rhabarber recht wenig Energie: nur 13 kcal pro 100 Gramm. Viele Mineralstoffe wie Kalium, Kalzium, Eisen, Zink, Mangan und Phosphor zeichnen ihn aus. Weiter kommen Vitamin B1, B2 und B6, Vitamin E und Nicotinamid vor. Kochen zerstört allerdings einen Teil der hitzeempfindlichen Vitamine. Rhabarber schmeckt aufgrund von Äpfel-, Zitronen- und Oxalsäure säuerlich, was durch die Kombination mit kalziumreichen Lebensmitteln wie Milchprodukten gemildert werden kann. Rhabarber enthält viele Ballaststoffe wie z. B. Pektin. Die Wurzel des Medizinal-Rhabarbers enthält mehr Anthrachinone, zudem auch Gerbstoffe und Flavonoide.

HEILWIRKUNG
Kalium wirkt harntreibend. Ballaststoffe und Fruchtsäuren fördern die Verdauung. Letztere wirken außerdem Fäulnisbakterien in Magen und Darm entgegen. B-Vitamine stärken Gehirn und Nerven und sind wie Vitamin E gut für Haut und Haare. Ebenso günstig beeinflusst Kalzium Nerven, Knochen und Zähne. Eisen ist für die Blutbildung wichtig und mit Mangan ein Baustein vieler Enzyme. Anthrachinone führen ab, Gerbstoffe helfen gegen Entzündungen.

Vorsichtshinweis
Die Blätter sind giftig. Bei Neigung zu Nierensteinen, Rheuma, Arthritis und Gicht sollte man Rhabarber nicht essen.

WEINTRAUBEN *Vitis vinifera L.*

Konrad von Megenberg schreibt in seinem ›Buch der Natur‹: »Weinbeeren sind gesünder, wenn man sie erst drei Tage nach ihrer Lese isst, als gleich am ersten Tag, denn sie blähen, wenn sie so frisch gegessen werden. Wenn aber der blähende Dunst herausgeht, sind sie besser verträglich. Wenn man die Weinbeeren lagert, aufhängt oder mit Honig beizt oder mit Zucker in einem Ofen trocknet, so sind sie gut bekömmlich.«

GESCHICHTE

Die Weinrebe stammt wahrscheinlich aus Mittelasien und zählt zu den ältesten Kulturpflanzen der Menschheit. Sie wurde und wird vornehmlich zur Herstellung von Wein angebaut, die Trauben wurden schon immer als Lebensmittel genutzt.

HERKUNFT UND HANDELSWARE

Die Weinrebe ist der Familie der Weinrebengewächse (Vitaceen) zugeordnet; ihre Früchte sind die Weintrauben. Es gibt zahlreiche Sorten mit grünen, gelben oder blauen bis blauvioletten Früchten, Tafel- und Keltertrauben und kernlose Sorten. Tafeltrauben für den Frischverzehr stammen meist aus Italien, Spanien, Frankreich, Südafrika und Chile. Keltertrauben dienen ausschließlich der Weinherstellung. Weintrauben reifen nicht nach, deshalb sollte beim Kauf auf reife Früchte geachtet werden. Trauben werden roh verzehrt, zu Wein oder Essig vergoren oder als Saft getrunken. Getrocknet kommen sie je nach Sorte als Rosinen, Sultaninen oder Korinthen auf den Markt. Ihre Kerne liefern auch das wertvolle Traubenkernöl.

INHALTSSTOFFE

Durch ihren hohen Anteil an Glukose (immerhin 7,2 Gramm), Fruktose und Sorbit haben Weintrauben 68 kcal pro 100 Gramm. Bei Rosinen ist der Kaloriengehalt sogar viermal so hoch. Sehr reich an Ballaststoffen, besonders an Pektin, ist die Schale. Mehrere Fruchtsäuren wie Äpfel-, Wein- und Salicylsäure geben den Weintrauben das Aroma. Sie sind nicht sehr reich an Vitamin C, enthalten aber viele Vitamine der B-Gruppe (B1, B2, Nicotinamid und B6), außerdem Vitamin E und etwas Folsäure. Aus der Gruppe der Polyphenole spielen die Flavonoide und Resveratrol die wichtigste Rolle. Ferner enthalten ist Ellagsäure. Blaue Trauben bieten den Farbstoff Anthocyan. An Mineralstoffen ist besonders viel Kalium, Eisen und Kupfer vorhanden. Die Kerne zeichnen sich durch ihren Gehalt an gesunden Fettsäuren, Ellagsäure und Procyanidinen aus. Generell ist der Anteil gesunder Inhaltsstoffe in blauen Trauben höher als in grünen. Die Kerne enthalten etwa ein Drittel der wirksamen Substanzen.

HEILWIRKUNG

Durch ihren hohen Zuckeranteil liefern Weintrauben rasch Energie, fördern dadurch die Leistungs- und Konzentrationsfähigkeit und vertreiben die Müdigkeit. Sorbit und die Ballaststoffe fördern die Verdauung und regulieren die Darmtätigkeit. Ähnlich günstige Effekte auf den Magen-Darm-Trakt haben die Fruchtsäuren. Trauben entschlacken und entgiften den Körper. Daher wurden sie traditionell auch bei Magen- und Darmerkrankungen verabreicht. Die Vitamine B1 und B6 sind wichtig für den Muskel- und Gewebeaufbau. Insbesondere B6 hilft, Eisen aus der Nahrung aufzunehmen, und wird im Zentralnervensystem benötigt. Auf diese Weise werden die Nerven gestärkt und das Gehirn aktiviert. Nicotinamid wird im Körper zu Niacin (Vitamin B3) umgewandelt, das für die Kontrolle des Cholesterinspiegels wichtig und an der Regulation des Blutzuckerspiegels beteiligt ist. Vitamin E ist ein Radikalfänger und vermag ebenfalls den Cholesterinspiegel zu senken. In gleicher Weise wirken die Phenole. Daher können Weintrauben Herz-Kreislauf-Erkrankungen entgegenwirken, weil die Arterien frei von schädlichen Ablagerungen bleiben. Auch bei der Vorbeugung von Krebs können Weintrauben eine wichtige Rolle spielen, denn die Ellagsäure hemmt die Tumorbildung, indem sie krebserregende Substanzen neutralisiert. Diese günstigen Effekte gehen auch von den Polyphenolen aus. Ebenfalls positiv für Herz und Kreislauf sind die Anthocyane der blauen Trauben. Sie kräftigen die Blutgefäße und verbessern die Durchblutung, was sie bei dicken Beinen und Thrombose wertvoll macht. Resveratrol ist ein wahrer Anti-Aging-Stoff, denn er schützt den Körper effektiv vor Umweltgiften. Dies geschieht, indem Resveratrol Enzyme aktiviert, die geschädigte und kranke Zellen regenerieren können. Darüber hinaus hemmt Resveratrol Entzündungen, verringert die Thromboseneigung und vermindert ebenfalls das Krebsrisiko. Kalium entwässert den Körper, senkt somit den Blutdruck und hat günstige Effekte auf die Nieren. Kupfer aktiviert die Bildung von Antikörpern und schützt damit vor Infektionen und Entzündungen.

Die Procyanidine der Traubenkerne sind die wohl effektivsten Radikalfänger, die bisher bekannt sind. Auch sie dienen somit der Krebsprophylaxe und machen das Traubenkernöl deshalb zu einem besonders wertvollen Lebensmittel.

Vorsichtshinweis

Da Weintrauben häufig mit Pflanzenschutzmitteln behandelt werden, sollten sie erst nach gründlichem Waschen verzehrt werden. Weintrauben können bei Menschen mit empfindlichem Magen Durchfall auslösen.

Aus der Praxis

Die Klosterheilkunde sprach den reifen Weintrauben eine wärmende, befeuchtende Wirkung zu, den unreifen eine kühlende und trocknende. Abgehangene Trauben galten als appetitanregend. Abgekocht sollten sie bei Durchfall und Bauchschmerzen hilfreich sein. Das mit Ei, Honig, Hirse- und Gerstenmehl vermischte Fruchtfleisch sollte bei Schnupfen mit Pfefferkörnern gegessen werden. Kombiniert mit Joghurt, Kefir, Sauermilch oder Lachs helfen blaue Weintrauben bei Darmmykosen und Erkältungskrankheiten.

DIE STECKBRIEFE DER LEBENSMITTEL

ZITRUSFRÜCHTE *Citrus spec.*

Der ›Gart der Gesundheit‹ beschreibt die Zitronatszitrone, die wenig Fruchtfleisch und eine dicke weiße Innenschale besitzt: »Das Innerste der Frucht ist sauer wie der Essig, und das hat eine kühlende Eigenschaft. Der mittlere Teil in der Frucht, das zwischen Fruchtfleisch und Schale liegt, hat wärmende und feuchtende Eigenschaften. Die Schale dieser Frucht hat wärmende und trocknende Eigenschaften. In der Medizin verwendet man die Schale.«

HERKUNFT UND HANDELSWARE

Zu den Zitrusfrüchten gehören einige Arten, die alle der Familie der Rautengewächse (Rutaceen) zugeordnet sind. Sie gedeihen in mediterranen Gebieten und in warmen subtropischen Regionen. Die Frucht wird von einer dicken gelbgrünlichen bis tieforangen Schale und einer dünnen weißen Innenschale umgeben. Die eigentliche Frucht besteht aus Spalten. Die gängigsten Arten sind Zitrone (*Citrus limon*), Orange oder Apfelsine (*Citrus sinensis*), Pampelmuse (*Citrus maxima*), Limette (*Citrus aurantiifolia*), Mandarine oder Clementine (*Citrus reticulata*) und Grapefruit (*Citrus myrtifolia x paradisi*). Zitrusfrüchte reifen nicht nach. Sie werden roh gegessen, für Salate und Süßspeisen verwendet oder ihr Saft wird gepresst und getrunken. Sie kommen auch als Konserven in den Handel.

GESCHICHTE

Zitrusfrüchte stammen aus Südostasien (Südchina, Nordindien, Malaysia), wo sie seit etwa 2000 v. Chr. kultiviert werden. Durch Alexander den Großen gelangten sie um 330 v. Chr. an das östliche Mittelmeer. Süßorangen kamen mit den portugiesischen Seefahrern im 16. Jh. nach Europa, die Mandarine wurde erst im 19. Jh. bekannt. Damals bekannte Zitrusfrüchte waren Zitronatszitrone, Pomeranze und Limonen. Von Zitronen oder Pomeranzen wurde ein säuerlicher Sirup zur Stärkung des Herzes und zur Abwehr von Giften und Krankheiten hergestellt.

INHALTSSTOFFE

Zum größten Teil bestehen Zitrusfrüchte aus Wasser, der Anteil liegt je nach Art zwischen 85 und 90 Prozent. Entsprechend niedrig ist ihr Energiewert, der zwischen 36 und 46 kcal pro 100 Gramm beträgt. Typisch für den Geschmack ist die Kombination aus Fruchtzucker und Zitronensäure. Bei den Orangen und Mandarinen kommt noch das Orangenöl hinzu. Ihr Gehalt an Vitamin C ist beachtlich: Orangen und Zitronen haben 50 Milligramm und Mandarinen 30 Milligramm pro 100 Gramm. Außerdem sind Vitamine aus der B-Gruppe (B1, B2 und B6) sowie Pantothensäure und Nicotinamid vertreten. An Mineralstoffen sind vor allem Kalium, Kalzium und Eisen zu nennen. Weiterhin sind Kupfer, Mangan und Zink enthalten. Zitrusfrüchte sind zwar nicht reich an Ballaststoffen, die weiße, faserige Innenschale besitzt jedoch viel Pektin und sollte deshalb mitgegessen werden. Außerdem kommen in ihr Flavonoide vor. Blutorangen und rote Grapefruits enthalten zudem Anthocyane und Grapefruit viele Bitterstoffe. Die Schale ist reich an ätherischem Öl.

HEILWIRKUNG

Durch den hohen Gehalt an Wasser sind Zitrusfrüchte gute und kalorienarme Durstlöscher. Frisch gepresste Säfte sind leicht verdaulich. Der hohe Vitamin-C-Gehalt macht Zitrusfrüchte so wertvoll für die Vorbeugung gegen Infektionen, aber auch zur Stärkung während der Rekonvaleszenz, besonders nach Fieber und Durchfallerkrankungen. Vitamin C ist ein potenter Radikalfänger, der aggressive Sauerstoffradikale unschädlich macht, die durch Rauchen, Stress, Umweltgifte und zu wenig Schlaf entstehen. Mit Vitamin C kann man Erkältungskrankheiten erfolgreich vorbeugen. Dabei sind die frisch verzehrten Früchte wirksamer als der Saft, da die Flavonoide der Schale den Effekt des Vitamins C noch unterstützen. Ebenso werden durch Vitamin C Alterungsprozesse verzögert und das Risiko von Krebs- und Herz-Kreislauf-Erkrankungen gesenkt. Die Vitamine der B-Gruppe spielen eine entscheidende Rolle bei der Blutbildung und im Stoffwechsel. Zitronensäure steigert die Aufnahme von Kalzium im Darm, Kalzium wiederum ist wichtig für den Aufbau von Knochen und Zähnen. Kalium entwässert den Körper, reinigt so

das Blut und vermag den Blutdruck zu senken. Die Bitterstoffe der Grapefruit sind bei Leberbelastung hilfreich. Ballaststoffe regen die Verdauung an und unterstützen ebenfalls das Immunsystem. Wissenschaftliche Untersuchungen haben ergeben, dass besonders rote Grapefruits durch ihren hohen Anteil an Radikalfängern den Cholesterinspiegel wirksam senken können. So beugen sie Herz-Kreislauf-Erkrankungen vor. In der Aromatherapie wird Orangenöl zur Massage eingesetzt, um Verstopfungen und Blähungen zu beseitigen. Zur Raumbeduftung nimmt man gern Zitrusdüfte, da sie eine angenehme und frische Atmosphäre schaffen, die sich positiv auf die Psyche des Menschen auswirkt.

Vorsichtshinweis

Da die Oberfläche der Zitrusfrüchte meist mit Konservierungsmitteln behandelt wird, ist die Schale nicht zum Verzehr geeignet. Der Presssaft sollte nicht mit den Schalen in Kontakt kommen. Von chronischen Darmerkrankungen betroffene sollten Zitrusfrüchte nicht essen, da sie zu Durchfall und leichten Blutungen führen können.

Aus der Praxis

Die Klosterheilkunde schrieb der Zitronatszitrone, der Pomeranze und der Limone die gleiche Wirkung zu, wobei die Schale als stark wärmend und trocknend galt, das weiße Fleisch als leicht wärmend (manchmal auch kühlend) und befeuchtend, während das saure Fruchtfleisch und der Saft als stark kühlend betrachtet wurden. Heiße Zitrone gilt auch heute noch als Hausmittel gegen Erkältungskrankheiten. Der Saft einer Zitrone mit einem Löffel Honig auf ein Glas heißes Wasser wirkt entzündungs- und keimhemmend.

DIE STECKBRIEFE DER LEBENSMITTEL

Dinkel *Triticum spelta L.*

Der Dinkel findet schon in der ›Physica‹ der Hildegard von Bingen Erwähnung. Dort heißt es: »Der Dinkel ist das beste Getreide. Er ist warm, fett und kräftig und er ist milder als andere Getreidearten und bereitet dem, der ihn isst, rechtes Fleisch und rechtes Blut und macht frohen Sinn und Freude im Gemüt des Menschen. Und in welcher Zubereitungsform er auch immer gegessen wird, ob als Brot oder in anderen Speisen, er ist gut und mild.«

GESCHICHTE

Dinkel wurde schon etwa 4500 v. Chr. nördlich des Schwarzen Meers angebaut. In der Jungsteinzeit fand man Dinkel bereits in unseren Breiten. Der griechische Arzt Dioskurides beschrieb in seiner ›Materia medica‹ den Dinkel »als wohlschmeckendes Getreide, nahrhafter als Gerste, in der Brotzubereitung dem Weizen jedoch unterlegen«. Zu Zeiten der römischen Kaiser bis ins hohe Mittelalter war Dinkel in Britannien und im heutigen Süddeutschland die beliebteste Getreideart, wovon auch der Name der Stadt Dinkelsbühl zeugt.

Die Autoren der mittelalterlichen Gesundheitsregimen und Hildegard von Bingen setzten Dinkel gern als Krankennahrung ein. Dabei kochte man die Körner in Wasser, zur Geschmacksverbesserung diente Fett oder Eidotter. Der ›Gart der Gesundheit‹ empfahl, den Dinkel mit Gemüse zu mischen und als Brei zu essen, dies verbessere den Stuhlgang. Als Krankenkost sollte er vor allem gegen Erkrankungen der Atemwege helfen.

HERKUNFT UND HANDELSWARE

Dinkel ist eine Urweizenart aus der Familie der Gräser (Poaceen), bei der die Körner auch noch nach dem Dreschen fest von Spelzen umschlossen sind. Das Entspelzen übernehmen dann Mühlen mit Gerbgängen. Aufgrund des niedrigen Ertrags und des zusätzlichen Mühlengangs sind Dinkelkorn, Grünkern und Dinkelmehl teurer als anderes Getreide. Grünkern ist auch als »gedarrter Dinkel« bekannt. Denn es handelt sich um Dinkel, der zwei bis drei Wochen vor der Reife geernet und über Holzfeuer oder Heißluft getrocknet wird. Heute wird Dinkel in Deutschland nur noch in Schwaben und Nordbaden und innerhalb Europas in Belgien und in der Schweiz angebaut. Große Anbauflächen existieren im Hochland des Iran bei Isfahan sowie in Armenien und Turkmenien. Das Korn stellt wenig Ansprüche an Bodenqualität und Pflege und ist unempfindlich gegen Klimaschwankungen, Insekten und Pflanzenfeinde. Dinkel ist Getreide aus konventionellem Anbau immer überlegen, weil Kunstdünger zwar die Biomasse an sich erhöht, jedoch keine zusätzlichen Inhaltsstoffe bringt.

Dinkel wird oft als Alternative zu Reis angeboten. Nudeln aus Dinkelmehl schmecken besser als Hartweizenprodukte und besitzen zudem eine günstigere Nährstoffzusammensetzung.

INHALTSSTOFFE

Dinkelkörner ohne Spelzen bestehen aus bis zu 60 Prozent Stärke und Zucker, 11 Prozent Eiweiß und 2,5 Prozent Fett. Zusätzlich sind in den Körnern 8,8 Gramm Ballaststoffe enthalten, etwa ein Viertel der empfohlenen Tagesdosis. Der Energiegehalt von 100 Gramm Dinkel beträgt 320 kcal. Mineralstoffe, Vitamine (Vitamin E, B-Gruppe) und Spurenelemente (Eisen, Magnesium, Zink) kommen in den Randschichten und im Mehlkörper vor. Ausgereifter Dinkel hat einen hohen Gehalt an Kieselsäure. Das Mehl enthält sehr viel Klebereiweiß und eignet sich daher gut zum Brotbacken. Da sich das Eiweiß des Dinkels von dem des Weizens unterscheidet, kann Dinkel in Maßen auch bei einer vorliegenden Eiweißallergie gegessen werden.

HEILWIRKUNG

Die im Dinkel enthaltenen Kohlenhydrate sind zuverlässige Energiespender und die vielen Ballaststoffe fördern die Verdauung. Der hohe Eisengehalt im Dinkelkorn wirkt sich blutbildend und immunstärkend aus. Aufgrund seiner guten Nährstoffzusammensetzung eignet sich Dinkel als Nahrung bei Stoffwechselerkrankungen wie z. B. Diabetes.

Kieselsäure begünstigt das Wachstum von Haut, Haaren und Nägeln und kann die Konzentration steigern, insofern dürften Dinkelprodukte eine günstige Wirkung haben.

Dinkel enthält die Aminosäure Tryptophan, aus der z. B. das Schlafhormon Melatonin gebildet wird. Dinkel kann als Weizenersatz für Allergiker genutzt werden.

Vorsichtshinweis

Bei einer Weizenallergie sollte man Dinkel nicht über längere Zeit in größeren Mengen essen, weil es zu Unverträglichkeitsreaktionen kommen kann. Bei Zöliakie oder Sprue (Kleberunverträglichkeit) sollte man Dinkel nicht essen.

Aus der Praxis

In der Klosterheilkunde galt Dinkel als kühlend, befeuchtend und schwer verdaulich. Zur besseren Verdauung können Dinkel und Grünkern mit wärmenden und trocknenden, Senföle enthaltenden Lauch- und Zwiebelgewächsen oder den Kräutern Oregano und Thymian dazu kombiniert werden. Auch können die kühlenden und befeuchtenden Gurken mit Grünkern gefüllt werden. Sie enthalten viel Wasser, das in den Darm transportiert wird, dort den Speisebrei erweicht und die Verdauung anregt.

DIE STECKBRIEFE DER LEBENSMITTEL

Gerste *Hordeum vulgare f. distichon L.*

Ibn Butlan beurteilt die Gerste in seinem Gesundheitsregimen folgendermaßen: »Gerste ist dann gut, wenn sie wenig Spreu und ein großes Korn hat und sie frisch, dick, schleimig und schwer ist. Hippokrates sagt, dass man Gerstenwasser mit Milch zubereiten soll, das stärke und reinige den Leib hervorragend. Die Gerste verändert sich auch je nach Zubereitung. Gequetscht dörrt sie aus, mit Wasser gekocht erzeugt sie Feuchte.«

GESCHICHTE

Gerste lässt sich bis in die Zeit um 10.500 v. Chr. zurückverfolgen. Sie ist das älteste Getreide überhaupt. Seit 8000 v. Chr. wird sie im Zweistromland und am Nil, seit 5000 v. Chr. in Mitteleuropa angebaut. In der Antike nutzte man Gerste als Brei für Menschen und als Pferdefutter. Die Ägypter und Römer verwendeten Gerste dann zum Bierbrauen. Als Brotgetreide wurde Gerste vor allem in nördlichen Gebieten (Skandinavien) und in Bergländern verzehrt.

Hildegard von Bingen kannte eine Gerstenrezeptur für besonders Geschwächte: Gerste, Hafer und Fenchel in Wasser kochen, die Brühe abseihen und als Brotersatz trinken. Nach Ibn Butlan erzeugte Gerste gute Säfte und war besonders Cholerikern und heißblütigen jungen Leuten dienlich. Gerstenwasser galt als Sommergetränk, deshalb sollte Gerste auch im Sommer bzw. in heißen Ländern gegessen werden.

Adam Lonitzer bezeichnete die Gerste als kühlendes und daher fiebersenkendes Mittel. Die trocknende und damit ausleitende Wirkung der Gerste, die auf den enthaltenen Mineralstoffen beruht, wurde äußerlich bei Hautproblemen und zur Reinigung genutzt.

HERKUNFT UND HANDELSWARE

Gerste gehört zu den Süßgräsern (Poaceen). Da die Gerste vom Keimen bis zur Erntereife nur etwa 110 Tage benötigt, kann im Sommer und im

GETREIDE

Winter geerntet werden, wobei die Wintergerste ertragreicher ist. Gerste gedeiht gut auf tiefgründigen, feuchten Lehmböden. Hauptanbauländer sind Russland, Kanada, Deutschland, Frankreich, Spanien und die Ukraine.

Gerste wird in Form von Graupen, Grütze und Mehl für die Ernährung genutzt. Die Graupen (Rollgerste) entstehen durch das Schleifen der Gerstenkörner, wobei das Korn fast kugelförmig wird. Gerste ist jedoch als Futtermittel für die Tierhaltung und in der Getränkeherstellung wichtiger. Für den Malzkaffee wird die Gerste nach dem Ankeimen gedarrt, gemahlen und geröstet. Das Malz für die Biererzeugung wird zu einem großen Teil aus der Sommergerste gewonnen. Beim Malzen keimen und erwärmen sich die Gerstenkörner, wobei kleine Zucker- und Kohlenhydrateinheiten gebildet werden.

INHALTSSTOFFE

Gerstenkörner ohne Spelzen bestehen aus etwa 60 bis 70 Prozent Kohlenhydraten. Gerste enthält wenig Stärke und Kleber, dafür kleinere Kohlenhydrateinheiten wie Maltose, Raffinose und Saccharose, die leichter verdaulich sind und schneller Energie freigeben. Gerste hat unter den Getreidearten den höchsten Zuckeranteil zu bieten und eignet sich daher zur Alkoholbildung. Viele Mineralstoffe sind enthalten: Kalium, Magnesium, Mangan, Eisen, Kupfer, Zink und Phosphor. Diese befinden sich zu 90 Prozent in der Samenschale und der Frucht. In der Klebereiweißschicht sind hochwertige Eiweißstoffe, weitere Mineralstoffe und viele B-Vitamine (B1, B2, B5 und besonders viel B3) gespeichert. Gerstenkorn enthält neben dem antioxidativen Vitamin E in größerer Menge auch viele quellfähige Schleimstoffe.

HEILWIRKUNG

100 Gramm Gerste decken die Hälfte des Tagesbedarfs an den genannten Mineralstoffen. Gerste und ihre Schleimstoffe sind ein gut verträgliches Diät- und Heilmittel für Magen- und Darmkranke sowie bei Durchfall. Da sie schwer verdaulich ist, sollte sie gut eingespeichelt in kleinen Mengen gegessen werden. Für Allergiker erlangte Gerste zeitweise Bedeutung, weil sie wenig allergieauslösendes Gluten enthält.

Magnesium ist wichtig für die Knochenstabilität. Große Mengen an Vitamin B3 (Niacin) benötigen alle Organe mit hoher Stoffwechselrate wie z. B. Leber, Herz, Niere, Immunzellen und zentrales Nervensystem, da Vitamin B3 am Energieumsatz und an der Entgiftung beteiligt ist. Das ist bei vielen Haut- und Stoffwechselproblemen (Blutzucker, Blutfette) und bei psychischen Problemen wie Reizbarkeit und Schlaflosigkeit günstig.

Vorsichtshinweis

Gerstenvollkorn kann Blähungen hervorrufen. Bei Klebereiweiß-Allergie sollte man Gerstenvollkorn nicht essen.

Aus der Praxis

Nach der mittelalterlichen Klosterheilkunde wirkte die Gerste kühlend und trocknend. Sie gilt als aufbauendes Nahrungsmittel für schwache, fiebernde Menschen. Gerstenwasser ist besonders reich an mittelfristig verfügbaren Zuckern und Mineralstoffen. Es enthält keine schwer verdaulichen Bestandteile und ist bei Hitze auch heute noch ein ausgezeichneter Durstlöscher. Gerstengrütze kann gesüßt mit Honig und Datteln genossen oder mit den schwach wärmenden Gemüsen Mangold oder Spinat gegessen werden.

DIE STECKBRIEFE DER LEBENSMITTEL

Hafer *Avena sativa L.*

Hildegard von Bingen nennt den Hafer »eine beglückende und gesunde Speise für gesunde Menschen. Er bereitet ihnen einen frohen Sinn und einen reinen klaren Verstand, er macht ihnen eine gute Farbe und gesundes Fleisch. Auch für jene, die etwas oder müßig kränkeln, ist er gut essen, sowohl als Brot wie auch als Grütze und er schadet ihnen nicht. Nur Schwerkranke sollen das schwer verdauliche Haferbrot meiden.«

GESCHICHTE

Wie Roggen hat sich Hafer zuerst als »Unkraut« in andere Getreidefelder, z. B. Weizenfelder, eingeschmuggelt, bis man bemerkte, dass Hafer in manchen Gegenden besser gedeiht als Weizen. Erst dann wurde Hafer gesondert angebaut. Die ältesten Nachweise wurden 5000 v. Chr. nordwestlich des Schwarzen Meers und an der Weichsel in Polen gefunden. Wahrscheinlich begann der Anbau im großen Stil erst in der Antike. Griechen und Römern nutzten den Hafer in erster Linie als Tierfutter. Plinius berichtete, dass die Germanen den Hafer kultiviert hätten und sich vorwiegend von Haferbrei ernähren würden. Im Mittelalter gehörte Hafer neben Roggen und Dinkel zu den Hauptgetreidearten in Süddeutschland. Adam Lonitzer schätzte den Hafer sehr und betonte, dass er als Nahrungsmittel wie eine edle Arznei wirke, die gut sättige, kräftige und den täglichen Stuhlgang fördere.

HERKUNFT UND HANDELSWARE

Hafer gehört zu den Süßgräsern (Poaceen). Beim Saathafer müssen die Körner wie beim Dinkel nach dem Dreschen noch entspelzt werden. Nackthafer, der direkt nach dem Dreschen verzehrt werden kann, wird selten angebaut. Saathafer ist frostempfindlich, deshalb gibt es in Deutschland nur Sommerhafer. Er gedeiht am besten in einem gemäßigten Klima mit vielen Niederschlägen. Seine Hauptanbaugebiete in Europa strecken sich von Irland bis zum Ural, auch in Nordamerika wird er angebaut. Die bekannteste Handelsform sind Haferflocken, bei denen das Korn nur entspelzt werden muss. Die äußersten Kornschichten bleiben bestehen und damit alle Inhaltsstoffe erhalten. Haferkleie besteht vornehmlich aus den Randschichten der entspelzten Haferfrüchte. Diese setzen sich von außen nach innen aus Frucht-, Samenschale, Aleuronschicht, äußeren Randschichten des Mehlkörpers und dem Keimling zusammen.

INHALTSSTOFFE

Hafer und Haferkleie haben einen hohen Energiegehalt und sättigen lang. Hafer ist reich an den Aminosäuren Isoleucin, Leucin und Lysin. Nur Hirse übertrifft hier den Hafer. Dieser besitzt 7 Gramm Fett, das zu 70 Prozent aus ungesättigten Fettsäuren besteht und reich an Lezithin ist. In Hafer und Haferkleie sind wasserlösliche, quellfähige Ballaststoffe enthalten. Kleie enthält weniger Stärke, dafür aber mehr Ballaststoffe, alle wertvollen Schichten des Korns und den Vitamin-B-reichen Keimling.

HEILWIRKUNG

Hafer eignet sich sehr gut als Nahrung bei intensiver körperlicher Belastung, da er den erhöhten Eiweißbedarf besonders gut durch die sonst seltenen Aminosäuren Isoleucin, Leucin und Lysin decken kann. So wird der Eiweißaufbau in den Muskeln gefördert, der Muskelabbau gestoppt und zugleich einer vorzeitigen Ermüdung vorgebeugt. Auch im Wachstumsalter ist der Bedarf an Aminosäuren erhöht. Wegen der besonderen Kombination aus Ballaststoffen und Lezithin kann Hafer zur Behandlung und Vorbeugung von Entzündungen im Darmbereich empfohlen wer-

den: Die Ballaststoffe helfen bei der Ausscheidung von unerwünschten Schadstoffen und Krankheitserregern. Lezithin ist ein Hauptbestandteil der fest anliegenden Darmschleimhaut. Es festigt den Schleim und schirmt somit reizende Substanzen und Bakterien ab. Haferkleie senkt den Blutzuckerspiegel und den Gehalt an schlechtem Cholesterin und sollte deshalb bei Diabetes und bei erhöhten Blutfettwerten täglich gegessen werden. Die B-Vitamine des Keimlings beugen den für Diabetes typischen Nervenschäden vor und wirken beruhigend bei Schlafstörungen. Haferschleim ist ein bewährtes Hausmittel bei Magen-Darm-Störungen sowie Übelkeit und Erbrechen, da die Schleimstoffe die gereizten Schleimhäute schützen. Der lösliche Ballaststoff Pektin bindet Giftstoffe bei Reizdarmerkrankungen. Magenempfindliche Menschen sollten Haferflocken einweichen oder noch besser gekocht als Brei verwenden.

Vorsichtshinweis

Ganze Haferkörner können Blähungen auslösen und sind bei Darmentzündungen ungeeignet.

Aus der Praxis

Nach der Klosterheilkunde wirkte Hafer wärmend als Nahrungsmittel, als äußerlich verwendetes Arzneimittel sollte er kühlen. In beiden Fällen galt er außerdem als trocknend. Wegen des hohen Gehalts an Kohlenhydraten und Fett sollte Hafer möglichst morgens gegessen werden. Für das Abendessen ist er nicht geeignet. Empfehlenswert ist die Kombination mit zinkreichen Mohnsamen, selenreichen Kürbiskernen, Vitamin-C-haltigen Hagebutten und für Untergewichtige mit dem Vitamin-E-reichen Weizenkeimöl oder Walnüssen.

DIE STECKBRIEFE DER LEBENSMITTEL

Hirse *Panicum miliaceum L.*

»Zur täglichen Speise wohlbekannt den Reichen und den Armen«, schreibt Adam Lonitzer.
Er nennt die drei wichtigsten Arten: Rispenhirse oder »Milium«; Kolbenhirse oder »Fench«;
und Sorgum bzw. Sorghum, die auch »Welsche Hirse« oder »Sorgsamen« hieß.
Er schreibt: »Hirse ist kalt im ersten und trocken im zweiten Grad.(…) Bringt dem Menschen die allermeiste Kraft unter allem Getreide, das zur Ernährung verwendet wird.«

GESCHICHTE

Ab etwa 2500 v. Chr. ist der Anbau von Rispen- und Kolbenhirse als einzige Getreidearten in den Bergländern Nordchinas nachgewiesen. Dort war Hirse u. a. das Grundnahrungsmittel der ärmeren Schichten. In Mitteleuropa wurde sie seit der Steinzeit genutzt, aber erst im letzten vorchristlichen Jahrtausend weiter verbreitet. Ab der Spätantike war die Mohrenhirse (*Sorghum*) in Europa bekannt. Laut Plinius wurde sie aus Indien eingeführt. Im Mittelalter wurde Rispenhirse vor allem in Osteuropa, Kolbenhirse dagegen auf der Iberischen Halbinsel und in Italien angebaut. In Europa war Hirse bis ins 19. Jh. fester Nahrungsbestandteil und wurde dann durch Kartoffeln und Weizen verdrängt. Sie wurde meist als Brei in Wasser gekocht und gegessen. Adam Lonitzer sprach der Hirse die meiste Kraft unter den Getreiden zu, denn sie hat bekanntermaßen einen höheren Energiegehalt als die anderen Getreide.

HERKUNFT UND HANDELSWARE

Hirse gehört zur Familie der Süßgräser (Poaceen). Wichtige Arten sind dabei Rispenhirse (*Panicum miliaceum*), Kolbenhirse (*Setaria italica*) und Mohrenhirse (*Sorghum vulgare*). In Deutschland wird meist die Rispenhirse angeboten. Hauptanbaugebiete liegen heute in Zentralasien, Nordchina, Japan, Indien, Südrussland und in den USA. Die Mohrenhirse wird noch heute in Afrika südlich der Sahara angebaut.

Vor dem Verzehr müssen die Spelzen und die harte Fruchtschale entfernt werden. Der Keimling bleibt erhalten, so gilt Hirse als Vollwertgetreide. Sie wird auch als Gries, Mehl oder in Form von Flocken verwendet, eignet sich aber nicht zum Backen, weil Klebereiweiß fehlt.

INHALTSSTOFFE

Hirse gilt mit 350 kcal pro 100 Gramm geschältem Korn als echte Kraftnahrung, die 9,8 Gramm Eiweiß, bis zu 4 Gramm Fett und 69 Gramm Kohlenhydrate bietet.

Hirse hat unter den Getreidearten den höchsten Saccharoseanteil, was sich in der hohen glykämischen Last von 49 ausdrückt. In dem Wert wird allerdings nicht berücksichtigt, dass in der Hirse Inhaltsstoffe wie Ballaststoffe, pflanzliche Lipide und Enzymhemmer verfügbar sind, die einen allzu schnellen Blutzuckeranstieg verhindern.

Von den Mineralstoffen sind vor allem 6 Milligramm blutbildendes Eisen und 3 Milligramm Zink erwähnenswert. Mangan sowie die Vitamine B2 und B6 liegen vor.

Von allen Lebensmitteln weist Hirse den höchsten Gehalt an Kieselsäure auf, die die Trägerin des Spurenelements Silizium ist. Hirse besitzt den Komplexbildner Phytinsäure, der eine antikanzerogene Wirkung haben könnte.

HEILWIRKUNG

Vor allem Kinder und schwangere Frauen erhalten über Hirse wichtige Elemente wie Eisen, Zink und Kohlenhydrate für das Wachstum, das Immunsystem und die Zelldifferenzierung. Die Kieselsäure kann dabei eine unterstützende Rolle spielen. Untersuchungen an Tieren zeigten, dass Kieselsäure bei diesen für den Knochen-, Knorpel- und Bindegewebsaufbau essenziell notwendig ist. Aufgrund des Zinkgehalts unterstützt der Verzehr von Hirse die Erneuerung von Haut und Haaren. Weil Hirse süß schmeckt, wird sie gern von Kindern gegessen. Hirse kann kalt oder warm wöchentlich auf dem Speiseplan stehen, möglichst morgens oder mittags.

Für schnelle Energiezufuhr beim Sport und für schwer arbeitende sowie für untergewichtige Personen empfiehlt sich der Verzehr von Hirse nicht nur wegen des hohen Gehalts an Kohlenhydraten, die relativ schnell verfügbar sind. Sie liefert zudem auch Mangan und B-Vitamine, die für die Verwertung der Kohlenhydrate und Eiweiße nötig sind. Aufgrund der hohen glykämischen Last sollte Hirse möglichst mit ballaststoffreichem Gemüse wie Schwarzwurzel, Erbsen, Sellerie, Artischocke, Auberginen, Kürbis, Möhre oder Kohl kombiniert werden. Hirse ist wegen des fehlenden Klebereiweißes für Zöliakiepatienten ein sehr gut geeignetes Getreide.

Vorsichtshinweis

Wegen ihrer hohen glykämischen Last ist Hirse bei Diabetes und Übergewicht ungeeignet.

Aus der Praxis

Hirse galt in der Klosterheilkunde als ein sehr trocknendes und kühlendes Getreide – sie enthält wie Reis keine befeuchtenden Schleimstoffe und kann wie dieser in der Küche eingesetzt werden. Hirsekörner sollten vor dem Kochen etwa acht Stunden einweichen, um die Phytinsäure zu inaktivieren, die sonst die Mineralstoffe bindet, sodass sie dem Körper nicht mehr zur Verfügung stehen. Ungeschrotete Hirse erhöht den Blutzucker nicht so schnell wie geschrotete. Das ist wichtig bei Neigung zu erhöhtem Blutzuckerspiegel.

REIS *Oryza sativa L.*

Ibn Butlan schreibt: »Reis ist eine ausgleichende Speise, weder erhitzend noch kühlend, leicht verdaulich und füllt den Leib, vor allem der rötliche. Wenn man den weißen Reis mit Mandelöl, Sesam oder Butter kocht, so stopft er den Leib und mildert das Beißen im Magen und in den Därmen. Und wenn man ihn mit Milch kocht, so bereitet er Verstopfung, aber die Milch nimmt ihm seine Trockenheit und so macht er den Leib fett.«

GESCHICHTE

Reis wird mindestens seit 5000 v. Chr. angebaut und kam in der Antike von Indien, woher er vermutlich auch ursprünglich stammt, nach Europa. Die Römer kannten Reis zwar, bauten ihn aber nicht selbst an, sodass er importiert werden musste. Damit war er teuer. Er galt damals auch als Krankenspeise. Insgesamt spielte Reis zu Zeiten der mittelalterlichen Klosterheilkunde keine überragende Rolle. Im ›Lorscher Arzneibuch‹ stand, dass er nur gut gekocht verträglich sei und man empfehle, ihn mit Ziegenmilch zu genießen. Reis galt hier als diätetisches Lebensmittel für Durchfallkranke. Adam Lonitzer berichtete, dass Reis nicht nur in den fernen Regionen Asiens, sondern auch in Syrien und Ägypten angebaut würde. Reis solle den Schleim und die Blähungen in den Verdauungsorganen eindämmen und bei Darmgeschwüren nützlich sein.

HERKUNFT UND HANDELSWARE

Reis gehört zur Gattung der Süßgräser (Poaceen). Er ist in den tropischen und subtropischen Regionen Asiens heimisch und wird heute vor allem in Indien, auf dem Malaiischen Archipel, in China und Japan angebaut. Nennenswerte Anbaugebiete gibt es auch in Norditalien, Spanien sowie in einigen Bundesstaaten der USA. Es werden verschiedene Qualitäten angeboten. Wichtig ist u. a. der Anteil an Bruchreis, denn je größer dieser Anteil ist, desto klebriger wird der gekochte

Reis, weil hier mehr Stärke freigesetzt wird. Spitzenqualitäten haben einen Anteil von 5, Haushaltsqualität maximal 25 Prozent. Bei den Sorten unterscheidet man zwischen dem Langkornreis (Patnareis) und dem Rundkornreis (Milchreis) Für die Herstellung von Säuglings- und Krankenkost nimmt man vor allem Mittelkornreis. Besonders aromatisch ist der Basmati, dessen Name auf Hindi »Duft« bedeutet.

INHALTSSTOFFE

Unpolierter Naturreis enthält etwa die doppelte Menge an Mineralstoffen und die dreifache Menge an Vitaminen wie polierter Reis. Parboiled-Reis (ohne Silberhäutchen und ölhaltigen Keimling) ist zwischen Naturreis und poliertem Reis anzusiedeln. Alle Handelsformen haben bei sehr wenig Fett und etwa 75 Gramm Kohlenhydraten einen beträchtlichen Energiegehalt von immerhin etwa 345 kcal. Beim Garen gehen über zwei Drittel der Kohlenhydrate ins Kochwasser, sodass 100 Gramm gekochter Parboiled-Reis nur noch 106 kcal enthalten. Die Kohlenhydrate bestehen überwiegend aus Stärke, die beim Garen verdauungsresistent wird und so den Ballaststoffgehalt erhöht. 100 Gramm Naturreis liefern den Tagesbedarf an Mangan, daneben viel Eisen und Vitamin B, insbesondere Niacin (B3 mit 5,2 Milligramm), etwas Zink (1,6 Milligramm), Magnesium sowie Natrium und Kalium in einem sehr günstigen Verhältnis. Reis besitzt zudem relativ viel Biotin (Vitamin H).

HEILWIRKUNG

Etwa die Hälfte der Weltbevölkerung ernährt sich von Reis. In diesen Ländern gibt es bis heute weniger Übergewichtige als in den »Brotkulturen«. Das liegt teilweise daran, dass Reis nach dem Garen nur noch wenig Energie besitzt. Aufgrund seiner Zusammensetzung eignet sich Reis als Aufbaukost. Er kann auch – wie schon von der mittelalterlichen Medizin hervorgehoben – bei Durchfall eingesetzt werden. Außerdem wird ihm auch eine entwässernde Wirkung zugeschrieben, die bei Herzproblemen unterstützend wirken kann. Reis empfiehlt sich wegen des hohen Mangangehalts u. a. bei Gelenkbeschwerden und Problemen mit der Wirbelsäule. Biotin und Vitamin B ist wie Zink für den Zellaufbau wichtig, Biotin und Magnesium sind für die Bildung von Knorpel und Knochen notwendig. Deshalb sollte Reis sowohl bei Hautproblemen (einschließlich der Schleimhaut von Mund und Nase) als auch während der Schwangerschaft regelmäßig verzehrt werden. Niacin ist u. a. für Funktion und Regeneration der Nerven wichtig. Reis enthält kein Gluten und eignet sich daher gut als Nahrungsmittel bei einer Klebereiweißallergie.

Vorsichtshinweis

Der Schnellkochreis (Instant-Reis) ist für gesunde Vollkornernährung ungeeignet.

> **Aus der Praxis**
>
> *Die Klosterheilkunde stufte Reis als trocknend und ausgleichend zwischen erwärmend und kühlend ein. Reis wurde immer als Brei, Suppeneinlage oder mit Gemüse gegessen, weil sein Eiweiß keine Klebereigenschaften besitzt und nicht zu Brot verarbeitet werden konnte. Er ist eine ideale Beilage zu Gemüse, Fleisch und Fisch, die durchaus täglich auf den Tisch kommen kann. Zur Kombination eignen sich Lebensmittel mit hohem Vitamin-C- und Vitamin-E-Gehalt, da diese im Reis fehlen, und basische Lebensmittel wie Pilze und Rosinen.*

DIE STECKBRIEFE DER LEBENSMITTEL

Roggen *Secale cereale L.*

Adam Lonitzer stellt – wie fast alle übrigen mittelalterlichen Autoren auch – den Roggen zwischen Weizen und Gerste: »Roggen nährt mehr als Gerste und weniger als Weizen. Er ist nämlich nicht so warm wie der Weizen, aber wärmer als die Gerste. Gesunde Leute stärkt Roggenbrot am besten, aber für kranke Leute ist Weizenbrot nützlicher und besser. Schlecht gebackenes Brot ist der Ursprung für viele Krankheiten.«

GESCHICHTE

Roggen wurde erstmals 6600 v. Chr. in Kleinasien gesammelt, ab dem 4. bis 3. Jahrtausend dann auch angebaut. In Westeuropa ist der Anbau erst in der Römerzeit zwischen dem 1. und 3. Jh. nachweisbar. Im Mittelalter wurde Roggen in Nordeuropa zum wichtigsten Brotgetreide.

Das ›Lorscher Arzneibuch‹ empfahl bereits im 8. Jh. Mischbrot zum Verzehr. Hildegard von Bingen sagte über den Roggen in ihrer ›Physica‹: »Das Roggenbrot macht stark, aber nicht fett.« Und auch Ibn Butlan sagte: »Roggen nährt gut und ist einem gemäßigten Körper angenehmer als jedes anderes Getreide.« Er empfahl den Roggen in gemäßigten Regionen für jedes Lebensalter und zu allen Jahreszeiten.

Hildegard von Bingen und Ibn Butlan beschrieben den Roggen zwar als wärmend, jedoch kälter als Weizen. Wegen seiner wasserbindenden Schleimstoffe wird er als befeuchtend bezeichnet.

HERKUNFT UND HANDELSWARE

Der zur Familie der Süßgräser (Poaceen) gehörende Roggen verträgt kühle und feuchte Klimazonen besser als Weizen und wurde deshalb zum wichtigsten Brotgetreide in Nord- und Osteuropa. Er besitzt eine Winter- und eine Sommerform. Weit verbreitet ist die Gewinnung von Branntwein aus Roggenkorn. Außerdem wird das Korn zur Mehlgewinnung und für Grütze verwendet. Traditionell wird Roggenmehl mit einem größeren Anteil an Randschichten vermahlen und hat daher eine höhere Typenzahl, die zwischen 815 bis 1800 (Weizen 405 bis 1050) liegt. 100 Gramm Roggenmehl enthalten somit 1,8 Gramm Mineralstoffe. Schleimstoffe im Roggen bewirken, dass die Glutenmoleküle kein Klebergerüst zur »Gashaltung« aufbauen können, deshalb sind Backwaren aus Roggenmehl nicht so »luftig« wie z. B. Weizengebäck. Diese Schleimstoffe binden das Wasser länger als der Kleber des Weizens, deshalb bleibt Roggenbrot länger frisch. Da der Roggen keinen Kleber besitzt, wird der Brotteig oft als Sauerteig angesetzt, um eine gute Backfähigkeit zu erreichen. Nach 3 bis 8 Tagen Lagerung sind die Backgase entwichen.

INHALTSSTOFFE

Roggen enthält vor allem Kohlenhydrate (Stärke), Ballaststoffe und Schleimstoffe, u. a. Pektine, die die Darmflora positiv beeinflussen. Roggen enthält alle essenziellen Aminosäuren, die für den Zellaufbau und das Wachstum wichtig sind. Albumin und Globulin liegen ebenfalls vor – sogar doppelt so viel wie in Weizen. Das Getreide stellt zudem größere Mengen an kurzkettigen Fettsäuren bereit, vor allem Butyrat. Auch stoffwechselaktivierende B-Vitamine und wichtige Mineralstoffe wie Kalzium, Kalium, Zink, Chrom und Magnesium liefert das Korn in reichlicher Menge.

HEILWIRKUNG

Menschen mit nicht sehr stark ausgeprägter Glutenempfindlichkeit können eventuell kleine Mengen Roggenbrot vertragen, weil es nur wenig Klebereiweiß enthält. Der Sauerteig besitzt Säuren, die gut für die Darmflora sind und den Dickdarm ansäuern. Dieser ist damit gut vor Fäulnisbakterien, die schlecht riechende Blähungen ver-

ursachen, geschützt. Gewisse Gärungssäuren sind auch Nährstoffe für die Dickdarmschleimhaut, dessen korrekte Funktion durch kurzkettige Fettsäuren gewährleistet wird. Bei empfindlichem Darm und Neigung zur Verstopfung vergrößern die Ballaststoffe das Stuhlvolumen, unterstützen die Darmpflege und lassen den Blutzuckerspiegel schwach steigen. So verkürzt sich die Darmpassage und der Stuhl hat einen kürzeren Kontakt mit der Darmschleimhaut. Albumin und Globulin transportieren wasser- bzw. fettlösliche Stoffe im Blut. Sie sind Bestandteile des Muskeleiweißes und am Aufbau von Abwehrstoffen des Immunsystems beteiligt. Roggen besitzt Lignane, die im Darm zu Phytoöstrogenen umgebaut werden, die bei Wechseljahresbeschwerden helfen und vor Krebs schützen sollen. Das Zink im Roggen wirkt schleimhautregenerierend. Chrom ist hilfreich bei Diabetes, das es die Empfindlichkeit der Insulin-Zielzellen erhöht.

Vorsichtshinweis

Bei Zöliakie sollte man Roggen nicht essen, weil er Klebereiweiß (Gluten) enthält.

Aus der Praxis

Roggen wurde in der Klosterheilkunde als wärmend und befeuchtend beschrieben, weil das Sättigungsgefühl nicht so schnell eintritt, dafür dann aber umso länger anhält. Die essenziellen Aminosäuren, die vom Muskeleiweiß benötigt werden, machen ihn empfehlenswert für körperlich aktive Menschen. Die enthaltenen Ballaststoffe fördern die Verdauung und gewährleisten so einen ausgewogenen Cholesterin- und Blutzuckerhaushalt. Sie unterstützen die Darmreinigung, was krebsvorbeugend wirken kann.

DIE STECKBRIEFE DER LEBENSMITTEL

WEIZEN *Triticum vulgare L.*

Hildegard von Bingen preist keineswegs nur den Dinkel an, sie schätzt auch den Weizen sehr und schreibt: »Der Weizen ist warm und eine vollkommene Frucht, sodass in ihm kein Mangel ist. Und wenn man rechtes Mehl aus Weizen macht, dann ist das aus diesem Mehl gebackene Brot gut für Gesunde und Kranke, nährt den Menschen und bereitet gutes Blut.«

GESCHICHTE

Weizen stammt aus dem Vorderen Orient und ist nach Gerste das zweitälteste Getreide. Bereits im 7. Jahrtausend v. Chr. wurde das Einkorn, mit einem Korn pro Ähre, und der Emmer, dessen Ähren zwei Körnerreihen tragen, angebaut. Im Römischen Reich waren Vollkorn- und Auszugsmehl aus Weizen und deren Vorzüge bereits bekannt. Weißbrot galt als vornehm und schmackhaft, das volle Korn als gesund. Adam Lonitzer berichtete über den Weizen: »Der Weizen gibt große Nahrung und ist bei vielen Gebrechen innerhalb und außerhalb des Leibes sehr nützlich anzuwenden (…). Seine Wirkungen und Anwendungen kann man kaum aufzählen.«

HERKUNFT UND HANDELSWARE

Der zu den Süßgräsern (Poaceen) gehörende Weizen entstand durch die Kreuzung von Getreide und Wildgräsern. Weizenkörner sind nicht mit den Spelzen verwachsen und fallen beim Dreschen aus ihnen heraus. Das Korn wird heute weltweit von allen Getreidearten am häufigsten angebaut und wächst am besten auf humusreichem, lehm- und kalkhaltigem Boden in gemäßigtem Klima. In warmen, trockenen Regionen wie dem Mittelmeerraum gedeiht der noch eiweißreichere Hartweizen (*Tricitum durum*), der vor allem für Gries und Nudeln verwendet wird. Beim Mehlkauf ist die Typenzahl wichtig. Sie gibt in Milligramm den Mineralstoffgehalt pro 100 Gramm Mehl an.

INHALTSSTOFFE

Weizen hat einen hohen Anteil an Kohlenhydraten und enthält wenig Schleimstoffe. Daher ist er leicht zu verarbeiten und zu verdauen. Das Vollkornmehl enthält mehr Ballaststoffe als gereinigte Getreidearten. Die Ballaststoffe sorgen dafür, dass die leicht verfügbaren Kohlenhydrate nicht so schnell freigesetzt werden und der Blutzuckerspiegel langsamer ansteigt. In der Aleuronschicht befinden sich wichtige Eiweißbausteine (essenzielle Aminosäuren) für den Zellaufbau wie z. B. Lysin, ein Kollagenbaustein. Der Mehlkörper enthält viele Klebereiweiße wie Gluten und Prolamin. Zink, Vitamin B3 und zellschützendes Vitamin E liegen ebenfalls in größeren Mengen vor. Der Gehalt an Selen ist stark von der Bodenqualität abhängig. Weizen hat unter allen Lebensmitteln den zweithöchsten Anteil an wichtigen Phenolsäuren (Antioxidanzien).

Weizenkleie besteht aus den ballast- und mineralstoffreichen äußeren Randschichten und der darunter liegenden Aleuronschicht mit ihren wertvollen Proteinen. Sie besitzt ein Drittel der Gesamtölmenge des Korns mit einem sehr hohen Anteil an Phospholipiden und Glykolipiden und enthält außerdem Magnesium und Zink. Weizenkeimöl hat unter den Ölen den höchsten Vitamin-E-Anteil. Im raffinierten Auszugsmehl sind außer den kalorienträchtigen Kohlenhydraten keine Nährstoffe enthalten.

HEILWIRKUNG

Weizenvollkorn ist ein sehr guter Energiespender, der schnell verfügbare Kohlenhydrate für Muskeln, Nerven und Gehirn anbietet. So bleibt der Blutzuckerspiegel konstant. Dies ist bei schwacher Bauchspeicheldrüse, Neigung zu Unterzucker und für eine länger anhaltende Sättigung wichtig. Daneben werden weitere Grundbausteine unserer Ernährung wie Eiweiße, Fette, Vitamine und Mineralstoffe zur Verfügung gestellt. So ist z. B. das Zink für viele Enzyme notwendig, bei Leberbelastung und für die Schleimhautregeneration vorteilhaft und auch für die Insulinbildung und Speicherung wichtig. Das Chrom erhöht überdies die Empfindlichkeit der Zellen für Insulin und das Magnesium steigert die Knochenfestigkeit bei Osteoporose. Bei Depressionen wirken die B-Vitamine regenerierend auf die Nerven und das Vitamin E wirkt Entzündungen entgegen. Für die Darmreinigung und bei erhöhten Blutfettwerten empfiehlt sich der Verzehr von Weizenkleie, da sie viele Ballaststoffe enthält, die im Darm Nahrungsfette, sekundäre Gallensäuren und Schadstoffe an sich bindet, die mit dem Stuhl ausgeschieden werden. Bei schwacher Verdauung ist das geschälte Korn leichter verdaulich.

Vorsichtshinweis

Bei Zöliakie oder anderen Allergien sollte man Weizen nicht essen, weil er viel Gluten enthält und Dünger und Spritzmittel benötigt.

Aus der Praxis

Weizen und -mehl wurden als wärmend und befeuchtend beschrieben, sie nähren zwar gut, belasten jedoch die Verdauung. Wärmend steht für die Zufuhr der schnell verfügbaren Energie und der Nährstoffe. Befeuchtend beschreibt die Reservestoffe, die erst nach einem längeren Verdauungsvorgang frei werden. Weizenprodukte sollten am besten am Vormittag oder zu Mittag gegessen und mit verdauungsfördernden Gewürzen, bitteren Salaten und Wein kombiniert werden. Sie werden als Winternahrung empfohlen.

DIE STECKBRIEFE DER LEBENSMITTEL

Amarant *Amaranthus cruentus L.*

Dioskurides schreibt: »Der Gemüseamarant wird als Blattgemüse gekocht. Er ist gut für den Bauch, hat aber keine arzneiliche Kraft.« Adam Lonitzer berichtet in seinem ›Kräuterbuch‹, dass der Amarant in allen Gärten angepflanzt werde und er kennt durchaus auch medizinische Anwendungen, etwa als Mittel zur Förderung der Muttermilch: »Der Same gestoßen und mit Wein getrunken, bringt die verlorene Muttermilch wieder.«

GESCHICHTE

Amarant gehört zu den ältesten pflanzlichen Lebensmitteln der Menschheit. Er wird in den Hochländern Mittel- und Südamerikas und in Indien seit etwa 2500 v. Chr. genutzt. Amarant war für die Inkas und Azteken ein Grundnahrungsmittel wie Getreide. Weil Amarant große Kraft verleihen sollte und weil er als Opfergabe für die Götter eingesetzt wurde, zerstörten die spanischen Eroberer die Felder und verboten den Anbau. Einige Amarant-Arten sind seit der Antike in Europa bekannt, wie das Zitat aus der ›Materia medica‹ des Dioskurides beweist. Weil die auffälligen dunkelroten Blüten sehr lange halten, war die Pflanze ein Symbol der Ewigkeit. So bedeutet das griechische Wort »Amarantos« zu Deutsch »unverwelklich«. In den mittelalterlichen Kräuterbüchern wurde Amarant »Floramor« genannt.

HERKUNFT UND HANDELSWARE

Zu Amarant bzw. Fuchsschwanz (*Amaranthus*) aus der Familie der Fuchsschwanzgewächse (Amaranthaceen) zählen über 1000 Arten. Amarant wird heute wieder in den Hochländern Asiens, Mittel- und Südamerikas und zunehmend in den USA angebaut. Die Blätter aller Amarant-Arten können als Gemüse verzehrt werden. Heute sind jedoch die Samen einiger Arten bekannter, vor allem die des Rispenfuchsschwanzes (*Amaranthus cruentus*), die als Lebensmittel angeboten werden. Eine Pflanze trägt bis zu 50.000

Samen. Sie sehen wie Hirsekörner aus und schmecken nussig. Gemahlen können sie zu Brei und Teigwaren verarbeitet und geröstet wie Puffmais gegessen werden.

INHALTSSTOFFE

Amarant hat einen sehr hohen Energiegehalt von 365 kcal pro 100 Gramm. Er enthält 14,6 Prozent Eiweiß, 8,8 Prozent Fett und viele Faserstoffe. Die biologische Eiweißwertigkeit ist höher als die der Getreidearten und von Buchweizen. In hoher Konzentration tritt Tryptophan und die seltene Aminosäure Lysin auf. Vitamine (außer B1 und E) sind nur schwach vertreten. Der Anteil an Mineralstoffen ist ebenfalls deutlich höher als bei den Getreiden. Amarant besitzt dreimal so viel Zink wie Weizen. Magnesium, Kalzium und vor allem Eisen sind in großen Mengen vorhanden. Den Hauptanteil der Fettsäuren stellen ungesättigte Omega-3-Fettsäuren, darunter in geringen Mengen auch Alpha-Linolensäure. Da es sich bei Amarant nicht um Getreide handelt, sind die Körner glutenfrei, sodass das Mehl allein nicht zum Backen geeignet ist.

HEILWIRKUNG

Amarant eignet sich gut als Getreideersatz für Zöliakiepatienten. Er wird bei Neurodermitispatienten erfolgreich eingesetzt und bei Milcheiweißallergie liefert er wichtige Eiweißbausteine wie Lysin, das das Immunsystem stärkt. Aufgrund seines hohen Energie- und Mineralstoffgehalts wird Amarant als Aufbaukost für Kinder und Jugendliche, in der Rekonvaleszenz und für Menschen mit hohem Energiebedarf verwendet, für die er auch wegen des hohen Eisengehalts interessant ist. Zink ist für den Stoffwechsel und das Immunsystem wichtig. In den USA wird Amarant sogar bei Infektionskrankheiten zur Unterstützung der Therapie empfohlen. Da Amarant nur sehr wenige Vitamine bietet, sollte er mit Vitamin-C-reichem und fruchtsäurereichem Obst oder Gemüse gegessen werden, wie z. B. Johannisbeeren und getrockneten Äpfeln, weil sie die Aufnahme von Eisen verbessern. Vitamin B1 steuert u. a. die Umwandlung von Kohlenhydraten, Fetten und Alkohol in Energie. Bei Schlafstörungen kann das Tryptophan helfen, weil aus ihm das Schlafhormon gebildet wird. Als guter Energielieferant eignet sich Amarant für Frühstück oder Mittagessen; wie alle stark kohlenhydrathaltigen Nahrungsmittel sollte er abends jedoch nicht mehr gegessen werden. Amarant kann als Popcorn zubereitet und in ein Müsli gegeben werden oder ähnlich wie Reis in der dreifachen Menge Wasser für 15 Minuten gekocht werden. Der hohe Faserstoffanteil wirkt sich günstig auf die Verdauung aus.

Vorsichtshinweis

Bei Übergewicht sollte man Amarant nicht essen, weil er viele Kalorien enthält.

Aus der Praxis

Amarant galt in der mittelalterlichen Klosterheilkunde als kühlend und trocknend. Er wirkt zusammenziehend (adstringierend) und kann Durchfall oder – äußerlich aufgetragen – auch Blutungen und Schmerzen stillen. Tatsächlich wird ihm auch heute noch eine adstringierende Wirkung zugeschrieben. Für eine ausgewogene Mahlzeit braucht Amarant wärmende Gewürze, die die Verdauung anregen, wie z. B. Ingwer oder Galgant, und frisches Obst oder Gemüse, das die Vitaminarmut der Amarantsamen ausgleicht.

BUCHWEIZEN *Fagopyrum esculentum Moench*

Ausführlich befasst sich Adam Lonitzer in seinem ›Kräuterbuch‹ mit dem Buchweizen: »Heidenkorn, Buchweizen oder Grütze wird Frumentum vaccinum (Kuhweizen) genannt, weil es für Rinderfutter gesät und gezüchtet wird. (…) Arme Leute machen manchmal Brot daraus. Buchweizen hat (…) kleine weiße Blüten eng beieinander wie beim Holunder, die werden zu kleinen dreieckigen schwarzen Körnlein. Geben schönes weißes Mehl.«

GESCHICHTE

Buchweizen wurde wahrscheinlich zuerst in China als Lebensmittel genutzt, allerdings ist er erst seit dem 8. Jh. v. Chr. nachweisbar. Er wurde von den sibirischen Steppen bis in die Ukraine angebaut. Nach Westeuropa kam Buchweizen erst im Mittelalter. Hier ist sein Anbau ab dem 13. Jh. in den Niederlanden und in Norddeutschland belegt. Im 14. und 15. Jh. weitete sich der Anbau deutlich aus. In England wurde er zur Nahrung der ärmeren Bevölkerung. Niederländische Siedler brachten die Pflanze nach Nordamerika, weil sie sich sehr gut für den Anbau nach frischer Rodung eignet. Seit Ende des 19. Jh. ging der Anbau in Deutschland ständig zurück und wurde im 20. Jh. nahezu gänzlich eingestellt.

Adam Lonitzer meinte, dass Speisen aus Buchweizenmehl einen harten Bauch erweichen, die Winde bewegen und den Harn treiben. Er sei jedoch auch schwer zu verdauen.

HERKUNFT UND HANDELSWARE

Buchweizen ist kein Getreide, sondern gehört zu den Knöterichgewächsen (Polygonaceen). Die dreikantigen kleinen Früchte sehen wie kleine Bucheckern aus, daher kommt auch der Name. Diese Früchte können ähnlich wie Getreide zu Mehl gemahlen werden. Dazu müssen die Früchte zuerst geschält werden. Allerdings ist das Buchweizenmehl allein nicht backfähig, es fehlt das Klebereiweiß.

GETREIDEÄHNLICHE

Buchweizen reift in der kurzen Zeit von 10 bis 12 Wochen. Er verträgt aber nur Temperaturen über 2 Grad Celsius. Weil die Früchte sehr ungleichmäßig reif werden, ist die Ernte schwierig und nicht sehr ertragreich. Heute wird Buchweizen in geringen Mengen noch in mehreren Ländern Osteuropas wie Ungarn und Polen angebaut, findet aber auch in Deutschland wieder zunehmend Interesse. Der Buchweizen hat einen nussigen, leicht süßlichen Geschmack.

INHALTSSTOFFE

100 Gramm geschältes Korn des Buchweizens enthalten die beachtliche Menge von etwa 72 Gramm Kohlenhydraten, 9 bis 11 Gramm Protein und nur knapp 1,7 Gramm Fett. Die Kohlenhydrate haben eine ähnliche Zusammensetzung wie im Weizen und bestehen vorwiegend aus Stärke mit einem hohen Anteil an Amylose. Dadurch hat Buchweizen eine hohe Wasserbindungsfähigkeit. Die seltene und bedingt essenzielle Aminosäure Glutamin ist ebenfalls vorhanden. Außerdem hat Buchweizen zahlreiche Mineralstoffe zu bieten, dabei vor allem Kalium, Magnesium, Phosphor und etwas Selen. Bei den Vitaminen sind Nicotinamid und die seltenere Pantothensäure (B5) erwähnenswert.

HEILWIRKUNG

Buchweizen wirkt leicht stopfend bei Durchfall, was an der hohen Wasserbindungsfähigkeit der Kohlenhydrate liegt. Buchweizen lässt den Blutzucker nur langsam ansteigen, sättigt lang und ist daher bei Übergewicht von Vorteil. Als »Scheingetreide« ist er glutenfrei, deshalb werden Nahrungsmittel aus Buchweizen auch von Klebereiweißallergikern vertragen. Das Eiweiß des Buchweizens hat eine hohe biologische Wertig-

keit; wie die echten Getreidearten besitzt er alle essenziellen Aminosäuren. Wegen dieser hohen biologischen Wertigkeit ist Buchweizen ein ideales Nahrungsmittel für Kinder, Sportler und zur Kräftigung nach schwererer Krankheit. Die Aminosäuren sind außerdem wichtig für das Bindegewebe, die Bildung von Immunkörperchen und Wachstumshormonen. Glutamin spielt bei Infektionen, Fieber und starker körperlicher Belastung eine Rolle. Phosphor ist ein Hauptbestandteil der Gerüstsubstanz von Knochen und Zähnen. Und Pantothensäure ist für Wachstumsprozesse, die Bildung von Sexualhormonen und allgemein für den Stoffwechsel wichtig.
Buchweizentee gilt als wertvolle Venenmedizin, die bei Krampfadern erfolgreich eingesetzt wird.

Vorsichtshinweis

Das Fagopyrin, das sich in den Randschichten des Korns befindet, kann bei starker Sonnenbestrahlung Hautentzündungen hervorrufen. Da es sich in heißem Wasser löst, sollten die Körner vor dem Kochen in einem Sieb mit heißem Wasser abgewaschen werden.

Aus der Praxis

Hinter der in der Klosterheilkunde beschriebenen kühlenden und trocknenden Qualität des Buchweizens steckt u. a. der leicht stopfende Effekt. Zur Kombination bieten sich Eier und Milchprodukte an, weil sie reich an Methionin sind. Dies ist im Buchweizen am wenigsten vertreten und begrenzt deshalb dessen biologische Wertigkeit. Buchweizen kann als Grütze oder Gries genutzt oder als Mehl für Pfannkuchen und Fladen verwendet werden. Am besten schmeckt er eingeweicht mit Milch, Quark und Banane sowie getrockneten Feigen.

Bohnen *Phaseolus vulgaris L.*

Ibn Butlan berichtet: »Einige Ärzte kochen Bohnen mit Essig und verabreichen sie denen, die ein Geschwür in den Eingeweiden haben oder an Durchfall leiden. Am besten kocht man Bohnen mit Mandelöl und dörrt sie nach mehrmaligem Sieden. Sie haben eine gute Wirkung auf die Brust. Dost (Oreganum) und Salz nehmen den Bohnen ihre schädliche Wirkung.« Mit der schädlichen Wirkung spielt er auf die schwere Verdaulichkeit an.

GESCHICHTE

Vor über 6000 Jahren bauten Indianer in Mexiko und Peru Bohnen an. Spanische und portugiesische Seefahrer transportierten sie nach Afrika und Europa. Seit 3000 v. Chr. kommen Bohnenarten auch in Europa vor. In der Antike und im Mittelalter wurde fast nur die Ackerbohne (*Vicia faba*) angebaut, die ihren Ursprung im südlichen Zentralasien hat. In Spanien und im Vorderen Orient isst man ihren Samen noch heute. In Mitteleuropa wurden Ackerbohnen durch die im 18. Jh. aus Amerika eingeführten Garten- (*Phaseolus vulgaris*) und Feuerbohnen (*Phaseolus coccineus*) als Nahrungsmittel ersetzt.

HERKUNFT UND HANDELSWARE

Die im Handel erhältlichen Bohnensamen wie z. B. Kidney-Bohnen stammen meist von *Phaseolus vulgaris* ab. Die Arten unterscheiden sich in Farbe, Form und Geschmack und werden grün, halbreif oder getrocknet geerntet. Die halbreifen Samen sind heute beliebter. Früher dagegen wurden die reifen Samen zu Bohnenmehl verarbeitet, einer leicht verdaulichen, pflanzlichen Proteinquelle. Seltener ist die kleinasiatisch-europäische Ackerbohne. Sojabohne (*Glycine max*) oder Mungobohne (*Vigna radiata*), deren Samen und Sprossen gegessen werden, sind asiatische *Phaseolus*-Arten. Beide keimen gut, Mungobohnen werden im Handel fälschlicherweise »Sojasprossen« genannt.

INHALTSSTOFFE

Die jungen, nicht ausgereiften Hülsen enthalten 90 Prozent Wasser (32 kcal), 3 Prozent Kohlenhydrate und maximal 1 Prozent Eiweiß. Trockenbohnen bestehen zu 50 Prozent aus Kohlenhydraten und zu 22 Prozent aus Eiweiß. Während der Samenreifung steigt der Gehalt an Eiweiß, essenziellen Aminosäuren, Kohlenhydraten, Vitaminen und Ballaststoffen an. Bohnen sind fast fettfrei, in getrockneter Form energiereich und enthalten mehr Kalorien (238 kcal) als Nudeln, Reis und mageres Fleisch. Den größten Anteil der Kohlenhydrate stellen darmreinigende Ballaststoffe (weiße Bohnen enthalten z. B. 9,3 Prozent) und Mehrfachzucker wie Stärke, die den Blutzuckerspiegel nur langsam ansteigen lassen. In der Bohne sind essenzielle Aminosäuren wie Leucin, Arginin und einige halbessenzielle Aminosäuren enthalten, die in Wachstums- und Krankheitsphasen eine wichtige Rolle spielen. Der sehr hohe Gehalt an Kalium und an Eisen Zink und Fluor in den getrockneten Bohnen ist durch die enthaltene Oxal- und Phytinsäure schwerer verfügbar. Unter den B-Vitaminen ist neben B2 und B6 vor allem B1 enthalten. Durch Keimung von Sojabohne und Mungobohne kann der Gehalt an B-Vitaminen, essenziellen Aminosäuren gesteigert und der Phytingehalt anscheinend abgebaut werden. In den farbigen Bohnenschalen sind Anthocyanidine enthalten.

HEILWIRKUNG

Bohnen eignen sich als fettreduzierte Kost bei Gallen- und Lebererkrankungen und erhöhten Cholesterinwerten. Für Untergewichtige und in der Rekonvaleszenz sind die Samen eine stärkende und sättigende Kost. Bei schwacher Verdauung sollten sie gründlich gewässert oder ihr Mehl mit Getreidemehl vermischt werden. Ballaststoffe in Kombination mit verdauungsanregenden Kräutern wie z. B. Majoran helfen bei Verstopfung und Hämorrhoiden. Der hohe Leucin- und Arginingehalt stimuliert die Insulinsekretion und fördert den Eiweißeinbau und so auch den Muskelaufbau. Proteine unterstützen das Haar- und Nagelwachstum. Vitamin B1 ist wichtig für die Nerven und den Kohlenhydratstoffwechsel.

Vorsichtshinweis

Bei Gicht sollten keine weißen Bohnen gegessen werden, weil deren Proteine zu großen Mengen Purin und anschließend zu Harnsäure werden. Ungekochte Bohnensamen, Hülsen und grüne Bohnen können mit ihren hitzelabilen Phytohämagglutininen Erbrechen, Diarrhöe und schwere Blutungen in Magen und Darm hervorrufen. Frische grüne Bohnen sollten Sie 15 Minuten im Wasser garen. Bohnen aus Konservendosen sollten einmal aufgekocht werden. Vom Verzehr von Gartenbohnenkeimlingen ist ganz abzuraten. Frische grüne Bohnen können hin und wieder gegessen werden.

Aus der Praxis

Die Klosterheilkunde stufte die frischen Bohnen als kühlend und befeuchtend, die getrockneten Bohnen dagegen als kühlend und trocknend ein. Letztere gelten als gut geeignet für hitzige, cholerische sowie junge Menschen und als Nahrung im Sommer. Kühlend bedeutet hier, dass sie die Verdauung nicht anregen. Weil Bohnen selbst nur wenig Methionin enthalten, empfiehlt sich die Kombination mit methioninreichem Spinat oder Zuckermais, um so die biologische Wertigkeit der Bohnen (Umwandlung in Körpereiweiß) zu steigern.

DIE STECKBRIEFE DER LEBENSMITTEL

ERBSEN *Pisum sativum L.*

Ibn Butlan vergleicht im ›Tacuinum sanitatis‹ die Erbsen mit den Bohnen und betont, dass die jungen, großen am besten für die Nahrung geeignet seien. Er schreibt: »Erbsen sind in ihrer Zusammensetzung den Bohnen sehr ähnlich, deshalb kann man sie gut vergleichen. Sie werden nur langsam verdaut, wenn sie aber verdaut sind, geben sie gute Säfte. Sie nützen den Fiebernden. Mit Spinat vermischt, führen sie ab. Mit Mandelöl zubereitet, nützen sie der Brust.« An anderer Stelle empfiehlt er Erbsen auch konkret bei fiebrigem Husten.

GESCHICHTE

Erbsen und Linsen gehörten seit Jahrtausenden neben den Getreidearten zu den wichtigsten Nutzpflanzen. Die ältesten Funde waren gesammelte Wilderbsen (*Pisum elatium*) in steinzeitlichen Siedlungen zwischen 7800 und 5300 v. Chr. Im Vorderen Orient und im Mittelmeerraum wuchsen sie in so großer Menge, dass kein Anbau nötig war. Auch heute gibt es im Mittelmeerraum noch Wilderbsen. Aus ihnen wurde die Gartenerbse gezüchtet, die dann nach Mitteleuropa gelangte. Im Mittelalter wurden das Mehl aus Viehfuttererbsen auch für die menschliche Ernährung genutzt. Adam Lonitzer empfahl das Kochwasser bei allen Gebrechen, obwohl viele Zeitgenossen davon abrieten.

HERKUNFT UND HANDELSWARE

Die Erbse (*Pisum sativum*) ist eine Hülsenfrucht und gehört zu den Schmetterlingsblütlern (Leguminosen). Es gibt drei Unterarten, die sich im Anbau und in der Verwendung unterscheiden: Die besonders stärkereiche Palerbse wird als ungeschälte oder geschälte Trockenerbse im Handel angeboten. Nach dem Schälen wird sie poliert und teils mit Carotin gelb gefärbt. Die Runzelerbse oder Markerbse besitzt neben Stärke auch Zucker und schrumpft bei Reifung und Trocknung. Sie kann nur als Grünerbse oder als Dosengemüse verwendet werden. Im hochreifen grünen Zustand ist sie zarter als die anderen Erbsensorten. Die junge Zuckererbse hat in der Hülse keine feste Pergamentschicht und kann daher mit ihr gegessen werden. Generell gibt es zwei Erntezeitpunkte für Erbsen: Für kurzes Garen müssen die Hülsenfrüchte früh geerntet werden, dann sind sie zart und süß. Für längere Kochzeit können sie trocken geerntet werden.

INHALTSSTOFFE
Der Nährstoffgehalt in Trockenerbsen (270 kcal) ist etwa dreieinhalb Mal höher als in frischen Erbsen (81 kcal). Trockenerbsen liefern 23 Prozent Eiweiß, 17 Prozent Ballaststoffe und 42 Prozent Kohlenhydrate in Form von Stärke. Trotz des hohen Saccharosegehalts besitzen Erbsen eine niedrige glykämische Last. Samen und Hülsen haben mehr lösliche Ballaststoffe als ganze Getreidekörner: grüne Erbsen enthalten 5 Prozent, Weizenkleie dagegen nur 2,7 Prozent. Neben allen essenziellen Aminosäuren besitzen sie auch bedingt essenzielle Aminosäuren wie L-Arginin. Trockenerbsen enthalten sehr viel Kalium, viel Magnesium und zudem Spurenelemente wie Eisen und Zink. Zu erwähnen ist ihr Gehalt an Vitamin E und B-Vitaminen (B1, B2, B6, Niacin, Pantothensäure, Biotin).

HEILWIRKUNG
Bei einer Reduktionsdiät sind grüne Erbsen eine kalorienarme Proteinquelle, die jedoch alle essenziellen Aminosäuren liefert. Mit ihrem hohen Anteil an löslichen Ballaststoffen unterstützen Erbsen die Darmreinigung und helfen, einen schnellen Blutzuckeranstieg zu vermeiden. Bei Neigung zu Verstopfung und hartem Stuhl tragen sie zu beschleunigter Entleerung und weicherem Stuhl bei. Liegen Krämpfe und Verdauungsprobleme vor, ist eine Kombination mit Kräutern wie bitterstoffhaltigen Löwenzahnblättern, Fenchelsamen, Majoran, Salbei und Bohnenkraut äußerst sinnvoll. Bei der Verdauung im Dickdarm werden kurzkettige Fettsäuren freigesetzt, die dort den pH-Wert senken. Dies stärkt das Wachstum der Darmflora und vermindert die Freisetzung von sekundären Gallensäuren, die die Darmschleimhaut reizen können. Auch kann die Cholesterinbiosynthese reduziert werden. Erbsen sollten bei Arteriosklerose und erhöhten Blutfett- und Zuckerwerten regelmäßig verzehrt werden. In Wachstumsphasen, nach Verletzungen und bei Infekten vermag der hohe Gehalt an L-Arginin das Immunsystem und die Kollagensynthese zu unterstützen.

Vorsichtshinweis
Bei Gicht sollte man Erbsen nicht essen, weil die enthaltenen Proteine größtenteils in Purine und Harnsäure umgewandelt werden. Erbsen können Blähungen hervorrufen und sind von empfindlichen Patienten zu meiden. Erbsen und Erbsensprossen sollten nicht roh verzehrt werden.

Aus der Praxis

Die Klosterheilkunde bewertete Erbsen als kühlend und befeuchtend und wies auf die Anwendung bei Infekten und Fieber hin. Sie eigneten sich für die heißen, trockenen und cholerischen Typen und waren die ideale Speise in heißen Ländern. Die Kombination mit Mais, Spinat, Kohl, Fisch garantiert eine gute Eiweißversorgung. Das kurze Erwärmen der Erbsen reicht aus, um Proteine, die die Verdauung stören, zu denaturieren. Blanchieren Sie Erbsenkeimlinge dazu 3 Minuten in kochendem Wasser oder dünsten Sie sie 10 Minuten schonend.

DIE STECKBRIEFE DER LEBENSMITTEL

KICHERERBSEN *Cicer arietinum L.*

Das ›Tacuinum sanitatis‹ sagt: »Es gibt weiße, rote und schwarze Sorten. (…) Sie machen heißes Blut, vermehren den männlichen Samen und die Muttermilch der Wöchnerinnen. Kichererbsen treiben den Harn, lösen Verstopfungen. Sie schaden jedoch bei Nieren- und Blasengeschwüren. Um Blähungen vorzubeugen, werden die Kichererbsen mit Sellerie, Fenchel oder Mohnsamen zubereitet. Man weicht sie über Nacht ein und gart sie dann mit Rosmarin, Salbei, Knoblauch und Petersilienwurzel.«

GESCHICHTE

Die ältesten Funde stammen aus der Jungsteinzeit und wurden im Vorderen Orient geborgen. Von dort kamen die Kichererbsen nach Griechenland und Italien, wo sie im klassischen Altertum zu den gängigen Kulturpflanzen zählten. Mit den Römern gelangten die Samen auch nach Mitteleuropa. Im Pflanzenverzeichnis der Anbauverordnung Karls des Großen (um 800) hießen die Kichererbsen *Cicer italicum*. Ibn Butlan meinte, weiße Kichererbsen würden die Nieren und die Leber reinigen. In den historischen Werken werden Varietäten beschrieben, die auch heute noch unterschiedlich verwendet werden: Die schwarzen Samen dienen in Südeuropa und Indien als Viehfutter, die ganz großen Samen werden als Kaffeeersatz genutzt.

HERKUNFT UND HANDELSWARE

Kichererbsen sind Hülsenfrüchte und gehören zur Familie der Schmetterlingsblütler (Leguminosen). Jede Hülse enthält zwei bis drei große Samen. Die sehr wärmebedürftige Pflanze wird im Mittelmeerraum und in den Subtropen angebaut. Unter den verschiedenen Varietäten hat sich *Cicer arietinum* durchgesetzt.

Sie besitzt cremeweiße Samen von der Größe kleiner Haselnüsse. Diese kann man im unreifen Zustand roh, im reifen Zustand jedoch nur gekocht oder geröstet verzehren. Ihr nussartiges Aroma macht die Kichererbsen zu einer wohlschmeckenden Speise, die als Suppe, Eintopf und Breigericht zubereitet wird. Geröstet sind Kichererbsen eine gesunde Knabberei für zwischendurch. Das Mehl wird pur oder mit Weizenmehl vermischt zum Backen verwendet.

INHALTSSTOFFE

Die trockenen Kichererbsensamen bestehen aus 20 Prozent Eiweiß, 45 Prozent Kohlenhydraten, 10 Prozent Wasser und 16 Prozent Ballaststoffen. Sie haben nach der Sojabohne die meisten Kalo-

HÜLSENFRÜCHTE

rien (306 kcal). Das Fett besteht überwiegend aus der einfach gesättigten Omega-6-Fettsäure. Obwohl die Kohlenhydrate zum größten Teil aus Saccharose bestehen, hat die Kichererbse wie auch die anderen Hülsenfrüchte einen niedrigen glykämischen Index. Kichererbsen enthalten viel Kalium, Phosphor, Kalzium, Magnesium, Mangan und blutbildendes Eisen. Die Vitamine B1, B2, Niacin, Folsäure, C und K liegen ebenfalls vor. Mit 150 Gramm Kichererbsen könnte der geschätzte Tagesbedarf (400 Mikrogramm) an der hitzeempfindlichen Folsäure abgedeckt werden. Weiterhin sind in den Kichererbsen auch alle essenziellen Aminosäuren wie Arginin, Leucin und Lysin enthalten.

HEILWIRKUNG

Für Diabetiker sind Kichererbsen aufgrund des niedrigen glykämischen Index (40) gut geeignet. Übergewichtige sollten die fettärmeren Hülsenfrüchte (Erbsen, Bohnen, Linsen) bevorzugen. Mangan reguliert den Fett-, Eiweiß- und Kohlenhydratstoffwechsel und schützt spezielle Zellbausteine (Mitochondrien) vor Oxidation. Kichererbsen sind in Kombination mit basischen Lebensmitteln wegen ihres Gehalts an Vitamin K ein sinnvoller Proteinlieferant bei Osteoporose. Sie gleichen Eisen- und Folsäuremangel aus. Folsäure hilft, die Blutgefäße frei zu halten und Homocystein, einen Verursacher von Arteriosklerose abzubauen. Folsäure ist für die Zellerneuerung wichtig und auf die Anwesenheit von Vitamin B12, Vitamin C und Zink angewiesen. Deshalb ist eine Kombination mit folgenden Lebensmitteln empfehlenswert: Eigelb (Vitamin B12), Milch, Paprika, Petersilie (Vitamin C), Weizenkeime, Bierhefe und Mohnsamen (Zink). Vitamin K sorgt durch die Carboxylierung bestimmter

Funktionsproteine für eine gute Blutgerinnung und den Einbau von Kalzium in die Knochen. Es vermindert damit Ablagerungen in den Blutgefäßen. Zudem soll es antioxidativ wirksam sein und auf diese Art auch die Gefäße schützen. Zur Ergänzung des Aminosäurespektrums sind tryptophanreiche Lebensmittel wie Hirse, Kakao, Weizenkeime, Mohnsamen, Hühnerei und viel Fisch und Fleisch sehr sinnvoll. Kichererbsensuppe und -eintopf mit reichlich verdauungsanregenden Kräutern eignen sich bei Verstopfung, denn die Ballaststoffe verkürzen die Darmpassage und erweichen den Stuhl.

Vorsichtshinweis

Bei Gicht sollte man Kichererbsen nicht essen, weil sie einen hohen Puringehalt aufweisen. Kichererbsen können Blähungen verursachen. Rohe Kichererbsen enthalten gesundheitsschädliche Substanzen, die die Aufnahme wichtiger Nährstoffe behindern und zu Vergiftungserscheinungen führen können. Keimlinge daher 3 Minuten in kochendem Wasser blanchieren oder 10 Minuten schonend dünsten.

Aus der Praxis

Kichererbsen wurden von der Klosterheilkunde als wärmend und befeuchtend eingestuft. Damit waren sie als Speise vor allem für »kalte und trockene« Komplexion mit schwacher Verdauung, für ältere Menschen, für die nördlichen Regionen und die kalte Jahreszeit empfohlen. Kichererbsen werden mindestens 12 Stunden in Wasser eingeweicht und anschließend 30 bis 40 Minuten bei leichter Hitze gegart, um die hitzempfindlichen Vitamine zu schonen. Schneller geht es, wenn sie erst kurz vor Ende der Garzeit gesalzen werden.

DIE STECKBRIEFE DER LEBENSMITTEL

LINSEN *Lens culinaris Med.*

Ibn Butlan berichtet über die Linse: »Nicht ausgelöste Linsen machen einen weichen Stuhl. Manche schütten das erste Kochwasser weg, denn dann stopfen die Linsen. Das Gurgeln mit dem Kochwasser hilft bei Halsgeschwüren und erzeugt Feuchtigkeit im Bauch. Sie haben eine bessere Wirkung, wenn man sie zusammen mit Spinat, Mangold und viel Öl zubereitet, eher schädlich sind sie zusammen mit gesalzenem Dörrfleisch. Die Schale besitzt eine gewisse Schärfe, die abführend wirkt, der Kern hat eine stopfende Wirkung.«

GESCHICHTE

Linsen wurden bereits in frühesten Zeiten angebaut, wobei die ältesten Funde aus Ägypten und dem Vorderen Orient stammen. In der Jungsteinzeit (5000 bis 2000 v. Chr.) verdrängte Getreide die Hülsenfrüchte, in der Bronzezeit (1500 bis 1200 v. Chr.) nahm die Verwendung von Hülsenfrüchten wieder zu. Linsen wurden sogar im Alten Testament erwähnt, denn Esau verwirkte sein Erstgeburtsrecht für ein Linsengericht. Die römischen Truppen aßen gern getrocknete Linsen als Brei. Linsen galten als »Arme-Leute-Essen« und kamen gerade deshalb auch im Kloster auf den Tisch. Ibn Butlan warnte eindringlich davor, Linsen bei melancholischer Komplexion zu essen. Damit sind kälteempfindliche Menschen mit Neigung zu saurem Aufstoßen, Appetitlosigkeit und Blähungen gemeint.

HERKUNFT UND HANDELSWARE

Linsen (*Lens culinaris*) aus der Familie der Schmetterlingsblütler (Leguminosen) gehören zu den Hülsenfrüchten. Sie vertragen raues Klima und gedeihen gut in einem trockenen, warmen Umfeld. Daher waren sie in Mitteleuropa sehr verbreitet. Hauptanbaugebiete liegen am Mittelmeer, in Ungarn, Bulgarien, Russland, Chile, Argentinien, den USA, Kanada sowie in Vorderasien, wo heute noch die kleinsamigen Wildformen wachsen. In Deutschland werden sie nicht mehr angebaut. Da die Düngung lediglich die Blattproduktion und nicht die Anzahl der Hülsen vermehrt, werden Linsen naturnah kultiviert. Man unterscheidet Riesenlinsen (Durchmesser größer als 7 Millimeter), Tellerlinsen (6 bis 7 Millimeter, sehr häufig), Mittellinsen (5 bis 7 Millimeter) und Zuckerlinsen (4 Millimeter).

Mit Schale eignen Linsen sich für Suppen und Gemüse, ohne Schale als Brei oder Püree. Aus getrockneten Samen gezogene Linsensprossen sind eine beliebte Abwechslung und können ohne Bedenken gegessen werden.

INHALTSSTOFFE

Getrocknete Linsen bestehen zu etwa 25 Prozent aus Eiweiß, zu 60 Prozent aus Kohlenhydraten und zu 2 Prozent aus Fett. Ihr Eiweiß besitzt alle essenziellen Aminosäuren wie z. B. Leucin und Valin. Zudem besitzen sie viel Lezithin. Neuere Untersuchungen zeigen, dass in den Schalen der Linsensamen Procyanidine gespeichert sind, die wegen ihres Gerbstoffcharakters die Aufnahme von Mineralstoffen und Spurenelementen verringern. Durch die Einwirkung von Säure (z. B. Essig, Zitronensaft) werden sie abgebaut und können sich in gefäßstärkende Stoffe verwandeln.
An Mineralstoffen und Spurenelementen sind neben viel Eisen, Kalium und Phosphor auch Magnesium, Kalzium, Zink und Selen enthalten. Linsen besitzen außerdem B-Vitamine (B1, B2, B3, B5 und B6) und Folsäure (B9).

HEILWIRKUNG

Linsen eignen sich gut bei vermehrtem Eisenbedarf (z.B. für Frauen, Schwangere und Kinder) und Blutarmut. Sie enthalten viele B-Vitamine, die bei Lebererkrankungen den erhöhten Bedarf abdecken und außerdem Gehirn und Nerven gut versorgen. Dabei unterstützt auch Lezithin als Nervennahrung. Pantothensäure ist als Enzymbaustein wichtig für den Energiestoffwechsel, Folsäure hilft u. a. gefäßschädigendes Homocystein abzubauen. Linsen sättigen und stärken gut (270 kcal). Sie sind eine wichtige Proteinquelle, die sich bei erhöhten Cholesterinwerten, Leber-, Gallen- und Gefäßerkrankungen eignet, da Linsen fettarm und anders als fleischhaltige Eiweißlieferanten cholesterinfrei sind.
Vermutlich stopft das Püree aus geschälten Linsen bei Durchfällen. Allerdings führen sie ab, wenn sie mit den Schalen gegessen werden. Die essenziellen Aminosäuren sind für den Muskelaufbau sehr wichtig. Empfehlenswert ist eine Kombination mit Lebensmitteln, die schwefelhaltige Aminosäuren wie Methionin und Cystein enthalten, da diese in Hülsenfrüchten wenig bis gar nicht vorliegen. In diese Kategorie fallen Mais, Spinat, Kohl, Fisch, Käse, Reis und Weizen. Selen und Zink sind Bestandteil des zellschützenden, radikalfangenden Systems und tragen u. a. zum Schutz von Leber, Pankreas und Muskulatur bei. Zink fördert die Zellteilung und ist deshalb wichtig für das Immunsystem und die Erneuerung von Haut und Haaren.
Linsengerichte können durchaus mehrmals in der Woche am Morgen oder als Mittagessen verzehrt werden. Da die Linsen kleiner als andere Hülsenfrüchte sind, brauchen sie auch weniger Einweich- und Kochzeit. Geschälte rote Linsen sind sogar uneingeweicht schon innerhalb von etwa 15 Minuten gar.

Vorsichtshinweis

Bei Gicht sollte man Linsen nicht essen, weil sie einen hohen Gehalt an Purinen aufweisen.

Aus der Praxis

Linsen galten als im ersten Grad kühlend und trocknend. Sie eigneten sich vor allem als Speise für Menschen mit warmer und feuchter Konstitution, junge Leute und im Sommer.
Essig oder Zitronensaft baut beim Kochen die Gerbstoffe der Schale ab und führt dazu, dass die Spurenelemente bessser aufgenommen werden.
Für den ausgewogenen Säure-Base-Haushalt sollten Linsen mit basischen Lebensmitteln kombiniert werden. Dazu eignen sich z. B. Obst, Salat, Gemüse und Getreideprodukte.

Forelle & Hecht

Salmo trutta L. & *Esox lucius* L.

Die Forelle beschreibt Lonitzer wie folgt: »Die Forelle (…) hat eine schöne Goldfarbe, ist hin und wieder mit roten Flecken besprengt und hält sich in klaren, harten, frischen Wassern (…) auf. (…) Es ist ein fester gesunder Fisch, der nicht oft in die Küche der einfachen Leute kommt, und wenn, dann nur heimlich ohne Wissen der Herrschaft. Denn die Bäche, in welchen sich die Forellen aufhalten, sind für die Allgemeinheit verboten.«

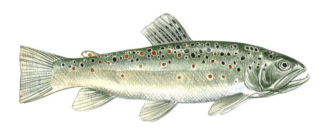

GESCHICHTE

Die Forelle wird spätestens seit der Steinzeit als Lebensmittel genutzt. Die 18 europäischen Formen stammen vermutlich alle von der Meerforelle ab. Im Mittelalter war das Fischen in den Bächen für die Bevölkerung verboten, deshalb kam die Forelle nur beim Adel auf den Tisch. Die Klöster hatten jedoch eigene Gewässer. Der Hecht war deshalb gefürchtet, denn er galt als Wolf der Gewässer. Trotzdem wurde er auch sehr geschätzt und sein Fleisch galt als gesunde Speise, die besonders Kranken und Geschwächten empfohlen wurde.

HERKUNFT UND HANDELSWARE

Forellen sind Raubfische und zählen zu den Lachs- oder Edelfischen (Salmonidae). Sie sind demnach mit dem Atlantischen Lachs (*Salmo salar*) verwandt und in ganz Europa und in Teilen Vorderasiens verbreitet. Forellen benötigen flaches und schnell fließendes Wasser von sehr guter Qualität. Sie ernähren sich von Insekten, kleinen Krebsen und kleinen Fischen. Die Lachs- oder Meerforelle (*Salmo trutta trutta*) besitzt tatsächlich – auch im Geschmack – eine gewisse Ähnlichkeit mit dem Lachs, mit dem sie auch häufig verwechselt wird. Die jungen Lachsforellen ziehen nach einem Jahr ins Meer. Zu den Formen der Lachsforelle gehören die Bachforelle (*Salmo trutta fario*) und die Seeforelle (*Salmo trutta lacustris*). Die Bachforelle verlässt niemals ihren Lebensraum, den Fluss. Die Seeforelle lebt dagegen in größeren Süßwasserseen und wandert nur zum Laichen in Flüsse. Die Regenbogenforelle (*Oncorhynchus mykiss*) ist mit dem Pazifischen Lachs verwandt und kam erst als Zuchtfisch aus Amerika nach Europa. Sie ist die wirtschaftlich bedeutsamste Forellenart und stellt etwas geringere Ansprüche an die Wasserqualität als ihre Verwandten. Das Fleisch aller Forellenarten erhält durch die Ernährung mit Bachflohkrebsen, die den Farbstoff Astaxanthin enthalten, eine rötliche Färbung. Die verschiedenen Färbungen des Fleischs der Tiere sind somit standort- bzw. ernährungsbedingt.

Zu den Salmoniden gehört auch der Hecht, der sich bezüglich des Ernährungswerts mit der Forelle vergleichen lässt.

INHALTSSTOFFE

Die Forelle besitzt relativ viel Eiweiß (immerhin 19,5 Gramm), dafür aber wenig Fett (nur 2,7 Gramm); 100 Gramm Forellenfleisch liefern deshalb nur 100 kcal. Der Hecht bietet übrigens im Vergleich dazu nur 0,9 Gramm Fett und einen niedrigen Energiegehalt von 82 kcal. Die Forelle enthält recht viel Kalium, 100 Gramm decken ein Viertel des Tagesbedarfs. Sie versorgt den Körper außerdem mit 0,5 Milligramm Zink pro 100 Gramm Fleisch, der Hecht sogar mit fast 0,8 Milligramm. 300 Gramm Fischfleisch decken den Tagesbedarf an dem Spurenelement Selen. Erwähnenswert ist auch der jeweilige Anteil an B-Vitaminen. Bei den Aminosäuren sind besonders der hohe Lysingehalt sowie der von Arginin und Phenylalanin hervorzuheben.

HEILWIRKUNG

Bachforelle und Hecht sind hervorragende Speisefische, die wenig Fett enthalten. Daher eignen sich beide Fische sehr gut als Schonkost und helfen gegen Übergewicht.

Kalium, Zink und Selen übernehmen wichtige Aufgaben im Körper: Kalium ist notwendig für die Kontraktionsfähigkeit des Herzes, wirkt entwässernd und damit blutdrucksenkend. Zink ist ein sehr entscheidendes Spurenelement für das Immunsystem und auch Selen fördert ebenfalls die Bildung von Antikörpern und Signalstoffen, die das Immunsystem aktivieren und gegen Umweltgifte resistent machen. Die Aminosäure Arginin unterstützt zusätzlich die Immunabwehr, indem sie die Aktivität der weißen Blutkörperchen erhöht.

Phenylalanin ist ein wichtiger Botenstoff für Neurotransmitter, die u. a. Depressionen verringern können. Aus diesem Grund sollte Forellenfleisch bei depressiven Verstimmungen etwas häufiger auf dem Speiseplan stehen. Auch die enthaltenen B-Vitamine gelten als »Gute-Laune-Vitamine«. Die Vitamine und der geringe Fettgehalt sowie ihre leichte Verträglichkeit machen Forelle und Hecht zu einer idealen Kost bei Leberproblemen. Die Aminosäure Lysin ist ein wichtiger Kollagenbaustein für Haut, Knochen, Sehnen und Zähne und unterstützt die Aufnahme von Kalzium in den Darm sowie dessen Einbau in die Knochen. Mit kalziumreichen Zutaten wie Spinat, Mangold oder Hartkäse serviert, sind Forelle und Hecht auch bei schwachen Knochen und Osteoporose, Haar-, Fingernagel- sowie Hautproblemen eine durchaus hilfreiche Speise. Die Zubereitung als »Forelle blau« oder gedünstet ist ein sehr bekömmliches Abendessen.

Vorsichtshinweis

Forellen gehören leider zu den purinhaltigen Lebensmitteln. Deshalb sollten Forellen bei Gichtproblemen nur selten gegessen werden. Hechtfleisch dagegen enthält deutlich weniger Purin und kann öfter gegessen werden.

Aus der Praxis

Die mittelalterliche Klosterheilkunde betrachtete die Süßwasserfische als kühlende und befeuchtende Speise. Sie sind daher für Menschen mit Bluthochdruck empfehlenswert und sollten vor allem im Sommer gegessen werden.

Insgesamt sollte man mehr Fisch- als Fleischgerichte genießen. Die Salmoniden unter den Süßwasserfischen sind ein sehr wertvolles Lebensmittel bei Übergewicht und Niedergeschlagenheit. Kombiniert mit kalziumreichen Zutaten können sie einem Kalziummangel vorbeugen.

DIE STECKBRIEFE DER LEBENSMITTEL

HERING & MAKRELE

Clupea harengus L. & Scomber scombrus L.

Adam Lonitzer behandelt in seinem Kräuterbuch auch eine größere Anzahl von Fischarten. Zum Hering und Bückling, dem geräucherten Hering, weiß er Folgendes zu berichten: »Wenn der Hering noch frisch ist, so ist er eine herrliche, angenehme Speise. Die gesalzenen Heringe und die Bücklinge gehören für Gesunde, für Kranke sind sie nicht dienlich, wie auch alles andere gesalzene Fischwerk. Sie sind eine nützliche Alltagsspeise zum Kochen, zum Braten, kalt in Essig und auf viele andere Arten zubereitet.«

So zubereitet wurde der Hering dann zu einem Sommergericht, das auch dem heißen, cholerischen Typ zuträglich sein soll. Auch Adam Lonitzer pries den Hering als nützliche Alltagsspeise.

HERKUNFT UND HANDELSWARE

Heringe sind die Namensgeber für die Ordnung der Heringsartigen (Clupeidae) mit insgesamt 180 Arten. Die nur etwa 30 Zentimeter langen und etwa 300 Gramm schweren Fische leben in riesigen Schwärmen und ernähren sich von Plankton. Hering wird meist als Bismarckhering, Matjes, Rollmops, Bückling, Brathering oder Salzhering angeboten. Der frische Hering ist auch unter dem Namen »grüner Hering« bekannt. Zur Familie der Heringe gehört auch die Sardine (*Sardina pilchardus*), die im Atlantik und im Mittelmeer heimisch ist. Sie wird bis zu 25 Zentimeter groß. Bei uns ist sie vor allem als »Ölsardine« bekannt. Im Mittelmeerraum werden größere Exemplare auch gegrillt. Die Makrele (*Scomber scombrus*) gehört zur Familie der Thunfische und Makrelen (Scombridae) und ernährt sich von tierischem und pflanzlichem Plankton sowie kleinen Fischen. Makrelen kommen in Küstengewässern vor Nordamerika, im Schwarzen Meer, im Mittelmeer und in der Nordsee vor. Sie besitzen fettes Fleisch und eignen sich gut zum Räuchern.

GESCHICHTE

Der Hering war im Mittelalter als eiweißreiche Nahrung und als Fastenspeise sehr begehrt. Der Salzhering soll auf Bischof Otto von Bamberg (1060–1139) zurückgehen. In Salzlake eingelegt konnte er auch über weite Strecken transportiert werden. Vom Heringfang in der Ostsee erhielt der Kaufmannsbund die Hanse ihren Aufschwung. Ein weiterer Schwarmfisch ist die Makrele, sie war schon bei den Römern sehr beliebt. Salzwasserfische wurden im Mittelalter den Süßwasserfischen vorgezogen und galten als wertvolle Winterspeise und auch als Nahrung für ältere Menschen. Ganz allgemein riet Ibn Butlan, Fische in Brühe mit Wein zu kochen. In Essig eingelegte, gebackene Fische schätzte man als leicht verdauliche Kost, nicht zuletzt wegen der zugegebenen Gewürze. Sauer eingelegte Fische wurden allerdings als kühlend und feuchtend eingestuft.

FISCH

INHALTSSTOFFE

Den Nährwert von Hering genau anzugeben ist fast nicht möglich, da seine Zusammensetzung jahreszeitlich und entwicklungsbedingt stark schwankt. Durchschnittlich besteht er aus rund 56 Gramm Wasser, 18 Gramm Eiweiß und 15 Gramm Fett pro 100 Gramm. Mehrfach ungesättigte Fettsäuren sind mit 2,7 Milligramm vertreten, ebenso eine große Palette an Spurenelementen und Vitaminen. Hervorzuheben ist dabei der hohe Selengehalt von 50 Mikrogramm, weiter finden sich Kalium, Kalzium und Magnesium. An Spurenelementen liefert er zusätzlich Eisen, Fluor und Jod. Der Ostseehering ist etwas ärmer an Inhaltsstoffen. Salzhering, Hering und Sardine enthalten viel Eisen, Letztere liefern zudem viele ungesättigte Omega-3-Fettsäuren und sehr viel Lysin (2,2 Gramm). Die Sardine bietet zusätzlich eine große Menge an Kalzium.

Makrelen übertreffen Heringe noch im Gehalt an ungesättigten Fettsäuren. Makrelen sind außerdem reich an Coenzym Q10.

HEILWIRKUNG

Die Omega-3-Fettsäuren tragen dazu bei, Entzündungen zu lindern, z. B. entzündliche Gelenkerkrankungen wie Arthritis. Durch die verstärkte Aufnahme von Omega-3-Fettsäuren wird das Risiko gesenkt, an Herz- und Gefäßleiden zu erkranken. Auch Bluthochdruck kann entgegengewirkt werden. Bereits eine Portion Hering pro Woche kann das Herzinfarktrisiko um bis zu 50 Prozent verringern. Zur Vorbeugung von Altersdemenz können fette Fische ebenfalls hilfreich sein, da ihre ungesättigten Fettsäuren die Gehirnzellen schützen. Auf diese Weise helfen sie außerdem bei Depressionen. Der antioxidative Effekt des Selens unterstützt die positive Wir-

kung der ungesättigten Fettsäuren und fördert die Bildung von Antikörpern. Um diesen Effekt zu erzielen, sollte wenigstens ein- bis zweimal pro Woche Makrele oder Hering auf den Tisch kommen. Lysin ist ein wichtiger Bestandteil des Kollagens für Haut, Knochen, Sehnen und Zähne. Die Fettsäuren werden in die Zellwände noch der kleinsten Blutgefäße eingebaut, was eine bessere Durchblutung und Sauerstoffversorgung des Gewebes zur Folge hat und lebensgefährlichen Blutgerinnseln vorbeugt.

Aufgrund des enthaltenen Coenzyms Q10, einem wichtigen Radikalfänger, können Makrelen auch hilfreich bei Hautproblemen sein und sollten dann öfters den Speiseplan ergänzen. Wegen des geringen Gehalts an Vitaminen sollte Hering zusammen mit vitaminreichem Gemüse oder aber frischen Salaten genossen werden. Heringe sind übrigens nicht mit Schwermetallen belastet.

Vorsichtshinweis

Es gibt sehr seltene allergische Reaktionen auf Hering. Bei Gicht sollte man Matjes ud Hering vermeiden, da sie sehr purinhaltig sind.

Aus der Praxis

Salzwasserfische aus dem Meer wurden in der Klosterheilkunde als wärmend und trocknend eingestuft und als Winterspeise und auch als Speise für ältere Menschen empfohlen. Heringe galten aber vor allem auch als abwechslungsreiche, gesunde Alltagskost. Ibn Butlan empfahl z. B. Brathering und Matjes für alle, die Probleme mit der Verdauung haben. Tatsächlich können diese Fische bei Reizdarm hilfreich sein. Die Kombination mit Gemüse oder Früchten gleicht den geringen Vitamingehalt von Heringen aus.

DIE STECKBRIEFE DER LEBENSMITTEL

Lachs *Salmo salar L.*

Vom Salm, wie der Lachs bei Lonitzer heißt, schwärmt dieser: »Der Salm ist ein herrlicher, großer Fisch, am Rheinstrom und in den Seestädten gut bekannt. Wenn er frisch ist, hat er ein liebliches, süßes und festes Fleisch. Er wird auch eingesalzen wie der Hering und alsdann nicht mehr Salm, sondern Lachs genannt. Manchmal wird er auch getrocknet und in der Räucherkammer aufgehenkt. Gesalzen und gedörrt ist er aber eine ungesunde und grobe Speise, wie auch die anderen gesalzenen und gedörrten Fische.«

GESCHICHTE

Der Lachs wurde schon von Plinius in der ›Naturalis historia‹ erwähnt. Der Rhein galt zu dieser Zeit als ein besonders lachsreicher Fluss, wie auch das obige Zitat von Adam Lonitzer andeutet. Im Gegensatz zu heute war der Lachs in großen Mengen verfügbar und zeitweise sogar eine »Arme-Leute-Speise«. Adam Lonitzer schätzte nur den frischen Lachs, der damals auch im Binnenland noch problemlos erhältlich war. Er sollte den Appetit anregen und wurde in der Klosterheilkunde besonders als geeignetes Lebensmittel für das Frühjahr empfohlen. Lachs gab es daneben auch in getrockneter und gebeizter Form. Der eingesalzene und damit sehr haltbare Fisch war eine sehr geschätzte Winterspeise. Erst mit der Industrialisierung der Flussregionen und der Verschmutzung der Meere ging der Bestand des Fisches dramatisch zurück.

HERKUNFT UND HANDELSWARE

Der Atlantische Lachs, auch Salm genannt (*Salmo salar*), gehört wie die Forelle zu den Lachsartigen (Salmiformes). Er lebt im nördlichen Atlantik und in den dort mündenden Flüssen. Vom Lachs gibt es auch pazifische Varianten. Der Lachs gehört eigentlich zu den Süßwasserfischen, denn er laicht in den Oberläufen von Flüssen, wo auch die jungen Fische bis zu einem Alter von vier Jahren leben. Dann erst wandern sie flussabwärts in den Atlantik. Nachdem sie sich an das Salzwasser gewöhnt haben, wachsen sie schnell heran und folgen nach ein bis vier Jahren wieder dem Flusslauf hinauf, um genau dort zu laichen, woher sie stammen. Zeitweise waren die Bestände im Nordatlantik und in den Flüssen so dezimiert, dass die Fische mit einem Fangverbot belegt werden mussten. Dafür florieren die Aquakulturen, in denen die Jungfische für zwei bis drei Jahre in ihrer natürlichen Umgebung gehalten werden. Damit das Fleisch rosafarben wird, ernährt man sie mit Garnelen und speziellem Futter. Große Lachszucht-Kulturen finden sich in Norwegen, Schottland, Irland und Chile. Lachs kommt entweder frisch, als Lachsfilet geschnitten, tiefgefroren, gesalzen oder gebeizt (*graved salm*) in den Handel. Manchmal wird auch das Fleisch der so genannten Lachsforelle als Lachs deklariert, es handelt sich aber um eine Forelle, die mit Krabben gefüttert wurde. Der so genannte Seelachs, auch unter dem Namen Köhler (*Pollachius virens*) bekannt, ist ebenfalls ein schmackhafter Speisefisch, seine Vorzüge können jedoch in keiner Weise mit dem des echten Lachses oder Salms verglichen werden. Er ist auch nicht mit dem Lachs verwandt.

INHALTSSTOFFE

Lachs hat nach Aal und Thunfisch den höchsten Energie- und Fettgehalt. Der beträchtliche Anteil an ungesättigten Fettsäuren macht den Lachs zum Heilfisch, denn er enthält besonders viele Omega-3-Fettsäuren. Lachsfleisch bietet nahezu die gesamte Palette an Vitaminen, wobei Vitamin B3, B4, D und E sehr stark vertreten sind. Ebenso liefert es Aminosäuren in großer Menge, wie z. B. Lysin und Cystein. Bei den Mineralstoffen zeichnet er sich durch reichlich Selen aus, 100 Gramm liefern 30 Mikrogramm, das ist bereits die tägliche Mindestdosis, die der Mensch von diesem Radikalfänger zu sich nehmen sollte. Daneben sind die Mineralstoffe Kalium, Zink sowie Fluor und Jod erwähnenswert.

HEILWIRKUNG

Aufgrund des Omega-3-Fettsäure-Gehalts ist Lachs ein empfehlenswertes Lebensmittel bei Arteriosklerose, denn er hilft, schädliches Cholesterin abzubauen und Entzündungen zu lindern. Aus diesem Grund und wegen der großen Menge an Aminosäuren sollte Lachsfleisch auch bei entzündlichen Gelenkbeschwerden und Knochenerkrankungen gegessen werden. Der entzündungshemmende Effekt kann bei Halsschmerzen, Hautproblemen und Pilzerkrankungen hilfreich sein. Cystein ist außerdem ein guter Schleimlöser, z. B. bei Bronchitis. Die positive Wirkung des Vitamin-B-Komplexes auf die Nerven und das Gehirn machen Lachs zu einem hilfreichen Lebensmittel bei Depressionen, was durch die Omega-3-Fettsäuren noch verstärkt wird.

Bei Harnwegsinfekten können Omega-3-Fettsäuren die Entzündungsreaktionen hemmen; die ausleitende Wirkung des Kaliums wirkt ebenfalls dem Infekt entgegen. Zink stärkt das Immunsystem und Selen fördert darüber hinaus die Bildung von Antikörpern. Vitamin D erhöht die Kalziumaufnahme im Darm und ist notwendig zur Behandlung von Osteoporose.

Das antioxidativ wirksame und fettlösliche Vitamin E ist im Lachs besonders gut verfügbar, weil dieser einen hohen Fettgehalt aufweist. Fluor ist notwendig für die Zahnhärtung und daher bei Karies und Parodontose wichtig. Lachs sollte möglichst regelmäßig auf dem Speiseplan stehen, um den genannten Krankheiten vorzubeugen und einen Mangel an Omega-3-Fettsäuren, Vitamin E und Selen zu verhindern.

Vorsichtshinweis

Salmonide wie Lachs und Forelle können bei empfindlichen Menschen Allergien hervorrufen.

Aus der Praxis

Die Klosterheilkunde bewertete den Lachs als gemäßigt kühlend und trocknend. Er wurde für das Frühjahr empfohlen. Gesalzene Fische wurden dagegen als wärmend und trocknend bezeichnet und waren deshalb eine Winterspeise. War der Lachs im Mittelalter und noch weit darüber hinaus nur ein sehr schmackhafter Speisefisch, der aufgrund seiner Häufigkeit sogar für arme Leute zur Verfügung stand, so kann er nach heutigem Wissensstand als ein wahres Naturheilmittel gegen vielerlei Beschwerden angesehen werden.

Muscheln & Krebse

Bivalvia & Crustacea

Über Krebse und Krabben sagt Adam Lonitzer: »Die Krebse sind in allen Ländern bekannt und werden sowohl in Süß- als auch in Meerwasser gefunden. Die Krabben sind eine besondere Art der Krebse. (…) Bachkrebse sind sehr nützlich für die Krankenkost, besonders für den heißen Kranken.« Lonitzer kennt die Krebssuppe als Speise für Lungenkranke und sagt, »mit Essig eingenommen erweichen sie die Milz und verzehren die bösen Feuchtigkeiten.«

GESCHICHTE

Muscheln wurden spätestens seit der Steinzeit für die Nahrung genutzt, außerdem waren sie als Lieferanten für Schmuck (Perlen und Perlmutt) geschätzt. Die Römer sorgten für die Verbreitung der Speiseauster (*Ostrea edulis*). Diese wurde schon damals in einigen römischen Kastellen in mit Salzwasser gefüllten Bassins für den Verzehr frisch gehalten. Plinius hielt die Miesmuscheln (*Mytilus edulis*) für sehr nahrhaft, während sein Zeitgenosse Dioskurides im 1. Jh. n. Chr. sie vor allem äußerlich als Arzneimittel anwendete und zum Verzehr lieber die Plattmuschel (*Tellina planata*) empfahl. Nach Dioskurides sind Muscheln gesund für den Bauch und heilsam für die Augen. Muscheln und Krebse waren bei ihm ein geeignetes Nahrungsmittel für Menschen mit niedrigem Blutdruck. Adam Lonitzer setzte die Krebse dagegen im 16. Jh. bei fiebrigen Erkrankungen und Entzündungen ein. Wegen des hohen Gehalts an Zink und an der Aminosäure Taurin kann man dieser Empfehlung heute noch zustimmen.

HERKUNFT UND HANDELSWARE

Muscheln gehören zum Stamm der Weichtiere (Mollusca). Sie besitzen als besondere Merkmale zwei als Hülle dienende Kalkschalen und einen reduzierten Kopf. Die Klasse der Muscheln wird in 105 Familien mit über 7500 Arten gegliedert. Heute werden vor allem Austern, Mies-, Jakobs- und Venusmuscheln zum Verzehr angeboten. Austern und Miesmuscheln werden auf großen Muschelbänken an nahezu allen Meeresküsten der Welt gezüchtet.

Krebse gehören zum Stamm der Gliederfüßer (Arthropoda), der etwa 40.000 Arten umfasst. Von ganz wenigen Ausnahmen abgesehen handelt es sich dabei um Tiere, die im Wasser leben. Kleine Krebse wie z. B. die Krillkrebse sind Bestandteil des Planktons. Als Lebensmittel sind Garnelen, Langusten, Hummer und Flusskrebse von größerer Bedeutung.

INHALTSSTOFFE

Muschelfleisch besitzt 10 bis 12 Gramm Protein, 1 bis 1,5 Gramm Fett und 2,5 bis 6,5 Gramm Kohlenhydrate. Miesmuscheln enthalten jede

Menge Eisen (4,2 Milligramm), sehr viel Zink (1,8 Milligramm) und weisen auch einen beachtlichen Fluor-, Jod- und Selengehalt auf. Austern enthalten ebenfalls viel Eisen (3,1 Milligramm) und mit 20 Milligramm pro 100 Gramm extrem viel Zink. Der Zinkgehalt beläuft sich auf das Doppelte der empfohlenen Tagesdosis! Krabben enthalten noch mehr Zink und liefern darüber hinaus Fluor, Jod, Selen und Vitamin E. Krebse und auch Muscheln besitzen Arginin, Cystein, Glutamin und viel Taurin. Taurin ist eine ungebundene Aminosäure, die ganz besonders in Muskeln, Nervensystem und Blutblättchen benötigt wird.

HEILWIRKUNG

Muscheln sind im Herbst und Winter besonders empfehlenswert, weil sie nur im frischen Zustand wenig Histamin enthalten. In 50 Gramm Austern ist bereits der Tagesbedarf an Zink enthalten. Zink unterstützt das Immunsystem, hilft bei Halsschmerzen und Bronchitis, die angegriffenen Schleimhäute zu regenerieren, und wird für gesunde Knochen benötigt. Darüber hinaus ist Zink ein Baustein für die Enzyme der Geschlechtshormone und an der Speicherung und Bildung von Insulin beteiligt. Aber auch bei Hautausschlägen und anderen entzündlichen Vorgängen sind frische Muscheln wichtig.

Die Aminosäure Taurin wirkt antioxidativ und entgiftend. Daneben verbessert sie auch die fettverdauende Wirkung der Gallensäuren und stabilisiert die Zellmembranen. Stabilere Zellmembranen verringern wiederum eine eventuelle Übererregbarkeit der Nervenzellen und des Herzmuskels. Auf diese Weise reduzieren sich Herzrhythmusstörungen und gleichzeitig wird der Herzmuskel gekräftigt. Deshalb sind Krebse und

Muscheln z. B. bei funktionellen Herzbeschwerden und bei niedrigem Blutdruck empfehlenswert. Cystein wirkt schleimlösend und unterstützt gemeinsam mit Arginin und Glutamin das Immunsystem. Vitamin E ist ein wichtiger Radikalfänger. Muscheln, Austern, Krebse und Krabben (Garnelen) sind für den regelmäßigen Genuß sehr zu empfehlen und eignen sich auch als Krankenkost. Gerade im Herbst sind sie ideal, um Erkältungskrankheiten vorbeugen. Um die entzündungshemmende Wirkung noch zu verstärken, kann man Muscheln und Krustentiere sehr gut mit Tomaten und Vitamin-C-haltigem Gemüse und Früchten kombinieren.

Vorsichtshinweis

Rohe Muscheln wie z. B. die Austern können Hepatitis übertragen. Sie sollten daher nur gegessen werden, wenn sichergestellt ist, dass sie nicht aus verschmutzten Gewässern stammen. Garnelen, Langusten und Hummer können bei empfindlichen Personen allergische Reaktionen hervorrufen. Durch den Verzehr von Muscheln wurden bisher keine solchen Symptome ausgelöst.

Aus der Praxis

Schon die Klosterheilkunde empfahl »Meeresfrüchte« als Nahrung für »kühle« Menschen und bei »heißen« Krankheiten. Beides ist auch nach heutiger Sicht noch aktuell. Ibn Butlan beschrieb die Krebse als gemäßigt wärmend und trocknend. Sie sollen frisch gegessen werden und sind nach seinen Worten gut geeignet als Speise für ältere Menschen, auch gegen »kaltes, grobes« Blut und während des Frühjahrs. Kombiniert mit Vitamin-C-haltigem Obst und Gemüse wirken Muscheln und Krebse auch gut gegen Entzündungen.

Scholle & Seezunge

Pleuronectes platessa L. & Solea solea L.

»Die Platteisen oder Schollen haben ihren Namen von der breiten Form. Es gibt viele Arten und Geschlechter der Platteisen. Sie sind in allen Ländern gut bekannt und werden in großen Mengen gedörrt gehandelt. Man salzt sie auch in Tonnen wie die Heringe und andere Salzfische.« So beschreibt Adam Lonitzer die Plattfische, zu der auch die Scholle, die Seezunge und der Butt gehören. »Platteisen« bezeichnet im engeren Sinn die Scholle bzw. den Goldbutt, Lonitzer zählt aber auch den Rochen dazu.

GESCHICHTE

Die Seezunge gehört zu den ältesten Speisefischen. Seit Jahrtausenden gilt das zarte Fleisch als Delikatesse. Aber auch andere Plattfischarten waren laut Adam Lonitzer sehr beliebt.
Salzwasserfische galten generell in der mittelalterlichen Klosterheilkunde als wärmend und trocknend und insbesondere das Fleisch der Plattfische wurde als sehr zart geschätzt. Als negativ bezeichnete Ibn Butlan jedoch die Tatsache, dass der Verzehr von Fischen Durst herbeiführe, der allerdings mit Wein und Rosinen ausgeglichen werden könne.

HERKUNFT UND HANDELSWARE

In der Ordnung der Plattfische (Pleuronectiformes) sind über 500 Arten vertreten. Bemerkenswert ist die Entwicklung der Plattfische. Als Larven schwimmen sie aufrecht wie normale Fische.

Im Laufe des Erwachsenwerdens wandert ein Auge auf die Seite des anderen, die spätere Oberseite wird dunkel, die Unterseite weiß und die Fische beginnen, auf dem Meeresboden zu leben. Sie liegen mit der früheren Flanke, die nun zum Bauch wird, auf dem Sandboden, bedecken sich mit Sand und lauern auf Beute.
Die Scholle oder der Goldbutt (*Pleuronectes platessa*) ist der meistgefangene Plattfisch. Sie liebt kühles, aber nicht zu tiefes Wasser und lebt in der Nordsee, im Nordatlantik, im Mittelmeer und im Schwarzen Meer. Die Scholle erreicht eine Länge von 25 bis 40 Zentimetern.
Die Seezunge (*Solea solea*) ist ein rechtsäugiger Plattfisch, ihre Unterseite ist weiß, die Oberseite bräunlich. Sie wird bis zu 60 Zentimeter lang und lebt hauptsächlich an der europäischen Atlantikküste, der Ostsee und im Mittelmeer. Einige Arten kommen auch im Süßwasser vor. Seezungen sind die teuersten Speisefische. Im Verhältnis dazu ist die Echte Rotzunge (*Microstomus kitt*) etwas günstiger.
Zu den Plattfischen gehören außerdem auch die Butte. Steinbutt (*Psetta maxima*) und Heilbutt (*Hippoglossus hippoglossus*) sind hochwertige Speisefische. Der Letztgenannte kann bis zu 3,5 Meter lang, 300 Kilogramm schwer und bis zu 50 Jahre alt werden.

INHALTSSTOFFE

Scholle und Seezunge liegen beim Gehalt ihrer Inhaltsstoffe nahe beieinander: Sie enthalten etwa 17 Gramm Eiweiß und 1,4 (Seezunge) bzw. 1,9 (Scholle) Gramm Fett pro 100 Gramm. Beide Fischarten liefern etwas mehr als 0,5 Milligramm Zink, etwas Jod, Selen und Vitamin D. Daneben finden sich beachtliche Mengen an Vitamin B (Nicotinamid, Pantothensäure, Folsäure) in der Scholle. Seezunge und auch Scholle enthalten viel Lysin (etwa 1,8 Gramm), das ein wichtiger Baustein des Kollagens ist. Kollagen wird für den Aufbau von Haut, Knochen, Sehnen und Zähnen benötigt.

Der Heilbutt besitzt etwas mehr Eiweiß, Fett und damit auch einen höheren Energiegehalt als Scholle und Seezunge. Dieser Plattfisch bietet ein großes Spektrum an Vitaminen, unter denen mehrere wertvolle B-Vitamine sind.

HEILWIRKUNG

Das Fleisch der Plattfische ist fettarm und belastet den Magen-Darm-Trakt nur wenig. Deshalb ist es für die Ernährung von Kranken und Rekonvaleszenten sehr gut geeignet. Die Magerfische gelten darüber hinaus als ideales »Fleischgericht« bei Bluthochdruck und Übergewicht.

Die B-Vitamine regenerieren unter anderem die Nerven, deshalb sind sie bei depressiven Verstimmungen überaus empfehlenswert. Selen fördert die Bildung von Immunglobulinen und Interferon und unterstützt damit das Immunsystem. Zink ist das wichtigste Spurenelement für die Immunabwehr. Wegen des hohen Selen- und Zinkanteils sind Scholle und Seezunge bei allen Infektionen und Entzündungen, wie z. B. bei Erkrankungen der Atemwege, sowie zur Krebsvorsorge ein hilfreiches Lebensmittel, da sie den Körper im Kampf gegen diese Krankheiten wirkungsvoll unterstützen. Die Scholle hat einen besonders niedrigen Puringehalt und kann daher auch problemlos bei Gicht verzehrt werden. Vitamin D unterstützt den Einbau von Kalzium in die Knochen. Kombiniert mit kalziumreichen Lebensmitteln wie Hartkäse, z. B. Parmesan, oder Spinat, Mangold, Amarant und Kichererbsen wird dieser Effekt noch erhöht. Zudem hilft das Lysin der Seezunge und der Scholle, das Kollagengerüst des Knochens aufzubauen und ist daher bei Osteoporose von Nutzen. Magerfische reichern nur wenig Quecksilber und andere Schwermetalle an. Sie liegen in der Regel bei 10 bis maximal 20 Prozent des Grenzwerts. Ernährungswissenschaftler empfehlen Fisch wegen seiner wertvollen Inhaltsstoffe mindestens zweimal pro Woche zu genießen.

Vorsichtshinweis

Eine Fischallergie tritt meist nur gegenüber einer bestimmten Fischgruppe auf. Wer bei der Scholle allergisch reagiert, tut dies meist auch bei Seezunge, Flunder und den Buttarten.

Aus der Praxis

Plattfische werden in der Klosterheilkunde als wärmend und trocknend im zweiten Grad beurteilt. Dies ist die günstigste Qualitätenkonstellation für die Verdauung. Plattfische können eine sehr schmackhafte und bekömmliche Abwechslung zu Hering und Lachs im wöchentlichen »Fischspeiseplan« bieten. Gedünstet oder leicht geschmort (das Fleisch wird sehr schnell gar) können Seezunge oder Scholle zusammen mit gedünstetem Gemüse auch noch am frühen Abend gegessen werden, weil sie nicht belasten.

DIE STECKBRIEFE DER LEBENSMITTEL

Gans & Ente

Anser anser f. domesticus L. & Anas platyrhynchos

Ibn Butlan empfiehlt Folgendes: »Bei der Zubereitung (von Gänsen und Enten) soll man viele heiße Gewürze verwenden, das nimmt dem Fleisch seine Grobheit, denn sie haben ein hartes Fleisch, das schwer im Magen liegt, da es nur schwer verdaut wird.«

GESCHICHTE

Die Hausgans stammt von domestizierten Graugänsen ab und liefert mehr Fleisch als die Ente. Seit der Antike benutzten Römer und Germanen Gänsefedern als Kälteschutz. Sie war der Festtagsbraten für kleine Leute, deshalb auch die Tradition der Martinsgans, wenn zum Martinstag am 11. November das Arbeitsjahr für die Feldbestellung endete und ein Teil des Gesindes entlassen und mit einer Gans beschenkt wurde.

Die ersten Enten wurden aus der Stockente in China gezüchtet. In Griechenland waren Hausenten bereits um 1000 v. Chr. bekannt.

Im ›Deutschen salernischen Arzneibuch‹ ist zu lesen: »Gänse und Enten sind warm und feucht«, was hier nahrhaft mit hohem Fettanteil bedeutete. Beide sollten »schleimige Säfte« (*Phlegma*) erzeugen, galten als Winterspeise und wurden speziell für die Jugend empfohlen.

HERKUNFT UND HANDELSWARE

Zu den Gänsevögeln (Anseriformes) zählen rund zehn Hausgansrassen. Alte Rassen sind die Emdener Gans und die Pommerngans (Rügener Gans), neue Rassen sind die Deutsche Legegans und die Fränkische Landgans.

Von der Stockente stammt die Hausente (*Anas platyrhynchos domesticus*) ab, sie gehört zur Gattung der Enten (*Anas*). Weitere Rassen sind u. a. Pekingente, Pommern-, Rouen- und Nantes-Ente. Enten haben eine hohen Knochen- und Fettanteil, deshalb sollte man beim Kauf auf fleischige Ware achten.

INHALTSSTOFFE

Gänsefleisch liefert vor allem Kalium, Eisen und Zink, außerdem die Vitamine A, B1, B2, Nicotinamid, B6 und die wichtige Folsäure. Der Fettanteil ist mit 31 Prozent sehr hoch und die Gans ist mit 340 kcal dreimal energiereicher als Huhn. Das Fleisch der Ente enthält besonders viel Eisen, Zink, Vitamin B1 und B2.

HEILWIRKUNG

Kalium, Eisen und Zink liefern Energie und stärken das Immunsystem. Die B-Vitamine sind ebenfalls für die Energieversorgung sowie für Gehirn, Nerven und den Zellaufbau unersetzlich.

Vorsichtshinweis

Bei hohem Cholesterinspiegel sollte man Gänsefleisch nicht essen, weil es viel Fett enthält.

FLEISCH

Huhn

Gallus gallus domesticus L.

Ibn Butlan meint zu Hähnchenfleisch: »Alte Hähne haben eine salzige Schärfe an sich, deswegen wirken sie abführend, helfen bei Arthritis und (…) bei chronischen Fiebern. Dazu siede man sie mit Wasser, Salz, Kohl, wildem Safran und Tüpfelfarn.«

GESCHICHTE
Die Domestizierung des Haushuhns erfolgte wahrscheinlich 6000 v. Chr. in China. In Indien gibt es Hühner seit etwa 2500 v. Chr, in Westeuropa seit etwa 500 v. Chr. Größere Verbreitung erlangte das Haushuhn in der Römerzeit. Nach den Gesundheitslehren ist Hühnerfleisch temperierend und ausgleichend. Es erhitzt nicht und erzeugt keine überschüssige Galle. Es kühlt aber auch nicht, sodass auch kein überschüssiger Schleim entsteht. Es stärkt die Sinne, dient als Gehirnnahrung und ist für diejenigen eine gute Speise, die sich nach einer schweren Krankheit noch schonen müssen.

HERKUNFT UND HANDELSWARE
Die 180 Rassen der Haushühner gehören zur Familie der Fasanenartigen Vögel (Phasianidae) und stammen vom ostasiatischen Bankivahuhn ab. Für die Fleischgewinnung wurden spezielle Rassen gezüchtet. Innerhalb von 5 Wochen wächst ein 30 Gramm schweres Küken zu einem Schlachttier mit 2 Kilogramm heran. Die Tiere leben meist in großen Hallen, Freilandhühner und Hähnchen jedoch nur die ersten 3 Wochen.

INHALTSSTOFFE
Das Fleisch enthält 19 Prozent Fett und 20 Prozent Eiweiß (Tryptophan, Cystein). Das Brustfleisch ist deutlich magerer. Hühnerfleisch besitzt Vitamin A, B-Vitamine und Zink.

HEILWIRKUNG
Hühnerfleisch empfiehlt sich bei Reizdarm und entzündlichen Erkrankungen, bei denen es mit Vitamin-C-reichem Gemüse oder Obst kombiniert werden sollte. Es liefert viel Eiweiß und ist meist gut verträglich. Tryptophan wirkt dabei stimmungsaufhellend und Cystein schleimlösend. Zink stärkt das Immunsystem.
Omega-3-Fettsäuren hemmen entzündliche Botenstoffe, senken schädliches Cholesterin und wirken gegen Thrombosebildung. Zudem sind sie für die Leistungsfähigkeit des Gehirns essenziell. Huhn eignet sich daher sehr gut als Nahrung in Zeiten von Prüfungsstress und ähnlichen Herausforderungen.

Vorsichtshinweis
Aufgrund von Überzüchtung, Verwendung von Mastfutter u.a. kann Hühnerfleisch bei empfindlichen Personen allergische Reaktionen auslösen.

DIE STECKBRIEFE DER LEBENSMITTEL

Rind *Bos taurus taurus*

*Ibn Butlan sagt: »Kalbfleisch (…) ist ausgeglichen zwischen feucht und trocken.«
Und: »Je jünger das Fleisch, desto besser. Es ist besonders für jene geeignet, die körperliche
Übungen absolvieren, für junge Leute und Menschen mit heißer Komplexion. Rindfleisch
ist gut für diejenigen, die eine heiße Leber haben, Menschen mit kalter Komplexion sollen
es mit Knoblauch, Pfeffer, Zimt und Minze würzen.«*

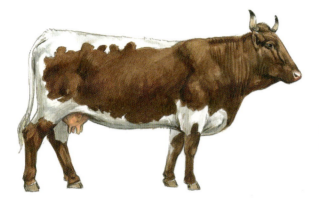

GESCHICHTE
Rinder wurden vor 8500 Jahren auf der Balkanhalbinsel und vor etwa 6500 Jahren in Mitteleuropa domestiziert. Im Mittelalter waren sie die wichtigsten Nutztiere. Sie lieferten viel mehr Fleisch als Schweine und waren für die Milchwirtschaft unbedeutend.
Die Gesundheitsregimen betrachteten Kalbfleisch als gemäßigt wärmend und ausgeglichen zwischen befeuchtend und trocknend. Rindfleisch war als wärmend und trocknend im zweiten Grad bekannt.

HERKUNFT UND HANDELSWARE
Hausrinder der Familie der Hornträger (Bovidae) stammen vom Ur oder Auerochsen ab. Es gibt Milchrassen, Mastrassen zur Fleischproduktion und Rassen zur Fleisch- und Milchproduktion. Gutes Rindfleisch hat feine Fettadern und eine kräftige rote bis rotbraune Farbe. Gute Stücke sind T-Bone-Steak, Entrecôte, Filet, Nuss, Ober- und Unterschale. Kalbfleisch kommt von etwa 4 Monate alten Tieren: die besten Stücke sind Nierenstück, Filet, Schnitzel, Nuss und Kotelett.

INHALTSSTOFFE
Im Schnitt liefern 100 Gramm Rindfleisch 4 bis 8 Gramm Fett, viel Zink, Eisen, Carnitin und die Aminosäuren Cystein, Arginin, Glutamin und Lysin sowie 120 bis 150 kcal. Kalbsfilet besitzt weniger Fett (1,4 bis 3,4 Gramm), dafür aber die Aminosäure Tryptophan, aus der Serotonin und Melatonin gebildet werden. Kalbsleber enthält Vitamin D und Folsäure, das Rinderfilet Vitamin B.

HEILWIRKUNG
Rindfleisch ist gut bei Infektionskrankheiten. Zink, Cystein, Arginin und Glutamin unterstützen das Immunsystem. Eisen schützt vor Blutarmut. Wegen des Tryptophangehalts wird Kalbsfilet auch bei depressiven Verstimmungen empfohlen und sollte regelmäßig gegessen werden. Serotonin unterstützt die Glücksgefühle und Melatonin fördert den Schlaf. Cystein wirkt schleimlösend. Lysin ist gut für Haut und Knochenaufbau, Folsäure und Vitamin D ebenfalls. Kalbfleisch ist bei Reizdarm gut verträglich.
Vorsichtshinweis
Bei Gicht sollte man Kalb und Rind (Leber) nicht essen, weil sie sehr viele Purine enthalten.

FLEISCH

Ovis armeniana L. SCHAF

Welch große Bedeutung Schaf und Lamm für die Menschen im Mittelalter hatte – nicht nur in der Ernährung –, zeigt das folgende Zitat Adam Lonitzers: »Schaf und Lamm ist das allerfrömmste, zahmste und einfältigste unter den Tieren, ohne Arglist, Bosheit und Betrug, (…) ist dem Menschen mit allem, das an ihm ist, ein nützliches Tier: Wolle und Haut dienen der Kleidung, das Fleisch zur Nahrung (…).«

GESCHICHTE

Vor etwa 10.000 Jahren gelang die Domestizierung des Schafs in Anatolien. Hausschafe sind erstmals auf ägyptischen Darstellungen etwa 3000 v. Chr. zu sehen. Sie waren für die alten Wirtschaftssysteme sehr wichtig, da sie Wolle und Fell, Milch für Butter, Käse usw. lieferten und ihre Haut zum Beschreiben benutzt wurde.

Die Klosterheilkunde bewertete das Fleisch von erwachsenen Schafen als befeuchtend und umso mehr das von jungen Lämmern, weil diese gerade erst geboren wurden. Lonitzer meinte: »Das Lammfleisch ist etwas wärmend und hat viel Feuchtigkeit, deshalb ist es Menschen mit feuchter Komplexion (Phlegmatikern) nicht nützlich, trockenen Menschen ist es aber nicht schädlich.«

HERKUNFT UND HANDELSWARE

Das Hausschaf aus der Familie der Hornträger (Bovidae) stammt vom Eurasischen Wildschaf (*Ovis ammon*) ab. Aus ihm entstanden zwei Stammformen: das Mufflon, von dem die kurzschwänzigen Hausschafe und Heidschnucken abstammen und das Arkalschaf, aus dem sich die langschwänzigen Wollschafe entwickelten. Wildschafe leben heute noch auf Korsika und auf Sardinien. Die Rassen sind auf Widerstandsfähigkeit bzw. auf Erzeugung von Wolle, Milch oder Fleisch hin gezüchtet. In Deutschland wird heute fast nur noch Lammfleisch angeboten; das Lamm darf dafür nicht älter als ein Jahr sein.

INHALTSSTOFFE

Muskelfleisch enthält weniger als 4 Prozent Fett, 18 bis 20 Gramm Eiweiß (Arginin, Carnitin, Cystein, Glutamin, Taurin) und viele Mineralstoffe wie Kalium, Eisen und Zink. 100 Gramm Lammfleisch decken den Tagesbedarf an Vitamin B12 und enthalten so viel Cholesterin wie Rindfleisch.

HEILWIRKUNG

Lammfleisch ist bei Mineralstoffmangel, Blutarmut und bei Stress günstig. Da Carnitin die Fettverbrennung anregt, eignet sich Lammfleisch bei Übergewicht. Taurin unterstützt bei niedrigem Blutdruck; Arginin, Cystein, Glutamin und Zink stärken die Immunabwehr. Zink hilft zudem bei der Regeneration von Haut und Schleimhäuten.

Vorsichtshinweis

Bei hohen Cholesterinwerten sollte man Lammfleisch nur sehr selten essen.

Schwein *Sus scrofa domestica L.*

Im Gesundheitsregimen des ›Deutschen salernitanischen Arzneibuchs‹ wird das Schweinefleisch sehr positiv bewertet: »Schweinefleisch ist ausgeglichen zwischen kalt und warm und ernährt den Leib besser als das Fleisch von anderen Säugetieren. Es macht ein gutes Blut und ist der menschlichen Natur fast gleich.«

GESCHICHTE

Hausschweine wurden etwa 8000 v. Chr. aus der Wildform in Kleinasien domestiziert. Erste Nachweise gibt es in Europa seit 7000 v. Chr. Vor etwa 200 Jahren begann dann die eigentliche Rassezucht. Im Mittelalter glichen Hausschweine noch sehr den Wildschweinen: relativ kleine, hochbeinige, schlanke, braun-graue Tiere mit langen Borsten. Die Haltung war extensiv und erforderte Eichen- und Buchenwälder. Das Fleisch ähnelte im Geschmack und im Aussehen Wildschwein und zartem Rindfleisch.

Ibn Butlan führte an, dass Schweinefleisch weder kühlend noch wärmend wirke. Es gab daher auch keine besonderen Empfehlungen für Lebensalter, Jahreszeit und Klima. Das ›Lorscher Arzneibuch‹ warnte vor dem Genuss der Innereien und vor gebratenem sowie geröstetem Speck, empfohlen wurden hingegen Lende und Spanferkel.

HERKUNFT UND HANDELSWARE

Hausschweine gehören zur Familie der Echten Schweine (Suidae). In Deutschland kommen oft die Deutsche Landrasse, die Pietrainrasse und das Deutsche Edelschwein vor. In Ostdeutschland gibt es das Deutsche Sattelschwein. Die Landrassen werden wegen ihres mageren Fleischs geschätzt. Eine alte Rasse, das »Deutsche Weideschwein«, das dem mittelalterlichen Typ ähnlich war, soll durch Rückzüchtungen wiedergewonnen werden. Spanferkel sind Milchferkel, die mit 5 bis 6 Wochen geschlachtet werden.

INHALTSSTOFFE

Der Fettanteil pro 100 Gramm kann von 2 (Filet) bis zu 13 Gramm (Halsgrat, Kamm, Eisbein) variieren und enthält viele Omega-6-Fettsäuren. Kotelett und Schnitzel liefern viele Mineralstoffe, u. a. Zink und Eisen, fast den gesamten Vitamin-B-Komplex (B1) und Aminosäuren wie Taurin.

HEILWIRKUNG

Kleine Mengen mageren Schweinefleischs sind bei erhöhtem Cholesterin möglich und hilfreich bei Blutarmut, Mangel an Mineralstoffen und Aminosäuren. Eiweiß unterstützt den Muskelaufbau, Taurin stärkt bei niedrigem Blutdruck.

Vorsichtshinweis

Bei Entzündungsprozessen sollte Schweinefleisch gemieden werden, da aus den Omega-6-Fettsäuren Arachidonsäure und Prostaglandine entstehen, die Entzündungen fördern.

FLEISCH

Ferae WILD

Ibn Butlan beschreibt: »Das Wildbret von vierfüßigen Tieren ist ziemlich zäh und nur für Menschen geeignet, die (…) gesund sind, einen heißen Magen haben und schlank sind.« Adam Lonitzer hebt besonders das Reh und den Rehbock hervor, als »ein vornehmes, liebliches Wildbret, die ein zartes Fleisch mit einem angenehmen Geschmack haben.«

GESCHICHTE
Erjagtes Fleisch war schon sehr früh Bestandteil der menschlichen Ernährung. Wildschweine gehörten im Mittelalter zu den beliebtesten Wildbretlieferanten. Hirsch, Reh und zahlreiches Geflügel wurden ebenfalls gejagt. Wild wurde in den klösterlichen Ernährungslehren eine wärmende Qualität zugeordnet. Wildgeflügel galt als verträglicher und wurde bei schwacher Verdauung empfohlen. Es brachte Hitze in den Körper und ist für Menschen, die beim Essen leicht Schwitzen, nicht zu empfehlen.

HERKUNFT UND HANDELSWARE
Hirsch und Reh gehören zu den Paarhufern (Artiodactyla). Sie sind in Eurasien und Amerika beheimatet. Da Rehe würzige Kräuter fressen, entsteht ein besonders feines Fleisch. Hirsch und Reh kommen heute oft auch von Zuchtfarmen. Das Fleisch von Hirsch, Reh, Wildschwein und Hase wird als Braten, Geschnetzeltes, Gulasch, Steak oder Schnitzel angeboten.

INHALTSSTOFFE
Reh- und Hirschfleisch enthalten wenig Fett, dafür viel Eiweiß und einige Mineralstoffe. Wildschwein- und Hirschfleisch bieten sehr viel Zink und Eisen, Rehfleisch vor allem Eisen (3 Milligramm). Das Wildschwein besitzt einen höheren Anteil an Fett und ist deshalb saftiger. Es hat außerdem recht gute Werte an Kalium (360 Milligramm) und Magnesium (20 Milligramm).

HEILWIRKUNG
Wildfleisch, besonders vom Reh, wird heute noch als Schonkost oder als Krankenkost bei Arteriosklerose verwendet. Die Tiere sollten möglichst kein Mastfutter bekommen haben, in der freien Wildbahn aufgewachsen und nicht älter als 3 Jahre sein, da ältere Tiere schwerer verdaulich sind. Auch bei Bronchitis kann der Genuss von Wildschwein und Hirsch durchaus sinnvoll sein, weil das enthaltene Zink bei der Regeneration der Schleimhäute hilft und das Immunsystem stärkt. Das Kalium fördert die Aufnahme von Magnesium aus dem Darm und in die Zellen. Kalium und Magnesium sind wichtig für die Herztätigkeit, Eisen unterstützt die Blutbildung.

Vorsichtshinweis
Bei Gelenkbeschwerden und Gicht sollte man kein Wildfleisch essen, weil es relativ viele Purine enthalten kann.

DIE STECKBRIEFE DER LEBENSMITTEL

Ziege *Capra hircus L.*

Bei Ibn Butlan heißt es zur Ziege: »Ziegenfleisch, vor allem von jungen Zicklein und von weiblichen Ziegen ist das Beste, es ergibt eine gute Nahrung. Das Fleisch von alten Tieren, seien sie männlich oder weiblich, ist nicht gut, denn es ist schwer verdaulich und eine minderwertige Nahrung. Allgemein ist aber das Ziegenfleisch gut für diejenigen, die eine schlechte Haut haben, denjenigen soll man das Fleisch mit rotem Wein zubereiten.«

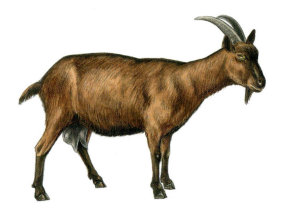

GESCHICHTE

Schon in der Jungsteinzeit etwa 10.000 v. Chr. wurden Ziegen domestiziert. Die europäischen Ziegenrassen stammen überwiegend von der Bezoarziege (*Capra aegagrus*) ab. Deren Name leitet sich von den Bezoaren ab, den kugelförmigen Magensteinen, die die Größe eines Tennisballs erreichen können. Sie bilden sich durch das Verfilzen von Haaren oder Pflanzenfasern im Verdauungssystem von Wiederkäuern. Bei einem längeren Aufenthalt im Darm überzieht sich diese Kugel mit einer harten Kruste und wird zum Bezoarstein. Lange Zeit galt die Ziege als »Kuh des armen Mannes«, was darauf hinweist, dass sie vor allem für Milch und die daraus gewonnenen Lebensmittel entscheidend war. Als Fleischlieferant war die Ziege eher unbedeutend, obwohl die vegetarisch eingestellten Pythagoreer – diese Philosophenschule war ein Vorbild für die christlichen Orden – ihren Schülern sogar erlaubten, von Zeit zu Zeit Ziegenfleisch zu essen.

Das ›Lorscher Arzneibuch‹ sagt über die Ziege aus klosterheilkundlicher Sicht: »Das Fleisch von jungen Ziegenböcken ist sehr bekömmlich in jeder Zubereitung: gedämpft, in Brühe gesotten oder auch gebraten.« Bei Neigung zu Koliken wird allerdings vor dem Genuss von gesalzenem Zickleinfleisch gewarnt.

HERKUNFT UND HANDELSWARE

Ziegen gehören zur Familie der Hornträger (Bovidae). Alle Angehörigen der Familie einschließlich der Steinböcke sind untereinander fruchtbar. Ziegen begnügen sich mit würzigen Kräutern und Gräsern und sind wegen ihrer Genügsamkeit als Haustier sehr beliebt. Ziegen werden heute vorwiegend zur Milchproduktion gehalten, der Ziegenkäse erfreut sich trotz seines eher strengen Geschmacks zunehmender Beliebtheit. Ziegenfleisch gehört dagegen heute immer noch zu den exotischeren Fleischsorten. Lediglich um Ostern herum wird in jüngster Zeit häufiger Zickleinbraten angeboten. Das Fleisch der Zicklein stammt dabei fast ausschließlich von ganz jungen Tieren, die 6 bis 8 Wochen nach der Geburt geschlachtet und nur mit Milch ernährt wurden.

Besondere Rassen sind die Weiße Deutsche Edelziege aus den Gebieten um Nord- und Ostsee und die verschiedenen Schweizer Rassen, die sehr wichtig sind. Dazu gehört die Walliser

Schwarzhalsziege, die zu den so genannten Zwei-nutzungsrassen zählt, weil sie Milch und Fleisch liefern. Die weiße Saanenziege ist heute noch aufgrund ihrer guten Milchleistung in der Schweiz am bedeutendsten. Daneben gibt es noch die Gemsfarbige Gebirgsziege und die Toggenburger Ziege. Die Weiße Deutsche Edelziege ist eine sehr beliebte Milchrasse. Sie entstand aus einer planmäßigen Veredlungskreuzung von weißen Landziegen mit Schweizer Saanenziegen. Die beliebteste Fleischrasse ist die Burenziege.

INHALTSSTOFFE

Ziegenfleisch ist sehr energiereich. 100 Gramm enthalten durchschnittlich 7,9 Gramm Fett und 19,5 Gramm Eiweiß (Protein). Der Cholesterinanteil von 75 Milligramm liegt etwas höher als beim Schweinefleisch. Unter den Vitaminen findet sich vor allem A1, B1, B2, B6, wobei der Anteil an Vitamin A1 recht hoch ist. Ziegenfleisch hat mit 2 Milligramm pro 100 Gramm außerdem einen ausgesprochen hohen Eisengehalt, was in der Kombination mit B6 sehr günstig für die Blutbildung ist. Das Fleisch der Zicklein liefert vor allem viel Vitamin A und B.

HEILWIRKUNG

Da Ziegen nicht mit Kraftfutter gemästet werden können, ist Ziegen- und Zickleinfleisch gesünder als Schweinefleisch. Ziegenmilch ist für viele Eiweißallergiker besser verträglich als Kuhmilch. Vitamin A ist besonders wichtig für die Augen, da es die Regeneration der Sehpigmente fördert. Es unterstützt Haut und Schleimhäute, das Zell- und das Knochenwachstum. Vitamin B1 ist wichtig für Gehirn, Nerven und Muskeln und beugt Depressionen vor. B2 ist für den gesamten Stoffwechsel von großer Bedeutung und an der Um-wandlung von Kohlenhydraten, Fetten und Proteinen in Nährstoffe sowie an der Eisenverwertung beteiligt. B2 gilt als wichtiges Energie- und Hautvitamin. B6 wirkt bei der Verwertung der ungesättigten Fettsäuren, von Zink und Magnesium, bei der Eisenaufnahme und der Bildung der roten Blutkörperchen mit. Außerdem ist es an der Regulierung von Serotonin beteiligt. Ziegenfleisch eignet sich besonders gut zur energiereichen Ernährung während der Rekonvaleszenzphase, denn der hohe Eisengehalt ist für geschwächte Menschen sehr hilfreich. Das gilt auch für Frauen im Alter zwischen 14 und 50, die etwa doppelt so viel Eisen wie Männer benötigen. Zickleinfleisch kann bei Hautproblemen und Depressionen empfohlen werden. Wegen des höheren Fettanteils sollte es nur dann häufiger auf den Tisch kommen, wenn die reichlichen Kalorien durch viel Sport oder schwere Arbeit auch verwertet werden.

Vorsichtshinweis

Bei Gicht und rheumatischen Erkrankungen sollte man kein Ziegenfleisch essen.

Aus der Praxis

Die Klosterheilkunde beschrieb die Qualitäten des Fleischs der Ziege als wärmend und ausgleichend zwischen befeuchtend und trocknend. Mit diesen Eigenschaften wirkte es regulierend auf den Feuchtigkeits- und Fetthaushalt. Interessant ist die Empfehlung aus einem Gesundheitsregimen, Ziegenfleisch mit Apfelsinen zu kombinieren, denn – aus heutiger Sicht – regt dies die Verdauungssäfte an, was bei der Fettverdauung hilft. Die Säfte der Zitrusfrüchte bringen die Säuren des Fleisches zudem wieder ins Basische.

DIE STECKBRIEFE DER LEBENSMITTEL

Milch & Käse

Ibn Butlan schreibt: »Milch hat drei Bestandteile. Als erstes Molke, die heiß und scharf ist, dünne Säfte erzeugt und abführt. Zum zweiten Käse, der stopft und dicke Säfte bringt. Schließlich Fett beziehungsweise Butter, die heiß und feucht ist. Die drei Bestandteile sind in unterschiedlichen Mengen vorhanden, je nach dem Tier, das die Milch liefert. Frischer Käse ist umso besser, je frischer er ist; je älter er wird, desto mehr Durst macht er (...). Er ist auch unterschiedlich, je nach dem Tier, das die Milch liefert.«

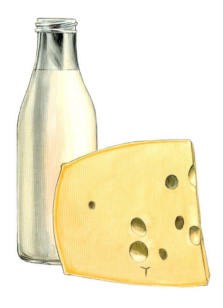

GESCHICHTE

Milch ist das erste Nahrungsmittel überhaupt, das Säugetiere und damit auch Menschen in ihrem Leben zu sich nehmen. Dioskurides handelte in seiner ›Materia medica‹ im Kapitel zur Milch erst die Ziegenmilch ab und meinte, sie sei bekömmlicher als Kuhmilch. Danach beschrieb er die Schafsmilch, die er als sehr fett bezeichnete und erst an dritter Stelle nannte er die Kuhmilch. Als Käse galt zunächst der Quark oder Topfen, der mit Kräutern wie Thymian, Oregano oder Minze versetzt wurde. Für dauerhaften Käse gab man der Milch Lab zu, wodurch die erwärmte frische Milch ohne Säuerung zur Gerinnung kam. Aus der erhaltenen Masse wurde die Molke ausgepresst und der Käse in Salzlake eingelegt oder mit Salz bestreut. Schon in der Antike gab es geräucherten Käse. Im Mittelalter entwickelten die Mönche dann viele neue Käsesorten.

HERKUNFT UND HANDELSWARE

Molkereien verarbeiten die vom Erzeuger abgelieferte Rohmilch zu so genannter Konsummilch. Die Milch wird in Magermilch und Rahm getrennt, um den Fettgehalt genau einstellen zu können. Dann werden die beiden im gewünschten Verhältnis wieder gemischt und die Milch homogenisiert, damit sich der Rahm nicht absetzt. Milch wird in verschiedenen Fett- und Frischestufen verkauft. Beliebte Milchprodukte sind Joghurt, Butter und Käse. Zur Käseherstellung wird Milch durch Zusätze aus Lab (ein Enzym aus dem Kälbermagen) eingedickt und ausgepresst. Anschließend reift der Käse in Naturhöhlen oder in klimatisierten Reifekellern. Je nach Käsesorte sind die Reifezeiten unterschiedlich lang. Bei uns wird Käse meist aus Kuh-, Schafs- oder Ziegenmilch hergestellt. Mittlerweile gibt es zwischen 3000 und 5000 Käsesorten. Dabei unterscheidet man zwischen Weichkäse, halbfestem Schnittkäse, Schnittkäse und Hartkäse und den verschiedenen Fettstufen von der Mager- bis zur Doppelrahmstufe.

MILCHPRODUKTE UND EIER

INHALTSSTOFFE

Die standardisierte Konsummilch besteht zu 87,5 Prozent aus Wasser, die festen Nährstoffe schwimmen fein verteilt in der Milch. Es sind 4,7 Prozent Milchzucker, 3,5 Prozent Milchfett und 3 Prozent Milcheiweiß vorhanden. Milch liefert zahlreiche Mineralstoffe und Spurenelemente, vor allem Kalzium, Kalium, Phosphor und Magnesium. Außerdem enthält sie die Vitamine A und D sowie B-Vitamine. Wärmebehandelte Milch besitzt deutlich weniger Vitamine. Bei der Pasteurisierung gehen etwa 10 Prozent verloren, bei ultrahocherhitzter Milch (H-Milch) sogar 20 Prozent. Käse besteht hauptsächlich aus hochwertigem Eiweiß und Milchfett. Aminosäuren wie z. B. Tryptophan und Glutamin kommen ebenfalls vor. Die fettlöslichen Vitamine A und E finden sich überwiegend in fettem Käse, darüber hinaus enthält Käse Vitamine der B-Gruppe. Zusätzlich zu den bereits in der Milch vorhandenen und lebenswichtigen Mineralstoffen kommen im Käse noch die Spurenelemente Eisen, Kupfer und Zink vor. In Hartkäse ist Chrom enthalten.

HEILWIRKUNG

Manche Experten meinen, Milch sei nur für Säuglinge gut, weil kein Säugetier nach dem Abstillen noch einmal Milch zu sich nimmt. Andere argumentieren dagegen, dass ein solches Nahrungsmittel auch gut sein müsse für Kinder, Heranwachsende, Erwachsene und alte Menschen. Das Enzym Laktase hilft, den Milchzucker (Laktose) in der Milch zu verdauen, allerdings bildet der erwachsene Mensch dieses Enzym oft nur noch in geringen Mengen oder gar nicht mehr aus. Das Milcheiweiß Kasein ist ein idealer Aufbaustoff, weil es problemlos in köpereigenes Eiweiß umgebaut werden kann. Kalzium stabilisiert Knochen und Zähne und ist an wichtigen Funktionen im Nervensystem, in der Muskulatur und bei der Blutgerinnung beteiligt. Hartkäse liefert besonders viel Kalzium. Kasein kombiniert mit Kalzium und Phosphat kann diese Mineralstoffe im Zahnschmelz ersetzen. Das in Käse enthaltene Eiweiß ist ein wichtiger Energielieferant und hat eine hohe biologische Wertigkeit. Da in Hartkäse fast kein Milchzucker steckt, ist er bei Laktasemangel gut verdaulich. Die Vitamine aus Milch und Käse unterstützen den Stoffwechsel und die Blutbildung und stärken die Abwehrkräfte. Ähnlich wirken Eisen, Kupfer und Zink. Glutamin fördert das Immunsystem und Tryptophan hilft bei Ein- und Durchschlafstörungen. Chrom unterstützt die Aufnahme von Glukose in die Körperzellen, sodass der Insulinspiegel weniger stark steigt, und ist daher bei Diabetes hilfreich.

Vorsichtshinweis

Bei einer Milchallergie oder Laktoseintoleranz sollte man keine Milch trinken. Käse kann wegen seines hohen Histamingehalts bei Histaminunverträglichkeit Beschwerden hervorrufen.

Aus der Praxis

Traditionell wurde Milch von der mittelalterlichen Klosterheilkunde als kühlend und befeuchtend klassifiziert, als Durstlöscher gelobt und bei »heißem« Magen empfohlen. Frischkäse wurde ebenfalls als kühlend und befeuchtend betrachtet. Im Gegensatz dazu wurde alter, gereifter Käse als wärmend und trocknend eingestuft und sollte vor allem von Menschen genossen werden, die körperlich arbeiten. Durch eine Kombination von Milch mit Brot, Kartoffeln oder Nudeln können Sie die Eiweißwertigkeit (siehe Seite 184) noch erhöhen.

DIE STECKBRIEFE DER LEBENSMITTEL

Butter & Frischkäse

Dioskurides beschreibt, woraus Butter einst gewonnen wurde: »Schöne Butter wird aus der fettesten Milch bereitet, eine solche ist die Schafsmilch. Sie wird aber auch aus Ziegenmilch gemacht, indem die Milch in Gefäßen geschüttelt wird, wobei sich das Fett abscheidet. Sie besitzt erweichende, ölartige Kraft.« Zum Frischkäse schreibt er: »Der frische ohne Salz genossene Käse ist nahrhaft, dem Magen bekömmlich, er wird leicht vom Körper aufgenommen, ist Fleisch bildend und erweicht den Bauch nur wenig.«

GESCHICHTE

Butter und Käse wurden in der Antike und im Mittelalter nur in Ausnahmefällen aus Kuhmilch gewonnen, weil Rinder vor allem als Arbeitstiere und zur Fleischgewinnung gehalten wurden. Außerdem gaben die damaligen Kühe nur einen Bruchteil der heutigen Milchmenge. Es war also gar nicht genügend Kuhmilch für weitere Milchprodukte vorhanden. Man verwendete vielmehr vor allem Schafsmilch. Die Wirkung wurde der von frischem Öl gleichgesetzt. Nach Ibn Butlan sollte Schafsmilch überflüssige Säfte aus der Brust abführen, dafür aber die Feuchtigkeit im Magen vermehren, deshalb sollte man stopfende Speisen dazu essen. Frischer Käse galt als kühlend und feuchtend und nur gut nährend, wenn er zusammen mit Nüssen und Honig verzehrt wurde.

HERKUNFT UND HANDELSWARE

Butter wird aus dem Fett der Milch, dem Rahm, gewonnen. Heute stammt Butter meist von der Kuh, es gibt aber auch Butter aus Schafs- oder Ziegenmilch. Butter muss aus mindestens 82 Prozent Milchfett bestehen. Ein höherer Wassergehalt als 16 Prozent ist nicht zulässig. In Europa wird Butter besonders in den Alpenländern und in den meeresnahen Regionen wie z. B. Irland oder Holland produziert. Für die Qualität der Butter ist die Haltung und Nahrung der Kühe entscheidend. Eine besonders hochwertige Butter stammt von Kühen, die auf Wiesen weiden, die viele Pflanzenarten aufweisen. Man unterscheidet Süß- und Sauerrahmbutter. Während Süßrahmbutter aus frischer Sahne hergestellt wird und einen frischen, sahnigen Geschmack hat, wird die herzhafter schmeckende Sauerrahmbutter aus gesäuerter Sahne gewonnen. Frischkäse wird aus der Milch von Rindern, Schafen oder Ziegen hergestellt. Er muss im Gegensatz zu vielen anderen Käsearten nicht oder nur kurz reifen und ist gleich nach der Herstellung zum Verzehr geeignet. Deshalb ist Frischkäse auch nur begrenzt haltbar. Er wird in allen drei Fettstufen

MILCHPRODUKTE UND EIER

– mager, halbfett, fett – hergestellt, aber auch die Doppelrahmstufe wird im Handel angeboten. Zu den Frischkäsesorten zählen Quark, Ricotta, Mozzarella, Rahmkäse, Hüttenkäse und Mascarpone.

INHALTSSTOFFE

Butter und Frischkäse sind besonders reich an den fettlöslichen Vitaminen A, D und E sowie an Betacarotin, hinzu kommen die Vitamine der B-Gruppe. Butter hat einen hohen Anteil an langkettigen, gesättigten Fettsäuren (etwa 55 Prozent) und an der einfach ungesättigten Ölsäure (etwa 23 Prozent). 100 Gramm Butter liefern 240 Milligramm Cholesterin und 754 kcal. An Mineralstoffen enthalten Butter und Frischkäse Kalzium, Kalium, Magnesium und Phosphor sowie Eisen, Kupfer und Zink. Frischkäse ist wie die meisten Milchprodukte besonders eiweißhaltig.

HEILWIRKUNG

Butter ist ein reines Naturprodukt. Sie liefert nicht nur ein sehr wohlschmeckendes, sondern auch ein besonders leicht verdauliches und bekömmliches Fett, das auch für Magen-, Gallen- und Leberkranke geeignet ist. Ihre gute Verdaulichkeit liegt an dem für ein tierisches Produkt relativ hohen Anteil an kurzkettigen Fettsäuren. Cholesterin, das nur in tierischen Produkten vorkommt, ist ein wichtiger Bestandteil von Zellmembranen und dient als Ausgangsstoff für die Bildung bestimmter Hormone wie Östrogen und Testosteron, der Gallensäuren und von Vitamin D. In Maßen genossen ist Butter also gerade auch wegen ihres hohen Cholesteringehalts gesund. Vitamin A ist besonders wichtig für die Augen, da es die Regeneration der Sehpigmente fördert. Außerdem unterstützt es Haut und Schleimhäute sowie das Zell- und Knochenwachstum. Beta-

carotin, auch Provitamin A genannt, wird im Körper zu Vitamin A umgewandelt. Vitamin E hat eine stark antioxidative Wirkung und schützt die Zellen des Körpers vor aggressiven freien Radikalen, die Zellmembranen schädigen können. Darüber hinaus ist Vitamin E unentbehrlich für das Nervensystem und die Muskulatur. Vitamin D fördert die Kalzium- und Phosphataufnahme und deren Verwertung in Knochen und Zähnen. Außerdem steuern die Mineralstoffe wichtige Funktionen im Nervensystem, sind an der Blutgerinnung beteiligt und stärken die Abwehrkräfte. Kalzium stabilisiert Knochen und Zähne. Die B-Vitamine fördern u. a. verschiedene Stoffwechselprozesse. Frischkäse ist nur ganz kurz gereift und ist aufgrund des niedrien Fett- und Wassergehalts besonders leicht bekömmlich.

Vorsichtshinweis

Butter und andere fetthaltige Milchprodukte können bei übermäßigem Verzehr zu Übergewicht, erhöhtem Cholesterinspiegel und damit zur Gefäßverkalkung, der so genannten Arteriosklerose, führen.

Aus der Praxis

Frischer Käse wurde in der mittelalterlichen Klosterheilkunde als kühlend und befeuchtend angesehen. Nur wenn er mit bester Milch hergestellt werde, sei er auch gut, schrieb bereits Ibn Butlan. Butter wurde ebenso wie frisches Olivenöl von den Mönchen und Nonnen sehr geschätzt. Beim kurzen Schmoren von Gemüsegerichten gibt ein Gemisch aus Öl und Butter einen hervorragenden Geschmack. Zudem ist die Butter eine der besten Quellen für fettlösliche Vitamine, etwa für die Carotinoide in den Möhren.

143

DIE STECKBRIEFE DER LEBENSMITTEL

IER

Adam Lonitzer hat sich sehr ausführlich mit Eiern beschäftigt: »Die weichen Eier geben eine gute Nahrung (…). Die harten Eier sind schwer zu verdauen, gehen langsam hinunter (…). Die gebackenen Eier, die man in der Pfanne zubereitet, sind eine noch ungünstigere Nahrung und blähen den Magen, erzeugen grobe, ungünstige Säfte im Übermaß. Die weichen Eier, (…), sind die besten, geben dem Körper gute Kraft und machen den Sinn und das Fleisch rein und von bester Beschaffenheit.«

GESCHICHTE

Hühner wurden etwa 6000 v. Chr. in Ostasien domestiziert. Dort spielt heute noch das Geflügel in der Küche eine größere Rolle als in Europa. Seit dieser Zeit ist das Hühnerei fester Bestandteil der menschlichen Nahrung. Schon in der Antike aß man Eier weich oder hart gekocht, als Spiegeleier oder Omelett und nutzte sie als Zutat zum Kochen und Backen. Bei den Römern begann ein mehrgängiges Menü meist mit Eierspeisen. Im Mittelalter wurden dann auch die Eier anderer Vogelarten wie z. B. Gänseeier gegessen, besonders begehrt waren Fasaneneier.

Schon damals war bekannt, dass der menschliche Organismus das Hühnereiweiß fast vollständig verwerten kann. Eiweiß und Eidotter wurden dementsprechend für viele Arzneimittel verwendet. In Essig gekochte Eier halfen gegen Durchfall, Eiklar wurde zum Verschließen von Wunden benutzt.

HERKUNFT UND HANDELSWARE

Die Eibildung in der Henne dauert 24 Stunden, somit kann ein Lege- oder Wirtschaftshuhn ein Ei pro Tag und pro Jahr etwa 300 Eier produzieren. Rassehühner mit anderer Zuchtausrichtung wären dazu nicht in der Lage. Die Farbe der Eierschale sagt nichts über die Qualität des Eis aus. Reinrassige Hühner mit weißen Ohrenscheiben bringen weiße Eier hervor, solche mit roten legen braune Eier. Bei den heute üblichen Wirtschaftshühnern, die aus verschiedenen Rassen gezüchtet sind, gibt es keinen Zusammenhang zwischen äußeren Merkmalen und der Farbe des Eis.

Das Mindesthaltbarkeitsdatum von Eiern beträgt 28 Tage, deshalb müssen sie 21 Tage nach dem Legetag verkauft worden sein. Um gut zu schmecken, müssen frische Eier drei Tage reifen. Im Handel erhältliche Eier sind inzwischen mit Codes gekennzeichnet, deren erste Ziffer die Tierhaltungsform angibt. Dabei bedeutet »0« Haltung nach dem staatlichen Biosiegel, »1« Freilandhaltung, »2« Bodenhaltung, »3« Käfighaltung. Es gibt vier Gewichtsklassen und drei Güteklassen, wobei meist nur Eier der Güteklasse A in den Einzelhandel kommen.

MILCHPRODUKTE UND EIER

INHALTSSTOFFE

Zwischen Eigelb und Eiklar bestehen gesundheitlich bedeutsame Unterschiede. So sind im Eigelb 32 Gramm Fett pro 100 Gramm enthalten, während das Eiweiß völlig fettfrei ist. Beim Mineralstoffgehalt ist es ähnlich: Im Eigelb sind 7,2 Milligramm Eisen, 3,8 Milligramm Zink und 19 Mikrogramm Selen, im Eiweiß nur Bruchteile davon enthalten. Das Fett im Eigelb hat einen hohen Anteil an Arachidonsäure und Cholesterin, aber auch an Omega-3-Fettsäuren, wie Linolensäure und etwas Docosahexaensäure, die sonst nur in Kaltwasserfischen vorkommt. Weitere positive Substanzen im Fett des Eigelbs sind Vitamin E (5,7 Milligramm), Lezithin und Biotin. Im Hühnerei sind alle essenziellen Aminosäuren wie z. B. Arginin, Glutamin und Methionin und Vitamin D und Folsäure enthalten. Zudem kommt im Eigelb der Vitamin-B-Komplex vor.

HEILWIRKUNG

Eier haben eine besonders hohe biologische Wertigkeit, das heißt sie liefern hochwertiges Eiweiß, das vom menschlichen Körper vollständig verwertet wird. Eier und dabei besonders das Eigelb sind bei allen Infektionen, wie z. B. Harnwegsinfekten, Bronchitis und Mykosen, sowie nach Operationen sehr sinnvoll, weil sie viele Bausteine für das Immunsystem liefern, wie z. B. Eisen, Zink, Glutamin und Selen, und es auf diese Weise stärken. Eisen und Glutamin sind für die Bildung der Immunzellen entscheidend, Selen wirkt zellschützend und erhöht die Bildung von immunrelevanten weißen Blutkörperchen. Zink ist wichtig für die Zellteilung und die Regeneration von Haut und Schleimhaut. Die Enzyme der Testosteronproduktion funktionieren ebenfalls mit Zink. Die Aminosäure Histidin fördert die Aufnahme von Eisen und Zink. Die im Eigelb enthaltenen B-Vitamine, Aminosäuren und Lezithin können bei depressiver Verstimmung helfen und die Lernfähigkeit verbessern. Auch bei allen Erkrankungen der Darmschleimhaut wie z. B. Darmmykosen sind Eier wegen des Glutamin- und Lezithingehalts ein hilfreiches Nahrungsmittel, das zwei- bis dreimal pro Woche verzehrt werden sollte. Vitamin D, Biotin und Folsäure sind am Knochenaufbau beteiligt; die Folsäure beruhigt zudem die Nerven. Für Übergewichtige ist das Eiklar als Eiweißquelle empfehlenswert, zumal es das appetitregulierende Tryptophan enthält. Die Arachidonsäure wird durch die Omega-3-Fettsäuren neutralisiert.

Vorsichtshinweis

Eier können Salmonellen übertragen, daher dürfen roh verwendete Eier nicht älter als sieben Tage sein. Ältere Eier, die dem Verfallsdatum (28 Tage) nahe sind, sollten nur noch durcherhitzt (10 Minuten bei 70 Grad Celsius) verzehrt werden. Allergien wie z. B. Hautausschlag können vorwiegend durch das Eiklar ausgelöst werden.

Aus der Praxis

Die Klosterheilkunde betrachtete das Ei als völlig ausgeglichen: nicht zu kalt, nicht zu warm, nicht zu feucht und nicht zu trocken. Was Lonitzer zur Verdaulichkeit von Eiern sagte, ist auch heute noch gültig. Es ist fraglich, ob das Ei zur Erhöhung des Cholesterinspiegels beiträgt, es enthält zwar sehr viel Cholesterin, aber auch viele ausgleichende Fettbegleitstoffe. Am besten werden Eier mit selenreichen Lebensmitteln wie Pilzen kombiniert, da sie die Selenresorption verbessern. Es sollten nicht mehr als drei Eier pro Woche verzehrt werden.

145

KASTANIEN *Castanea sativa Mill.*

Hildegard von Bingen schätzt die Heilwirkung der Kastanie sehr und schreibt in ihrer ›Physica‹: »Wer an der Leber Schmerzen hat, zerquetsche oft diese Kerne und lege sie in Honig und esse sie oft mit diesem Honig, so wird seine Leber gesund werden. Wer aber Schmerzen in der Milz erleidet, brate diese Kerne etwas am Feuer und dann esse er sie häufig noch leicht warm, und die Milz wird warm und strebt nach völliger Gesundheit.«

GESCHICHTE
Die Edelkastanie stammt aus Kleinasien. Ihr Name geht auf die Stadt Kastana im Pontus (an der Schwarzmeerküste) zurück. Im antiken Griechenland wurde sie auch Zeus-Eichel genannt. Von dort kam sie nach Italien, Spanien und Frankreich. Karl der Große ließ um 800 den Kastanienbaum gezielt anbauen. Kastanien galten lang als Grundnahrungsmittel. In der Klostermedizin wurden sie als leicht wärmend, trocknend und hilfreich für die entgiftenden Organe angesehen.

HERKUNFT UND HANDELSWARE
Die Esskastanie, auch Marone genannt, ist die Frucht der Edelkastanie, die zur Familie der Buchengewächse (Fagaceen) gehört. Sie benötigt trockenes Klima und milde Winter sowie nährstoffreiche, tiefe Böden. In Deutschland wächst die Edelkastanie vor allem im Rheintal und in den angrenzenden Gebieten. Die Maronen werden in vielen südeuropäischen Ländern heute vor allem als Püree oder auch süß als Creme genossen. Beliebt sind Maronen außerdem als Füllung von gebratenem Geflügel wie Gans und Truthahn.

INHALTSSTOFFE
Maronen bestehen in etwa je zur Hälfte aus Wasser und aus Kohlenhydraten. Sie sind kleberfrei. Die Kohlenhydrate bestehen größtenteils aus Stärke und zu einem kleineren Teil aus Saccharose, beide sind in Ballaststoffe eingebettet. Maronen liefern viele Spurenelemente wie Mangan (0,7 Milligramm), Kalium (700 Milligramm), Eisen und alle Vertreter des Vitamin-B-Komplexes.

HEILWIRKUNG
Maronen besitzen sowohl schnell verfügbare als auch für lang anhaltende Energie sorgende Kohlenhydrate. Über den Tag verteilt gegessen, sind sie auch für Diabetiker (100 Gramm entsprechen 3 Broteinheiten) zu empfehlen. Ballaststoffe lassen den Blutzuckerspiegel langsam ansteigen und schonen dadurch den Insulinstoffwechsel. Eisen wird für die Blutbildung benötigt. Bei hohem Kaliumbedarf wie z. B. bei Herz-Kreislauf-Erkrankungen empfiehlt sich eine Kombination mit magnesiumreichen Lebensmitteln wie Mohn, Nüssen oder Sojamehl. Die Vitamine B1 und B6 sorgen für eine gute Energieumwandlung.

Vorsichtshinweis
Beschädigte Kastanien können geschmacksneutrale, aber krebserregende Aflatoxine enthalten.

NÜSSE

Prunus dulciss (Mill.) D. A. Webb — MANDELN

Im ›Kräuterbuch‹ von Adam Lonitzer steht: » Die süßen Mandeln haben nicht so viel Heilkraft wie die bitteren, diese sind heißer und machen die Körperflüssigkeiten im Menschen feinstofflich, fördern den Harnfluss und reinigen den Eiter in wunderbarer Weise. Verstopfungen von Brust, Lunge, Leber, Milz, Niere und Blase werden durch Mandelspeisen aufgeschlossen, sie wärmen und weiten auch die inneren Organe.«

GESCHICHTE

Mandelbäume kommen aus Kleinasien und werden seit der Antike auch im Mittelmeerraum kultiviert. Die Römer brachten sie vermutlich nach Germanien. Dioskurides und später auch Adam Lonitzer sprachen von einer »verfeinernden« Wirkung der Mandel, d.h. sie sollen positiv auf Blut und Nerven wirken. Ibn Butlan schätzte sie als gemäßigt wärmend und trocknend ein.

HERKUNFT UND HANDELSWARE

Mandelbäume gehören zur Familie der Rosengewächse (Rosaceen). Es gibt die süße Mandel und die Bittermandel. Roh können nur süße Mandeln gegessen werden, da die Bittermandeln das blausäurehaltige, giftige Glykosid Amygdalin enthalten. Wichtige Anbaugebiete sind heute Pakistan, Iran, Kalifornien und die Mittelmeerländer. Mandeln werden überwiegend für Süßspeisen, Marzipan und Liköre verwendet.

INHALTSSTOFFE

Mandeln enthalten viel Eiweiß, essenzielle Aminosäuren und über 50 Prozent Fett aus ungesättigten Fettsäuren. Bei den Aminosäuren handelt es sich u. a. um Arginin, Lysin, das seltene Methionin sowie um Phenylalanin und Tryptophan. Im Gehalt der Vitamine, der Spurenelemente und der Phytosterine (Pflanzenfettstoffe) ähnelt die Mandel sehr der Walnuss. Die Mandel liefert viel Biotin, Vitamin B2 und E, Kupfer und Mangan.

HEILWIRKUNG

Die Mandel ist wie die Walnuss eine Nervennahrung und kann bei depressiver Verstimmung empfohlen werden, auch in Kombination mit Vitamin-B6-haltigen Lebensmitteln wie Reis, Fisch, Rosenkohl und Spinat. Bei erhöhtem Cholesterinspiegel, Gefäßverkalkung (Arteriosklerose) und Herzinsuffizienz sollten mindestens dreimal pro Woche Mandeln gegessen werden, um ausreichend ungesättigte Fettsäuren zuzuführen. Arginin verbessert die Sauerstoffversorgung der Herzgefäße und senkt die Blutfette. Zusammen mit Lysin unterstützt es die Kollagensynthese. Aminosäuren (u. a. Methionin) und Radikalfänger (Kupfer, Mangan) verbessern die Wundheilung. Das enthaltene Tryptophan kann bei Ein- oder Durchschlafstörungen helfen.

Vorsichtshinweis

Auf Mandeln wachsende Schimmelpilze können geschmacksneutrale und krebserregende Aflatoxine produzieren.

DIE STECKBRIEFE DER LEBENSMITTEL

Pistazien

Pistacia vera L.

Im ›Gart der Gesundheit‹ wurden wichtige Aussagen gesammelt: Rabbi Moses (Maimonides) sagt, dass die Pistazien, die besten Früchte für die Stärkung von Magen und Leber seien. Averroes erwähnt, dass die Frucht als Speise sehr gut für den Magen sei.

INHALTSSTOFFE

Die Pistazie hat einen hohen Fettanteil (52 Prozent) mit vielen ungesättigten Fettsäuren, hinzu kommen Vitamin E (5 Milligramm) und Phytosterine. Erwähnenswert sind noch die Vitamine B1, B2, B3 und die Aminosäuren Tryptophan und Arginin. Besonders hoch ist der Gehalt an ausleitendem Kalium (1020 Milligramm). Außerdem sind Pistazien reich an Eisen (7,3 Milligramm).

HEILWIRKUNG

Noch heute wird die Pistazie bei rheumatischen Erkrankungen empfohlen. Bei Erkältungskrankheiten, Harnwegsinfekten und Bronchitis ist sie wegen der immunstärkenden Wirkung hilfreich. Pistazien sollten bei erhöhtem Blutzucker und Blutfetten regelmäßig gegessen werden. Phytosterine, Arginin, Methionin und Eisen stärken das Immunsystem, indem sie die Bildung von Immunzellen fördern. Die Kombination von Tryptophan mit den Vitaminen B1, B2 und B3 liefert stimmungsaufhellende Botenstoffe. Depressive Verstimmungen können nämlich auf einen Mangel dieser Botenstoffe zurückgehen, allerdings sollte Vitamin B6 durch die Kombination von Pistazien mit Fisch, Kichererbsen oder Sojabohnen ergänzt werden.

Vorsichtshinweis

Auf Pistazien wachsende Schimmelpilze können geschmacksneutrale und krebserregende Aflatoxine produzieren.

GESCHICHTE

Pistazien wurden vermutlich durch die Feldzüge Alexanders des Großen in Europa bekannt. Nach Rom kamen sie erst unter Kaiser Tiberius (gest. 37 n. Chr.). Dioskurides schrieb 30 Jahre nach Tiberius, dass sie sehr bekömmlich seien. Die Pistazie galt in der Klosterheilkunde als gemäßigt wärmend und trocknend. Man schrieb ihr eine entzündungshemmende und ausleitende Wirkung zu und empfahl sie u. a. bei Rheuma.

HERKUNFT UND HANDELSWARE

Pistazienbäume gehören zur Familie der Sumachgewächse (Anacardiaceen). Die wichtigsten Anbauländer sind Iran, Türkei und die USA. Die Steinfrüchte sind oval und haben eine dünne, harte Schale und einen grünlich braunen, essbaren Kern. Die Pistazien werden geröstet und gesalzen im Handel angeboten, aber auch in Süßspeisen und Eis oder in Wurst verarbeitet.

WALNUSS & HASELNUSS

Juglans regia L. & *Corylus avellana* L.

Das ›Elsässische Arzneibuch‹ empfiehlt die »Baumnüsse« (Walnüsse) nur eingeschränkt: »Die Nüsse nähren nicht schlecht. Wenn man sie mit trockenen Feigen isst, dann sind sie gut gegen Eiter. Aber sie werden kaum verdaut und schaden dem Magen.«

GESCHICHTE

Ursprünglich stammt die Walnuss aus Persien. Von den Römern wurde sie im 4. Jh. v. Chr. aus Pontus (Schwarzmeerküste) nach Griechenland, Sizilien und dann nach Westeuropa gebracht. Die Haselnuss war schon in der Antike als wertvolles und fettreiches Lebensmittel begehrt. Wal- und Haselnuss galten in der Klosterheilkunde als wärmend und befeuchtend. Die Haselnuss sollte bei Husten und Leberschwäche helfen.

HERKUNFT UND HANDELSWARE

Walnussbäume zählen zur Familie der Walnussgewächse (Juglandaceen). Die Walnüsse (niederl. walnut) sind Steinfrüchte. Aus den unreifen grünen Nüssen wird Nussgeist zubereitet, aus den reifen wird Walnussöl gepresst, meist werden sie roh verzehrt. Die Haselnussbäume gehören zu den Birkengewächsen (Betulaceen) und bringen rundliche Nussfrüchte hervor.

INHALTSSTOFFE

Walnuss und Haselnuss haben einen sehr hohen Fettanteil (62 Prozent), wobei die Walnuss besonders reich an Omega-3-Fettsäuren ist. Beide bieten essenzielle Aminosäuren wie Arginin, Methionin, Phenylalanin und Tryptophan. Weiterhin finden sich: Biotin, Vitamin B5, Vitamin E und Phytosterine. Die Spurenelemente Eisen, Kupfer und Mangan liegen vermehrt vor. Die Walnuss besitzt außerdem viel Fluorid.

HEILWIRKUNG

Nüsse gelten als Hirnnahrung und als mögliche Unterstützung bei Depressionen. Methionin, Phenylalanin und Tryptophan sind Vorstufen von stimulierenden Botenstoffen im Gehirn. Methionin und Vitamin B5 sind an Lernvorgängen beteiligt. Täglich verzehrt können Nüsse bei erhöhten Blutfettwerten, bei Arteriosklerose und zur Vorbeugung von Herz- und Kreislauf-Erkrankungen helfen. Bei entzündlichen Erkrankungen sollte man sie mit selenreichen Lebensmitteln wie Meerestieren oder Steinpilzen essen, weil Methionin die Aufnahme von Selen steigert. Arginin stärkt das Immunsystem. Kupfer und Mangan sind Bausteine des antioxidativen Enzyms Superoxiddismutase. Fluorid wirkt zahnstabilisierend.

Vorsichtshinweis

Auf Walnuss und Haselnuss wachsende Schimmelpilze können geschmacksneutrale und krebserregende Aflatoxine produzieren.

Basilikum *Ocimum basilicum L. Sprengel*

Im ›Gart der Gesundheit‹ ist zu lesen: »Dioskurides sagt, dass Basilikumblätter in Wasser gekocht und getrunken den Schwindel im Haupt nehmen. (…) Wer einen kalten Magen hat, der koche das Kraut in Wein oder Most, dieser Wein wird sehr gut riechen und den Magen erwärmen und eine gute Verdauung bereiten. (…) Basilikum gegessen fördert die Sehkraft, reinigt das Haupt und nimmt den Schnupfen.«

GESCHICHTE
Basilikum wurde vermutlich erstmals in Indien kultiviert. Die Griechen und Römer nutzten ihn als Arzneimittel. In der Klosterheilkunde wurde Basilikum als gemäßigt wärmend und trocknend eingestuft. Er galt als Heilkraut für den Kopf und die Sinne, für die Atemwege und den Magen und sollte auch gegen Melancholie helfen.

HERKUNFT UND HANDELSWARE
Basilikum gehört zu den Lippenblütlern (Lamiaceen). In Europa wird er in Italien und Frankreich, außerdem in Marokko und Ägypten angebaut. Am besten werden die Blätter frisch verwendet, denn getrocknet verlieren sie nach 6 Monaten über 50 Prozent ihres ätherischen Öls.

INHALTSSTOFFE
Frische Basilikumblätter enthalten nur bis zu 0,5 Prozent ätherisches Öl, welches jedoch ihre Wirkung ausmacht. Dessen Hauptbestandteile sind Linalool, Eugenol und Estragol. Neben dem ätherischen Öl kommen noch die typischen Lamiaceen-Gerbstoffe wie Rosmarinsäure und antioxidative Flavonoide vor.

HEILWIRKUNG
Basilikum regt den Appetit an und hilft, Blähungen und Krämpfen vorzubeugen und zu beseitigen. Eine blähungsfreie Verdauung trägt zur Entlastung bei Leberinsuffizienz bei. Aufgrund der ätherischen Öle Eugenol und Estragol kann Basilikum auch bei Reizmagen und Gastritis lindernd wirken. Linalool gilt als Stimmungsaufheller. Die ätherischen Öle schädigen zudem die Zellmembranen von Bakterien und Pilzen. Basilikum wirkt daher pilzhemmend und sollte bei Darmmykosen täglich eingenommen werden. Die virentötende Wirkung der Rosmarinsäure kommt nur bei äußerer Anwendung zum Tragen. In der Erfahrungsmedizin wird Basilikum bei Anspannung, geistiger Erschöpfung und in Prüfungsphasen verwendet, da er belebend wirken soll. Dabei empfiehlt sich eine Kombination mit tryptophanreichen Nüssen und Mandeln, um den Effekt noch zu verstärken.

Vorsichtshinweis
Keine Unverträglichkeiten bekannt.

KRÄUTER UND GEWÜRZE

Anethum graveolens L. ILL

Konrad von Megenberg schreibt über den Dill: »Anetum heißt Anetkraut, das ist heiß und trocken, wie Platearius sagt. (…) Es bricht den Stein in der Blase und ist gut gegen das Wühlen im Bauch, gegen schwache Verdauung und Aufstoßen, wenn man daran riecht. Wenn man den Dill kaut oder kocht und trinkt, so stärkt er das Gehirn und den Magen und nimmt den Wind im Leib und bereitet den Harn.«

GESCHICHTE

Der aus Zentralasien oder aus dem Mittelmeerraum stammende Dill zählt zu den ältesten bekannten Gewürzen. Die Klosterheilkunde bewertete ihn als stark erwärmend und gemäßigt trocknend, setzte ihn bei Verdauungsschwäche, Blasenstein, Entzündungen und innerlich und äußerlich angewendet als Beruhigungsmittel ein.

HERKUNFT UND HANDELSWARE

Dill gehört zu den Doldenblütlern (Apiaceen). Heute werden fast ausschließlich die feinen Blättchen (Dillspitzen) verwendet. Frisch hält sich das Kraut einige Tage im Kühlschrank, tiefgefroren ist es acht bis zehn Monate haltbar. Mit den braunen Früchten kann gewürzt werden.

INHALTSSTOFFE

Hauptwirkstoff ist das ätherische Öl, vor allem Carvon. Sein Gehalt ist sortenabhängig und in den Früchten am höchsten, in den Blättern steigt er in der Vegetationsperiode an. Am wenigsten ätherisches Öl besitzt die getrocknete, klein geschnittene Ware. Die geruchsbestimmenden Komponenten (Dillether, Phellandren) sind in den Früchten in geringeren Mengen vorhanden.

HEILWIRKUNG

Dill sorgt für eine bessere Verdaulichkeit der Speisen, denn das ätherische Öl fördert die Durchblutung in der Darmwand. So können blähende Gase leichter resorbiert und aus dem Darm beseitigt werden. Außerdem lassen sie Blähungen besser entweichen, indem die Muskulatur im Verdauungskanal entspannt wird. Für die blähungstreibende und krampflösende Wirkung ist vor allem das Carvon verantwortlich. Dillblätter sind daher oft Bestandteil von eiweißreichen und schwerer verdaulichen Speisen. Ebenso kann durch die antimikrobielle Wirkung des ätherischen Öls die Haltbarkeit der Speisen deutlich verlängert werden.

Die Erfahrungsheilkunde empfiehlt den Auszug des gemörserten Samens in Milch als sanftes Einschlafmittel für Kinder.

Vorsichtshinweis

Keine Unverträglichkeiten bekannt.

GALGANT *Alpinia officinarum Hance*

Adam Lonitzer beschreibt Galgant folgendermaßen: »Sie soll auch einen scharfen Geschmack auf der Zunge haben. (…) Sie ist heiß und trocken im dritten Grad. Die Wurzel innerlich gebraucht ist gut zu allen Krankheiten, die von Kälte kommen. Galgant stärkt den Magen, bewirkt eine gute Verdauung und nimmt dem Magen die Schmerzen, die von Kälte verursacht worden sind.«

GESCHICHTE
Galgant wurde in China bereits im Altertum als Gewürz und Arznei verwendet. Die antiken griechischen und römischen Ärzte kannten ihn hingegen nicht. Er kam durch den arabischen Fernhandel nach Europa, wo er sicher seit dem 9. Jh. bekannt ist. Der ›Macer floridus‹ empfahl ihn bei Magengeschwüren und Schleim im Magen.

HERKUNFT UND HANDELSWARE
Galgant, der zu den Ingwergewächsen (Zingiberaceen) gehört, stammt aus den ostasiatischen Ländern Thailand, Indonesien und von der chinesischen Insel Hainan. Heute wird er hauptsächlich in Vietnam und Japan angebaut. Verwendet wird der Wurzelstock, das so genannte Rhizom. Galgant wird als frisches ungeschältes oder eingelegtes Rhizom sowie geschnitten oder gemahlen gehandelt. Im Geschmack erinnert Galgant an Ingwer, ist aber etwas milder.

INHALTSSTOFFE
Der Wurzelstock enthält Scharfstoffe aus der Gruppe der Gingerole und spezielle Curcuminoide, die zusammen den scharfen Geschmack verursachen. Das ätherische Öl besteht zum größten Teil aus Cineol. Im Öl wurde außerdem ein Phenylpropanderivat entdeckt. Flavonoide sind ebenfalls vorhanden.

HEILWIRKUNG
Galgant eignet sich sehr gut als Gewürz bei Appetitlosigkeit, dyspeptischen Beschwerden und Leberleiden. Er wirkt anregend bei älteren Menschen mit Verdauungsschwäche und ständigem Kältegefühl. Gingerole und Curcuminoide hemmten in Untersuchungen die Synthese von Botenstoffen, die Entzündungen fördern (Prostaglandin E). Gemeinsam mit dem ätherischen Öl sorgen die Scharfstoffe dieser Gruppen wahrscheinlich für die verstärkte Durchblutung von Magen und Darm sowie die Lösung von Krämpfen und die Anregung der Magen- und Gallensaftsekretion. Cineol löst den Schleim und ist antiseptisch, während das Phenylpropanderivat eine tumorhemmende Wirkung zeigt.
Die Kombination mit leberanregenden Lebensmitteln wie Gartenmelde, Linsen, Bohnen, Sellerie, Chicoree und Lauch verstärkt die wohltuende Wirkung der Pflanze.

Vorsichtshinweis
Keine Unverträglichkeiten bekannt.

KRÄUTER UND GEWÜRZE

Curcuma longa L. GELBWURZ

Das ›Elsässische Arzneibuch‹ schreibt über die Gelbwurz: »Zeduarum heißt Zitwer, das ist ein Kraut, das wächst in den Ländern gegen Sonnenaufgang. (…) Der Zitwer ist der beste, der von gelber Farbe ist und auf der Zunge scharf und bitter schmeckt. Er hilft gegen die Winde im Leib und gegen Darmkoliken. Er macht Appetit und lässt sich gut gegen Vergiftung einsetzen. Er stärkt den Magen und vertreibt das Rülpsen und Aufstoßen.«

GESCHICHTE

Die Indische oder Lange Gelbwurz ist seit etwa 3000 Jahren in Indien und Indochina bekannt. Nach Griechenland kam sie in der Spätantike, nach Deutschland im Hochmittelalter. Die Klosterheilkunde betrachtete sie als stark wärmend und mäßig trocknend. Sie galt als verdauungsstärkendes Mittel, das den Geruch von Knoblauch vertreibt, die Potenz unterstützt und die Durchblutung fördert. Der ›Gart der Gesundheit‹ führte sie als Mittel gegen Erkältungen.

HERKUNFT UND HANDELSWARE

Gelbwurz oder Kurkuma gehört zu den Ingwergewächsen (Zingiberaceen) und stammt vermutlich aus Indien, wo sie heute noch hauptsächlich neben China, Thailand, Indonesien und Haiti angebaut wird. Eine zweite Gelbwurz-Art, die Javanische Gelbwurz (*Curcuma xanthorrhiza*), wird arzneilich verwendet. Der frische Wurzelstock schmeckt aromatisch, herb und leicht brennend. Es gibt ihn auch getrocknet oder gemahlen. Das Gewürz ist im Curry enthalten.

INHALTSSTOFFE

Die Indische Gelbwurz enthält bis zu 8 Prozent ätherisches Öl und bis zu 5 Prozent Curcuminoide. Bei der Javanischen Gelbwurz liegt der Anteil an ätherischen Ölen sogar bei bis zu 12 Prozent; dafür sind weniger Curcuminoide (2 Prozent) vorhanden.

HEILWIRKUNG

Gelbwurz wirkt verdauungsfördernd bei dyspeptischen Beschwerden wie Blähungen, Pankreasinsuffizienz und Leberproblemen. Bei regelmäßiger Anwendung unterstützt sie den Abbau von Gallensteinen. Sie hilft erhöhten Blutfettwerten und Arteriosklerose vorzubeugen und diese zu behandeln, besonders in Verbindung mit Knoblauch, Zwiebeln und Fisch. Die Curcuminoide senken die Synthese von Entzündungsmediatoren und vermindern so Entzündungen z. B. bei Reizmagen und Reizdarm. Das ätherische Öl wirkt stark antimikrobiell und antimykotisch. Täglich verwendet kann Gelbwurz daher eine Therapie gegen Darmmykosen unterstützen.

Vorsichtshinweis

Gelbwurz kann bei häufiger Verwendung Magenschmerzen verursachen. Bei Gallensteinen sollte vor dem Verzehr von Gelbwurz Rücksprache mit dem Arzt gehalten werden.

Ingwer — *Zingiber officinale Rosc.*

Dioskurides berichtet: »Die Wurzeln sind klein, (…), weißlich, im Geschmack dem Pfeffer ähnlich und wohlriechend (…). Sie sind sehr gut zur Speise geeignet und werden mit Sauce eingenommen. Sie haben erwärmende Kraft, regen den Darm auf milde Weise an und sind auch gut für den Magen. Sie wirken auch gegen Verdunkelungen auf der Pupille, werden den Gegengiften beigemischt und gleichen (…) in ihrer Kraft dem Pfeffer.«

GESCHICHTE
Ingwer kommt vermutlich aus Ostasien und wird seit Jahrtausenden in der Küche als schärfstes Gewürz verwendet. In der Spätantike wurde er in Europa bekannt. Die Klosterheilkunde beurteilte Ingwer als stark wärmend und befeuchtend. Sie nutzte ihn besonders bei Magenbeschwerden.

HERKUNFT UND HANDELSWARE
Ingwer ähnelt dem Schilf und gehört zur Familie der Ingwergewächse (Zingiberaceen). Verwendet wird nur die Wurzel, die angenehm aromatisch riecht. Der Geschmack ist zum Teil brennend scharf und würzig.

INHALTSSTOFFE
Die Wirksamkeit des Ingwers wird hauptsächlich von dem ätherischen Öl, den Gingerolen, den Shogaolen und den spezifischen Curcuminoiden bestimmt. Sie erzeugen den bekannten aromatisch scharfen Geschmack. Im ätherischen Öl enthalten ist das Zingiberen.

HEILWIRKUNG
Ingwer hat ein sehr breites Wirkungsspektrum: Er fördert die Verdauung von fetten Speisen und lindert Verdauungsbeschwerden wie Blähungen, Völlegefühl und Krämpfe. Da er vor Entzündungen schützt und das antioxidative Abwehrsystem unterstützt, sollte er in keinem Gewürzregal fehlen. Fest etabliert ist die Empfehlung von Ingwer bei Reiseübelkeit. Auch bei erhöhten Blutfetten, Arteriosklerose und rheumatischen Beschwerden ist die regelmäßige Anwendung sehr sinnvoll. Während Erkältungszeiten und bei Schnupfen ist Ingwer eine ideale Prophylaxe und wohlschmeckende Therapiebegleitung.

In der ayurvedischen Medizin ist er fester Bestandteil der Migränetherapie. Gingerole sollen den Gallenfluss und die Ausscheidung von Gallensäuren vermehren, die den Cholesterinspiegel positiv beeinflussen. Weiterhin zeigten die Gingerole und Shogaole vermutlich über die Hemmung von Enzymen wie z. B. der Cyclooxygenase (COX) entzündungshemmendes und schmerzstillendes Potenzial. Das Zingiberen im ätherischen Öl hemmt die Vermehrung von Rhinoviren.

Vorsichtshinweis
Ingwer kann den Magen reizen, wenn mehr als 6 Gramm pro Mahlzeit gegessen werden.

KRÄUTER UND GEWÜRZE

Allium sativum L. KNOBLAUCH

Schon der Vater der europäischen Kräuterheilkunde, der griechische Arzt Dioskurides, nennt ausführlich die Anwendungsgebiete des Knoblauchs: »Er hat eine scharfe, erweichende, beißende, windetreibende Kraft, regt den Bauch an und trocknet den Magen aus und macht so Durst. (…) Gegessen ist er nützlich gegen fauliges Wasser, macht die Stimme hell und bringt Linderung bei chronischem Husten, wenn er roh oder gekocht gegessen wird.«

GESCHICHTE

Im alten Ägypten galt Knoblauch als Stärkungsmittel. Er wurde zur Bekämpfung von Darmparasiten eingesetzt. Im 1. Jh. n. Chr. beschrieb Dioskurides seine vielfältigen Anwendungen, die vor allem bei Entzündungen und Vergiftungen empfohlen wurden. In der Klosterheilkunde galt Knoblauch als wärmend, trocknend und als Mittel gegen »kalte Krankheiten«. Hildegard von Bingen betonte schließlich, dass der Knoblauch nur roh seine Kräfte vollständig weitergeben könne.

HERKUNFT UND HANDELSWARE

Knoblauch aus der Familie der Lauchgewächse (Alliaceen) gelangte von Zentralasien in den Mittelmeerraum. Im Handel sind frische Zehen, ölige Auszüge und getrocknetes Pulver. Ist dies qualitativ hochwertig, enthält es alle Komponenten zur Freisetzung der wirksamen Lauchöle.

INHALTSSTOFFE

Aus Alliinen, den Verbindungen aus Cystein und Schwefel, entstehen bei der Zubereitung über die Zwischenstufe Allicin verschiedene wertvolle Lauchöle, die teils flüchtig sind. Sie geben dem Knoblauch sein typisches Aroma.

HEILWIRKUNG

Knoblauch beugt Darminfektionen und Pilzerkrankungen vor oder beschleunigt ihre Heilung. Er kann schon nach vier Wochen täglichen Genusses die Fließeigenschaft von dickflüssigem Blut verbessern. Zur Unterstützung bei Herz-Kreislauf-Erkrankungen, erhöhten Blutfettwerten und Arteriosklerose ist ein täglicher Verzehr über mindestens vier bis zehn Wochen nötig. Die antibakteriellen Lauchöle entstehen, wenn die Knoblauchzehe zunächst möglichst fein geschnitten oder mit Öl und Salz zu Mus zerdrückt wird. Dann lässt man den Knoblauch einige Zeit ruhen, damit die temperaturempfindlichen Enzyme möglichst viel Allicin freisetzen. Wird er anschließend sanft erwärmt, beschleunigt das die Entstehung der wirksamen Lauchöle.

Vorsichtshinweis

Knoblauch führt selten zu Magen-Darm-Beschwerden und zu niedrigem Blutdruck, wenn er täglich in größerer Menge aufgenommen wird. Beim Verzehr wird der typische Knoblauchgeruch über Haut und Atem freigesetzt.

KORIANDER *Coriandrum sativum L.*

Über Koriander äußert sich Leonhart Fuchs ganz begeistert: »Der Koriandersamen am Feuer getrocknet, stillt den Durchfall. (...) Koriandersamen mit Essig zerstoßen und in Fleisch eingerieben, schützt das Fleisch (...) lang vor Fäulnis (...).« Xenokrates schreibt, wenn eine Frau zu starke Monatsblutung hat, soll sie ein Körnlein mit einem Getränk einnehmen, so bleibt die Blutung für einen Tag aus, bei zwei Körnern zwei Tage und so fort.

INHALTSSTOFFE
Die reifen Früchte des Korianders speichern ätherisches Öl. Kleinere Früchte sind konzentrierter und enthalten bis zu 2 Prozent ätherisches Öl mit der Hauptkomponente Linalool. Das ätherische Öl wird begleitet von Hydroxyzimtsäurederivaten und fettem Öl.

HEILWIRKUNG
Das ätherische Öl des Korianders hat eine gute antibakterielle und pilzhemmende Wirkung, ist schwach krampflösend, fördert den Speichelfluss und die Magen- und Gallensaftsekretion. Daher kann Koriander gegen Darmmykosen und bei anderen Darminfekten eingesetzt werden. Frisch zerstoßene Korianderfrüchte lindern Reizmagenbeschwerden wie etwa Blähungen sowie Übelkeit und Völlegefühl.
Um die krampflösende Wirkung zu stärken, ist eine Kombination mit Kümmel, Anis oder Gelbwurz empfehlenswert. Bei regelmäßiger und dauerhafter Anwendung kann der Cholesterinspiegel positiv beeinflusst werden, was eventuell mit der vermehrten Gallenausscheidung zusammenhängt. Dieser Effekt wird durch eine Kombination mit Kaltwasserfisch, Leinöl, Artischocken, Zwiebeln und Knoblauch noch verstärkt.

Vorsichtshinweis
Bei Empfindlichkeit gegenüber Dolden- und Korbblütlern (Sellerie-Beifuß-Gewürz-Syndrom) können Kreuzallergien mit Koriander auftreten.

GESCHICHTE
Erstmals erwähnt wurde der Koriander von den Ägyptern. Die arabischen und christlichen Ärzte des Mittelalters waren sich unsicher, ob Koriander wärmend oder kühlend sei. Außerdem galt er in größerer Dosierung als hochgiftig, vermutlich weil Koriander und Schierling als nahe verwandte Pflanzen erkannt worden waren. Er wurde u. a. gegen »Dämpfe«, die vom Magen zum Kopf aufsteigen und Schwindel erzeugen, eingesetzt.

HERKUNFT UND HANDELSWARE
Vom Koriander aus der Familie der Doldenblütler (Apiaceen) werden in Europa die Früchte, in Asien das Kraut in der Küche verwendet. Er ist in Nordafrika und Vorderasien beheimatet.

KRÄUTER UND GEWÜRZE

Carum carvi L. Kümmel

Im ›Elsässischen Arzneibuch‹ steht: »Kümmel, das ist der Same eines Krautes, der ist heiß und trocken in der Wirkung. (…) Es gibt verschiedene Kümmelsorten, der eine ist schwarz, der andere etwas gelblich, der eine ist der Feldkümmel, der andere der Gartenkümmel. (…) Er hat die Eigenschaft, dass er die Winde im Leib legt (…) und dass er das Essen im Magen kocht und das Rülpsen und das Aufstoßen beseitigt.«

GESCHICHTE
Kümmel gehört zu den ältesten Gewürzen überhaupt. In der Antike verwendete man vor allem den Kreuzkümmel. Kümmel wurde in der Klosterheilkunde als stark wärmend und trocknend eingestuft und zur besseren Verdauung und gegen Blähungen empfohlen. Hildegard von Bingen riet: »Wer gekochten oder gebratenen Käse essen will, der streue Kümmel darauf.«

HERKUNFT UND HANDELSWARE
Kümmel gehört zur Familie der Doldenblütler (Apiaceen) und besitzt charakteristische sichelförmige Früchte. Er kommt aus den gemäßigten Zonen Kleinasiens und wird heute nahezu weltweit angebaut. Außerdem gibt es den Kreuzkümmel (*Cuminum cyminum L.*) und den Schwarzkümmel (*Nigella sativa L.*). Kümmel wird in ganzen Früchten, geschrotet oder gemahlen angeboten. Am wirkungsvollsten sind die ganzen Früchte, wenn sie frisch angestoßen und 10 Minuten vor der Garzeit zugegeben werden.

INHALTSSTOFFE
Das ätherische Öl ist die wesentliche Wirkstoffgruppe der Kümmelfrüchte. Hauptbestandteil des ätherischen Öls ist meistens Carvon, das Geruch, Geschmack und Wirkung prägt. Kreuzkümmel enthält andere Komponenten im ätherischen Öl, z. B. Cuminaldehyd. Im ätherischen Öl des Schwarzkümmels überwiegt Cymol.

HEILWIRKUNG
Aufgrund des hohen Carvongehalts wirkt Kümmel lindernd bei Blähungen und Krämpfen im Magen-Darm-Trakt. Er unterstützt die Verdauung und fördert den Gallenfluss bei Leberbelastung. Wird Kümmel mit Ballaststoffen und ausreichend Flüssigkeit kombiniert, beschleunigt er die Darmentleerung. Das ätherische Öl besitzt eine antimikrobielle Wirkung und wirkt entzündungshemmend. Untersuchungen zeigen außerdem, dass Cymol vor freien Radikalen schützt und Würmer austreibt.

Vorsichtshinweis
Bei Empfindlichkeit gegenüber Dolden- und Korbblütlern (Sellerie-Beifuß-Gewürz-Syndrom) können Kreuzallergien mit Kümmel auftreten.

MAJORAN *Origanum majorana L.*

Odo Magdunensis nennt die Heilwirkungen von Majoran: »Wenn jemand (…) eine zögerliche Verdauung hat, bringt Majoran, wenn man ihn mit Weißwein einnimmt, schnelle Hilfe; und dass er mit Warmwasser einen beißenden Magen besänftigt, ist gut bewährt. (…) Ferner treibt er den Harn (…) und befördert die Spulwürmer hinaus; und wenn man ihn lang mit den Zähnen kaut, pflegt er sogar den Zahnschmerz zu verjagen.«

GESCHICHTE
Majoran stammt aus Kleinasien und wurde von den Ägyptern, Griechen und Römern sehr geschätzt. Benediktiner brachten ihn nach Mitteleuropa. In der Klosterheilkunde galt er als stark wärmend und trocknend. Er soll Verengungen öffnen und die Körpersäfte verfeinern. Aufgrund dieser Eigenschaften hilft Majoran bei allen durch Kälte verursachten Krankheiten.

HERKUNFT UND HANDELSWARE
Die verschiedenen Arten des Majoran gehören zur Familie der Lippenblütler (Lamiaceen). Der Wilde Majoran erhält nur bei intensiver Sonnenbestrahlung in südlichen Ländern sein intensives Aroma. Gartenmajoran wird heute auch in Osteuropa angebaut und sollte im Knospenstadium kurz vor der Blüte geerntet werden. Majoran wird mancherorts auch als »Wurstkraut« bezeichnet, weil er Bestandteil von Würsten ist. Er ist auch im Gewürz »Oregano« enthalten, das in Deutschland in der Regel eine Mischung verschiedener Origanumarten ist.

INHALTSSTOFFE
Das ätherische Öl mit den vielen Monoterpenen und die Labiatengerbstoffe, die zur Gruppe der antioxidativen Polyphenole zählen, bestimmen die Wirkung der Majoranarten. Im Wilden Majoran sorgen Thymol oder dessen Derivat Carvacol für den typischen Geschmack.

HEILWIRKUNG
Majoran regt den Appetit an und bewirkt eine bessere Verdauung der Speisen, was bei häufigem Völlegefühl, Blähungen, Übelkeit und Schmerzen im Oberbauch hilfreich ist. Der hohe Gehalt an antimikrobiellen Phenolen und antiseptischem ätherischem Öl spricht für eine Anwendung bei Infekten wie Bronchitis, Entzündungen im Mund- und Rachenraum sowie Harnwegs- und Magen-Darm-Infekten. Majoran würzt stark und kann deshalb sparsam verwendet werden.

Vorsichtshinweis
Keine Unverträglichkeiten bekannt.

MUSKAT
Myristica fragans Houtt.

Im ›Aggregator‹ des Al-Wafid aus dem 11. Jh. heißt es: »Am besten sind die rötlichen, fetten, schweren Nüsse (…). Sie ziehen den Bauch zusammen, verbessern den Magen und bereiten einen guten Mundgeruch (…) und helfen bei der Verdauung, vertreiben die Blähungen, stärken Magen und Leber und wirken bei Leberflecken und Flechte. Sie machen die Milz dünn und erweichen harte Schwellungen der Leber.«

GESCHICHTE
Muskatnüsse wurden zuerst auf den Molukken als Gewürz und Arznei genutzt. In der Antike waren sie dann in Indien und Ägypten bekannt. Arabische Ärzte brachten Muskat in den Mittelmeerraum und verwendeten ihn für die Verdauung, für Leber und Niere, bei Erbrechen, zur Stärkung und gegen Depressionen. Das ›Circa instans‹ beschrieb Muskat als wärmend und trocknend. Wegen seines Wohlgeruchs und der verdauungsfördernden Wirkung baue er alle krankhaften Ansammlungen im Körper ab.

HERKUNFT UND HANDELSWARE
Der südliche Teil der Molukken könnte die ursprüngliche Heimat des Muskatbaums sein. In der Kolonialzeit wurden neue Anbaugebiete wie Mauritius, Französisch-Guayana, Antillen u. a. erschlossen. Im Handel sind zwei Teile der Frucht: die braune und die gekalkte, weiße Muskatnuss aus dem Beereninneren und die Muskatblüte oder Macis, der Samenmantel. Zusätzlich sind Muskatpulver und Muskatöl erhältlich.

INHALTSSTOFFE
Ätherische Öle geben der Muskatnuss und -blüte den brennend würzig-bitteren Geschmack und angenehm sinnlichen Duft. Macis gilt als die mildere, feinere Variante. Im ätherischen Öl sind zum Teil auch antibakteriell wirksame Lignane gelöst und Myristicin enthalten.

HEILWIRKUNG
Das ätherische Öl hilft bei Verdauungsschwäche, Völlegefühl, Oberbauch-, Galle- und Leberbeschwerden, regt den Appetit an und wirkt von innen wärmend und stärkend, was auch bei Depressionen und Harnwegsinfektionen hilfreich sein kann. Macis kann die Entgiftungsvorgänge in der Leber unterstützen. Neuere Untersuchungen bestätigen die Wirkung bei Durchfall und entzündlichen Prozessen und damit die trocknende, ausleitende Qualität, die Muskat schon in der Klosterheilkunde nachgesagt wurde. Muskat macht Lebensmittel länger haltbar und schützt vor Karies, da er das Wachstum von Keimen, z. B. von *Streptococcus mutans*, hemmt. Myristicin wirkt entzündungshemmend und gegen Ödeme.

Vorsichtshinweis
Muskatnuss führt in höheren Dosen zu Vergiftungserscheinungen und sollte nur in geringen Mengen verwendet werden.

Petersilie

Petroselinum crispum Mill. Nym. ex A. W. Hill

Der ›Gart der Gesundheit‹ erläutert: »Das ist die Meinung aller Gelehrten, dass das Kraut der Petersilie, der Same und auch die Wurzel einen großen Nutzen für alle Menschen bringen. Und zwar deshalb, weil man selten jemanden findet, der überhaupt keinen Stein hat, und deshalb soll man dieses Kraut und auch die Wurzel zu Fleisch und Fischen essen.«

GESCHICHTE
Petersilie wird seit der Antike im Mittelmeergebiet als Arzneimittel genutzt. Für Hippokrates galt sie als eines der wichtigsten diuretischen Mittel zur Bekämpfung von Harnsteinen. Die Römer brachten die Pflanze über die Alpen; im Frühmittelalter befahl Karl der Große ihren Anbau. Die Wirkung der Petersilie wurde generell als wärmend und trocknend beschrieben, somit unterstützt sie u. a. die Verdauung und leitet aus.

HERKUNFT UND HANDELSWARE
Petersilie gehört zur Familie der Doldenblütler (Apiaceen) und stammt aus dem südöstlichen Mittelmeergebiet. Ihr Anbau erfolgt heute weltweit. Es gibt zwei Unterarten: die Blatt- und die Wurzelpetersilie; bei Ersterer unterscheidet man wiederum glatte und krause. Die Wurzel wird für Suppen und Eintöpfe verwendet.

INHALTSSTOFFE
100 Gramm Petersilienblatt liefern Spitzenwerte an Eisen (3,6 Milligramm), Vitamin E (4,8 Milligramm) und Carotinoiden (5,2 Milligramm); zudem enthalten die Blätter Spurenelemente wie Mangan und Fluorid (0,1 Milligramm) sowie Vitamin C und B1. Die Wurzel besitzt eine kleinere Auswahl an Vitalstoffen. Die Hauptwirkstoffe sind die ätherischen Öle und Flavonoide.

HEILWIRKUNG
Der tägliche Genuss von Petersilie erhöht die Aktivität des antioxidativen Enzyms Superoxiddismutase. Wurzel und Blätter der Pflanze sind daher bei Rheuma, Hals- und Blasenentzündung usw. hilfreich, weil die ätherischen Öle antibakteriell und harntreibend wirken. Ihr Fluorid ist gut für die Zähne.

Vorsichtshinweis
Bei Empfindlichkeit gegenüber Dolden- und Korbblütlern (Sellerie-Beifuß-Gewürz-Syndrom) kann es gelegentlich zu allergischen Kreuzreaktionen mit Petersilie kommen. Die Cumarine der Wurzel erhöhen bei Hautkontakt die Lichtempfindlichkeit.

KRÄUTER UND GEWÜRZE

PFEFFER

Piper nigrum L.

> Im Mittelalter wusste man über den Pfeffer: »Pfefferkörner und gerösteten Knoblauch vermischt und mit Wermutsaft eingenommen, nimmt die Koliken in den Eingeweiden. (…) Der lange und der runde Pfeffer bereiten eine gute Verdauung und machen schlank, deswegen, weil sie trocknen und so die Feuchtigkeiten des Menschen austrocknen.«

GESCHICHTE

Pfeffer war schon in der Antike bekannt und wurde aus Indien über den Landweg importiert. Der als Heil- und Konservierungsmittel dienende Pfeffer war deswegen sehr teuer und wurde in Gold aufgewogen. Die Klosterheilkunde bezeichnete ihn als sehr heiß und sehr stark trocknend. Es hieß, dass er so stark trockne, dass er die Menschen schlank mache. Pfeffer wurde überwiegend bei Verdauungsbeschwerden und Erkältungen eingesetzt.

HERKUNFT UND HANDELSWARE

Pfeffer gehört zur Familie der Pfeffergewächse (Piperaceen). Der Anbau erfolgt in Indien, Indonesien, Malaysia und Brasilien. Grüne Körner sind unreif geerntete Früchte, die eingelegt oder getrocknet werden. Schwarzer Pfeffer kommt von unreifen grünen bis gelb-orangefarbenen Früchten, die durch Trocknung schwarz werden. Weiße Pfefferkörner sind vollreife Früchte ohne Schale, rote hingegen solche, die in Salzwasser oder Lauge eingelegt werden.

INHALTSSTOFFE

Alkaloide (5 bis 10 Gramm pro 100 Gramm) wie Piperin verursachen den scharfen Geschmack. Pfeffer enthält bis zu 3 Prozent ätherische Öle, z. B. Sesquiterpene. Daneben finden sich antioxidative Flavonide, Quercetin und Kämpherol.

HEILWIRKUNG

Pfeffer hilft bei Appetitlosigkeit, Blähungen und Völlegefühl. Als Reinsubstanz wirkt Piperin durch Freisetzung von Leberenzymen leberschützend und entzündungshemmend. Vermutlich sorgen Sesquiterpene für die antibakterielle Wirkung und einen vermehrten Gallenfluss. Zur Unterstützung der Heilwirkung ist eine Kombination mit Artischocke, Rettich, Chicorée oder Sellerie hilfreich. Pfeffer verstärkt die Durchblutung, erhöht den Blutdruck und hilft bei Impotenz.

Vorsichtshinweis

Bei einer Sellerie-Birken-Beifuß-Allergie kann es zu Kreuzreaktionen mit Pfeffer kommen. Pfeffer kann Aflatoxine enthalten.

ROSMARIN *Rosmarinus officinalis L.*

Adam Lonitzer schreibt zum Rosmarin: »Rosmarinwein, oder das Kraut mit den Blüten in Wein gekocht, (…) macht ein gutes Blut, bringt Lust zu essen, vertreibt die inneren Feuchtigkeiten und den weißen Ausfluss der Frauen, heilt Beschwerden der Gebärmutter, reutet die Gelbsucht mitsamt dem Asthma aus, fördert den Auswurf, hilft der Verdauung und lässt nicht zu, dass ein Gift Schaden zufügt.«

GESCHICHTE

Rosmarin war in der Antike schon bekannt, spielte aber weder als Gewürz noch als Heilmittel eine große Rolle. Erst die Mönche entdeckten die heilkundliche Wirkung dieses aromatischen Krauts. Sie setzten Rosmarin bei zahlreichen Krankheiten und als Gewürz ein. Rosmarin galt in der Klosterheilkunde als wärmend und trocknend, als lösend, reinigend und öffnend, als anregend und stärkend.

HERKUNFT UND HANDELSWARE

Rosmarin gehört zu den Lippenblütlern (Lamiaceen) und wird vor allem im Mittelmeergebiet angebaut. Rosmarinblätter werden während oder direkt nach der Blüte geerntet. Die getrockneten Blätter verlieren nur sehr langsam ihr Aroma, sodass sie lange verwendet werden können, wenn sie kühl und vor Feuchtigkeit und Licht geschützt aufbewahrt werden. Nicht zu empfehlen sind die gemahlenen Blätter, denn sie verlieren sehr schnell ihr Aroma.

INHALTSSTOFFE

Der Rosmarin besitzt herausragende antioxidative und zellschützende Eigenschaften. Dies wird auf die Diterpenphenole zurückgeführt, die von den Gerbstoffen und Flavonoiden unterstützt werden. Ätherische Öle, deren Hauptbestandteil der Rosmarincampher ist, sorgen für den typischen Geruch und für den Geschmack. Die bitteren Diterpenphenole wirken zusammen mit den ätherischen Ölen verdauungsfördernd.

HEILWIRKUNG

Die Erfahrungsheilkunde benutzt das Kraut bei labilem Kreislauf, geistiger und körperlicher Erschöpfung; diese Wirkung wird durch Äpfel noch verbessert. Bei Belastung schützt Rosmarin zusammen mit Johannis- und Heidelbeeren die Zellen. Die gallenflussfördernden Eigenschaften werden durch die Kombination mit Kichererbsen, Melisse oder Gelbwurz noch verstärkt.

Vorsichtshinweis

Rosmarin kann selten allergische Reaktionen hervorrufen. In der Schwangerschaft sollten Rosmarinöl und -wein nicht genossen werden.

KRÄUTER UND GEWÜRZE

SALBEI
Salvia officinalis L.

Nach Hildegard von Bingen ist Salbei »nützlich gegen die kranken Säfte, weil er trocknend ist. Denn roh und gekocht ist er gut für jene zu essen, die schädliche Säfte plagen, weil er diese unterdrückt. So mach Salbei zu Pulver und iss dieses Pulver mit Brot, und es vermindert den Überfluss der schlechten Säfte in dir. (…) oder wenn jemand stinkenden Atem hat, dann koche er Salbei in Wein, dann seihe er durch ein Tuch und so trinke er oft (…).«

GESCHICHTE
Salbei wird seit etwa 8000 Jahren in Medizin und Küche geschätzt. Die Klosterheilkunde sah ihn als wärmend und trocknend an und setzte ihn nicht nur bei Husten, Verdauungsbeschwerden und zur Wundbehandlung ein. Salbei galt auch als Mittel gegen Lähmung durch Schlaganfall.

HERKUNFT UND HANDELSWARE
Salbei gehört zu der Familie der Lippenblütler (Lamiaceen). Hildegard von Bingen schrieb über ihn: »Er wächst mehr infolge der Sonnenwärme als infolge der Feuchtigkeit der Erde.« Getrocknet hat er einen starken, durchdringenden Geschmack, während die jungen, frischen Blätter milder schmecken.

INHALTSSTOFFE
Salbei besitzt viele phenolische Verbindungen wie Labiatengerbstoffe, Flavonoide und Bitterstoffe. Das ätherische Öl enthält viel Thujon, dessen Gehalt in Regionen mit wärmerem und ausgeglichenem Klima am höchsten ist.

HEILWIRKUNG
Die Bitterstoffe und das ätherische Öl regen die Verdauungssäfte an, sorgen für einen gesteigerten Appetit und eine bessere Verdauung. Die Flavonoide wirken krampflösend. Aufgrund der antimikrobiellen Wirkung des Thujons ist Salbei ein bewährtes Gewürz bei Erkältungen und Infektionen des Magens. Die phenolischen Verbindungen schirmen Blutfette und Zellmembranen durch ihre antioxidative Wirkung gegen freie Radikale ab. Salbei ist daher gut bei Stress, UV-Belastung und Entzündungen.

Als wässriger Auszug hemmt der Salbei bereits innerhalb eines Tages die Schweißbildung, z. B. bei nervöser Unruhe oder Beschwerden in den Wechseljahren, wo er auch phytohormonhaltige Lebensmittel wie zum Beispiel Sojabohnen in ihrer Wirkung unterstützt.

Vorsichtshinweis
Salbei kann allergische Reaktionen verursachen. In der Schwangerschaft sollte man Salbei nicht essen. Salbei ist nicht zur täglichen Einnahme in größeren Mengen geeignet.

Senf *Brassica nigra L. W. D. J. Koch*

Adam Lonitzer berichtet über das Gewürz: »Senfsamen ist warm und trocken im vierten Grad, er zerteilt das Schleimige und leitet es aus. (…) Weißer Senf ist gut in der Speise genutzt, für diejenigen die an Bauchweh und Bauchgrimmen leiden. (…) Senf reinigt das Hirn, erwärmt den Magen, fördert die Verdauung, (…). Wer jeden Morgen zwei Senfkörner nüchtern hinunterschluckt, der wird vom Schlaganfall verschont bleiben.«

GESCHICHTE
Die ältesten Belege stammen aus dem Irak aus der Zeit der altorientalischen Sumerer. Die Griechen und Römer schätzten den Senf sehr und Karl der Große förderte seinen Anbau. Senf wurde in der Klosterheilkunde als stark wärmend und trocknend bezeichnet und früher gegen Atemwegserkrankungen und bei Verdauungsproblemen genutzt. Im ›Macer floridus‹ hieß es sogar, er solle die Haut verbrennen.

HERKUNFT UND HANDELSWARE
Weißer (*Sinapis alba*) und Schwarzer Senf (*Brassica nigra*) gehören zu den Kreuzblütlern (Brassicaceen). In Deutschland wird der Schwarze Senf angebaut. Senf wird beim Kochen in ganzen Körnern oder als Tafelsenf verwendet. Die gemahlenen Samen werden dazu mit Wein und weiteren Zutaten zu einer Paste verarbeitet.

INHALTSSTOFFE
Senfsamen enthalten 20 bis 36 Prozent des milden Senföls. Im Weißen Senf ist das Glykosid Sinalbin, im Schwarzen Senf Sinigrin für den scharfen Geschmack verantwortlich. Beim Mahlen wandelt ein Enzym des Senfs die Glykoside in Schwefelsäure und hautreizende Isothiocyanate um, die auch »Senföle« genannt werden.

HEILWIRKUNG
Ein Teelöffel Senf, eine halbe Stunde vor dem Essen eingenommen, erhöht den Appetit. Es soll viel Flüssigkeit nachgetrunken werden. Senf regt die Magen- und Darmbewegung an, hilft bei Verdauungsschwäche und der Verdauung fetter Speisen. Bei niedrigem Blutdruck bringen einige Teelöffel Senf den Kreislauf in Gang. Senföle werden im Darm resorbiert, für den Transport im Blut an Eiweiß gebunden und über die Nieren ausgeschieden. Sie reizen die Haut, fördern die Durchblutung und hemmen das Wachstum von Bakterien und Hefepilzen bei Darmmykosen sowie Darm- und Harnwegsinfekten.

Vorsichtshinweis
Senf kann mit seinen Senfölen die Magen-Darm-Schleimhäute reizen.

KRÄUTER UND GEWÜRZE

Cinnamomum verum J. S. Presl ZIMT

Schon seit der Spätantike wird zwischen dem Ceylonzimt und der Cassie, dem Zimt aus Südostasien, unterschieden. So schreibt etwa Lonitzer: »Dieweil wir das rechte edle Zimmetholz nicht haben, so wollen wir uns mit unserem gemeinen Cassien behelfen.« In Kraft und Wirkung sei die Zimtrinde der Cassie fast gleich: »Zimtrinde besänftigt den Husten, nimmt den Schnupfen, dienet dem erkalteten Magen, stärkt das Herz und macht gutes Blut.«

GESCHICHTE

Zimt wird seit etwa 4500 v. Chr. in China genutzt. Über die Seidenstraße kam er nach Griechenland und Rom. Bereits im 1. Jh. n. Chr. kannten Plinius und Dioskurides Kassiazimt aus Südchina und Cinnamomum aus Ceylon. Zimt wirkte laut der Klosterheilkunde als wärmendes und trocknendes Gewürz gegen »kalte Krankheiten«.

HERKUNFT UND HANDELSWARE

Zwei Arten der Lorbeergewächse (Lauraceen) sind wichtig: Ceylonzimt aus der Rinde von *Cinnamomum verum* mit süßem, warmem Aroma; Kassiazimt von *Cinnamomum aromaticum*, der etwas schärfer und weniger aromatisch ist. Ceylonzimtstangen sind eng gewickelte Rollen; Kassiazimtstangen sind dicker und nicht ineinander gesteckt. Beide liefern Zimtpulver.

INHALTSSTOFFE

Wichtigste Inhaltsstoffgruppe ist das ätherische Öl mit einem hohen Anteil an Zimtaldehyd, dem Träger des typischen Zimtdufts. Kassiazimt enthält viele zusammenziehende (adstringierende) Gerbstoffe, die im Aroma nicht angenehm sind.

HEILWIRKUNG

Das ätherische Öl sorgt für eine gute Verdauung, verbessert die Durchblutung der Magenschleimhaut, wirkt mild krampflösend, aktiviert die Verdauungsdrüsen und die Darmbewegung und

hilft so bei Darmträgheit und Verstopfung. Gerbstoffreiche Zimtsorten wie Kassiazimt sind bei Durchfall hilfreich. Zimt eignet sich auch bei Neigung zu erhöhten Blutfett- und Zuckerwerten. Deshalb sollte er zur Unterstützung des Stoffwechsels regelmäßig verwendet werden. Zimtaldehyd hemmt die Vermehrung von Pilzen, Viren und Bakterien und hilft bei Harnwegsinfekten.

Vorsichtshinweis

Zimt sollte bei Magen- und Darmgeschwüren, hohem Blutdruck und in der Schwangerschaft nur sparsam verwendet werden. Nach längerem Konsum von über 1 Gramm täglich können Magenbeschwerden und Unruhe auftreten. Allergien sind möglich.

Honig *Mel*

Adam Lonitzer schätzt am Honig: »Ein guter Honig soll süß und scharf sein, einen lieblichen Geruch haben, goldfarben, nicht wässrig, nicht schwer, nicht zu flüssig sein. Wenn man einen Honig (mit einem Löffel) hochzieht und wieder hinabfließen lässt, dann soll der Fluss nicht abreißen. Seine Kräfte eignen sich für viele Anwendungen und Gebrechen. In seiner Wirkung ist er wärmend und trocknend im zweiten Grad, er besitzt eine zarte Substanz und reinigt, durch die gewisse Schärfe hat er auch eine erweiternde Eigenschaft.«

GESCHICHTE

Wie aus Höhlenmalereien hervorgeht, nutzten die Menschen Honig schon vor mehr als 10.000 Jahren. Die Bienenhaltung begann vermutlich erst etwa 7000 v. Chr. in Kleinasien. Wie bedeutend der Honig in der Zeit der Hochkulturen war, zeigt u. a. die Bibel: Hier wird das Gelobte Land als das Land, in dem »Milch und Honig fließen«, beschrieben (4. Buch Mose 13, 27). Bei den Griechen war Honig eine Götterspeise, bei den Römern gab es Berufsimker und die Kelten, Germanen und Slaven tranken Honigwein.

HERKUNFT UND HANDELSWARE

Die Honigbiene sammelt zunächst Blütennektar oder Honigtau, d. h. von pflanzensaugenden Blatt- oder Rindenläusen ausgeschiedener Saft, für Blüten- bzw. Honigtauhonig. Im Stock entziehen die Bienen dem Saft Wasser und lagern ihn in Zellen, in denen er durch die beigegebenen Enzyme und Säuren in Honig umgewandelt wird. Der Imker schleudert den Honig mit einer Zentrifuge aus den Waben. Der so genannte Schleuderhonig ist die häufigste Handelsform. Zunehmend gibt es Wabenhonig zu kaufen, er besteht aus frisch bestückten Waben einschließlich der aufbauend wirkenden Blütenpollen. Der einfache Blütenhonig enthält den Nektar und die Pollen verschiedener Blütenpflanzen. Liegt der Anteil einer Pollenart bei über 45 Prozent, wird er als »Sortenhonig« bezeichnet. Intensiv erforscht wird der heilkräftige Honig des neuseeländischen Teebaums, der so genannte »Manuka-Honig«.

INHALTSSTOFFE

Die Grundmasse des Honigs besteht aus Kohlenhydraten (75 Gramm pro 100 Gramm) und Wasser (18 Gramm), er enthält nur wenig Eiweiß und Mineralstoffe. An Kohlenhydraten liegen die leicht verdaulichen Einfachzucker Fruktose mit 38 Gramm und Traubenzucker mit 31 Gramm vor. Je flüssiger und dunkler ein Honig ist, desto höher ist sein Gehalt an Fruktose. Der Blütenhonig enthält durchschnittlich nur 0,8 Gramm Mineralstoffe und Säuren, die Honigtauhonige dagegen 7 Gramm. So sind in vielen Waldhonigen durchschnittlich 27 Milligramm Eisen enthalten. Honig enthält reichlich Fruchtsäuren wie Apfelsäure. Einzigartig sind die entzündungshemmenden, bakteriziden Stoffe (z. B. Methylglyoxal) und die abwehrstärkende Enzyme (Katalase).

HEILWIRKUNG

Honig in Maßen gegessen liefert sowohl schnelle als auch lang anhaltende Energie. Damit ist er eine gute Zutat für das Frühstück, hilft bei der Rekonvaleszenz und füllt vor und nach dem Sport die Kohlenhydratreserven auf. Der Traubenzucker lässt den Blutzucker sofort ansteigen und stellt Energie z. B. für die Muskel- und Herzarbeit und für die Nerven schnell bereit. Fruchtzucker können die meisten Zellen dagegen nicht sofort verwerten. Er wird erst in der Leber in die Energiereserve Glykogen umgewandelt, die bei Bedarf zu Glukose (Traubenzucker) abgebaut wird. Im Gegensatz zu Traubenzucker erhöht Fruktose nicht direkt den Blutzuckerspiegel. Diabetiker sollten Honig wegen seiner hohen glykämischen Last hingegen nur in kleinen Mengen und in Kombination mit Ballaststoffen (z. B. zinkreicher Weizenkleie) oder etwas Fett verzehren. So wird der Anstieg des Blutzuckers verzögert.

Waldhonig fördert durch den hohen Eisengehalt die Hämoglobinbildung und enthält außerdem entzündungshemmende Stoffe, weshalb er als hilfreich nach Operationen gilt. Die antibakterielle und wundreinigende Wirkung des Honigs ist erwiesen: Sie beruht nicht nur auf dem hohen Zuckergehalt; auch Enzyme und andere bakterizide Stoffe tragen zur Heilung bei. Honig kann auch zur Heilung von Entzündungen im Hals und Rachenraum und äußerlich angewendet zur Heilung von sich schlecht schließenden Wunden beitragen. In der Erfahrungsheilkunde wird er bei Infektionen und Entzündungen von Magen und Darm empfohlen. Fruchtsäuren prägen den typischen Geruch und Geschmack und wirken appetitanregend. Die tägliche Einnahme von 1 bis 2 Teelöffel Honig auf nüchternen Magen sollen sogar bei Infektionen mit *Helicobacter pylori*, der für die Entstehung von dyspeptischen Beschwerden und Gastritis bis zu Magengeschwüren verantwortlich ist, helfen. »Manuka-Honig« eignet sich hierzu besonders gut.

Vorsichtshinweis

Honig kann bei empfindlichen Menschen allergische Reaktionen hervorrufen. Als allergieauslösende Substanzen kommen die von den Pflanzen eingetragenen Pollen, Pilzsporen und Algen sowie die Drüsensekrete der Honigbiene infrage. Honig fördert wegen seiner klebrigen Konsistenz stärker als Zucker die Kariesentstehung, deshalb sollten nach Genuss unbedingt Mund und Zähne gründlich mit Wasser ausgespült werden.

Aus der Praxis

Honig wurde in der Klosterheilkunde als heilkräftiges Lebensmittel und als wärmend und trocknend angesehen. Er wird gut aufgenommen, dringt tief in die Gewebe ein und wirkt reinigend. Er soll über Enzymprodukte zur Ausscheidung von Giftstoffen aus der Leber beitragen. Seine lokale antiseptische Wirkung auf die Schleimhäute von Mund, Rachen, Magen und Darm sprechen für die tägliche Anwendung bei Infektionen und Entzündungen. Um die Enzyme zu erhalten, darf der Honig nicht über 40 Grad Celsius erwärmt werden.

DIE STECKBRIEFE DER LEBENSMITTEL

Bier *Humulus lupulus L.*

Bei Ibn Butlan wird deutlich, dass er nicht vom bayerischen Reinheitsgebot ausgeht:
»Bier ist eine Hilfe gegen die Trunkenheit, wenn es mit Granatapfelsaft gemacht ist.
Das Gerstenbier bläht. Das gewürzte Bier wärmt und trocknet. Das Bier, das aus Brot mit
Kräutern gemacht wird, bläht nicht so stark wie das Gerstenbier.« Weiter schreibt er:
»Bier löscht die Hitze und Schärfe der Trunkenheit. Es bläht und vertreibt den Appetit.«

GESCHICHTE

Das Bier wurde in der Jungsteinzeit bald nach der Kunst des Brotbackens erfunden, als man merkte, dass Brot in Wasser gärt. Die ersten großen Biertrinker waren die Babylonier, die das Bier auch den Göttern opferten. Ihnen folgten die Ägypter und die Juden. Griechen und Römer kannten das Getränk ebenfalls, bevorzugten aber den Wein.
Im frühen Mittelalter, etwa ab dem 6. Jh., übernahmen in Westeuropa die Klöster das Bierbrauen. Es waren dann auch die Mönche, die erstmals dem Bier Hopfen zugaben, um es haltbarer zu machen. Der heilige Benedikt legte in seiner Klosterregel fest, dass in Regionen, in denen kein Wein wächst, jeder Mönch einen Liter Bier pro Tag erhalten solle. Dies war exakt die doppelte Menge, die für Wein empfohlen wurde. Das entspricht auch den heutigen Kenntnissen, denn mäßiger Bierkonsum hat ähnlich positive Auswirkungen wie mäßiger Weinkonsum. Der bierselige Mönch war jedoch eine Erfindung der Romantik, einer Epoche, in der es nur ganz wenige Klöster in Deutschland gab.

HERKUNFT UND HANDELSWARE

Bier wird heute auf der ganzen Welt hergestellt, aber nicht überall nur aus Gerstenmalz (oder Weizen), Hopfen, Hefe und Wasser, wie es das bayerische Reinheitsgebot von 1516 vorsieht, sondern auch aus verschiedenen Getreidesorten oder Kartoffeln. In der Regel wird Bier in

Deutschland aus Gerste, den weiblichen Blütendolden des Hopfens, Bierhefe und einem möglichst guten Wasser hergestellt.

Es gibt ober- und untergärige Bierhefe. Obergärig, also bei Temperaturen zwischen 15 und 19 Grad Celsius, wird Weißbier, Kölsch, Altbier, Berliner Weiße und der Malztrunk gebraut. Untergärig, das heißt mit gekühlter Hefe bei 4 bis 10 Grad Celsius, werden Pilz, Export, Märzen und Lagerbier hergestellt. Der Alkoholgehalt liegt in der Regel zwischen 4 und 5,5 Prozent, Leichtbiere liegen bei 3 Prozent, Starkbiere können 8 Prozent und mehr enthalten.

INHALTSSTOFFE

Die Grundlage für Bier ist das bereits keimende Korn, das alle Stoffe der Gerste oder des Weizens enthält. Das Korn wird für die Malzgewinnung getrocknet. Dabei wird Stärke zu Malzzucker und Eiweiß zu essenziellen Aminosäuren zerlegt. Die Zucker Maltose und Dextrin stellen den Hauptanteil an Kohlenhydraten, der Hopfen liefert die Bitterstoffe. Zuletzt kommt die wertvolle Bierhefe hinzu, die viele B-Vitamine enthält, darunter auch Vitamin B12, das sonst fast nur in Fleisch vorkommt. Zudem sind in Bierhefe auch die Mineralstoffe Kalium und Chrom enthalten. Daneben besitzt Bier auch Flavonoide und natürlich Alkohol. Immer öfter wird behauptet, dass Bier viel Magnesium enthalte, dies trifft jedoch nicht wirklich zu: Ein halber Liter Bier liefert nur etwa 45 Milligramm Magnesium.

HEILWIRKUNG

Sportler und Schwerarbeiter können mit Malzbier ihre Kohlenhydratspeicher wieder auffüllen. Als sehr mildes Getränk ist alkoholfreies Bier auch bei Reizdarm geeignet. Hopfen hat eine beruhigende Wirkung, die Bitterstoffe regen zudem den Appetit an. Durch mäßigen Biergenuss (nicht mehr als ein halber Liter pro Tag) wird die Gefahr, an einem Herz- oder Gefäßleiden zu erkranken, reduziert. In Verbindung mit Rauchen vergrößert Alkohol allerdings wiederum das Risiko für eine Reihe von Krankheiten. Diabetiker ohne Übergewicht können – nach Absprache mit dem Arzt – Bier trinken. Wegen des niedrigeren Zucker- und Alkoholgehalts empfiehlt sich jedoch vor allem Leichtbier. Bier kann zu einer nicht kontrollierbaren Blutzuckerabsenkung führen. Kalium spielt eine wichtige Rolle für Herz, Gefäße, Gehirn und Nerven. Chrom in Kombination mit B-Vitaminen unterstützt die Aufnahme von Glukose in die Körperzellen und wirkt einem Anstieg des Insulinspiegels entgegen.

Vorsichtshinweis

Bei Pilzerkrankungen (Mykosen) und Magenentzündung oder -geschwür sollte man kein Bier trinken, bei Leberschwäche nur in sehr geringen Mengen. Keinesfalls sollte Bier zum Durstlöschen täglich genossen werden.

Aus der Praxis

Aufgrund der ganz unterschiedlichen Biersorten kam Ibn Butlan zu keiner einheitlichen Bewertung der Heilwirkung. Bier war deshalb entweder wärmend und feuchtend oder kühlend und befeuchtend. Am besten sei jedoch ein mit Gewürzen versetztes Bier, das wärme und trockne. Bier galt als sehr sättigend und wurde besonders für heiße Länder und die heiße Jahreszeit empfohlen. Interessant ist die Kombination von Bier und Rettich, da dem Körper durch den Alkohol Kalium entzogen wird, Rettich jedoch wiederum viel Kalium enthält.

DIE STECKBRIEFE DER LEBENSMITTEL

Wein *Vitis vinifera L.*

Hildegard von Bingen lobt den Wein: »Ein Wein von der Rebe (...) macht dem Genießer ein gutes Blut und hält ihn gesund. Ein trüber Wein indessen macht das Blut schlecht, so als wäre es mit Asche vermischt. Der Frankenwein ist stark und lässt das Blut stürmisch aufwallen, deshalb soll man ihn vor dem Trinken mit Wasser mischen. (...) Wenn aber ein Mensch zum Zorn oder zur Traurigkeit gereizt wird, soll er sogleich Wein am Feuer wärmen und mit kaltem Wasser mischen, er wird sich nach dem Trank besser fühlen.«

GESCHICHTE

Wein wurde schon 6000 v. Chr. in Kleinasien angebaut. Von dort kam er nach Ägypten und schließlich nach Griechenland und Italien. Die Römer sorgten für die weitere Verbreitung des Weins. Ein römischer Legionär trank bis zu einem Liter Wein täglich. Dabei von Trunksucht zu reden wäre verfehlt, denn der Wein wurde so gut wie nie pur getrunken, sondern im Verhältnis 2 zu 5 mit Wasser gemischt und diente der Trinkwasserdesinfektion. Wenn kein Weinanbau möglich war, trat das Bier an seine Stelle. Die Bibel sagte: »Wie Lebenswasser ist der Wein dem Menschen, wenn er ihn trinkt mit Maß« (Jesus Sirach 31, 25). Diesem Wahlspruch folgten auch die Klöster im Mittelalter. Nach der Regel Benedikts stand jedem Mönch ein Glas Wein pro Tag zu. Trunkenheit war verpönt.

HERKUNFT UND HANDELSWARE

Die europäische Weinrebe (*Vitis vinifera*), der Echte oder Edle Weinstock, gehört zu den Weinrebengewächsen (Vitaceen). Meist stammen von ihr die Weintrauben für die Weinproduktion in Europa. Da diese Rebe nicht resistent gegen die Reblaus ist, wird sie auf Wurzelstöcke amerikanischer Sorten aufgepfropft. Aus der europäischen Weinrebe wurden viele Sorten gezüchtet, wie z. B. die Weißweinsorten Riesling, Silvaner, Müller-Thurgau und die Rotweinsorten Blauer Burgunder, Cabernet Sauvignon, Merlot usw. Basis des Weins ist der vergorene Saft aus den Weintrauben. Wein muss nach EU-Bestimmung mindestens 8,5 Prozent Alkohol enthalten. Beim Weißwein wird der Traubensaft vergoren, beim Rotwein wird Maische verwendet, dabei handelt es sich um ein Gemisch aus den festen und flüssigen Bestandteilen der Traube.

INHALTSSTOFFE

Wein enthält neben Wasser, Glukose (etwa 25 Gramm) und Fruktose (5 bis 10 Gramm) vor allem mehrere Säuren wie z. B. Apfel- und Weinsäure. Außer Kalium finden sich Mineralstoffen nur in geringen Mengen. Für den Menschen sehr wichtige Inhaltsstoffe des Weins sind die antioxidativen Polyphenole (z. B. Anthocyane) und weitere Flavonoide. Der Polyphenolanteil ist allerdings stark von Sorte, Boden und Herstellungsweise abhängig. Weißwein hat deutlich weniger Polyphenole (0,01 Prozent gegenüber 0,2 Prozent im Rotwein). Ein ganz wesentlicher Wirkstoff scheint der Alkohol zu sein, der bei Rotwein zwischen 11 und 13 Prozent, bei Weißwein zwischen 10 und 12 Prozent liegt. Fast alle positiven Effekte lassen sich nämlich auch mit Bier oder ganz geringen Mengen an Spirituosen erzielen. Rotwein besitzt vor allem Gerbstoffe.

HEILWIRKUNG

Der maßvolle Genuss von Wein, insbesondere von Rotwein, ist für die Gesundheit förderlich. Es sollten aber nicht mehr als gelegentlich ein viertel Liter bei Frauen und drei Achtel Liter bei Männern sein und auf keinen Fall täglich. Kalium ist bei Herz-Kreislauf-Erkrankungen nützlich, weil es an der neuronalen Reizübertragung und der Herzkontraktion beteiligt ist. Studien belegen, dass Rotwein – wohl aufgrund der Polyphenole – der Entstehung von Gefäßkrankheiten wie Arteriosklerose vorbeugen und das Herzinfarktrisiko senken kann. Polyphenole hemmen Entzündungsprozesse und die Blutgerinnung und damit die Thrombosebildung. Das antioxidative Resveratrol im Rotwein fördert sogar die Gen-Reparaturen in den Zellkernen. Bei Rauchern oder bei hohem Übergewicht kann sich der Genuss von Alkohol allerdings negativ auswirken. Rotwein kann durch sein antioxidatives Potenzial die Gefährlichkeit des schlechten Cholesterins reduzieren. In sehr kleinen Mengen ist Rotwein aufgrund seiner zellschützenden Kräfte sogar bei Leberbelastung sinnvoll, Weißwein jedoch nicht, weil dessen Säure reizt. Die Gerbstoffe des Rotweins wirken adstringierend und antimikrobiell.

Vorsichtshinweis

Bei Bronchitis, Heuschnupfen und Migräne sollte man keinen Rotwein trinken, weil er Histamin enthält. Die Säuren des Weißweins können die Schleimhäute bei Halsentzündung, Reizmagen und -darm reizen.

Aus der Praxis

Ibn Butlan schätzte den Wein als wärmend und trocknend ein. Im Mittelalter war Wein oft das einzige garantiert keimfreie Getränk und gehörte zu den wichtigsten Arzneimitteln der Klosterheilkunde. Allerdings wurde er meist nicht pur, sondern als Trägersubstanz für die Wirkstoffe von Kräutern genutzt. Die Menge, die die Regel des Benedikt für den täglichen Genuss von Wein angab, erweist sich bis heute als optimal: Täglich ein Viertel Liter Wein wird auch heute noch zur Erhaltung der Gesundheit empfohlen.

DIE STECKBRIEFE DER LEBENSMITTEL

LE

Der griechische Arzt Dioskurides nennt gesundheitliche Vorzüge des Olivenöls in seiner ›Materia medica‹: »Das beste Öl zum Gebrauch in gesunden Tagen ist das aus unreifen Oliven. Dabei soll man das frische, nicht scharfe, gut riechende auswählen; dies eignet sich auch gut zur Bereitung von Salben. Es ist auch dem Magen bekömmlich wegen seiner adstringierenden Kraft, heilt Wunden und festigt die Zähne, wenn es im Mund gehalten wird, auch hält es den Schweiß zurück.«

GESCHICHTE

Seit mindestens 6000 Jahren ist Olivenöl bekannt. In biblischen Zeiten wurde es als Speise und Opfergabe, zum Salben von Haut und Haaren sowie als Brennöl benutzt. Für die Griechen war es Lebens- und Arzneimittel, aber auch Kosmetikum. Sie bereiteten nahezu alle Speisen mit Olivenöl zu. Nördlich der Alpen war Olivenöl teure Importware und wurde in der Regel nur für medizinische Zwecke verwendet. Für die Ernährung und für andere Anwendungen nutzte man das günstigere Leinöl. Leinöl wird aus dem Samen des Flachses hergestellt und ist ebenfalls schon seit der Antike bekannt. Raps wurde erst seit dem späten Mittelalter gezielt angebaut.

HERKUNFT UND HANDELSWARE

Speiseöle werden aus Pflanzen gewonnen. Die Früchte oder Samen der Ölpflanzen werden in Walzen zu Brei zerkleinert. Kaltgepresstes Öl wird nur durch Pressen und anschließendes Filtern gewonnen und ist durch die schonende Herstellung qualitativ sehr hochwertig. Bei den warmgepressten Ölen wird der Brei erwärmt, um mehr Öl zu gewinnen. Dabei werden wertvolle Inhaltsstoffe zerstört. Bei den raffinierten Ölen werden aus dem warm gewonnenen Rohöl unerwünschte Stoffe chemisch und mechanisch entfernt, wobei wertvolle Sekundärstoffe, wie z. B. Antioxidanzien, zum Teil verloren gehen können.

172

INHALTSSTOFFE

Entscheidend für die gesundheitliche Bedeutung der pflanzlichen Öle sind Art und Gehalt der Fettsäuren und der Fettbegleitstoffe. Zu diesen zählen z. B. das antioxidative Vitamin E, Betacarotin, zellschützende Phenole und Bitterstoffe. Gerade der Gehalt an sekundären Pflanzenstoffen hängt stark vom Anbau und der Verarbeitung ab. Es empfiehlt sich daher, möglichst Öle aus ökologischem Anbau zu verwenden.

Olivenöl enthält als Hauptbestandteil mindestens 60 Prozent einfach ungesättigte Fettsäuren wie die Ölsäure, zusätzlich kommen u. a. antioxidative Phenole und Bitterstoffe vor. Auch im Rapsöl steht die Ölsäure an erster Stelle, daneben sind an die 10 Prozent mehrfach ungesättigte Omega-3-Fettsäuren vorhanden. Sein Anteil an antioxidativem Vitamin E ist relativ hoch. Leinöl zeichnet sich durch 20 bis 40 Prozent Omega-3-Fettsäure und 10 bis 30 Prozent Ölsäure aus. Im Weizenkeimöl überwiegt die mehrfach ungesättigte Linolsäure (bis 65 Prozent), gefolgt von etwa 20 Prozent der einfach ungesättigten Ölsäure und 8 Prozent an Alpha-Linolensäure. Das Weizenkeimöl besitzt als oxidative Schutzstoffe Carotinoide und etwa mehr als zehnmal so viel Vitamin E wie das Olivenöl.

HEILWIRKUNG

Generell können alle Öle mit mehrfach ungesättigten Fettsäuren wie Lein-, Raps- und Olivenöl den Anteil an schlechtem Cholesterin senken. Besonders empfehlenswert ist Olivenöl, denn das Zusammenspiel der Phenole und der Ölsäure verstärkt die cholesterinsenkende Wirkung. Durch die in den pflanzlichen Ölen enthaltenen Omega-3-Fettsäuren können im Körper entzündungshemmende Prostaglandine, blutverdünnende Thromboxane und gefäßerweiternde Leukotriene gebildet werden. Omega-3-Fettsäuren haben deshalb einen günstigen Einfluss auf den Blutzucker-, Insulin- und Blutfettspiegel. Mit Oliven- und Weizenkeimöl kann dieser Speicher mit antioxidativ wirksamen Stoffen immer wieder sehr gut aufgefüllt werden. Die Phenole und die Bitterstoffe des Olivenöls regen die gesamte Verdauung an, weshalb Olivenöl optimal bei Leber- und Gallenschwäche ist. Es wird vermutet, dass manche der phenolischen Sekundärstoffe die Blutgerinnung hemmen sowie einen vermehrten Aufbau von gefäßerweiternden Substanzen hervorrufen. Damit kann Olivenöl blutdrucksenkend und antiarteriosklerotisch wirken.

Vorsichtshinweis

Bei chronischen Entzündungsprozessen sollte man Omega-6-Fettsäure-haltige Öle nicht essen. Bei Überhitzung von Ölen entsteht das gesundheitsschädliche Acrolein.

Aus der Praxis

Alle Öle galten in der Klosterheilkunde als »entgiftend«. Das Olivenöl »wärmt, weicht« und lindert Bauchschmerzen, zudem soll es Giftstoffe abführen, so Adam Lonitzer in seinem ›Kräuterbuch‹. Lein- und Rapsöl sollten am besten möglichst frisch eingekauft und kühl und dunkel aufbewahrt werden, weil die mehrfach ungesättigten Fettsäuren oxidationsempfindlich sind. Lein- und Weizenkeimöl sind nicht für höhere Temperaturen geeignet, da ihre mehrfach ungesättigten Fettsäuren bei Temperaturen über 40 °C in ungesunde Verbindungen umgewandelt werden. Das Olivenöl eignet sich für hohe Temperaturen (bis 160 °C), da es wenig mehrfach ungesättigte Fettsäuren hat.

UNSER TÄGLICHES BROT RICHTIG GENIESSEN

Wenn wir essen, wird Nahrung zu einem Teil von uns. Das Wunder des Verdauungsvorgangs und was mit den Nährstoffen im Körper geschieht. Warum bewusstes Essen und die richtige Einstellung zum Essen für unsere Gesundheit so wichtig sind.

UNSER TÄGLICHES BROT RICHTIG GENIESSEN

Zu einer gesunden Ernährung gehört auch bewusstes Essen

Wenn wir essen, wird Nahrung zu einem Teil von uns. Das Brot, das Fleisch, das wir kauen und schlucken, wird in wenigen Stunden Bestandteil unseres Körpergewebes, wird zu Haut, Muskelzellen, Blutkörperchen, Gehirnsubstanz. »Betrachten Sie die Umwandlung von Nahrung in Körpersubstanz schlicht als Wunder«, soll der österreichische Naturarzt Franz Xaver Mayr seinen Patienten empfohlen haben.

So gesehen wird der Verdauungsvorgang tatsächlich zu etwas Wunderbarem und Geheimnisvollem. Auf einmal verstehen wir unsere Vorfahren, die sich vom Verzehr besonderer Lebensmittel, den Organen bestimmter Tiere mit bewunderten Fähigkeiten magische Kräfte erhofften. Wir verstehen auch die Gelehrten der Antike und des Mittelalters, die in der Verdauung den wichtigsten körperlichen Vorgang erkannten – die Metamorphose von uns alltäglich scheinender Materie zu zentralen Bestandteilen unseres körperlichen und geistigen Seins.

Falsche Ernährung macht krank

Dass es genug zu essen gibt, ist nicht immer selbstverständlich. Unsere Eltern und Großeltern, die die Weltkriege miterlebt haben, kannten meist auch Entbehrung und Hunger, und bei den Generationen davor gehörte eine zeitweise Knappheit an Lebensmitteln zum ganz normalen Leben. Auch heute leiden in vielen Kontinenten und Ländern der Erde Menschen ständig unter lebensbedrohendem Mangel an Nahrung.

Wir Mitglieder der westlichen Wohlstandsgesellschaft leiden eher unter dem Überfluss. Nahrung ist längst nicht mehr ein Geschenk der Schöpfung, sie ist ein von Menschen herstellbares Industrieprodukt, das wir überall in beliebigen Mengen kaufen können. Mit dem Überfluss und der Geringschätzung unserer Lebensmittel geht in unserer Gesellschaft eine Tabuisierung des Verdauungsvorgangs einher. Was im Mittelalter schlicht Allgemeinwissen war, nämlich, dass von Essen und Trinken und ihrer Verwertung im Körper ganz maßgeblich die Grundvoraussetzungen des Lebens abhängen – im Schlechten wie im Guten –, wollen wir nicht mehr gern wissen.

Wir sollten es aber doch wissen wollen. Denn die großen Volkskrankheiten, an denen die meisten von uns auch sterben, nämlich Herz-Kreislauf-Leiden, Krebs, rheumatische Erkrankungen und Diabetes, können nachweislich allein durch falsche Ernährung hervorgerufen werden. Statt unser Leben und unsere Gesundheit zu erhalten, also Lebensmittel im wörtlichen Sinne zu sein, macht falsche Ernährung krank und lässt uns sogar früher sterben.

Falsch bedeutet zunächst einmal vor allem zu viel. 60 Prozent der Bevölkerung in den USA und 50 Prozent der Deutschen haben deutliches Übergewicht. Die Folgekrankheiten von falscher Ernährung und Übergewicht kosten Staat und Gesellschaft Unsummen, allein in Deutschland jährlich fast unvorstellbare 60 Milliarden Euro. Der Umsatz von Medikamenten, die die Folgen falscher Ernährung beheben sollen, ist seit 1992 um 900 Prozent gestiegen, von 0,7 auf 5,5 Milliarden DM. Die Anzahl der Verschreibungen hat sich in dieser Zeit mehr als verdreifacht.

Je bunter, desto besser: Alles, was im Obst- und Gemüsekorb leuchtend farbig ist, birgt einen besonderen Schatz an heilkräftigen Inhaltsstoffen – Chlorophyll, Carotinoide und Anthocyane.

Medikamente gegen die Folgen der Fehlernährung

Die Umsätze von Medikamenten steigen sprunghaft an: Für Medikamente gegen einen erhöhten Cholesterinspiegel werden über 10 Milliarden Euro jährlich umgesetzt. Für Medikamente gegen Magengeschwüre fast 6 Milliarden Euro. Die meisten hochwirksamen Medikamente haben Nebenwirkungen. So vergiften wir uns doppelt: mit falscher Ernährung und mit chemischen Stoffen, die das eine Symptom lindern, dafür oft aber neue Fehlleistungen des Körpers und andere Krankheiten provozieren. Damit schaden wir nicht nur uns selbst, sondern auch der Gesellschaft, denn die Folgen dieser durch Fehlernährung entstandenen Krankheiten verursachen unvorstellbar hohe Kosten. In vielen Ländern droht die gesundheitliche Versorgung durch Staat und Krankenkassen zusammenzubrechen. Unserer Ernährung die gebührende Bedeutung zuzumessen ist also auch eine ethische Verpflichtung: uns selbst gegenüber, unseren Familien und der Gesellschaft, in der wir leben.

Ein Weg zur richtigen Ernährung führt über die Klosterheilkunde. Durch den Wandel der Zeiten hat sie das uralte und wertvolle Wissen der Antike über Ernährung und Gesundheit bewahrt. Die Aufnahme von Nahrung in den Körper, der Prozess der Verdauung, ist aus der Sicht dieser Tradition dabei das zentrale körperliche Geschehen.

Verdauung beginnt schon vor dem Essen

Die Verdauung beginnt nicht erst im Magen oder im Mund, sondern schon in der Küche. Das, was wir essen wollen, wird erst einmal zerkleinert, erhitzt, gekocht oder gebraten und dadurch verdaubarer und bekömmlicher gemacht.

Die Vorfreude auf das Essen, das Aufschneiden von Brot, das Tischdecken, im Restaurant das Wählen und Warten, die Düfte aus der Küche, dies alles stimmt auf die Mahlzeit ein und stimuliert die Speicheldrüsen. Bis zu 1,5 Liter Speichel produzieren die Speicheldrüsen täglich.

Wunderwerk Verdauungsapparat

Ist der erste Bissen im Mund, beginnen die im Speichel enthaltenen Enzyme (auf die Verdauung spezialisierte Eiweiße) schon damit, die Nahrung in die Bestandteile zu zerlegen, die der Körper verwerten kann. Essen wir also z. B. ein Stück Brot wie oft zu Beginn einer Mahlzeit, spalten Enzyme die Kohlenhydrate des Brotgetreides auf. Dadurch wird die Stärke in Form von Zucker für den Körper schneller verfügbar. Das Kauen dient aber nicht nur der Zerkleinerung der Nahrung, es soll auch die Oberfläche der Nahrung vergrößern. So haben die Enzyme eine größere Angriffsfläche und die Nahrung kann leichter in die lebensnotwendigen Bausteine zerlegt werden.

Bereits während des Kauens erreichen Teile der Nahrung durch die Speiseröhre den **Magen**. Mit der eigentlichen Verdauung hat er gar nicht viel zu tun, er dient eher zur Desinfektion, zur Mengenkontrolle und als Zwischenlager, in dem der Nahrungsbrei durch Muskelbewegungen gut durchgemischt wird.

Das Eiweiß der Nahrung wird im Magen in seine Bestandteile, die Aminosäuren, zerlegt. Seine Aufspaltung erfolgt gleich am Anfang des Verdauungsprozesses, da Eiweiß sehr unterschiedlich aufgebaut ist. Drüsen in der Magenwand produzieren täglich rund 2 Liter eines Gemisches aus Salzsäure und anderen Substanzen. Dieses Gemisch hat einen pH-Wert von 1,5, ist also extrem sauer, was in erster Linie zur Desinfizierung dient. Die meisten der Millionen Mikroorganismen und Bakterien, die in der Nahrung enthalten sind, werden durch die Säure vernichtet. Die Magenwand selbst besteht auch aus Eiweiß, das sich kaum von dem in der Nahrung unterscheidet. Eigentlich müsste es von seiner eigenen Säure angegriffen und verdaut werden. Damit das nicht geschieht, sondert die oberste Zellschicht der Magenwand einen undurchdringlich zähen Schleim ab. Dieser schützt die Magenwand vor der Säure.

Eiweißverdauung im Magen

Die größte Zellgruppe des Magens, die Hauptzellen, produzieren Pepsinogen, einen Stoff, der von der Salzsäure in das Enzym Pepsin umgewandelt wird. Pepsin spaltet das in der Nahrung enthaltene Eiweiß und wirkt antibakteriell. Im Vorraum des Pförtners (Antrum), des Übergangs vom Magen in den Zwölffingerdarm (Duodenum), liegt eine andere Art von Zellen, die G-Zellen. Sie produzieren das Gewebshormon Gastrin.

Gastrin steigert die Aktivität der Magen-Darm-Muskulatur und regt zur weiteren Produktion von Salzsäure und Pepsinogen an. Wie schnell die Nahrung den Magen wieder verlässt, hängt u. a. von ihrem Nährwert ab. 1,5 Kilokalorien pro Minute werden vom Pförtner in den Zwölffingerdarm durchgelassen. Daher bleiben schwere Mahlzeiten viele Stunden im Magen liegen. Etwa 20 Minuten, nachdem die ersten Bissen Brot im Magen gelandet sind, wird der Brei, zu dem es vorverdaut worden ist, in Portionen durch den Zwölffingerdarm in den Dünndarm abgegeben.

Der Dünndarm als Ort der Nährstoffaufnahme

Der Dünndarm ist der wichtigste und aktivste Teil des Verdauungskanals. Hier verrichten die Säfte aus der Bauchspeicheldrüse und Gallenflüssigkeit ihre Arbeit und zerlegen den Großteil der Nahrung in seine einzelnen Bestandteile. Außerdem beginnt im Dünndarm der Vorgang, der den eigentlichen Sinn der Ernährung bedeutet: die Aufnahme der Nährstoffe ins Blut.

Die Wand des Dünndarms ist in unendlich viele und immer feiner verästelte Ausstülpungen gefaltet, die Darmzotten. Die Zotten vergrößern die Oberfläche des Dünndarms, damit der Stoffaustausch möglichst vollständig stattfinden kann. Sie sind von hauchdünnen Blutgefäßen durchzogen, den Kapillaren, die die Nähr- und Giftstoffe aus dem Darminneren aufnehmen und mit dem Blut weiter zur Leber transportieren.

Im Dünndarm beginnt auch die Verdauung der Fette. Die Bauchspeicheldrüse und die Gallenblase geben ihre Verdauungssäfte dazu. Aus der Bauchspeicheldrüse kommen die Enzyme: Lipase für die Fette, Amylase und Maltase für die Kohlenhydrate, Trypsin und Chymotrypsin für das Eiweiß und Nukleasen für die Nukleinsäuren – die Erbsubstanz der Pflanzen – und Tierbestandteile, die mit der Nahrung aufgenommen werden.

Zentrallabor Leber

Die Leber filtert Gifte aus der Nahrung und speichert Nährstoffe. Eiweiß aus der Nahrung, das im Darm in Aminosäuren zerlegt wurde, wird in der Leber zu körpereigenen Eiweißen umgebaut. Die Gallenflüssigkeit, ein grüngelber Saft aus Salzen, Cholesterin und Lecithin, die von der Leber produziert wird – täglich rund 1 Liter –, enthält neben den wichtigen Gallensäuren auch Emulgatoren. Sie umhüllen die Fetttröpfchen und machen sie so wasserlöslicher und damit für die Enzyme zugänglicher, diese zerlegen die Fettmoleküle in ihre Bestandteile. Die jetzt eingespeisten Verdauungssäfte sind basisch und neutralisieren die Säure, die der Nahrungsbrei vorher im Magen aufgenommen hat. Dies ist wichtig, da die Verdauungsfermente des Dünndarms nur im neutralen bis basischen Bereich arbeiten können. Für den Rest der Verdauungsstrecke ist der pH-Wert wieder weitgehend neutral.

Und nun ereignet sich der zentrale Moment des Verdauungsvorgangs: der Augenblick, in dem all die Aminosäuren, Einfachzucker und Fettsäuren unserer Nahrung aus dem Darminneren durch die Darmwand hindurch in die fein verästelten Blutkapillaren wandern. Ab diesem Moment gehört das Gegessene endgültig zum Körper.

Der Dickdarm – Sitz von Billionen von Bakterien

Der **Dickdarm** (Colon), der letzte Abschnitt des Verdauungskanals, hat vor allem die Aufgabe, die restliche Flüssigkeit und Elektrolyte, die für die Verdauung aufgewendet wurden, der Wiederverwertung zuzuführen. Der Körper hat mit der Magensäure, der Gallenflüssigkeit und den anderen Verdauungssekreten insgesamt rund 7 Liter Flüssigkeit in den Verdauungskanal gepumpt. Jetzt führt er diese Flüssigkeit wieder zurück. Würde er die Flüssigkeit ausscheiden, müssten wir die 7 Liter täglich zusätzlich trinken.

Im Dickdarm leben Billionen von Bakterien, die die übrig gebliebenen, unverdaulichen Ballaststoffe verwerten. Würde man all diese Bakterien aus dem Darm isolieren und wiegen, so würden sie rund 1 Kilo auf die Waage bringen – eigentlich unvorstellbar. Die Mikroflora aus diesen Bakterien im Dickdarm ist probiotisch (lebensfreundlich), weil sie die Verdauung unterstützt.

Der Darm – wichtig für Leib und Seele

Verdauung ist kein rein körperlicher Vorgang, das war schon den Menschen in der Antike bewusst. Unser psychischer Zustand hängt eng mit dem Verdauungsgeschehen zusammen. Die moderne Medizin bestätigt das, seitdem man weiß, dass der Darm mehr Nervenzellen enthält als das Rückenmark, entwicklungsgeschichtlich älter ist als das Gehirn und weitgehend unabhängig von ihm funktioniert.

Der Darm ist außerdem ein wichtiger Teil des Immunsystems, denn etwa 70 Prozent des Immunsystems sind im Darm lokalisiert. Die Darmwand des Dünndarms ist bis in die feinen Zotten durchzogen von einem dichten Netz von Lymphgefäßen, die Gifte und Abbauprodukte des Stoffwechsels entfernen. Auch die Bakterienflora des Darms spielt eine wichtige Rolle bei der Abwehr fremder Keime und Mikroorganismen.

Der Verdauungstrakt reagiert stark auf emotionale Zustände. Magenkrämpfe, Bauchschmerzen oder plötzlicher heftiger Durchfall bei Aufregung, Stress und Angst sind Reaktionen, die beinahe jeder schon einmal erlebt hat.

Der Verdauungsprozess ist also weit mehr und auf essenziellere Weise in unser Leben eingebunden, als wir es oft annehmen: »Die Vorgänge der Verdauung sind mehr als die Rohstoffverwertung, sie sind zentraler Bestandteil des ganzen Systems, in dem Körper, Geist und Seele untrennbar zusammenwirken« (Pater Kilian Saum).

Esskultur im Wandel

Das, was Mensch und Tier am Leben erhält, die eigene, individuelle Existenz sichert und die Erhaltung der Spezies, ist stets mit Verlangen, Genuss und Befriedigung verbunden. Wäre es anders, die Menschheit wäre längst ausgestorben. Essen bedeutet die Befriedigung des hungrigen Verlangens, Essen bereitet Genuss. Wie alles, was die menschliche Existenz betrifft, ist auch das Essen sozialen und kulturellen Wandlungen unterworfen. Wie wir unseren Hunger stillen, wie und was wir genießen und wann wir satt und zufrieden sind – unsere Essgewohnheiten also –, sind eng an das soziale Umfeld, an Ort, Kultur und Klima gebunden.

Falsches Essverhalten und die Folgen

Die Globalisierung und die teilweise »Gleichschaltung« des Lebensstils haben viele Unterschiede der Essgewohnheiten zwischen den Kontinenten, Klimazonen und Kulturen verwischt. Die Arbeitszeiten bestimmen weitgehend auch die Essenszeiten. Ein Beispiel ist die fortschreitende Abschaffung der in warmen Ländern üblichen langen Mittagspause mit einer Ruhephase zur heißesten Zeit des Tages, an dem die Arbeit besonders schwer fällt. Oft bleibt auch dort für das Mittagessen nicht mehr als eine halbe Stunde Zeit. Der Hunger aber hat sich nicht verändert. Die Folge: Wir essen zu hastig.

Und weil wir auf ausführliche, ritualisierte Mahlzeiten verzichten, stillen wir unseren Hunger gern nebenbei, während wir noch etwas anderes tun: der Schokoriegel am PC, der Hamburger auf dem Heimweg, die Tiefkühlpizza vor dem Fernseher. Essen wird so zur Nebensache, die oft noch nicht einmal bewussten Genuss bringt, sondern nur dem sofortigen Stillen des Hungers dient. Gemeinsame Mahlzeiten, früher ein unverrückbares Familienritual, sind selten geworden. Arbeitsessen sind oft die einzige Gelegenheit für ein gemeinsames Essen, doch die Konzentration auf die Arbeit vergällt uns das Vergnügen, das wir am Essen eigentlich haben sollten. Und allzu oft essen wir zu Hause im Bewusstsein von Ärgernissen und Sorgen.

DIE GOLDENEN ERNÄHRUNGSREGELN

Gut kauen und einspeicheln

Wer langsam isst und dabei lange kaut, sorgt dafür, dass sich die Oberfläche der Nahrung vergrößert und die Verdauungsfermente so das Essen leichter aufschlüsseln können. Kommt die bereits gut eingespeichelte und vorverdaute Nahrung in den Magen, muss er weniger Salzsäure zugeben und kann den Nahrungsbrei zügig in den Zwölffingerdarm abgeben.

In entspanntem Zustand essen

Essen macht Spaß. Allerdings nur, wenn wir in Ruhe genießen können. Denn wenn wir unter großer Anspannung essen, bekommt uns das Essen nicht. Bei Stress ist nämlich der Verdauungsnerv abgeschaltet und die Verdauungsleistung herabgesetzt.

Vor dem Essen viel Wasser trinken

Wir haben die Gewohnheit, beim Essen auch unseren Durst zu stillen. Wenn wir aber zum Essen Wasser trinken, werden die Verdauungssäfte verdünnt und sind damit weniger wirksam. Besser ist es, eine halbe Stunde vor dem Essen so viel Wasser zu trinken, dass der Durst komplett gelöscht ist.

Abends keine Rohkost mehr essen

Rohkost wie Obst und Salat ist für uns schwer verdaulich und nachts ist die Verdauungsleistung reduziert. Die nicht ausreichend verdauten Früchte und Salate werden dann von den Darmbakterien in Form von Gärung zersetzt. Und bei der Gärung entstehen giftige Alkohole.

Aufhören, wenn man satt ist

Essen wir langsam, sind wir in der Regel ziemlich bald satt. Wenn wir jedoch zu schnell essen, merken wir erst viel zu spät, dass wir eigentlich schon lange satt sind.

Auf den Nachtisch verzichten

Kaum einer verzichtet gern auf das Dessert, für viele ist es der Höhepunkt des Menüs. Süß macht glücklich. Durch den Zucker im Dessert steigt der Blutzucker im Blut, und die Bauchspeicheldrüse produziert Insulin, um den Blutzuckerspiegel wieder zu senken. Meistens produziert sie zu viel davon und das überschüssige Insulin senkt den Blutzucker zu sehr – die Folge ist Heißhunger.

Säure-Base-Gleichgewicht herstellen

In einem gesunden Körper ist das Verhältnis von Säure zu Base ausgeglichen. Oft überwiegt jedoch die Säure. Grund dafür ist eine falsche Ernährung, zu wenig Bewegung und eine hektische Lebensweise. Viele so genannte Zivilisationskrankheiten wie Allergien, Gicht und rheumatische Beschwerden können ihre Ursache in einer Übersäuerung des Körpers haben.

Regelmäßige Entgiftung

Fastenzeiten haben in fast allen Kulturen eine Tradition. Die Erfahrung des zeitweiligen Verzichts tut Körper und Geist gut. Es gibt Fastenzeiten, in denen man insgesamt weniger isst, oder das Vollfasten oder Heilfasten, bei der es gar keine feste Nahrung gibt.

UNSER TÄGLICHES BROT RICHTIG GENIESSEN

Vieles an dem, was uns die Umstände und die Umgebung, das Berufsleben und der Geist der Zeit aufzwingen, können wir nicht ändern. Schließlich sind die allermeisten auf einen Broterwerb – bei dem es ja schon dem Namen nach um den Erwerb der notwendigen Nahrung geht – angewiesen und müssen sich an die Forderungen des Berufs anpassen. Wenn wir uns aber bewusst machen, wo die Gefahren für unsere Gesundheit lauern, wissen wir auch, wie wir ihnen begegnen und uns besser ernähren können.

Was passiert, wenn wir zu schnell essen? Wir kauen dann nicht genug, denn das Kauen kostet Zeit. Optimal wäre es, jeden Bissen mindestens

Säure- und Basenlieferanten

Basenlieferanten	Neutrale Nahrungsmittel	Säurelieferanten
✦ Aprikose, Banane, Brombeere, Feige, Grapefruit, Melone, Nektarine, Orange, Pfirsich, Pflaume, Zitrone	✦ Ananas, Apfel, Birne, Erdbeere, Heidelbeere, Himbeere, Johannisbeere, Kirsche, Preiselbeere	✦ unreifes Obst
✦ Aubergine, Blumenkohl, Brokkoli, Chicorée, Eisbergsalat, Endivie, Feldsalat, Fenchel, Gurke, Kartoffel, Kohlrabi, Kresse, Kürbis, Lauch, Möhre, Radieschen, Rettich, Rote Bete, Rotkohl, Sauerkraut, Sellerie, Spinat, Tomaten, weiße Bohnen, Weißkohl, Wirsing, Zucchini	✦ grüne Bohnen, Rosenkohl	✦ Erdnüsse, Paranüsse, Walnüsse
	✦ Erbsen, Linsen, Sojaprodukte (Tofu)	✦ polierter, geschälter Reis, Teigwaren aus Weißmehl, Zwieback
	✦ Ahornsirup, kalt geschleuderter Honig	✦ raffinierte, gehärtete Fette (z.B. Margarine) und Öle
	✦ Haferflocken, Hirse, Vollkorngetreideprodukte	✦ Zucker, zuckerhaltige Getränke und Süßigkeiten
✦ Champignon, Pfifferling, Shiitake, Steinpilz	✦ Haselnüsse, Leinsamen, Mandeln	✦ hochprozentiger Alkohol, Bohnenkaffee, Hefeweizenbier, Schwarztee, Sekt
✦ Sonnenblumenkerne, Kürbiskerne	✦ Milch, Butter, Buttermilch, Harzer Käse, Joghurt, Quark, Rohmilch, süße Sahne, Schafskäse/-milch, Weichkäse, Ziegenkäse/-milch	✦ Spargel
✦ Knoblauch, Kümmel, Paprikapulver, Pfeffer		✦ Senf
✦ Basilikum, Dill, Majoran, Oregano, Petersilie, Schnittlauch, Thymian		✦ Hartkäse, Schmelzkäse
✦ kalt gepresste Öle, Essig		✦ Eier (vor allem das Eiklar)
✦ Vollkornbrot und -reis	✦ Gänse-, Hühner-, Putenfleisch	✦ Entenfleisch, Fleischbrühe, Innereien, rotes Fleisch (Rind, Schwein, Lamm), Wild (Hase, Hirsch, Reh, Wildschwein), Wurst
✦ saure Sahne, Schichtkäse	✦ Hummer, Süßwasserfische	
✦ Schellfisch, Scholle		✦ Meeresfrüchte, Seefische
✦ Säfte der genannten Obst- und Gemüsesorten, grüner Tee, Kräutertee	✦ Apfelwein, Bier, Leitungswasser	✦ Getränke mit Kohlensäure, Rot- und Weißwein

20- bis 30-mal zu kauen. Meist kauen wir aber unser Essen gerade mal 2-bis 3-Mal. Der Magen muss nun nachholen, was wir versäumt haben. Die nur grob zerkleinerten und kaum eingespeichelten, also mit zu wenig Enzymen versehenen Nahrungsbestandteile versucht der Magen dann mit besonders viel Magensäure in verdaubare Partikel zu zerkleinern. Das dauert ziemlich lange – das Essen liegt uns also schwer im Magen und wir spüren das Bedürfnis nach einem Kaffee oder nach einem Schnaps. Aber sowohl Kaffee als auch Alkohol gelten als saure Nahrung und regen die Magensäureproduktion noch mehr an, was an sich gar nicht schlecht wäre, wenn der Magen durch die zu wenig gekauten Speisen nicht sowieso schon Magensäure im Übermaß hätte produzieren müssen.

Wenig später erreicht der Speisebrei den Zwölffingerdarm, dessen Verdauungsfermente ausschließlich im basischen, also alkalischen Milieu tätig werden können. Damit die übersäuerte, zu wenig eingespeichelte Nahrung weiterverarbeitet werden kann, müssen Bauchspeicheldrüse, Gallenblase und Zwölffingerdarm wiederum übermäßig viel Verdauungssäfte produzieren. Außerdem geben sie dem Magen durch eine hormonelle Botschaft den Befehl, vorläufig keine Nahrung mehr an den Zwölffingerdarm weiterzugeben. Inzwischen wird der Speisebrei, je länger er im Magen liegt, immer saurer, die Folge sind Aufstoßen und Sodbrennen.

Nehmen wir unsere Mahlzeit abends ein, kommt erschwerend dazu, dass in der Nacht das Vegetativum die Tätigkeit der Verdauungsdrüsen und die Darmbewegungen drosselt. So wird der Speisebrei nicht vollständig verdaut, weil ihm zu wenig Verdauungssäfte beigemischt werden. Nur halb verdaut gelangt er in die unteren Darmabschnitte. Dort bleibt er über Nacht liegen.

Die Darmbakterien, die billionenfach im Dickdarm leben, zersetzen die mangelhaft verdauten Speisen zu giftigen Substanzen, besonders wenn wir am Abend noch Rohkost wie Salat oder Obst gegessen und noch dazu schlecht gekaut haben. Die faserreiche Rohkost beginnt im nächtlich trägen Darm zu gären. Durch den Gärungsprozess entstehen Alkohole und Säuren. Unter den Alkoholen finden sich meist auch Methanol, Butanol und Propanol, die bis zu zehnmal so giftig sind wie Ethylalkohol, also gewöhnlicher Weingeist. Außerdem bilden sich während der Gärung schädliche Säuren, die, im Übermaß produziert, u. a. eine chronische Darmentzündung verursachen können.

Hülsenfrüchte spielten in der Klosterküche eine wichtige Rolle. Zu Recht – sie enthalten wertvolle Aminosäuren und versorgen den Körper zudem mit dem Spurenelement Zink.

Die wichtigsten Baustoffe der Nahrung

Die wichtigen Nährstoffe sind die, ohne die ein Mensch auf die Dauer nicht leben kann. Das sind Eiweiße, Fette, Kohlenhydrate, Vitamine und Mineralstoffe. Zu wenig oder zu viel davon können gleichermaßen schädlich sein. Beides verschiebt das Gleichgewicht, das im gesunden Körper vorherrschen soll. Dieses Gleichgewicht ist sehr sensibel, schon kleinste und allerkleinste Mengen eines bestimmten Mineralstoffs oder Spurenelements können, wenn sie fehlen, zu krankmachenden Wirkungen führen.

Proteine – besonders wichtig für Kinder und alte Menschen

Proteine (Eiweiß) sind eine sehr vielfältige Stoffgruppe. Sie sind komplex, wandelbar und sie haben sehr unterschiedliche Aufgaben im Körper. Sie sind Baumaterial, Botenstoffe und Informationsvermittler. Sie sind für das Immunsystem zuständig und für Aufbau und Wachstum der Körperzellen. Außerdem sind Proteine wichtige Energiespender. Ohne Proteine könnte der Körper nicht überleben, denn alle Organe benötigen sie, um zu funktionieren.

Entzündungsförderer

Arachidonsäure ist eine mehrfach ungesättigte Fettsäure, aus der im Körper Signalstoffe entstehen, die Entzündungen und Schmerzen verstärken. Daher ist es bei bestimmten Krankheiten zu empfehlen, besonders arachidonsäurehaltige Lebensmittel zu vermeiden. Besonders viel Arachidonsäure ist enthalten in: Schweineleber, -fleisch, -niere und -herz, Rindfleisch, Rinderleber, Kalb, Lammfleisch, Putenfleisch und -leber, Hühnerleber, -fett und -fleisch, Gänseleber, Hirn und Hirsch.

Bestandteil aller Eiweiße sind Aminosäuren, im Körper kommen etwa zwanzig von ihnen vor. Die Mehrzahl der Aminosäuren kann der Körper selbst produzieren, neun von ihnen aber nicht. Diese müssen dem Körper regelmäßig mit dem Essen zugeführt werden. Sie sind lebensnotwendig, deshalb nennt man sie auch essenzielle Aminosäuren. Nur wenn alle diese Aminosäuren gleichzeitig und in der richtigen Menge vorhanden sind, können sich Kinder entwickeln, bleiben Erwachsene körperlich und geistig leistungsfähig und gesund. Wenn nur eine einzige dieser essenziellen Aminosäuren fehlt, wird das Wachstum von Kindern gestört, der Mensch wird geschwächt, altert schneller.

Nahrung, die alle essenziellen Aminosäuren enthält, nennt man »biologisch hochwertig«. Biologisch hochwertiges Eiweiß ist enthalten in: Fleisch, Fisch, Eiern, Milch und Milchprodukten, Hülsenfrüchten, Kartoffeln, Getreide. Um sich biologisch hochwertig mit Eiweiß zu versorgen, muss die Nahrung aber nicht unbedingt viel Fleisch und Fisch enthalten. Eier, eiweißhaltiges Gemüse, Hülsenfrüchte und Milchprodukte reichen zur Versorgung des Organismus mit essenziellen Aminosäuren völlig aus. Auf ausreichende Eiweißversorgung sollte man aber besonders bei Kindern und alten Menschen achten.

Fette liefern mehr als nur Energie

Fette sind im ganzen Körper verteilt und machen 15 bis 20 Prozent des gesamten Körpervolumens aus. Fette sind wichtige Bestandteile des Körpergewebes und der Zellen und sie betten die inneren Organe ein. Nur durch Fette können viele Vitamine wie A, D, E und K vom Körper aufgenommen und ans Blut weitergegeben werden. Auf der anderen Seite ist Fett die wichtigste Energiequelle. Pro Gramm liefert es doppelt so viele Kilokalorien wie Kohlenhydrate und Eiweiß. Wegen des hohen Brennwerts ist Fett dann besonders wichtig, wenn Wärmeenergie gebraucht wird. Und Fett ist ein großer Geschmacksverstärker. Ganz ohne Fett zu leben wäre also abwegig und ungesund. Fett ist aber nicht gleich Fett: »Schlechte« Fette können die Gesundheit beeinträchtigen, während »gute« sie zu erhalten helfen.

Gute und schlechte Fette

In der Küche besonders viel verwendete Fette sind die Öle; ihre Hauptbausteine sind die Fettsäuren. Von ihnen und der Art der Sekundär- oder Fettbegleitstoffe ist der gesundheitliche Wert abhängig. Sekundärstoffe sind vor allem Vitamin E, das antioxidativ wirkt, Pflanzenhormone und zellschützende Phenole. Der Gehalt an Sekundärstoffen ist besonders von Anbau und Verarbeitung abhängig. Man sollte deshalb auch bei Ölen auf biologischen Anbau achten.

✦ Wie bei den Aminosäuren gibt es Fettsäuren, die der Körper nicht selbst herstellen kann und die er mit der Nahrung zu sich nehmen muss, dies sind die **mehrfach ungesättigten Fettsäuren**. Diese Fettsäuren sind besonders wichtige Ausgangssubstanzen für Botenstoffe zwischen den Nervenzellen und dem Gehirn. Man unterscheidet die Omega-3-Fettsäuren von den Omega-6-Fettsäuren. Mit der Aufnahme pflanzlicher Omega-3-Fettsäuren können mehr entzündungshemmende Botenstoffe gebildet werden. Die meisten Omega-6-Fettsäuren (z. B. die Arachidonsäure) haben jedoch nicht nur positive Effekte, da aus ihnen auch gefäßverengende, entzündungsfördernde Botenstoffe gebildet werden können. Omega-6 Fettsäuren senken zwar den Anteil an schlechtem Cholesterin im Blut, bilden aber oxidationsempfindliche Blutfette, die das Risiko für Herz-Kreislauf-Erkrankungen erhöhen.

✦ Die **einfach ungesättigten Fettsäuren** wie die Ölsäure kann der menschliche Körper unter Umständen selbst herstellen. Es ist aber vorteilhaft, sie regelmäßig mit der Nahrung aufzunehmen, da sie die Blutfettwerte verbessern.

✦ **Gesättigte Fettsäuren**, zu denen Palmitinsäure und Stearinsäure zählen, sind in allen pflanzlichen Ölen in kleineren Mengen enthalten. In tierischen Fetten sowie in Palm- und Kokosfett stellen sie die Hauptkomponenten dar. Sie dienen lediglich der Energiezufuhr und haben im Gegensatz zu den anderen Fettsäuren keinen gesundheitsfördernden Aspekt. Die gesättigten Fettsäuren erhöhen den Cholesterinspiegel und senken den Anteil des guten Cholesterins im Blut. In größeren Mengen erhöhen sie das Risiko für Gefäßverkalkung (Arteriosklerose) und Herz-Kreislauf-Erkrankungen.

Empfehlenswert sind möglichst **naturbelassenen Fette** wie Butter und kaltgepresste Öle aus biologischer Erzeugung. Butter ist auch für Empfindliche besonders leicht verträglich und enthält mehrfach ungesättigte Fettsäuren. Fabrikfette dagegen werden extrem vielen Prozessen unterworfen, Stoffe werden ihnen entzogen, andere zugesetzt, sie werden erhitzt, gehärtet, gebleicht und dabei gehen die meisten Vitamine ohnehin verloren.

Einfache und komplexe Kohlenhydrate

Kohlenhydrate sind die Hauptenergiequelle für unseren Körper. Sie versorgen Muskeln und Gehirn mit Energie und regulieren den Eiweiß- und Fettstoffabbau. Ohne Kohlenhydrate kann die Leber Fette nicht aufspalten und nur mit ihrer Hilfe ist der Transport wichtiger Mineralstoffe wie Magnesium, Zink und Kalium im Blut möglich. Auch unverdauliche Kohlenhydrate erfüllen als Ballaststoffe eine wichtige Funktion.

Nicht alle Kohlenhydrate sind gleich gesund. Man sollte unterscheiden zwischen den komplexen Kohlenhydraten in naturbelassenen Lebensmitteln, die der Körper unbedingt braucht, und den einfachen Kohlenhydraten wie in Fabrikzucker, chemisch zubereiteten Nahrungsmitteln und Süßigkeiten. Diese einfachen, konzentrierten Kohlenhydrate sollte man in möglichst geringen Mengen aufnehmen. Komplexe Kohlenhydrate sind in Getreide, Vollkornprodukten, frischem Obst und Gemüse, Kartoffeln und Hülsenfrüchten enthalten. Sie sind reich an Vitaminen, Mineralstoffen, Schutzsubstanzen und Ballaststoffen. Komplexe Kohlenhydrate bestehen aus Vielfachzucker. Die Getreidestärke, die im vollen Korn 70 Prozent ausmacht, ist der für unsere Ernährung wichtigste Vielfachzucker. Die Stärke wird während des Verdauungsprozesses in einfache Zuckermoleküle (Glukose) aufgespalten, nur diese können über die Darmzotten ins Blut aufgenommen werden. Allerdings sollten die vollwertigen Körner geschrotet oder gemahlen werden, damit sie vom Darm aufgeschlossen und verwertet werden können. Ganze Körner können nicht verdaut werden und werden unverdaut wieder ausgeschieden.

Das Rückgrat unserer Ernährung: Getreide und Vollkornprodukte enthalten komplexe Kohlenhydrate und reichlich Ballaststoffe, Vitamine und Mineralstoffe.

Die glykämische Last verschiedener Lebensmittel

Produkt	Glykämische Last	Produkt	Glykämische Last
Ananas	8,31	Müslimischung	54,94
Apfel, ungeschält	3,76	Naturreis	18,00
Apfelsine	3,98	Papaya	1,80
Aprikose	6,38	Parboiled Reis	11,28
Baguette	52,63	Pastinake (roh)	2,32
Banane	14,98	Pellkartoffel	9,62
Birne	4,09	Pfirsich	3,10
Buchweizen	38,50	Pflaume	3,98
Cornflakes	67,66	Polierter Reis	78,40
Eier-Teigwaren	49,00	Quinoa	21,28
Erbse	4,99	Roggenbrot	22,85
Erdnuss	1,33	Rosine	47,93
Gerstenkorn	18,99	Rote Bete, gekocht	3,20
Grapefruit	2,25	Sojabohne	1,01
Halbbitter-Schokolade	37,80	Spaghetti, eifrei	52,64
Honig	56,70	Tomate	0,39
Honigmelone	8,68	Vollkornbrot mit Sonnen-blumenkernen	21,95
Joghurt (3,5 Prozent Fett)	1,32		
Karotte, gekocht	2,48	Vollkorn-Haferflocken	35,44
Karotte, roh	1,56	Vollkorn-Pumpernickelbrot	18,62
Kirchererbse	13,60	Vollkorn-Weizenbrot	32,84
Kirsche	2,93	Vollmilch-Schokolade	39,20
Kiwi	4,73	Wassermelone	5,81
Knoblauch	4,26	Weintraube	7,90
Kürbis	3,75	Weintraubensaft	7,64
Linse, grün, braun	15,08	Weißbrot	33,60
Mais	48,75	Weizengrieß	42,09
Modifizierte Stärke	78,95	Weizenmischbrot	31,96
Maisgrieß	49,98	Weizenvollkornbrot	28,29
Mango	8,96	Zucchino	0,33
Milch (3,5 Prozent Fett)	1,30	Zwiebel	0,74

Der menschliche Organismus ist seit Urzeiten daran gewöhnt, den größten Teil seines Glukosebedarfs durch komplexe Kohlenhydrate zu decken. Fruktose aus Früchten oder Honig gab es nur selten. Inzwischen wird Zucker industriell hergestellt, ist billig und immer verfügbar. Die meisten Menschen essen mehr Zucker, als für ihre Gesundheit gut ist, nämlich ca. 100 Gramm am Tag. Außer Süßigkeiten enthalten auch viele Fertigprodukte reichlich Zucker, so auch Getränke wie Limonaden und Coca-Cola.

Bei großem Verbrauch an Zucker besteht Suchtgefahr. Denn dann steigt der Blutzucker im Blut, die Bauchspeicheldrüse produziert also Insulin, um den Blutzuckerspiegel wieder zu senken. Meistens bildet sie zu viel davon und das überschüssige Insulin senkt den Blutzucker zu sehr. Die Folge des zu niedrigen Blutzuckerspiegels ist Heißhunger. Eine Orientierung darüber, wie schnell die Kohlenhydrate ins Blut übergehen, also einen hohen Insulinanstieg zur Folge haben, gibt die Tabelle auf Seite 187. Je niedriger die so genannte glykämische Last (siehe auch Seite 187), desto günstiger sind die Auswirkungen auf die Insulinausschüttung.

Vitamine: Schutz- und Vitalstoffe

Vitamine haben äußerst vielfältige Aufgaben. Sie sind unentbehrlich beim Aufbau der Enzyme, die im Körper an sämtlichen Stoffwechselvorgängen, an der Blutbildung und an der Ernährung von Gehirn und Nerven beteiligt sind. Vitamine spie-

Nicht jeder verträgt Fruktose		
Fruktosearm	**Fruktosehaltig**	**Fruktose- und sorbithaltig**
Honigmelone	Obstsäfte, verdünnt oder mit Traubenzucker	Apfel (vor allem Saft, Mus und getrocknet)
Zuckermelone	Marmeladen in kleinen Mengen	Pflaume (gedörrt)
Zitrone	Orangensaft gespritzt	Birne (Saft und getrocknet)
getrocknete Banane	Orangen	Marille (Saft und getrocknet)
Mandarine	Kirschen	Pfirsich (Saft, getrocknet)
	Kiwi	Rosinen, Trauben (saft)
	Kaki	Datteln
	Heidelbeere	Honig
	Brombeere	Erdbeere
	Ananas (Kompott)	Rot- und Weißwein
	Mirabelle	Bier
	Stachelbeere	Johannisbeere
	Rhabarber	Himbeere
	Zwiebel	Aprikose
	Schwarzwurzel	Mango
	Artischocke	Wassermelone

len auch eine wichtige Rolle als so genannte Antioxidanzien. Besonders Vitamin C ist ein hochwirksames Antioxidans, aber auch Vitamin E und Betacarotin sind wichtige Radikalfänger. Außerdem haben Vitamine eine entzündungshemmende und antibakterielle Wirkung und sie schützen vor vorzeitiger Zellalterung.

Vitamine lassen sich in zwei große Gruppen unterteilen, die fettlöslichen und wasserunlöslichen, das sind die Vitamine A, E, D und K und die wasserlöslichen, das sind alle B-Vitamine und das Vitamin C.

Die wasserlöslichen Vitamine B und C müssen wir täglich mit der Nahrung aufnehmen. Da besonders junge und alte Menschen häufig Fertiggerichte bevorzugen, sollten sie darauf achten, ob sie ausreichend Vitamine zu sich nehmen.

Fettlösliche Vitamine finden sich in der Natur nur in Fetten gelöst, eine extrem fettarme oder fettfreie Ernährung kann also zu schweren Mangelerscheinungen führen. Von diesen Vitaminen kann sich der Körper einen Vorrat anlegen:

✦ **Vitamin A** ist besonders wichtig für Haut, Schleimhäute, Zähne, Knochen und die Schilddrüsentätigkeit. Als Bestandteil des Sehpurpurs in der Netzhaut unterstützt es die Sehkraft.

✦ **Vitamin D** wird in der Haut unter Einwirkung von UV-Strahlen gebildet. Vitamin D ist lebenswichtig für Wachstum und Entwicklung, die Bildung und Erhaltung von Knochen und Zähnen. Es ist unentbehrlich für Babys und Kleinkinder, Schwangere, Stillende und ältere Menschen. Bei Mangel an Vitamin D entseht Rachitis.

✦ **Vitamin E** gilt vor allem als Anitoxidans und Schutzstoff bei vielen biochemischen Vorgängen.

✦ **Vitamin K** ist die Vorstufe des Blutgerinnungsfaktors Thrombin, besonders wichtig für die Blutgerinnung und darüber hinaus für die Knochenbildung notwendig.

Lebenswichtige Elemente: Mineralstoffe

Mineralstoffe sind überall im Körper vorhanden, in allen Flüssigkeiten und in allem Gewebe, in Knochen, Muskeln, Zähnen, Blut und Nervenzellen. Der Körper kann sie aber nicht selbst herstellen und muss sie immer wieder mit der Nahrung aufnehmen. Mineralstoffe machen etwa 5 Prozent des Körpergewichts aus.

Zu den Mineralstoffen zählen auch die so genannten Spurenelemente. Sie werden nur in winzigen Mengen vom Körper benötigt, manchmal in Tagesrationen von einigen millionstel Gramm. Die wichtigsten Spurenelemente sind Eisen, Fluor und Zink.

Mineralstoffe sind am Aufbau von Knochen und Zähnen beteiligt, erhalten Bindegewebe, Muskeln, Blut- und Nervenzellen. Sie regeln den Wasserhaushalt, sind Vehikel für den Sauerstoff, ohne den die Zellen nicht überleben können und helfen beim Abtransport von Zellabfall aus Organen und Geweben. Mineralstoffe sind Bestandteil der Verdauungssäfte, ohne sie könnte unser Verdauungssystem nicht funktionieren. Auch gegen Krankheiten bieten sie Schutz.

Die besten Quellen für Mineralstoffe sind Gemüse. Gemüse besitzt von allen Lebensmitteln die höchste Dichte an Vitaminen und Mineralstoffen. Besonders wichtige Mineralstoffe sind:

✦ **Kalzium** steckt zu 99 Prozent in den Knochen und Zähnen, beeinflusst aber auch die Herzarbeit und die Erregbarkeit der Muskeln.

✦ **Kalium** ist lebenswichtig für Herz und Gefäße, für Nerven und Gehirn.

✦ **Magnesium** ist notwendig für Knochen und Zähne, für die Übertragung von Nervenimpulsen und die Muskelspannung.

✦ **Zink** ist unentbehrlich für Haut, Haare Nägel und Immunsystem. Zink gilt als Antioxidans, ist Bestandteil des Proteinstoffwechsels und wird für die Insulinproduktion benötigt. Zink gehört aufgrund falscher Ernährungsgewohnheiten zu den Hauptmangelelementen bei uns.

✦ **Eisen** ist zu 75 Prozent Bestandteil des roten Blutfarbstoffs Hämoglobin. Frauen haben einen um 50 Prozent höheren Eisenbedarf als Männer.

✦ **Selen** sorgt für die Abwehr vor Krebs und Infarkten, es verhindert offenbar, dass die Blutplättchen verklumpen und schützt die Zellwände gegen Umweltgifte und freie Radikale. Auch an Selen herrscht in Deutschland Mangel.

✦ **Jod** wird zur Funktion der Schilddrüse und dem Aufbau ihrer Hormone gebraucht. Besonders in Süddeutschland herrscht Jodmangel.

✦ **Mangan** ist der Aktivator wichtiger Enzyme z. B. bei der Knochenbildung. Mangan hilft bei der Ernährung von Gehirn und Nerven. Mangan wird auch als mögliches Therapeutikum von multipler Sklerose diskutiert.

✦ **Chrom** kontrolliert den Appetit. Ein Mangel an Chrom kann hohen Blutdruck, hohen Cholesterinspiegel und Diabetis mellitus verursachen und die Gefahr von Arteriosklerose, Schlaganfall und Krebs erhöhen.

✦ **Kupfer** ist enorm wichtig für die Elastizität der Gefäße und steuert viele Stoffwechselprozesse und gilt als Radikalfänger. Ein Mangel an Kupfer kann möglicherweise eine Ursache für die Entstehung von Alzheimer sein.

Nahrungsmittelunverträglichkeiten belasten immer mehr Menschen

Die Fälle von Unverträglichkeiten auf bestimmte Nahrungsmittel nehmen stetig zu. Die Verdauungssysteme vieler Menschen können bestimmte Lebensmittel nicht verdauen.

✦ **Fruktoseintoleranz:** Fruktose oder Fruchtzucker kommt vor allem in Obst und Obstsäften vor (siehe Tabelle auf Seite 188). Menschen, die Fruktose nicht verdauen können, reagieren auf sie mit Beschwerden wie Aufstoßen, Bauchschmerzen, Übelkeit, Durchfall und Blähungen, aber auch Stimmungsverschlechterung. Da unverdaute Fruktose im Darm die Aminosäure Tryptophan bindet, kann durch den resultierenden Mangel des Glückshormons Serotonin eine Depression entstehen. Reine Fruktose wird besonders schlecht vom Darm aufgenommen.

Die wichtigsten Nahrungsmittel mit sehr hohem Histamingehalt	
Milchprodukte	Parmesan, Emmentaler, Cheddar, Mondseer, Harzer, Gouda, Blauschimmelkäse, Camembert, Brie, Bergkäse
Wurst	Osso Collo, Salami, Westfälischer Schinken, Rohwurst, geräucherte Wurst, roher Schinken, geräucherter Schinken, Cervelat
Fisch	Thunfisch, geräucherte Makrele, Sardinen, Sardellen, Hering, Rollmops, Fischkonserven, Fische in Marinaden, frischer Goldbarsch
Obst und Gemüse	Sauerkraut, Tomaten, Auberginen, Avocado, eingelegtes Gemüse, Bananen, rote Pflaumen, Birnen, Orangen, Kiwi, Erdbeeren
Sonstiges	Rotweinessig, Tafelessig, Aceto Balsamico, Hefeextrakt, Sojasauce, flüssige Suppenwürze, Ketchup, Glutamat, Schokolade, Kakao

Deshalb empfiehlt es sich, entweder nur sehr kleine Mengen an fruktosehaltigen Lebensmitteln zu sich zu nehmen, oder sie mit glukosehaltigen Lebensmitteln, also solchen, die Traubenzucker enthalten, zu kombinieren.

Sorbit hingegen, das in manchen Obstsorten, in Bier, Diabetikerprodukten und einigen zuckerfreien Süßigkeiten enthalten ist, verschlechtert die Resorption und verschlimmert die Beschwerden. Ähnlich ungünstig wie Sorbit wirken Zuckerzusatzstoffe wie Mannit, Isomalt, Xylit, Maltit. Mehrfachfruchtzucker und Inulin sind auch in vielen probiotischen Lebensmitteln wie Joghurt enthalten.

Wer unter einer Fruktoseintoleranz leidet, sollte folgende Lebensmittel meiden: konzentrierte Obstprodukte wie Dörrobst und Obstsäfte, Honig und verschiedene sorbithaltige Obstsorten wie Kern- und Steinobst. Auch die in Hülsenfrüchten enthaltene Stachyose kann die Beschwerden verschlechtern, weshalb man besser auf Bohnen, Linsen, Erdnüsse und Sojaprodukte verzichten sollte.

Außer der richtigen Ernährung ist bei Fruktoseintoleranz viel Bewegung wichtig. Regelmäßige Ausdauerbewegung regt die Darmbeweglichkeit an, sodass Gase und Darminhalt schneller abtransportiert werden.

✦ **Histamin:** Histamin ist ein körpereigener Stoff, der Entzündungen, Schmerzen, Hautrötungen, Allergien, Schwellungen, Herzrasen, Blutdruckabfall und Migräne bewirken kann. Menschen, die zu diesen Beschwerden neigen, sollten histaminreiche Lebensmittel meiden oder zumindest reduzieren (siehe Seite 190). Damit können sie allergische und entzündliche Prozesse verringern und Migräneanfälle reduzieren.

✦ **Laktoseintoleranz:** Der Zweifachzucker Laktose wird normalerweise im Dünndarm durch das Enzym Laktase aufgespalten und in die Blutbahn aufgenommen. Dieses Enzym wird besonders im Säuglingsalter produziert, da Säuglinge ausschließlich von Milch ernährt werden. Viele Erwachsene bilden gar keine Laktase mehr, dann gelangt der Milchzucker unverdaut in die tieferen Darmabschnitte, wo er von Bakterien zu Gasen, Alkoholen und kurzkettigen Fettsäuren abgebaut wird. Die Gärungsprodukte können Blähungen, Durchfall, kolikartige Bauchschmerzen oder Völlegefühl und Übelkeit verursachen. Die Verträglichkeit richtet sich nach dem Milchzuckergehalt der Lebensmittel und dem Grad des Enzymmangels. Kombiniert mit anderen Lebensmitteln sind auch milchzuckerreiche Lebensmittel besser verträglich. Als Milchersatz kann man Reismilch, Sojamilch oder Hafermilch verwenden.

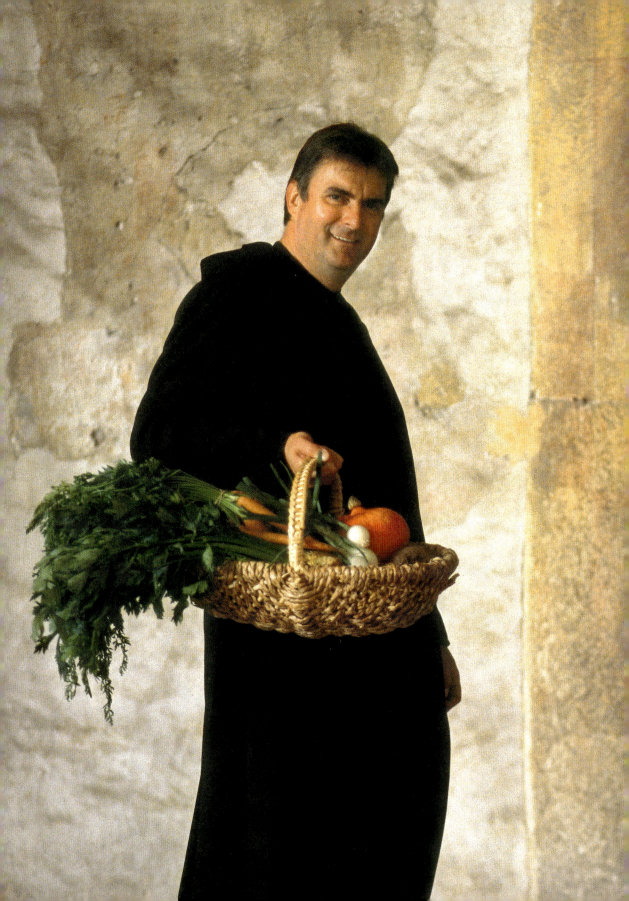

HEILEN DURCH ERNÄHRUNG

Ohne Nahrung kann es kein Leben geben, ohne richtige Ernährung keine Gesundheit. Wie sich jeder richtig ernähren kann, um Krankheiten vorzubeugen und zu heilen. Gute Nahrung kann manches Medikament ersetzen.

HEILEN DURCH ERNÄHRUNG

Ein- und Durchschlafstörungen

Über die rechte Nachtruhe und einen sinnvollen Wechsel zwischen Ruhen und Wachen ist bereits in den mittelalterlichen Handschriften der Mönche zu lesen. Damit sie nicht zur unrechten Zeit »wachen« mussten, hatten die Mönche Maßnahmen für einen guten und tiefen Schlaf in ihrem Tagesablauf integriert. Dazu zählte die Regel, dass auch im Winter die Tafel der abendlichen Mahlzeit noch bei Sonnenlicht aufgehoben wurde. Der Schlaf hatte nach der Qualitätenlehre wärmende und befeuchtende Wirkung, Eigenschaften, die auch dem ausgeglichenen Charakter des Sanguinikers zugeschrieben wurden.

Probleme beim Ein- und Durchschlafen sind das, was man heutzutage landläufig unter Schlafstörungen versteht. 5 Millionen Menschen in Deutschland klagen über derartige nächtliche Schwierigkeiten. Auf der anderen Seite gibt es auch Schlafstörungen, die die Betroffenen erst einmal gar nicht als solche wahrnehmen. Sie sagen dann zwar, gut geschlafen zu haben, sind aber tagsüber oft unerklärlich müde.

In diesem Kapitel soll es lediglich um Probleme beim Ein- und Durchschlafen gehen, die gelegentlich auftreten; sie kann man durch eine Ernährungsumstellung immerhin wesentlich verbessern. Wenn Sie jedoch schon länger als vier Wochen jede oder fast jede Nacht schlecht schlafen und tagsüber entsprechend müde sind, haben Sie eine ernsthafte Schlafstörung, die Sie von einem Arzt oder Psychologen untersuchen lassen sollten. Würden die Schlafstörungen jetzt nicht behandelt, können sich die Probleme leicht festsetzen und chronisch werden.

URSACHEN UND SYMPTOME

Wohl jeder war schon einmal von **Einschlafstörungen** betroffen: Man liegt abends länger als eine halbe Stunde unruhig wach und kann nicht einschlafen, obwohl man müde ist. Gründe für diese Unruhe sind häufig abendliche Reizüberflutung durch aufregende Fernsehfilme oder heiße Diskussionen, eine generelle Überlastung und angstbesetzter Stress oder mangelnde Bewegung. Auch ein zu üppiges und spätes Abendessen lässt einen oft nicht zur Ruhe kommen (siehe Seite 195). Ein Mangel an dem Schlafhormon Melatonin ist eine weitere wichtige Ursache. Die Bildung von Melatonin hängt vom Hell-Dunkel-Rhythmus ab: Das Tageslicht bewirkt in der Zirbeldrüse des Gehirns eine Hemmung der Melatoninsekretion. Und nicht zuletzt führen ständige Wechsel des Tag-Nacht-Rhythmus, etwa bei Schichtarbeitern, leicht zu gestörtem Botenstoffhaushalt und damit zu Einschlafstörungen.

Bei einer **Durchschlafstörung** wacht man in der Nacht auf und kann nicht mehr einschlafen oder man erwacht lange vor dem Morgen und findet dann keinen Schlaf mehr.

In der Ganzheitsmedizin wird darauf geachtet, zu welcher Tages- oder Nachtzeit bestimmte Beschwerden häufig oder regelmäßig wiederkehren, und daraus werden Rückschlüsse auf die Ursache der Beschwerden gezogen – das gilt auch für Schlafstörungen. In dieser Zeit ist das entsprechende Organ besonders belastet und könnte demnach eine Ursache für die Schlafstörung sein. So ist etwa zwischen 23 Uhr und 1 Uhr morgens die »Herz-Zeit«. Wenn man regelmäßig zu dieser Zeit aufwacht, könnte das auf Herzprobleme hinweisen. Eine Wachphase zwischen 1 und 3 Uhr morgens ergibt sich aus der Aktivitätsphase der Leber, die die Gifte unschädlich machen muss, die wir ihr tagsüber zugemutet haben. Zwischen 3 und 5 Uhr wacht man vor allem dann auf, wenn man zu wenig Luft bekommt – die Lunge hat ihre Hauptaktivitätsphase. Zwischen 5 und 7 Uhr meldet sich dann der Darm.

194

SCHLAFSTÖRUNGEN

Finden Sie nachts keine Ruhe, können Sie mit den ätherischen Ölen der Melisse und den Vitaminen des Brokkoli die Nerven beruhigen und mit Kalbfleisch und Weizenkeimen Ihrem Körper Grundstoffe für das Schlafhormon zur Verfügung stellen.

Nicht selten sind Schnarchen oder eine so genannte Schlafapnoe (siehe unten) Ursache für Durchschlafstörungen. Schnarchen entsteht durch ein erschlafftes Gaumensegel, das bei jedem Atemzug flattert. Auslöser kann eine Kehlkopfentzündung sein, die das Gaumensegel anschwellen und im Luftzug der Atmung in flatternde Bewegung geraten lässt. Auch die durch Alkohol erschlaffte Zunge kann eine Ursache sein: Wenn sie in Rückenlage nach hinten rutscht, verlegt sie die Atemwege und kann ebenfalls zu Schnarchen führen. Nicht selten entwickelt sich das banale Schnarchen zur gefährlichen Schlafapnoe, die mit Atemaussetzern den Sauerstoffgehalt des Bluts stark reduzieren kann.

Solche Atemstillstände sind eindeutig die gefährlichste Schlafstörung und gehören unbedingt in ärztliche Behandlung.

EINFLUSS DER ERNÄHRUNG
1. Entlasten des Verdauungstrakts:
✦ Zunächst einmal ist es wichtig, ein zu üppiges und spätes Abendessen zu vermeiden. Weil nachts die Verdauungsleistung insgesamt reduziert ist und das Abendessen nur halb verdaut in tiefere Darmabschnitte wandert, entstehen im Darm Gärungs- und Fäulnisgifte. Eiweiß und Kohlenhydrate werden dann nicht wie sonst im Magen und Dünndarm zerlegt, sondern wandern in den Darm, in dem sie von den Darmbakterien

195

vergoren werden: Die dabei entstehenden Gifte belasten die Leber, die dann besonders zwischen 1 und 3 Uhr arbeiten muss: Schweißausbrüche, Unruhe und Durchschlafstörungen, ja sogar Aggressionen können sich einstellen. Ein üppiges Abendessen, das stundenlang im Magen liegt, lässt darüber hinaus dem vegetativen Nervensystem, das den Schlaf steuert, keine Ruhe.

✦ Größere Mengen an Weißwein und Sekt, womöglich in Kombination mit Süßem, sehr Saurem oder stark gewürzten Speisen übersäuern den Magen. Spätestens wenn der Magen zusätzlich mit sehr fettem, schwer verdaulichem Essen geplagt wird, ist saures Aufstoßen (Sodbrennen) die Folge. Wenn Sodbrennen den Rachen reizt, sind Einschlafstörungen fast vorprogrammiert: Die aufsteigende Magensäure führt zu Schmerzen im Rachen und entzündet dann die Schleimhaut. Durch die Entzündung schwillt die Rachen- und Kehlkopfschleimhaut an, gerät durch den Luftzug des Atems in flatternde Bewegung und verursacht auf diese Weise das typische Schnarchgeräusch. Die Atmung wird außerdem behindert, wenn Gärungsprozesse im Darm ablaufen, denn dadurch wird das Zwerchfell nach oben gedrückt. Und wegen der Blähungen versucht man ständig, neue Liegepositionen zu finden, in denen sich der Magen wieder beruhigt.

✦ Um den Verdauungstrakt zu entlasten, haben sich solche Lebensmittel bewährt, die die Verdauung gezielt fördern (siehe Seite 197).

2. Unterstützen der Melatoninbildung: Liegt ein Mangel an der Aminosäure Tryptophan vor, wird zu wenig des Schlafhormons Melatonin im Gehirn gebildet – Einschlafstörungen sind die Folge. Der Tryptophanmangel kann zwei Ursachen haben: Zum einen kann das an einer tryptophanarmen Ernährung liegen. Dies kann man durch tryptophanreiche Lebensmittel (siehe Seite 197) wieder ausgleichen. Zum anderen kann eine Fruktoseunverträglichkeit vorliegen: Wenn die Fruktose nicht vollständig verdaut wird, gelangt sie in tiefere Darmabschnitte und bindet dort Tryptophan, das dann nicht mehr resorbiert werden kann.

3. Vermeiden anregender Lebensmittel:

✦ Das Koffein im Kaffee und das Teein aus Tee erhöhen den Blutdruck und wirken aufputschend. Jeder, der abends Kaffee oder Tee trinkt und anschließend nicht einschlafen kann, reagiert also durchaus normal. Es gibt allerdings auch Menschen, die auf Koffein ganz anders reagieren: Auf sie wirkt Kaffee schlaffördernd.

✦ Alkohol kann als durchaus adäquate Beruhigungsmethode gelten und einschlaffördernd wirken. Bier eignet sich dabei am besten, da der darin enthaltene Hopfen selbst stark beruhigend und ermüdend wirkt. Oft führt Alkohol aber dazu, dass man bereits nach wenigen Stunden wieder wach im Bett liegt. Dann muss der Körper nämlich die neu zugeführten Gifte verarbeiten und wird wieder aktiv. Wer sich einen Schwips oder gar Rausch antrinkt, hat deutlich zu viel des Guten getan: Er fällt womöglich in einen plötzlichen, geradezu narkoseartigen Schlaf, der nicht erholsam ist. Alkohol ist darüber hinaus eine der wichtigsten Ursachen von Schnarchen und Schlafapnoe. Die Zungenmuskulatur erschlafft durch Alkohol auch im Schlaf, die Zunge rutscht zurück und blockiert die Atemwege.

4. Abbauen von Übergewicht: Übergewicht ist eine der häufigsten Ursachen für Schnarchen und Atemaussetzer. Studien zeigen, dass Gewichtsabnahme allein schon einen Großteil der Beschwerden lindert.

5. Nervenregeneration und Beruhigung: Vitamin-B-haltige Lebensmittel helfen, die Nerven zu regenerieren, und wirken beruhigend.

WELCHE LEBENSMITTEL HELFEN?

✦ Bereits den Mönchen und Nonnen aus dem Mittelalter war die verdauungsfördernde Wirkung von **Fenchel** bekannt. Heute erachtet man neben gut gegartem Fenchel auch weich gedünstetes Gemüse wie Zucchini, Chicorée und Gurken als darmschonend. Durch die Entlastung des Darms wird auch der Schlaf gefördert.

✦ Fisch, besonders **Forelle**, Zander, Kabeljau und **Huhn** schätzte die mittelalterliche Klosterheilkunde ebenfalls als leicht verdauliche Speisen. Die moderne Ernährungslehre zählt zu den leicht zu verwertenden Eiweißlieferanten noch Kalbfleisch, Pute und Rinderfilet sowie **Sojabohnen**. Kalbfleisch, Rinderfilet und Hühnerbrust stellen zudem reichlich Tryptophan zur Verfügung, aus dem Melatonin gebildet wird.

✦ Gute Quellen für Tryptophan sind außerdem manche Getreideprodukte wie **Weizenkeime**. Auch Dinkel und Amarant liefern größere Tryptophanmengen, die schlaffördernd sind. Weizenkeime eignen sich besonders gut, weil sie im Vergleich zu Amarant und Dinkel einen niedrigeren Kohlenhydratanteil haben und daher den Darm weniger durch Gärungsprozesse belasten. Sie wirken mit ihren reichlich vorhandenen B-Vitaminen außerdem nervenregenerierend.

✦ Weiterhin reichlich Tryptophan für das Schlafhormon ist enthalten in Quark, **Käse** und Eiern, Cashew- sowie Paranüssen und Kakao.

✦ Weil sie durch ihre hohen Vitamin-B-Mengen eine beruhigende Wirkung entfalten und zur Regeneration der Nerven beitragen, sind **Hefe**, Hafer und Brokkoli empfehlenswert.

✦ **Bananen** und Kartoffeln waren im Mittelalter zwar noch nicht bekannt, sie sind aber nichtsdestotrotz wegen ihrer beruhigenden Eigenschaften zu empfehlen, die ebenfalls auf ihren Vitamin-B-Reichtum zurückgehen.

✦ Im 12. Jh. betonte bereits Hildegard von Bingen, dass Hopfen beruhigend wirke. Seine dämpfenden Eigenschaften gehen auf die Bitterstoffe Humulon und Lupulon zurück. Bier – allerdings nur in Maßen empfehlenswert – liefert Hopfen, kombiniert mit wenig Alkohol.

✦ Ein in der mittelalterlichen Klosterheilkunde bei Schlafstörungen viel gepriesenes Gewürz ist die **Melisse**. Sie wirkt durch ihr ätherisches Öl, Gerbstoffe und Flavonoide beruhigend und ist zugleich verdauungsfördernd.

BEHANDELN UND HEILEN DURCH ERNÄHRUNG

Die nachfolgenden Empfehlungen beziehen sich auf die Abendmahlzeit. Morgens und mittags können Sie sich ausgewogen, vollwertig und ohne Einschränkungen ernähren. Da jedoch auch die Verdauung einen bestimmten Rhythmus im Körper inne hat, bestimmen Sie schon durch regelmäßige Mahlzeiten diesen Rhythmus – und haben bereits den ersten Schritt für einen gesunden Schlaf getan. Essen Sie am besten noch vor 18 Uhr zu Abend, dann laufen Sie nicht Gefahr, dass Sie Ihren Darm während der Nachtruhe übermäßig belasten.

Wenn Sie nach einem anstrengenden Tag das Abendessen zu schnell zu sich nehmen, essen Sie meistens zu viel. Das Sättigungsgefühl braucht Zeit, sich zu entwickeln, und hält mit dem Esstempo nicht Schritt. Nehmen Sie sich daher für das Abendessen besonders viel Zeit und kauen Sie jeden Bissen ausgiebig, dann kann das Essen schon im Mund teilweise vorverdaut werden, was den Darm wiederum etwas entlastet.

Wenn Sie abends etwas essen wollen, sollten Sie dabei unbedingt auf Rohkost verzichten, da sie zu Gärungsprozessen und Magenübersäuerung mit den beschriebenen Folgen führen kann.

Im Allgemeinen schlafen Sie sogar besser, wenn Sie ganz auf das Abendessen verzichten, da sich das Verdauungssystem dann nachts ausruhen kann. Diese Empfehlung gilt allerdings nicht für Diabetiker und Menschen mit einer ausgeprägten Verdauungsschwäche: Diabetiker müssen Unterzucker vermeiden, und wer unter einer Verdauungsschwäche leidet, muss mehrere kleine Mahlzeiten über den Tag verteilt zu sich nehmen, da das Verdauungssystem größere Mahlzeiten nicht bewältigen kann.

Bei Einschlafstörungen: Sie sollten abends immer leicht verdauliches Eiweiß zu sich nehmen. Idealerweise nehmen Sie dreimal wöchentlich eine leicht verdauliche Fischmahlzeit, z.B. Forelle, Zander oder Kabeljau zu sich. An den anderen Abenden können Sie ein kleines Kalbs- oder Rinderfilet, Hühnerbrust oder Tofu essen. Brokkoli und gedünstete Kartoffeln sind ideale schlaffördernde Beilagen dazu. Ebenfalls zu empfehlen sind gedünstete Gemüse wie Fenchel, Zucchini oder Chicorée, da sie leicht verdaulich sind. Geeignete Kohlenhydratquellen für ein leichtes Abendessen sind Weizenkeime, Dinkel und Amarant, aber auch geschälter Reis. Ein kleines Stück Schokolade mit über 70 Prozent Kakaoanteil stillt den Appetit auf Süßes und enthält zudem reichlich Tryptophan, aus dem dann das Einschlafhormon Melatonin gebildet werden kann. Statt Schokolade können Sie auch eine Banane essen. Außerdem nehmen diese Lebensmittel schnell und nachhaltig den Hunger, sodass man mit einem relativ kleinen Abendessen gut auskommt. Für Süßspeisen eignet sich die beruhigende Melisse ideal als Gewürz.

Ein kleines Bier bringt mit Hopfen und nur wenig Alkohol angenehme Bettschwere. Mehr als ein Glas sollten Sie allerdings nicht trinken; empfehlenswert ist auch alkoholfreies Bier, das ebenfalls ausreichend schlaffördernden Hopfen enthält. Trinken Sie aber nach 16 Uhr keinen Kaffee oder schwarzen Tee mehr.

Bei Durchschlafstörungen: Hier gelten im Prinzip die gleichen Empfehlungen wie bei Einschlafstörungen. Jedoch sollten Sie auf Kohlenhydrate wie Kartoffeln, Brot, Reis, Nudeln oder Knödel verzichten, wenn Sie am Abend Fleisch essen, da das Eiweiß dann leichter verdaulich ist. Rohkost muss auf jeden Fall abends gemieden werden, damit keine Gärungsprodukte stören.

Wenn Sie häufig unter Blähungen leiden, sollten Sie von einem Arzt untersuchen lassen, ob bei Ihnen eine Fruktose- oder auch Milchzuckerunverträglichkeit vorliegt. Eine Fruktoseunverträglichkeit kann, wie bereits beschrieben, zu einem Mangel an Melatonin führen. Ist dies der Fall, müssen Sie auf Lebensmittel, die Fruktose und Milchzucker enthalten, verzichten (siehe Seite 188 und 190). Um die Schleimhäute während der Nacht nicht austrocknen zu lassen, können Sie vor dem Schlafengehen noch etwas Wasser trinken. Je nach Blasenkapazität sollten es jedoch nicht mehr als ein viertel bis ein halber Liter sein, da sonst der Schlaf durch den Harndrang unterbrochen wird. Wenn Sie trotzdem ein übermäßiger Harndrang aus dem Bett treibt, sollten Sie abends nichts, dafür aber tagsüber umso mehr trinken. Wenn sich plötzlich mitten in der Nacht der Heißhunger meldet, trinken Sie zuerst etwas, denn oft verwechselt man Durst mit Hunger. Falls das allein nicht ausreicht, mischen Sie Basenpulver (Natron oder anderes Basenpulver) dazu: Eine Übersäuerung hat den Hunger zur Unzeit verursacht.

Depression

Die mittelalterliche Klosterheilkunde unterschied zwei Grundtypen von Depressionen: Entweder sie entsteht aufgrund einer melancholischen Grundkonstitution des Patienten oder sie wird durch äußere Faktoren ausgelöst. Zu diesen Auslösern zählen z. B. falsche Ernährung, besonders ein Übermaß an kühlenden und trocknenden Lebensmitteln (z. B. Bohnen, Linsen, unreifes Obst, Essig, Innereien), aber auch dunkle Wintermonate oder nächtliches Arbeiten.

Eine Depression ist aus heutiger Sicht eine psychische Erkrankung, die mit reduzierter Empfindung einhergeht. Betroffene sprechen von einem »Gefühl der Gefühllosigkeit«. Insgesamt überwiegen bei einer Depression negative Gedanken, die stark überbewertet werden, während positive Erlebnisse zu wenig wahrgenommen oder nicht geschätzt werden.

Bei einer schweren Depression sind mehr oder weniger konkrete Selbstmordgedanken vorhanden, die eine fachärztliche Behandlung notwendig machen. Auch mittelschwere und lang anhaltende leichte Depressionen gehören in die Obhut eines erfahrenen Arztes oder Psychologen. Die negativen Gefühle einer leichten, kurzen Depression lassen sich jedoch durch gezielte Ernährung in eine positive Richtung lenken.

URSACHEN UND SYMPTOME

Typisch für eine Depression ist die niedergedrückte Stimmung, ein gehemmter Antrieb und allgemeine Interesselosigkeit. Tätigkeiten oder Personen, die früher wichtig waren, verlieren plötzlich an Bedeutung. Oft ist das Selbstwertgefühl gestört. Körperliche Zeichen, die häufig im Zusammenhang mit Depressionen auftreten, sind Appetitlosigkeit, Schlafstörungen, Schmerzen, Gewichtsveränderungen und insgesamt verlangsamte Bewegungen.

Die Ursachen für eine Depression sind nicht vollständig geklärt, jedoch spielen verschiedene psychische und physische Faktoren eine Rolle.

Je nachdem, ob äußere (exogene) Faktoren die Depression auslösen oder die Ursache in dem Patienten selbst liegt (endogen), kann man eine endogene und exogene Depression unterscheiden: Die **exogene Depression** wird vor allem durch äußere Umstände verursacht. Schicksalsschläge, Einsamkeit, Erfolglosigkeit, berufliche Belastungen, Eheprobleme und Krankheit sind die häufigsten Auslöser. Immer muss aber auch eine gewisse Veranlagung gegeben sein, denn nicht jeder, dem das Schicksal zusetzt, reagiert depressiv. Die **endogene Depression** ist als genetische Stoffwechselerkrankung des Gehirns einzustufen: Der Neurotransmitter Serotonin, der ein Glücksgefühl auslöst, wird nicht ausreichend gebildet. Eine endogene Depression entwickelt sich meist ohne erkennbare Ursachen. Gefährlich ist diese Form der Depression, weil sie oft von der Umwelt nicht bemerkt wird.

EINFLUSS DER ERNÄHRUNG

1. Ändern des Essverhaltens: Wer von einer Depression betroffen ist, sollte versuchen, jede Mahlzeit so angenehm wie möglich zu gestalten; sie sollte ganz gezielt mit Genuss und Freude verbunden sein (siehe Seiten 176 ff.). Um einer Depression entgegenzuwirken, sollten darüber hinaus schwere Mahlzeiten am Abend gemieden werden, um die Produktion des Glückshormons Serotonin und des Wachstumshormons in der Nacht nicht zu behindern. Letzteres erhöht die Leistung des Gehirns und erleichtert so die Kompensation von negativen Gefühlen.

2. Erhöhen des Serotoninspiegels: Neben diesen Maßnahmen versprechen Lebensmittel eine Linderung, die die Menge des verfügbaren Neu-

Die Mönche rieten im Mittelalter, Depressionen mit dem zarten Fleisch junger Tiere, Zimt und süßen Datteln zu begegnen. Die heutige Wissenschaft ergänzt noch Kartoffeln und Brokkoli wegen der Vitamine.

rotransmitters Serotonin erhöhen. Das kann zum einen geschehen, indem die Bausteine (z. B. die Aminosäure Tryptophan), die für die Synthese von Serotonin notwendig sind, reichlich zugeführt werden. Auch kohlenhydrathaltige Lebensmittel mit einer glykämischen Last von mehr als 40 sind hilfreich, da Zucker die Wirkungsdauer des Serotonins verlängert. Zu viel raffinierter Zucker fördert wiederum Depressionen, da die überschießende Insulinausschüttung einen Unterzucker mit Müdigkeit und einer Hirnleistungseinbuße verursachen kann.

✦ Die Aminosäure Phenylalanin ist ebenfalls ein Baustoff für wichtige Neurotransmitter, die Depressionen verringern können.

3. Anregen der Nerventätigkeit im Gehirn:
✦ Lebensmittel, die reich sind an bestimmten B-Vitaminen – die Vitamine B1 (Thiamin), B2 (Riboflavin), B3 (Niacin), B6 (Pyridoxin) und Folsäure –, sind für die Nervenregeneration und -funktion wichtig. Schon ein geringer Mangel kann Depressionen verursachen.

✦ Auch Omega-3-Fettsäuren wirken antidepressiv, denn sie sind wichtige Strukturfette im Gehirn und für dessen Leistungsfähigkeit essenziell.

WELCHE LEBENSMITTEL HELFEN?
✦ Fleisch von jungen Tieren wirkt nach der mittelalterlichen Klosterheilkunde befeuchtend und ist deshalb hilfreich bei einer Depression, denn

die Mönche betrachteten sie als eine trockene Krankheit. **Kalb**-, Rind- und Lammfleisch enthalten erwiesenermaßen auch die Aminosäure Tryptophan in größerer Menge, die für die Bildung des Glücksbotenstoffs Serotonin notwendig ist. Rinderfilet enthält darüber hinaus noch Phenylalanin, eine Aminosäure, die wichtig für die Bildung weiterer Neurotransmitter ist.

✦ Reich an Tryptophan sind außerdem Thunfisch, Hühnerbrust, Haselnüsse, Walnüsse, Pistazien sowie Cashewnüsse und Kakao.

✦ Wegen ihres Phenylalaningehalts zur Behandlung von Depressionen empfohlen werden zudem Thunfisch, Forellen und auch **Sojabohnen**, Erdnüsse und Mandeln.

✦ Eine Linderung der Symptome erreicht man auch mit **Brokkoli**, Kartoffeln, Bananen, Weizenkeimen, Haferflocken und Nüssen. Sie besitzen viele B-Vitamine, die die Nerven regenerieren und insgesamt beruhigend wirken.

✦ Kalbsleber und **Bierhefe** steuern ebenfalls größere Mengen an B-Vitaminen bei.

✦ **Datteln** wurden im Mittelalter als wärmend und befeuchtend eingestuft und standen damals für die Glückseligkeit schlechthin. Süße Lebensmittel machen zwar glücklich, sind aber doch so dosiert einzusetzen, dass man nicht zunimmt. Eine ideale glykämische Last besitzen auch getrocknete Aprikosen und Rosinen.

✦ **Leinöl**, Rapsöl und fette Kaltwasserfische aus dem Meer wie Hering und Lachs enthalten viel Omega-3-Fettsäuren, die nachweislich stark antidepressiv wirken, da sie die Leistungsfähigkeit des Gehirns erhöhen.

✦ **Zimt**, Kardamom, Nelken, Muskat und Ingwer wirken nach der Lehre der Mönche wärmend, was sich positiv auf eine Depression auswirkt, die nach der Klosterheilkunde eine kalte Erkrankung darstellt.

BEHANDELN UND HEILEN DURCH ERNÄHRUNG

Nehmen Sie sich ausreichend Zeit für die Mahlzeiten und essen Sie in hellen Räumen, auf jeden Fall in angenehmer Atmosphäre, vielleicht mit Freunden oder Kollegen.

Zum Frühstück empfehlen sich täglich Kakao, Datteln, Roastbeef, marinierter (graved) Lachs und Nüsse (besonders Cashewnüsse). Je nach Wärmebedürfnis kann in den Kakao etwas Pfeffer, Kardamom oder Zimt gemischt werden. Alternativ empfiehlt sich ein morgendliches Müsli mit Bananen und den genannten Nüssen.

Mittags können Sie drei- bis viermal wöchentlich wahlweise Rinderfilet, Hühnerbrust, Tofu oder Thunfisch essen, damit Sie optimal mit Tryptophan und Phenylalanin für die antidepressiv wirkenden Neurotransmitter versorgt sind. Dazu sollten Sie täglich einen Salat essen, über den Sie ein Dressing aus Lein- oder Rapsöl träufeln. Als Nachtisch bieten sich getrocknete Aprikosen sowie Vanille- und Schokoladenpudding an, denn der Zucker verlängert die Wirkungsdauer des Glückshormons Serotonin. Etwas Zimt, Muskat und Nelken als würzende Beigabe dazu wird mit seiner wärmenden Wirkung die Stimmung ebenfalls aufhellen. Im Kaffee nach dem Essen kann etwas Kardamom die Verdauung fördern und die Stimmung aufhellen.

Essen Sie abends möglichst wenig und dann auch keine Rohkost. Essen Sie stattdessen leicht verdauliche Lebensmittel, wie Lachs, Thunfisch, Hühnerbrust oder mageres Rindfleisch. Ein Stück dunkle Schokolade mit mehr als 70 Prozent Kakaoanteil kann die Lust auf Süßes stillen und bietet zudem reichlich Tryptophan für die Bildung von Neurotransmittern. Alkohol ist ein Nervengift und für Sie tabu; er schränkt in höheren Dosen die Hirnleistung ein.

Migräne

In der mittelalterlichen Klosterheilkunde wird die Entstehung der Migräne als ein Zusammenspiel von zwei gegensätzlichen Prinzipien beschrieben: der trockenen schwarzen Galle, die auch Depressionen verursacht, und den feuchten Säften (Phlegma, Schleime), die sich im Kopf ansammeln. Wenn die schwarze Galle durch Feuchtigkeit bekämpft wird, vermehren sich leicht die schlechten Säfte, und wenn man die Säfte mit trockenen Mitteln vertreiben möchte, kann bei zu starker Trocknung die schwarze Galle wiederum gestärkt werden. Die Behandlung war also überaus schwierig – und ist es bis heute.

Moderne Mediziner sehen die Migräne als ein neurologisches Leiden an, das sich als eine Überreizung des Gehirns zeigt und zu schmerzenden Entzündungen der Blutgefäße der Hirnhaut führt. Viele Migränepatienten empfinden zwei Tage vor der Attacke eine Phase der Gereiztheit oder sogar Euphorie, da das Gehirn unter besonderer Spannung steht. Wenige Stunden vor den Kopfschmerzen setzen bei ungefähr jedem zehnten Patienten optische und sensorische Wahrnehmungsstörungen ein, die man als Aura bezeichnet. Bei vielen Betroffenen tritt der Kopfschmerz einseitig auf. Etwa 8 bis 20 Prozent der Bevölkerung leiden unter Migränekopfschmerzen. Davon sind wiederum etwa 80 Prozent Frauen. Aber auch Kinder können bereits betroffen sein. Während der Spannungskopfschmerz, ausgelöst durch Wirbelsäulenfehlhaltung und Verspannung der Nackenmuskulatur, bei Bewegung und Aktivität nachlässt, bessert sich die Migräne ausschließlich bei Ruhe.

URSACHEN UND SYMPTOME

Bisher konnten die genauen Ursachen für den quälenden Kopfschmerz nicht endgültig geklärt werden. Fest steht jedoch, dass bei Migränepatienten das Nervensystem ständig unter Hochspannung steht. Die Patienten sind sehr sensibel für Sinneseindrücke, die sie quasi ungefiltert wahrnehmen. Ihr Gehirn ist im beschwerdefreien Intervall ständig hyperaktiv und verbraucht daher mehr Energie als normalerweise. Tritt dann zusätzlich eine weitere Belastung auf – etwa durch bestimmte Lebensmittel, Schlafentzug oder Stress, kollabiert die Reizverarbeitung im Kopf und die Nervenzellen produzieren eine Überdosis Botenstoffe, z. B. Serotonin, das die Adern verengt und Entzündungsprozesse hemmt. Als Gegenreaktion baut der Körper die Überdosis des Botenstoffs ab, wodurch es zu einem Mangel kommt. Daraufhin weiten sich die Hirnhautgefäße und lassen gewebefeindliche Stoffe hindurch. Aus diesem Grund entstehen an den Gefäßen kleine Entzündungen, die den pochenden Schmerz verursachen. Dazu können sich Lichtüberempfindlichkeit, Übelkeit und Erbrechen einstellen.

In der Phase mit Aura sind Areale im Hinterhirn schlechter durchblutet, was zu Seh-, Sensibilitäts- oder Sprachstörungen führen kann.

Typisch für die Kopfschmerzen ist, dass sie anfallsartig und wiederholt auftreten, oft pulsierend sind und Stunden bis Tage anhalten können. Bis der Körper seine Schutzmechanismen gegen die Überreizung angekurbelt hat, vergehen oft bis zu 72 Stunden. Dann lässt der Schmerz nach, die Erschöpfung tritt ein. So nutzt das ständig überanstrengte Gehirn des Migränepatienten den Anfall, um sich zu erholen. Ob nun psychische Faktoren, Schlafmangel, Wetterwechsel, Hunger, bestimmte Lebensmittel oder ein zu niedriger Östrogenspiegel den Anfall auslösen, ist individuell verschieden. Auch genetische Faktoren scheinen erwiesenermaßen eine wesentliche Rolle für das Auftreten von Migräne spielen.

MIGRÄNE

Im Mittelalter war die Behandlung der Migräne nicht einfacher als heute, da sie als ein Kampf zweier gegensätzlicher Prinzipien verstanden wurde – Mohn war damals das Mittel der Wahl. Heute können wir weitere wirksame Lebensmittel nennen.

EINFLUSS DER ERNÄHRUNG

Wie hoch der Anteil an Migränefällen ist, die mit der Ernährung zusammenhängen, konnte noch nicht festgestellt werden. Allerdings wird eine ganze Reihe von Stoffen aus Lebensmitteln mit ernährungsbedingter Migräne in Verbindung gebracht. Dazu gehören beispielsweise Nitrite in gepökeltem Fleisch und Wurstwaren, nitratreiche Gemüse und Salate aus dem Treibhaus, Schokolade, Alkohol und Koffein (auch Kaffee-Entzug) sowie histaminhaltige Lebensmittel (z. B. reifer Käse, Salami, eingelegter Fisch, Sauerkraut, siehe Seite 190). Die Amine aus diesen Lebensmitteln können im Körper der Migränebetroffenen nicht schnell genug abgebaut werden und lösen dadurch Kopfschmerzen aus. Milchprodukte sowie der Geschmacksverstärker Glutamat zählen ebenfalls zu den so genannten »Triggerfaktoren«, also Migräneauslösern.

1. Zuführen von Magnesium:

✦ In der Forschung umstritten ist, inwieweit magnesiumreiche Lebensmittel bei Migräne helfen können. Die Erfahrungsheilkunde hat mit solchen Lebensmitteln bei Migräne jedoch einige Erfolge zu verbuchen.

✦ Auch kaliumreichen Lebensmitteln (siehe Seite 204) wird zuweilen eine positive Wirkung zugeschrieben, da sie Magnesium in die Zellen schleusen und dadurch einer Gefäßverengung entgegenwirken können.

2. Regenerieren der Nerven: Insgesamt wird Migränepatienten empfohlen, sich reichlich mit den Vitaminen B1, B3, B6 und B12 sowie Folsäure zu versorgen, da sich diese Vitalstoffe regenerierend auf das Nervensystem auswirken und die Nerven beruhigen können.

3. Vermeiden großer Schwankungen des Blutzuckerspiegels: Auf alle Fälle ist es sinnvoll, das Essverhalten so auszurichten, dass möglichst konstant, ausreichend und abwechslungsreich gegessen wird. Denn Hunger und das damit verbundene Absinken des Blutzuckerspiegels können gleichfalls zu einem Anfall führen.

Weißmehlprodukte und einfache Zucker sollte man nur in Maßen zu sich nehmen, da sie den Blutzuckerspiegel rasch ansteigen lassen. Eine ballaststoffreiche Ernährung sorgt dafür, dass der Blutzuckerspiegel ausgewogen ist.

WELCHE LEBENSMITTEL HELFEN?

✦ **Mohn** galt in der mittelalterlichen Klosterheilkunde als das Kopfschmerzmittel schlechthin. Er enthält außergewöhnlich viel Magnesium. Aber auch Nüsse, Weizenkeime, Sonnenblumenkerne, Sesamsamen, Hülsenfrüchte und Banane gehören zu den Magnesiumlieferanten, die nach der Erfahrungsmedizin nervenberuhigend wirken können.

✦ Ein ideales Mittel gegen Migräne laut mittelalterlicher Heilkunst ist der **Fenchel**, da er wärmend und befeuchtend wirkt und daher einen Ausgleich zwischen den schlechten Säften und der schwarzen Galle schaffen kann. Auch die moderne Ernährungslehre schätzt dieses Gemüse, weil es aufgrund des hohen Kaliumgehalts einer Gefäßverengung entgegenwirken kann.

✦ **Weizen** wurde in der mittelalterlichen Klosterheilkunde bei innerlichen Entzündungen empfohlen und Hafer als belebendes Mittel gegen innere Kälte gepriesen. Neben Magnesium enthalten diese Getreide auch zahlreiche B-Vitamine, die bei Migräne vorbeugend helfen können. Gute Magnesiumlieferanten sind außerdem Gerste und ungeschliffener Reis, der also noch Schale, Silberhaut und Keimling enthält.

✦ Hilfreich sind auch **Kartoffeln**, Bananen sowie Esskastanien, die sehr viel Kalium sowie nervenstärkende B-Vitamine liefern.

✦ Reich an den Vitaminen B2, B3, B6, B12 und Folsäure ist **Leber**, die daher eine optimale Nervennahrung darstellen kann. Damit sie kein Histamin enthält, muss sie ganz frisch sein.

✦ Eine ähnlich gute Kombination an B-Vitaminen und Folsäure bieten **Hefeflocken** und Fische, wie z. B. **Sardine**, Scholle, Thunfisch und Kabeljau, sowie Hühnerfleisch.

✦ **Endivie** galt zur Zeit des Mittelalters als reizlindernd und beruhigend, Eigenschaften, die bei Migräne hilfreich sind. Diese Wirkung führt man heute auf die großen Mengen nervenberuhigender Folsäure zurück.

✦ Auch Feldsalat, **Brokkoli**, Eidotter, Weizenkeime und Weizenkleie liefern reichlich Folsäure.

BEHANDELN UND HEILEN DURCH ERNÄHRUNG

Ob und welche Lebensmittel bei einem Migränekranken eine Attacke hervorrufen, kann nur ganz individuell eventuell durch ein Kopfschmerz- bzw. Ernährungstagebuch herausgefunden werden. Dabei lassen sich jedoch nur selten einzelne Lebensmittel als Trigger bestimmen. Meist müssen mehrere Auslöser (Zigarettenrauch, unregelmäßige Mahlzeiten, Lärm, Wetteränderung, Menstruation etc.) zusammenkommen, damit sich der Kopfschmerz einstellt. Bisher gibt es keine spezielle Diät, um der Migräne zu entkommen. Auch das Vermeiden bestimmter

Lebensmittel kann eventuell zwar eine Attacke abschwächen, die Migräne jedoch nicht heilen. Um Migräneattacken vorzubeugen bzw. abzumildern, sind neben ausgewogener Ernährung auch sportliche Betätigungen, Stressbewältigung, Entspannungsübungen sowie ein regelmäßiger Wach- und Schlafrhythmus zu empfehlen.

Einen ersten Schritt, um Migräne erst gar keine Chance zu geben, tun Sie mit folgendem Essverhalten: Genießen Sie Ihre Mahlzeiten als Zeit der Erholung und Entspannung. Essen Sie langsam, kauen Sie gründlich und stellen Sie jeden zusätzlichen Reiz dabei ab. Vermeiden Sie also, gleichzeitig zu essen, fernzusehen oder zu diskutieren. Dies überfordert das Gehirn und führt zur Reizüberflutung. Nehmen Sie fünf bis sechs leichte Mahlzeiten zu sich, damit der Blutzuckerspiegel nicht allzu sehr absinkt. Große Blutzuckerschwankungen können nämlich eine Attacke hervorrufen. Verzichten Sie am besten ganz auf Nikotin und Alkohol (besonders Rotwein). Führen Sie ein Migränetagebuch, um herauszufinden, welche Lebensmittel Ihnen vielleicht nicht bekommen.

Zur Vorbeugung: Sorgen Sie insgesamt für eine ausgewogene Kost, die reichlich Vitamin E, alle B-Vitamine, Magnesium, Kalium sowie genügend Ballaststoffe enthält. Denn durch eine regelmäßige Einnahme dieser Stoffe können der Schweregrad und die Häufigkeit einer Migräne gedämpft werden. Vermeiden Sie grundsätzlich Lebensmittel, die Histamin enthalten (siehe Seite 190), wie z. B. nicht fangfrischer Fisch.

Essen Sie täglich Vitamin-B-haltige Lebensmittel wie Weizenvollkornprodukte, Haferflocken, Nüsse Sonnenblumenkerne oder Hülsenfrüchte (Erbsen, Linsen, Bohnen). Bereiten Sie sich z. B. zum Frühstück ein Müsli zu, das Haferflocken und Nüsse enthält und über das Sie einen Teelöffel Hefeflocken geben. Wertvolle Vitamine, Mineral- und Ballaststoffe liefern ansonsten Brokkoli, Kichererbsen, Erbsen, unpolierter Reis, Gerste, Fenchel oder Kartoffeln – essen Sie deshalb jeden zweiten Tag eines dieser Lebensmittel. Verzehren Sie außerdem zwei- bis dreimal wöchentlich Sardine, Scholle, Thunfisch oder Kabeljau, eine weitere gute Eiweißquelle ist Tofu. Weil Leber oft sehr mit Giftstoffen belastet ist, empfiehlt sich hier die noch am geringsten belastete Kalbsleber, die Sie einmal alle zwei Wochen essen können. Setzen Sie regelmäßig grünen Blattsalat wie z. B. Endivien- oder Feldsalat auf Ihren Speiseplan. Den Salat können Sie mit Weizenkeimen oder Sonnenblumenkernen anreichern. Und essen Sie häufig eine Banane als Nachtisch oder Zwischenmahlzeit, denn sie liefert Kalium, Magnesium und Vitamin B6 – alles Stoffe, die bei Migräne helfen können. Haben Sie Appetit auf Kuchen, ist Mohnkuchen ein hervorragender Magnesiumlieferant. Trinken Sie genügend (etwa 2,5 Liter pro Tag), als Durstlöscher bieten sich Mineralwasser, Fruchtsaftschorlen oder ungesüßter Tee an.

Während eines Migräneanfalls: Vermeiden Sie möglichst alle Lebensmittel, von denen Sie wissen, dass Sie bei Ihnen zu Kopfschmerzen führen können. Verzichten Sie auf Hartkäse, Rotwein, abgehangenes Fleisch oder Schokolade, da sie Histamin enthalten, welche die Blutgefäße erweitern und die Beschwerden verschlimmern können. Zwar sind die Bewegungen des Magen-Darm-Trakts während eines Anfalls oft gestört, dennoch kann es unter Umständen sinnvoll sein, etwas zu essen, um den Blutzuckerspiegel zu regulieren. Wenn Sie sich danach fühlen, können Sie die zur Vorbeugung empfohlenen Lebensmittel zu sich nehmen. Und: Gönnen Sie Ihrem Gehirn jetzt die nötige Ruhe.

Karies und Parodontose

Dass Zahnleiden nicht nur in heutiger Zeit aufgrund unserer Zivilisationskost, sondern auch schon im Mittelalter sehr verbreitet waren, sieht man allein schon daran, dass die Mönche und Nonnen im Mittelalter sehr viele Rezepturen gegen Beschwerden des Mund- und Rachenraums entwickelt hatten: von Alaun und Arsen über Honig und Myrrhe bis zu Weinessig und Zimt.

Heute ist allgemein bekannt, dass gesunde Zähne nicht nur einen ästhetischen Vorteil, sondern auch einen wesentlichen Einfluss auf die Gesamtgesundheit eines Menschen haben. Die moderne ganzheitliche Zahnmedizin ist davon überzeugt, dass zwischen erkrankten Zähnen, chronischen Erkrankungen, organischen und psychischen Beschwerden beachtenswerte Zusammenhänge bestehen, die bei der Behandlung dieser Krankheiten mit berücksichtigt werden sollten. Deshalb ist es wichtig, Zähne und Zahnfleisch immer gesund zu erhalten. Dafür ist eine lebenslange Prophylaxe nötig, die sowohl in ausreichenden hygienischen Maßnahmen als auch in der richtigen Ernährung besteht.

URSACHEN UND SYMPTOME

In der Mundhöhle siedeln verschiedene Bakterien, welche die so genannte Mundflora bilden und eingedrungene Krankheitserreger abwehren sollen. Einige dieser Bakterien, allen voran *Streptococcus mutans*, schädigen die Zähne: Sie bilden aus Kohlenhydraten eine klebrige Substanz, mit der sie sich fest an die Zahnoberfläche heften. Es entsteht ein schmieriger, zäher Belag, auch Plaque genannt. Er setzt sich bevorzugt in den Zahnzwischenräumen und am Zahnfleischsaum fest. Wenn der Plaque nicht entfernt wird und die Bakterien sich ungehindert vermehren können, entsteht zunächst Mundgeruch und eine Gelbfärbung der Zähne. Weil die Bakterien Säuren bil-

den, wird der Kalk mit der Zeit aus dem Zahnschmelz gelöst (Demineralisation), Keime dringen in den Zahn ein und **Karies** entsteht. Wird der Zahnbelag nicht entfernt, kann er sich auch mit Mineralien (Kalziumsalzen), die im Speichel gelöst vorliegen, zu einem festen Zahnstein verbinden. Durch die harte Oberfläche des Zahnsteins wird das Zahnfleisch gereizt und es kann zu zunächst harmlosen Entzündungen kommen, die sich oft nur in gelegentlichem Zahnfleischbluten zeigen (**Gingivitis**). Bleibt eine Behandlung aus, können schädliche Bakterien weiterhin eindringen und eine **Parodontitis** (Zahnbetterkrankung) auslösen. Oft bleibt diese anfangs unerkannt, erst später treten dann Schwellungen, Rötungen und Blutungen des Zahnfleischs auf. Das Zahnfleisch bildet sich infolgedessen immer weiter zurück (**Parodontose**) und löst sich letztendlich ganz vom Zahnhals.

EINFLUSS DER ERNÄHRUNG

1. Unterstützung der Selbstreinigung: Nicht nur für ein gutes Allgemeinbefinden, sondern besonders auch für die Zahngesundheit ist eine ballaststoffreiche, naturbelassene und vitaminhaltige Vollwertkost mit viel Gemüse und Nüssen zu empfehlen. Denn harte, faserige Speisen müssen gründlich gekaut werden, was den Speichelfluss anregt und damit die Selbstreinigung der Zähne unterstützt. Wird viel Speichel produziert, hat dies eine gute Spülwirkung zur Folge und gleichzeitig werden Säuren neutralisiert. Zusätzlich wird das Zahnfleisch massiert und die Zahnzwischenräume werden gereinigt.

2. Vermeiden schädlicher Nahrung: Folgende Nährstoffe bzw. Nahrungsbestandteile sollten nur in Maßen gegessen werden, weil sie die Bildung von Karies fördern, das heißt kariogen sind: Dazu zählen in erster Linie leicht verdauliche

Mit faserigen Gemüsen wie Möhren, Kohlrabi und Sellerie können Sie die Arbeit der Zahnbürste unterstützen. Zusätzlich machen antibakterielle Gewürze, z. B. Nelken, Bakterien das Leben schwer.

Kohlenhydrate, die von den Bakterien direkt vergoren und zu Säuren abgebaut werden können. Auch der Haushaltszucker (Saccharose), Glukose, Fruktose (z. B. aus Früchten) sowie Laktose (z. B. aus Milch) fördern Karies.

✦ Aber auch komplexe Kohlenhydrate, die aus mehreren Einfachzuckern bestehen (z. B. Stärke), sind für die Zähne gefährlich, da Stärke schon im Mund durch Enzyme im Speichel in einfache Zucker zersetzt wird.

✦ Ebenso kariesfördernd sind säurehaltige Lebensmittel, die, wenn sie im Übermaß genossen werden, direkt demineralisierend wirken. Säurereich sind beispielsweise Essig, Früchte und Fruchtsäfte (vor allem Zitronensaft).

✦ Fleischfasern können verfaulen und erzeugen nicht nur einen schlechten Mundgeruch, sondern verursachen Zahnfleischentzündungen.

✦ Sehr heiße Getränke und Speisen sowie harte Lebensmittel können die Mundschleimhaut und das Zahnfleisch reizen und verletzen.

3. Neutralisieren der Säuren:

✦ Im Gegensatz zu den Kohlenhydraten greifen Fette und Proteine den Zahnschmelz nicht an. Proteine und bestimmte Fettbausteine sollen sogar die kariesfördernden Eigenschaften anderer Nahrung mindern.

✦ Alle basisch wirkenden Lebensmittel (siehe Seite 182) helfen, die Säuren im Mundraum zu neutralisieren und schützen vor Karies.

4. Stärken von Zähnen und Zahnfleisch:

✦ Lebensmittel, die desinfizierende Stoffe wie Schwefelverbindungen (Lauchöle, Senföle) oder ätherische Öle enthalten, bekämpfen Bakterien und wirken gleichzeitig reinigend und entzündungshemmend.

✦ Kalziumhaltige Lebensmittel können sowohl Zahnfleisch- als auch Kieferknochenschwund effektiv entgegenwirken.

✦ Fluoridhaltige Lebensmittel (siehe unten) sorgen für dafür, dass der Zahnschmelz hart genug ist, um Säuren und Bakterien standzuhalten.

✦ Die Vitamine A und Biotin sowie die Folsäure sind für die Regeneration der Schleimhaut notwendig, Vitamin K und D sorgen für den Aufbau und den Erhalt der Zahn- und Knochensubstanz.

✦ Lebensmittel mit antioxidativen Polyphenolen wie Flavonoide und Anthocyane lindern die entzündlichen Vorgänge am Zahnfleisch.

✦ Ebenso wirken Lebensmittel mit Carotinoiden, Vitamin E und C, Zink und Selen sowie Omega-3-Fettsäuren entzündungshemmend.

WELCHE LEBENSMITTEL HELFEN?

✦ Gewürze und Frischkräuter enthalten desinfizierende Stoffe (vor allem ätherische Öle) und können kariesfördernde Bakterien bekämpfen. Besonders geeignet für die Vorbeugung und zur Unterstützung der Kariesbekämpfung sind **Basilikum**, Zimt, Kümmel, **Nelke**, Salbei, Thymian, Lorbeer, Fenchel, Minze, Rosmarin, Majoran sowie Gelbwurz und Ingwer, dessen Curcuminoide zudem stark entzündungshemmend wirken.

✦ Antimikrobielle Senföle sind in der Pflanzenfamilie der Kreuzblütler reichhaltig vertreten, so etwa in **Rettich**, Radieschen und Gartenkresse.

✦ Auch rohe **Zwiebeln** und Knoblauch können mit ihren Schwefelverbindungen kariesfördernden Bakterien Einhalt gebieten.

✦ Das Gemüse aus der Familie der Kohlgewächse ist aus vier Gründen für die Zahngesundheit besonders geeignet: **Brokkoli**, Grünkohl, Rosenkohl enthalten antimikrobielle Senföle, verschiedene entzündungshemmende Inhaltsstoffe wie Carotinoide, Vitamin C und Polyphenole sowie reinigende Ballaststoffe und Vitamin K.

✦ Eine gute Vorbeugung gegen Karies ist **Käse**. Die Kombination des Proteins Kasein und der Mineralstoffe Kalzium und Phosphat kann nach neuesten Erkenntnissen die Minerale des Zahnschmelzes ersetzen.

✦ Zu den kalziumreichen Lebensmitteln, die nicht sauer verstoffwechselt werden und so kein Kalzium aus dem Zahn herauslösen können, zählen auch alle anderen Milchprodukte sowie Brennnessel, Sojabohnen, Amarant, Hühnereigelb und Ölsardinen. Letztere haben auch reichlich Fluor zu bieten. Soja ist außerdem durch den hohen Biotingehalt hilfreich, während die Brennnessel mit ihren Kaffeesäureestern entzündungshemmend wirkt. Und Hühnereigelb kann reichlich Folsäure beisteuern.

✦ Besonders viel Fluor für die Zahnhärtung liefern schwarzer und grüner **Tee** sowie Hering, Lachs und Miesmuscheln. Grüner und schwarzer Tee zeichnen sich auch durch ihre sekundären Pflanzenstoffe wie Polyphenole und Flavonoide aus. Und Hering, ein besonders guter Vitamin-D-Lieferant, und Lachs wirken mit ihren Omega-3-Fettsäuren entzündungshemmend.

✦ Entzündungslindernde Inhaltsstoffe liefern u. a. **Fenchel** mit seinen Flavonoiden und Rote Bete mit ihren Betalainen.

✦ Ebenfalls entzündungslindernde Eigenschaften haben Wal- und Haselnüsse, die große Mengen an Vitamin E, Zink und Omega-3-Fettsäuren speichern. **Walnüsse** sind außerdem ausgezeichnete Fluorlieferanten.

KARIES UND PARODONTOSE

✦ **Möhren**, Kürbis und Roggenvollkorn haben viele Carotinoide zu bieten, mit denen sie die Mundschleimhaut schützen können.

✦ Ebenfalls schleimhautschützend wirken **Weizenkeime**, Reis, Hafer und Erdnüsse, denn sie enthalten reichlich Biotin. Weizenkeime zeichnen sich auch durch ihren Folsäure- und Vitamin-E- und -K-Reichtum aus. Von den Haferflocken sind allerdings nur naturbelassene Flocken zu empfehlen. Frühstückszerealien von einem hohen Verarbeitungsgrad sind extrem kariesfördernd, da sie viele leicht abbaubare Kohlenhydrate enthalten und an den Zähnen haften.

✦ Besonders biotinhaltig sind **Kichererbsen** und auch Bierhefe.

BEHANDELN UND HEILEN DURCH ERNÄHRUNG

Nutzen Sie den Putzeffekt von faserigem Gemüse und kauen Sie immer mal wieder zwischendurch rohe Gurken, Möhren, Fenchel, Kohlrabi, Sellerie, Radieschen oder Chicorée. Als Zwischenmahlzeit sehr empfehlenswert sind auch Nüsse, z. B. Walnüsse oder Haselnüsse. Vermeiden Sie aber unbedingt ständiges Naschen von süßen oder salzigen Knabbereien, denn sie begünstigen die Plaquebildung.

Verzichten Sie bei Kariesbefall am besten auch auf Zitrusfrüchte, Spargel, Rhabarber, Spinat, Mangold und Tomatenschalen, da sie bei ihrer Verstoffwechslung Säuren bilden. Aufgrund ihres Säuregehalts direkt demineralisierend wirken z. B. Essig, Fruchtsaft und Softdrinks wie Cola und Fanta, die Sie besser auch ganz meiden.

Kombinieren Sie säurebildende Lebensmittel mit basischen, z. B. Fleisch mit Gemüse, Nudeln oder Reis mit Gemüse usw. Kalziumhaltige Lebensmittel sollten Sie mindestens einmal am Tag essen. Nehmen Sie deshalb Brennnesselblätter,

Milchprodukte, Hühnereigelb, Ölsardinen, Sojabohne und Amarant in Ihren Speisplan auf. Zum Abschluss jedes Essens ist es sehr empfehlenswert, ein Stück Käse zu essen, da Käse die Säuren im Mund abpuffern kann und Kalzium und Phosphat liefert. Den höchsten Kalziumgehalt hat Hartkäse, wie z. B. Emmentaler. Verzehren Sie ebenfalls täglich fluoridhaltige Lebensmittel wie Walnüsse, Ölsardinen, Hering oder Lachs. Zur ausreichenden Fluorversorgung sollten Sie weiterhin täglich ungezuckerten grünen oder schwarzen Tee trinken, verzichten Sie hingegen auf Kaffee. Die verschiedenen Kohlgemüse tragen durch Vitamin K, Ballaststoffe usw. zum Zahnaufbau bei und werden ebenfalls zum möglichst häufigen Verzehr empfohlen.

Es sollte unmittelbar während und nach dem Essen nur sehr wenig getrunken werden, um den remineralisierenden und desinfizierenden Speichel nicht zu sehr zu verdünnen. Trinken Sie zwischen den Mahlzeiten regelmäßig basisches Mineral- bzw. Heilwasser.

Bedenken Sie, dass sich auch in Fertiggerichten, Fertigsaucen, in Fruchtgetränken oder in Lebensmitteln wie Joghurt, Ketchup, Senf oder Müsli versteckter Zucker befindet, der die Kariesbildung fördert.

Würzen Sie Ihre Mahlzeiten so oft wie möglich mit Gewürzen wie Knoblauch, Nelken, Muskat, Zimt, Salbei, Majoran, da sie nicht nur basisch wirken, sondern auch bakterienhemmende Eigenschaften besitzen. Auch Rettich, Radieschen oder Gartenkresse sollten mehrmals wöchentlich gegessen werden.

Nasennebenhöhlenentzündung

Die Mönchsärzte des Mittelalters erklärten Katarrhe als einen Fluss von Säften, der zumeist durch äußere Kälte und Feuchtigkeit hervorgerufen wird. Dadurch entsteht ein Übermaß an kalt-feuchtem Körpersaft (*Phlegma*), der sich als Schleim und Speichel in den Räumen hinter und oberhalb der Nase sammelt und schließlich herabfließt und die Nase verstopft.

Auch heute führt man die Entzündung der Nasennebenhöhlen u. a. auf Kälte zurück. Diese begünstigt Bakterien, welche die empfindlichen Schleimhäute in den Nasennebenhöhlen angreifen. Zu den Nasennebenhöhlen gehören die Kieferhöhlen, Stirnhöhlen, Siebbeinzellen sowie die Keilbeinhöhle. Diese Hohlräume münden mit ihren Ausführungsgängen in die Nase oder in den Nasenrachenraum. Am meisten von Entzündungen betroffen sind die Kiefer- und die Stirnhöhle. Eine Nasennebenhöhlenentzündung (Sinusitis) zählt bei uns zu den häufigen Erkrankungen: Immerhin jeder siebte Deutsche ist einmal pro Jahr davon betroffen. Kommt sie häufiger vor (vier Erkrankungsschübe im Jahr) oder dauert sie länger als acht Wochen, bezeichnet man sie als chronisch. Während die akute Nasennebenhöhlenentzündung folgenlos ausheilt, können sich bei der chronischen bleibende Veränderungen der Schleimhaut wie beispielsweise Wucherungen (Adenoide, Polypen) entwickeln.

URSACHEN UND SYMPTOME

Eine akute Nasennebenhöhlenentzündung entsteht meist als Folge eines Schnupfens oder einer Rachenentzündung. Können Schleim und Flüssigkeiten nicht mehr aus den Nasennebenhöhlen in den Rachenraum abtransportiert werden, führt dies leicht zu einem Sekretstau mit nachfolgender Entzündung der betroffenen Nebenhöhle. Ursachen eines blockierten Ausführungsgangs können Schleimhautschwellungen durch eine Erkältung oder Grippe, aber auch Polypen oder eine Nasenscheidewandverkrümmung sein. Auch durch eine allergische Reaktion können die Schleimhäute so anschwellen, dass die Ausgänge der Nasennebenhöhlen verstopft sind und sich dadurch eine Infektion entwickelt. Zudem kann eine Schwächung des Immunsystems, etwa infolge von Darmerkrankungen, den Ausbruch einer Sinusitis begünstigen. Ursache solcher Störungen können schlechte Nahrungsverwertung und falsche Ernährung sein (siehe Seite 211).

Die akute Sinusitis zeigt sowohl Symptome der zugrunde liegenden Erkältung (Schnupfen, Gliederschmerzen, Krankheitsgefühl, Fieber) als auch Zeichen der Sekretstauung und der Entzündung in den betroffenen Nebenhöhlen, wie z. B.:

✦ dumpfer oder klopfender Schmerz über der Augenbraue (Stirnhöhle) oder in der Wangenregion (Kieferhöhle),

✦ Schmerzverstärkung beim Luftpressen oder beim Vornüberbeugen,

✦ gelbes oder grünes Nasensekret,

✦ ausstrahlender Schmerz in den Kiefer oder in die Zähne, Klopf- und Druckempfindlichkeit,

✦ Husten mit verfärbtem Auswurf, da das eitrige Sekret aus den Nebenhöhlen auch an der Rachenrückwand hinabläuft und in die tieferen Atemwege gelangt (besonders häufig bei Kindern),

✦ schmerzhafte Schwellung um die Augen,

✦ Ausbreitung der Entzündung in benachbarte Knochen, in die Augenhöhle oder in seltenen Fällen auch in das Gehirn. Dies kann zu ernsthaften Folgen wie etwa Blutvergiftung führen.

Bei Verdacht auf eine akute Sinusitis sollte immer ein Arzt konsultiert werden, besonders bei Auftreten von hohem Fieber. Bei der chronischen Sinusitis sind die Symptome nicht so ausgeprägt: Es besteht über längere Zeit ein immer wieder-

NASENNEBENHÖHLENENTZÜNDUNG

Vitamin C aus Sanddorn, Omega-3-Fettsäuren aus Lachs, ätherische Öle aus Fenchel und Senfölglukoside aus Rettich: Diese natürlichen Wirkstoffe und noch viele andere unterstützen die Heilung bei einer Nasennebenhöhlenentzündung.

kehrendes Druckgefühl über der betroffenen Nasennebenhöhle. Die Nase ist oft verstopft mit vermehrtem Ausfluss. Der Schleim und die entzündete Nasenschleimhaut stören das Geruchs- und Geschmacksempfinden.

EINFLUSS DER ERNÄHRUNG

1. Stärkung des Immunsystems: Wie bei allen Infektionen hat auch bei der Nasennebenhöhlenentzündung die Stärkung des Immunsystems oberste Priorität. Folgende Nährstoffe müssen dem Körper über die Nahrung zugeführt werden:

✦ Zink ist das wichtigste Spurenelement für das Immunsystem, denn es ermöglicht die Teilung und Vermehrung von Immunzellen.

✦ Sowohl zur Unterstützung der Zellteilung der Immunzellen als auch zu deren Aktivierung benötigt das Immunsystem die Aminosäuren Arginin und Glutamin.

✦ Selen stimuliert u. a. die Bildung von Antikörpern und eines Botenstoffs, der die Aktivität des Immunsystems steuert.

✦ Die Vitamine C und E aktivieren bestimmte Helferzellen des Immunsystems. Darüber hinaus können sie freie Radikale unschädlich machen, die Zellmembranen angreifen können und so an der Bildung von Entzündungen beteiligt sind.

✦ Vitamin A ist für die Zellteilung wichtig und sorgt für gesunde Schleimhäute, die als Abwehrbarriere für Keime und Fremdstoffe dienen.

HEILEN DURCH ERNÄHRUNG

✦ Cholesterin und Histamin sollten bei Nasennebenhöhlenentzündung möglichst gemieden werden, denn zu viel Cholesterin reduziert die Aktivität bestimmter Immunzellen, der so genannten Fresszellen. Und histaminreiche Lebensmittel (siehe Tabelle auf Seite 190) lösen allergische und entzündliche Reaktionen aus, in deren Folge die Nasenschleimhäute anschwellen und so die Erkrankung begünstigen.

2. **Lösen des Schleims:** Ganz entscheidend bei Nasennebenhöhlenentzündung ist es, das eingedickte Sekret in Nase und Nebenhöhlen wieder zu verflüssigen. Dazu tragen besonders Lebensmittel bei, die reichlich Cystein oder ätherische Öle zur Verfügung stellen.

3. **Lindern der Entzündung:** Außerdem sind bei der Nahrungsauswahl Lebensmittel zu bevorzugen, die reich an Omega-3-Fettsäuren sind. Sie werden im Körper zu entzündungshemmenden Botenstoffen umgebaut.

4. **Keimhemmung:** Einige Lebensmittel können gezielt zur Hemmung der Keimvermehrung beitragen. Vor allem die ätherischen Öle mancher Gewürze wirken direkt antibakteriell.

5. **Entlasten des Darms:** Durch eine Überlastung des Darms (siehe auch Seiten 241 ff.) entstehen durch vermehrte Fäulnis und Gärung Giftstoffe, die in die Blutbahn übertreten und über die Schleimhäute der Nasennebenhöhlen ausgeschieden werden. Hier können sie Schäden verursachen, die die ohnehin schwache Infektabwehr der Nasennebenhöhlen beeinträchtigen.

WELCHE LEBENSMITTEL HELFEN?

✦ Linsen, Erbsen, Gartenbohnen, Vollkornweizen und Muscheln, besonders **Austern**, sind optimale abwehrstärkende Lebensmittel, da sie zu den besten Zinklieferanten zählen. Vollkornweizen stellt darüber hinaus Selen zur Verfügung. Da die Ackerböden in Europa leider oft sehr selenarm sind, empfiehlt es sich, auf Vollkornweizen aus Amerika oder Asien zurückzugreifen.

✦ Die Mönche und Nonnen empfahlen bereits im Mittelalter, bei Schnupfen und Husten **Mohn** zu essen. Auch die moderne Ernährungslehre schätzt den Mohn wegen seiner immunstärkenden Wirkung, die vor allem auf seinen Zinkgehalt zurückzuführen ist.

✦ Auch um die positive Wirkung von **Hühnerbrust** wusste man schon damals, sie beseitige Schleim und »mache gute Säfte«. Hähnchenbrust enthält größere Mengen der Aminosäure Cystein, deren schleimlösende Wirkung wissenschaftlich erwiesen ist. Außer in Hähnchenbrust ist Cystein reichlich in Putenbrust, Rinderfilet sowie Garnelen zu finden. Putenbrust und Garnelen wirken außerdem immunstärkend: Putenbrust stellt Glutamin und Garnelen die Aminosäure Arginin zur Verfügung.

✦ Ideale Lebensmittel bei Nasennebenhöhlenentzündung sind weiterhin **Sojabohnen**, die schleimlösend und immunstärkend wirken. Diese Eigenschaften verdanken sie dem hohen Gehalt an Cystein und Arginin.

✦ Auch mit Schinken, **Käse** und Hühnerei lässt sich das Immunsystem unterstützen, denn sie zeichnen sich besonders durch ihren hohen Gehalt an der Aminosäure Glutamin aus.

✦ **Haselnüsse**, Mandeln und Erdnüsse haben den höchsten Arginingehalt aller Lebensmittel aufzuweisen (bezogen auf 100 Gramm). Damit tragen sie optimal zur Bildung der weißen Blutkörperchen und der so genannten Fresszellen bei, die für den Abbau von Krankheitserregern und anderen Fremdstoffen verantwortlich sind.

✦ Auch **Lammfleisch** ist bei Nasennebenhöhlenentzündung wertvoll, denn es ist ebenfalls ein sehr guter Argininlieferant.

◆ Die Mönche und Nonnen sahen Meeresfische einst als »trocknend an und damit gegen feuchte Entzündungen wirkend«. Das in den meisten Seefischen wie **Lachs**, Hering und Makrele enthaltene Selen fördert die Bildung von Antikörpern. Diese Fische hemmen mit ihren großen Mengen an Omega-3-Fettsäuren darüber hinaus Entzündungen. Lachs ist außerdem ein ausgezeichneter Cysteinlieferant.

◆ **Sanddorn**, Hagebutten, Schwarze Johannisbeeren, Kirschen und Zitrusfrüchte sowie Paprika, Brokkoli und Rosenkohl liefern besonders viel immunstärkendes Vitamin C. Vor allem Paprika hat zudem reichlich Carotinoide zu bieten, die im Körper in schleimhautaufbauendes Vitamin A umgewandelt werden können.

◆ Wegen ihrer Antioxidanzien können folgende Obst- und Gemüsesorten den Entzündungsprozess günstig beeinflussen: Dazu gehören der Kaffeesäureester der **Brennnessel**, die Flavonoide des Feldsalats und die Betalaine der Roten Bete. Die antioxidativ wirkenden Anthocyane sind reichlich in Pflaumen, Heidelbeeren, **blauen Weintrauben**, Roten Johannisbeeren sowie Granatapfel vorhanden. **Möhren**, Tomaten, Spinat, Aprikosen und Wassermelonen hingegen zeichnen sich durch ihren Gehalt an antioxidativen Carotinoiden aus. Und **Weizenkeimöl** hat einen sehr hohen Vitamin-E-Gehalt zu bieten.

◆ **Leinöl**, Raps- und Walnussöl wirken Entzündungen entgegen, denn sie steuern wertvolle Omega-3-Fettsäuren bei.

◆ Die antibakterielle Wirkung von **Kohl** machte man sich schon in der Antike zunutze. Sämtliche Kohlarten, aber auch Radieschen, **Meerrettich**, Schwarzer Rettich, Brunnenkresse, Gartenkresse und Rucola enthalten reichlich Senfölglykoside, mit denen Erkältungskrankheiten wirkungsvoll bekämpft werden können.

◆ Die Anis- und **Fenchelfrüchte** mit den ätherischen Ölen Anethol und Fenchon werden schon seit alters als Heilmittel gegen Entzündungen der Atemwege eingesetzt. Dank ihrer ätherischen Öle wirken diese Gewürze schleimlösend.

◆ **Majoran** und Thymian schätzte man als nach der Qualitätenlehre »wärmende und trocknende Gewürze, die dem kalten und feuchten Phlegma der Nasennebenhöhlenentzündung entgegenwirken«. Majoran und Thymian liefern außerdem ätherische Öle, die gegen Bakterien und Viren wirksam sind. Auch Ingwer wärmt nicht nur, sondern wirkt mit seinem ätherischen Öl hemmend auf die Erkältungauslösenden Viren.

BEHANDELN UND HEILEN DURCH ERNÄHRUNG

Nur ein gut funktionierender, nicht überlasteter Darm kann für ein intaktes Immunsystem sorgen. Daher sollten Sie besonders darauf achten, langsam und entspannt zu essen. Beenden Sie bereits beim leichtesten Sättigungsgefühl Ihre Mahlzeit, denn dadurch verhindern Sie, dass Ihr Darm überlastet wird. Verzichten Sie abends auf schwere Mahlzeiten, am gesündesten ist es, wenn die letzte Mahlzeit am Tag nicht später als um 18 Uhr eingenommen wird. Essen Sie zum Abendessen auch keine Rohkost mehr, denn sie beginnt im nächtlich trägen Darm zu gären, wodurch schädliche Gase und Fäulnisprodukte entstehen, die den Darm reizen (siehe Seiten 241 ff.). Vergessen Sie außerdem nicht, täglich mindestens 2,5 Liter Flüssigkeit zu trinken, um ein dünnflüssiges Nasensekret zu schaffen, das sich leicht entfernen lässt.

Eine so genannte Meerrettichkur ist schon beim ersten Anzeichen einer Erkältung empfehlenswert: Nehmen Sie dreimal täglich einen Teelöffel frisch geriebenen Meerrettich ein. Wiederholen

Sie die Einnahme, solange die Beschwerden bestehen und noch eine Woche darüber hinaus, damit die Schleimhäute abheilen können. Statt Meerrettich können Sie auch klein geschnittene und mit etwas Salz bestreute Zwiebeln nehmen, da sie stark schleimlösend wirken. Nutzen Sie auch die schleimlösende und antibakterielle Wirkung der ätherischen Öle aus Fenchel, Anis, Majoran, Thymian und Ingwer, indem Sie diese Gewürze reichlich und oft bei der Zubereitung Ihrer Speisen einsetzen.

Zur Vorbeugung von Erkältungskrankheiten und Nasennebenhöhlenentzündung: Essen Sie täglich Salate und die empfohlenen Obst- und Gemüsesorten. Bereiten Sie z. B. aus Lein-, Rapsoder Weizenkeimöl ein Dressing, das Sie über den Salat träufeln können, da diese entzündungshemmend wirken und reichlich antioxidatives Vitamin E liefern.

Bei Neigung zu Nebenhöhlenentzündung: Verzichten Sie auf Lebensmittel mit einem hohen Histamingehalt wie Rotwein, Hartkäse, luftgetrockneten Schinken und Salami (siehe Seite 190), nicht fangfrische Fische, Sauerkraut und Schokolade. Ansonsten gelten die gleichen Empfehlungen wie zur Vorbeugung von Nasennebenhöhlenentzündung.

Bei einer Verkühlung oder Nebenhöhlenentzündung: Während der Entzündung ist es ganz entscheidend, dass Sie auf Lebensmittel einem hohen Histamingehalt (siehe Seite 190) unbedingt ganz verzichten. Verzehren Sie dreimal wöchentlich frischen Kaltwasserfisch (besonders Tiefkühlfisch, er ist am frischesten und enthält am wenigsten Histamin). Setzen Sie an den Tagen, an denen Sie keinen Fisch essen, Hühnerbrust, Lammfleisch, Garnelen oder Tofu auf Ihren Speiseplan. Essen Sie täglich Salat (mit Lein-, Rapsoder Olivenöl angemacht) sowie mindestens drei-

mal wöchentlich ein zinkhaltiges Lebensmittel wie Gartenbohnen, Linsen, Erbsen, Muscheln oder Vollkornbrot. Zwischen den Mahlzeiten können Sie immer mal wieder Erd- und Haselnüsse knabbern oder einen Mohnkuchen essen. Und beginnen Sie den Tag mit einem Glas Sanddornoder ungesüßten Johannisbeersaft.

Im Falle einer akuten fieberhaften Erkrankung können nach der mittelalterlichen Qualitätenlehre (siehe Seite 12) säuerliche und saftreiche Obstsorten wie Granatapfel, saurer Apfel und das Fruchtfleisch der Zitrusfrüchte empfohlen werden. Fruchtsäurereiche Obstsorten gelten auch heute noch als erfrischend und sind zudem meist Vitamin-C-reich. Kürbis und Gurke bringen sehr viel kühlendes Wasser in das Körperinnere und sind deshalb ideal bei fiebrigen Erkrankungen. Banane ist nur leicht wärmend und wurde deshalb bei erhitzten Menschen als kühlendes Mittel eingesetzt.

Bei chronischer Entzündung bewähren sich wärmende Gewürze wie Ingwer, Zimt, Rosmarin und Muskatnuss.

Chronische Bronchitis

Nach dem Verständnis der mittelalterlichen Klosterheilkunde wird die Lunge bei Bronchitis durch ein Zuviel an *Phlegma*, also ein Übermaß an Schleim behindert, sodass sie sich nicht mehr weiten oder zusammenziehen kann. Man ging damals davon aus, dass die Erkrankung durch kalte Umgebung, Feuchtigkeit oder durch starke Trockenheit verursacht wird. Das Übermaß an *Phlegma* wurde damals mit wärmenden und trocknenden, das heißt lösenden und ausleitenden Lebensmitteln behandelt.

Für die moderne Medizin ist eine Bronchitis eine Entzündung der Bronchien, die zu Atemnot und letztlich zu Lungenschäden führen kann, wenn sie chronisch wird. Nach der Definition der Weltgesundheitsorganisation (WHO) liegt eine chronische Bronchitis dann vor, wenn die Symptome in zwei aufeinander folgenden Jahren über mehr als drei Monate bestehen.

URSACHEN UND SYMPTOME

Der Bronchialschleim hat die Aufgabe, die Atemluft von Schmutzteilchen zu befreien und Krankheitserreger sofort zu vernichten. Flimmerhärchen transportieren den Schleim aus den Tiefen der Lunge die Luftröhre hinauf.

Wird die Schleimhaut ständig durch viele Schad- oder Fremdstoffe in der Atemluft gereizt, wird dieser Reinigungsmechanismus geschwächt und es kann sich eine chronische Bronchitis entwickeln. Solche chronischen Entzündungen müssen keine akuten Krankheitssymptome verursachen, aber sie führen auf Dauer zu einer schleichenden Zerstörung der Bronchialwände. Es können Narben, schleimgefüllte, sackartige Erweiterungen und Verdickungen in den Wänden der Bronchien entstehen, durch die sich die Bronchien verengen und der Atemstrom behindert wird. Genau darauf bezieht sich die mittel-

alterliche Klosterheilkunde übrigens, wenn es heißt, dass die Lunge sich nicht mehr weiten und zusammenziehen kann. Oft finden sich in der Lunge eines Menschen mit chronischer Bronchitis alle Formen der Schädigung – von Narben bis zu Verdickungen in den Wänden der Bronchien – nebeneinander.

Der Schleim sammelt sich besonders nachts im Liegen an, sodass bei vielen Betroffenen ein morgendliches Abhusten erforderlich ist, um die Bronchien zu reinigen. In der nassen und kalten Jahreszeit können sich die Beschwerden durch zusätzliche Infektionen und Reizungen deutlich verschlimmern.

Mit fortschreitender Erkrankung treten Zeichen einer Lungenschädigung auf, da die Infektion die Atmungsorgane hinab bis zur Lunge wandert: Selbst bei immer geringeren Belastungen entsteht Atemnot, aus der sich allgemeine Leistungseinschränkungen ergeben.

Die Hauptursache der chronischen Bronchitis ist das Rauchen: 90 Prozent aller Betroffenen sind Raucher und jeder zweite Raucher über 40 Jahre ist an chronischer Bronchitis erkrankt. Bereits der Rauch einer einzigen Zigarette schädigt die Flimmerhärchen derart, dass sie sich erst nach einem Tag vollständig regeneriert haben. Bei fortgesetzter Schadstoffeinwirkung sinkt ihre Zahl und auch die Konsistenz des Schleims ändert sich: Es werden steigende Mengen eines zäheren Schleims gebildet, der sich schlecht abhusten lässt und weniger Abwehrzellen enthält.

Die Bedeutung der Luftverschmutzung durch Industrie und Verkehr als Ursache ist im Vergleich eher untergeordnet, ebenso wie ererbte Faktoren. Wenig bekannt ist, dass Husten bzw. gereizter Rachen auch eine Folge häufigen Aufstoßens von Magensäure sein kann. Das ist dann der Fall, wenn der Magen übersäuert ist (siehe Seite 236).

Den stark antibiotisch wirkenden Thymian setzten schon die Mönche des Mittelalters gegen Infektionen wie Bronchitis ein. Weitere Wirkstoffe z. B. aus Fenchel, Putenbrust und blauen Weintrauben können die Heilung der Krankheit vorantreiben.

EINFLUSS DER ERNÄHRUNG

Um die Erkrankung aufzuhalten, muss die Entzündungsreaktion abgeschwächt werden, indem Infektionen beseitigt, das Immunsystem gestärkt, der zähe Schleim gelöst und die Funktionsfähigkeit der Schleimhaut wiederhergestellt wird.

◆ Mit einigen Lebensmitteln kann man gezielt der Entzündung entgegenwirken: Dazu zählen solche, die Omega-3-Fettsäuren enthalten.

◆ Lebensmittel, die Glutamin, Cystein und Arginin aufzuweisen haben, kräftigen das Immunsystem für den Kampf gegen die Krankheitserreger.

◆ Das Immunsystem kann außerdem durch Mineralstoffe wie Zink und Selen gestärkt werden. Zink regeneriert darüber hinaus die Schleimhaut.

◆ Zahlreiche Lebensmittel mit ätherischen Ölen wirken außerdem schleimlösend.

◆ Bakterielle Infektionen können mit Senfölglykosiden und ätherischen Ölen bekämpft werden. Raucher sind besonders stark mit freien Radikalen belastet, die die Schleimhaut angreifen, aber auch Nichtraucher sollten den freien Radikalen mit Antioxidanzien (Vitamine und Spurenelemente, besonders Vitamin E, Vitamin C und Selen) gezielt entgegenwirken.

◆ Zu vermeiden sind schleimbildende Lebensmittel wie Milchprodukte und Bananen, da sie die Menge des Schleims erhöhen, ihn aber andererseits nicht verflüssigen, sodass er sich nur schwer abhusten lässt.

CHRONISCHE BRONCHITIS

♦ Histamin veranlasst die Muskulatur der Bronchien, sich zusammenzuziehen, fördert die Entzündung und lässt außerdem die Schleimhaut anschwellen. Daher sollten histaminhaltige Lebensmittel (siehe Tabelle auf Seite 190) ebenfalls gemieden werden.

WELCHE LEBENSMITTEL HELFEN?

♦ Nach der Erfahrung der mittelalterlichen Mönche und Nonnen befreit Leinöl eine beschwerte Brust. Leinöl enthält ebenso wie Walnuss- und Rapsöl sowie **Lachs** und Hering reichlich Omega-3-Fettsäuren, die im Körper zu entzündungshemmenden Botenstoffen werden. Rapsöl kann außerdem mit Vitamin E dienen.

♦ Vitamin E findet sich weiterhin reichlich in **Weizenkeimen** und Weizenkeim- und Sonnenblumenöl, Walnüssen und Pistazien. Die Pistazien wurden bereits in der mittelalterlichen Klosterheilkunde eingesetzt, um ein Übermaß an *Phlegma*, also Schleim zu beseitigen.

♦ **Kohl**, zu dem auch der Brokkoli gehört, gilt schon seit der Zeit der Römer als hilfreich gegen Entzündungen. Alle Kohlarten, besonders aber Grün- und Rosenkohl, verfügen über Bioflavonoide und weitere Polyphenole, die schleimhautschützend wirken.

♦ Frisches Obst wie blaue Weintrauben, Heidelbeeren, Schwarze Johannisbeeren, Orangen sowie die Avocado enthalten zahlreiche Antioxidanzien, vor allem größere Mengen an Vitamin E und C.

♦ **Sanddorn** hat sich hier ebenfalls bewährt, denn er ist mit viel Vitamin C ausgestattet.

♦ Damals noch unbekannt, aber wegen ihrer zahlreichen Antioxidanzien nicht unerwähnt bleiben dürfen Paprika und **Tomaten** (besonders gekocht oder als Mark). Wirksamer Inhaltsstoff der Tomaten ist vor allem das Carotonoid Lycopin, Paprika enthält viel Vitamin C.

♦ Die heilende Wirkung von **Fenchel** und Anis bei Erkrankungen der Atemwege war der Klosterheilkunde hingegen bekannt, allerdings wurden hier die Früchte verwendet. Die schleimlösenden ätherischen Öle (Anethol, Fenchon) sind aber auch in geringeren Mengen im Fenchelgemüse enthalten.

♦ Reich an Carotinoiden sind außerdem **Möhre** und Petersilie. Beide machte man sich bereits in der mittelalterlichen Klosterheilkunde zunutze. Vor allem die Möhre schätzte man wegen ihrer wärmenden und trocknenden Eigenschaften, die ideal zur Schleimlösung sind.

♦ Fleisch, besonders Rindfleisch, wurde in der Klosterheilkunde vor allem eingesetzt, um geschwächten Rekonvaleszenten wieder zu Kräften zu verhelfen. **Rindfleisch** wirkt darüber hinaus schleimlösend, da es viel Cystein enthält. Reich an Cystein sind auch Lachs, Garnelen, Hühnerbrust, Sojabohnen sowie Cashewnüsse, weswegen sie auch bei Bronchitis empfohlen werden.

♦ Gestoßene **Haselnüsse** mit Honigwasser setzte die Klosterheilkunde gezielt bei Husten ein. Haselnüsse, aber auch Erdnüsse, Sojabohnen und Hammelfleisch erhöhen die Aktivität der so genannten Killerzellen und die Zahl der weißen Blutkörperchen, sodass das Immunsystem gestärkt wird. Wirksamer Inhaltsstoff ist hier hauptsächlich die Aminosäure Arginin.

♦ Schinken, Käse, **Putenbrust** und Hühnerei enthalten Glutamin, das ebenfalls die Vermehrung der weißen Blutkörperchen anregt. Putenbrust ist außerdem ein wichtiger Lieferant der Aminosäure Arginin.

♦ Das Immunsystem kann weiterhin durch Muscheln, Krebstiere, Hülsenfrüchte und Vollkornweizen gestärkt werden. Da sie viel Zink enthalten, regenerieren sie außerdem die Schleimhaut. Schon die Krebssuppe wurde im Mittelalter spe-

217

ziell Lungenkranken empfohlen und Muscheln verwendete man, um ein Übermaß an Feuchtigkeit im Körper auszugleichen.

✦ Die moderne Ernährungslehre empfiehlt Fische (z. B. Sardine, Meeräsche, **Thunfisch**) und Leber, da sie für die Bildung von Antikörpern und Signalstoffen für die Immunantwort wichtig sind. Diese Wirkung geht auf das in größeren Mengen enthaltene Selen zurück.

✦ Schon Hildegard von Bingen schätzte die Wirkung von **Schwarzem Rettich** zur Behandlung von Erkältungserkrankungen. Seine Wirkung gegen Bakterien erklärt man sich heute durch den hohen Gehalt von Senfölglykosiden, die ebenfalls reichlich in Radieschen, Meerrettich, Brunnenkresse, Gartenkresse, Rucola und allen Kohlarten enthalten sind.

✦ Ebenfalls antibakteriell wirken Zwiebeln, **Knoblauch** und Bärlauch, was man auf die ätherischen Öle und die Lauchöle zurückführt.

✦ Das Wachstum von Bakterien können auch einige Gewürze hemmen. Dazu zählen u. a. **Thymian**, Majoran, Salbei und Lorbeerblätter. Diese Wirkung verdanken sie ihren ätherischen Ölen.

BEHANDELN UND HEILEN
DURCH ERNÄHRUNG

Da die Schleimhaut nicht eintrocknen darf, sollten Sie täglich mindestens 2,5 Liter trinken.

Zur Vorbeugug: Um eine Bronchitis erst gar nicht entstehen zu lassen, wird empfohlen, täglich Salate, Obst und Gemüse zu essen, damit Sie ausreichend mit Vitaminen, Mineralstoffen und weiteren Antioxidanzien versorgt sind. Wegen ihrer entzündungshemmenden und antioxidativen Eigenschaften sollten Sie möglichst immer Weizenkeim- oder Rapsöl verwenden – ob beim Kochen oder um es als Dressing über den (für jeden Tag empfohlenen) Salat zu träufeln.

Bei Neigung zu rezidivierender Bronchitis: Zusätzlich zu den vorbeugenden Maßnahmen empfiehlt es sich hier unbedingt, auf histaminhaltige Nahrung zu verzichten: Rotwein, Hartkäse, abgehangenes Fleisch (z. B. Rind, Wild oder zum Teil auch Schwein), luftgetrockneter Schinken und nicht fangfrische Fische, Sauerkraut sowie Schokolade. Auch Alkohol ist für Sie tabu. Die Erfahrung hat gezeigt, dass oft schon ein Tropfen Alkohol die Schleimhaut anschwellen lässt.

Während einer Bronchitis: Schleimbildende Lebensmittel wie Milchprodukte und Bananen sollten Sie jetzt möglichst nicht zu sich nehmen. Wenn Sie unter starkem Husten mit Auswurf leiden, werden mindestens zwei- bis dreimal wöchentlich frische Meeräsche, Thunfisch, Sardinen (besonders Tiefkühlfisch, da dieser am frischesten ist und am wenigsten Histamin enthält), Hühnerbrust, Rindfleisch, Leber, Muscheln, Eier und Hülsenfrüchte empfohlen. Kohlgemüse ist eine wertvolle Beilage, die Sie jeden zweiten Tag zu allen Hauptgerichten genießen dürfen. Ansonsten können Sie sich weiterhin normal und ausgewogen ernähren. Jeden zweiten Tag ein Glas Sanddornsaft und ein mit einem Dressing aus Leinöl zubereiteter Blatt- oder Rettichsalat liefern zusätzlich wichtige Inhaltsstoffe für Schleimhäute und Immunsystem. Anis, Fenchel, Radieschen und Nüsse sollten abwechselnd auch mindestens einmal wöchentlich gegessen werden.

Würzen Sie Ihre Speisen kräftig mit Knoblauch, Meerrettich, Zwiebel, Salbei, Majoran und Lorbeerblättern.

Funktionelle Herzbeschwerden

Die mittelalterliche Klosterheilkunde brachte Herzbeschwerden mit einer gestörten Verdauung in Verbindung. Die Mönche und Nonnen gingen damals davon aus, dass schädliche Speisen und Getränke den Verdauungstrakt zu stark reizen können. Dadurch blähen sich die Eingeweide so auf, dass das Herz schließlich in seinen Funktionen beeinträchtigt wird und schmerzt. Anfangs kann das Herz, die Störung noch kompensieren, doch wenn sich zu viele schädigende Stoffe in den Eingeweiden angesammelt haben, attackieren diese ebenfalls das Herz und es macht sich durch plötzliche Anfälle bemerkbar.

Heute werden solche Anfälle ohne erkennbare Ursachen unter der Bezeichnung funktionelle Herzbeschwerden zusammengefasst. Es handelt sich um so genannte Fehlsteuerungen bzw. Funktionsstörungen ohne nachweisbare Schäden im Gewebe. Die moderne Medizin, die für alle Symptome sicht- und messbare Befundergebnisse benötigt, tut sich mit solchen Beschwerden in der Regel schwer, weshalb funktionelle Herzbeschwerden, welche weder mit Arteriosklerose noch mit Herzinsuffizienz zusammenhängen, in den meisten Fällen auf psychische Probleme zurückgeführt werden. Grundsätzlich müssen alle Herzbeschwerden ernst genommen und von einem Spezialisten abgeklärt werden. Erst wenn dieser nichts Organisches findet, kann von funktionellen Herzbeschwerden gesprochen werden. Vorsicht geboten ist immer bei stechenden Schmerzen im Brustkorb. Denn der klassische Angina-pectoris-Schmerz, der Verengungen der Herzkranzgefäße und eine Infarktgefahr anzeigt, ist nicht genau lokalisierbar und fühlt sich oft nur an wie ein starker Druck, der den Brustkorb einzuengen scheint. Im Gegensatz zur Angina pectoris treten funktionelle Herzbeschwerden meist nicht bei Belastung, sondern in Ruhe auf.

URSACHEN UND SYMPTOME

Das Herz ist ein sehr komplexes Organ, das auf viele Einflüsse höchst empfindlich reagiert und sich auch im Normalzustand immer am Rande des Chaos befindet. Kann beispielsweise eine organische Herzkrankheit ausgeschlossen werden, so gelten bis zu sechs Herzschläge außer der Reihe pro Minute (Extrasystolen) als normal. In den meisten Fällen werden solche Herz-Unregelmäßigkeiten vom Betroffenen kaum oder gar nicht wahrgenommen. Solche Störungen können viele Ursachen haben:

✦ Besonders bei jungen, schlanken Menschen kann schon die Atmung das Herz beeinflussen. Dabei beschleunigt tiefes Einatmen den Herzschlag und das Ausatmen unterbricht ihn sogar kurzzeitig ganz. Dies ist zwar zuweilen unangenehm, jedoch nicht behandlungsbedürftig.

✦ Auch orthopädische Störungen können funktionelle Herzbeschwerden verursachen. Das Herz ist über Nervenstränge mit den Brustwirbeln vier, fünf und sechs verbunden, weshalb Bewegungsstörungen und Muskelverspannungen dieser Segmente das Herz beeinträchtigen können.

✦ Eine der Hauptursachen für funktionelle Herzbeschwerden liegt nicht selten in einem gestörten Darm (siehe Seite 221). In diesem Fall »spüren« die Patienten ihr Herz, haben z. B. Herzrasen oder Herzstolpern, leiden unter Beklemmungs- und Angstgefühlen und haben in der Regel auch einen durch Herzrhythmusstörungen bedingten schlechten Schlaf.

EINFLUSS DER ERNÄHRUNG

1. Entspannung des Herzmuskels:

✦ Für das reibungslose Funktionieren des Herzmuskels ist eine ausreichende Zufuhr von Magnesium äußerst wichtig. Der Herzmuskel, der ein Leben lang pausenlos arbeiten muss, kennt nur

Nach der Erfahrung der Mönche verbessert Gerste bei Herzbeschwerden die Beschaffenheit des Blutes. Die moderne Ernährungslehre ergänzt Hülsenfrüchte und Lammfleisch wegen deren stabilisierender Wirkung auf die Herztätigkeit.

eine Erholungsphase, und zwar in der kurzen Zeit zwischen den Herzschlägen, in der das Blut aus der Peripherie angepumpt wird, um dann mit der nächsten Muskelkontraktion wieder weitergepumpt zu werden. In dieser Phase benötigt der Herzmuskel Magnesium, um sich zu entspannen und dadurch gut durchblutet und mit Sauerstoff versorgt zu werden. Chronische Durchfallneigung und Darmkrämpfe können die Magnesiumaufnahme in das Blut jedoch behindern. Auch eine Übersäuerung des Gewebes durch Sauerstoff- und Bewegungsmangel, säureüberschüssige Nahrung, Stress und chronische Entzündungen gehen mit einem erhöhten Magnesiumverbrauch einher.

✦ Der Mineralstoff Kalium fördert die Aufnahme von Magnesium aus dem Darm und den Einbau in die Zellen. Zudem ist Kalium für die Kontraktionsfähigkeit des Herzes notwendig. Das Herz reagiert sowohl auf zu wenig als auch auf zu viel Kalium sehr empfindlich. Nicht selten sind daher Herzbeschwerden die ersten Anzeichen einer Kaliumstoffwechselstörung.

✦ Da Kalzium die Magnesiumresorption behindert, sollte es bei funktionellen Herzbeschwerden nur in Maßen zugeführt werden.

2. Harmonisieren der Herztätigkeit:

✦ Vor allem in Muskeln, Nervensystem und Blutblättchen ist die ungebundene freie Aminosäure Taurin zu finden. Neben ihrer antioxidativen und entgiftenden Wirkung stabilisiert sie die Zellmembranen. Diese Wirkung verringert nicht nur eine Übererregbarkeit von Nervenzellen, sondern auch die des Herzmuskels. So kann durch die Zufuhr von Taurin die Neigung zu Herzrhythmusstörungen verringert werden.

✦ Während der vitaminähnliche Stoff Carnitin die Energieumwandlung im Herzmuskel fördert und die Herzarbeit harmonisiert und optimiert, spielt Coenzym Q10, auch Ubichinon genannt, eine äußerst wichtige Rolle bei der Energieerzeugung in den Mitochondrien, den Kraftwerken der Zellen. Eine besonders hohe Konzentration an Coenzym Q10 ist im Herzmuskel zu finden. Bei Menschen mit Herzproblemen ist der Coenzym-Q10-Gehalt stark verringert. Dieses so genannte Vitaminoid wirkt gegen Herzrhythmusstörungen und trägt zur Verbesserung der Sauerstoffverwertung im Herz bei.

3. Entlasten des Darms: Ein kranker Darm stellt – die Mönche im Mittelalter wussten es bereits – die häufigste Ursache funktioneller Herzbeschwerden dar. Ein Zuviel an Nahrung, unverträgliche Nahrungszusammensetzung, zu spätes und hastiges Essen und andere Ernährungsfehler können die Verdauung empfindlich stören – dies gilt es unbedingt zu vermeiden. Der Darm wird durch Fäulnis- und Gärungsprozesse aufgetrieben und benötigt mehr Raum. So lagern beispielsweise übergewichtige Männer ihr Fett bevorzugt im Bauchraum ab. Der nötige Raumgewinn erfolgt durch eine sichtbare Vorwölbung des Bauchs, aber auch durch ein Ausweichen des Zwerchfells nach oben in den Brustraum. Dort wird das ans Zwerchfell angrenzende Herz ebenfalls nach oben geschoben und damit nach links verdreht, wodurch das Herz in eine Position gerät, in der es in seiner Funktion behindert wird. Eine häufig spürbare Folge davon sind unangenehme »Herzaktionen« und Herzrhythmusstörungen, oft kombiniert mit Kurzatmigkeit (so genanntes Roemheld-Syndrom).

Die aus dem geschädigten Darm in den Blutkreislauf übertretenden Säuren, Fäulnis- und Gärungsgifte schädigen das Herz aber auch ganz direkt. Besteht eine solche Herzbelastung durch Giftstoffe einerseits und durch eine ungünstige Arbeitsposition andererseits über eine lange Zeit, kann dies zu einem nicht mehr reversiblen Herzmuskelschaden, zu Durchblutungsstörungen der Kranzgefäße oder sogar zu Herzinfarkt führen.

4. Vermeiden histaminhaltiger Lebensmittel: Histamin erzeugt Schmerzen und Juckreiz, erweitert die Blutgefäße, lässt den Blutdruck abfallen und beschleunigt den Herzschlag. Im Extremfall kann es sogar einen Kollaps provozieren.

WELCHE LEBENSMITTEL HELFEN?

✦ Alle Lebensmittel, die eine Gewichtsreduktion begünstigen und auch die Verdauung anregen, ohne sie zu überlasten, sind zur Vorbeugung und Behandlung funktioneller Herzbeschwerden empfehlenswert. Dazu gehören **Soja**, Gerste, unpolierter Reis, Weizenkleie, Amarant, Sorghum (rote Hirse), Buchweizen sowie Grüngemüse wie Spinat, Gartenmelde und Brennnesselblätter. Diese Lebensmittel sind nicht nur effiziente Magnesiumlieferanten, sondern fördern auch durch ihren relativ hohen Ballaststoffgehalt eine gesunde Darmflora. Dabei sättigen sie, ohne schwer verdaulich zu sein. Außerdem sorgen insbesondere Gerste und polierter Reis nach Meinung der mittelalterlichen Mönche und Nonnen für »gute Säfte«, das heißt, sie verbessern die Blutbeschaffenheit. Spinat hilft zusätzlich laut mittelalterlicher Medizin gegen jegliche »Beklemmungen in der Brust« und ist zudem ein guter Lieferant für Kalium und das Coenzym Q10.

HEILEN DURCH ERNÄHRUNG

✦ Bananen, getrocknete **Hülsenfrüchte**, Kartoffeln und Sellerie unterstützen nicht nur die Herzfunktionen, sondern fördern wegen ihres Kaliumgehalts auch die für eine normale Herzaktion nötige Magnesiumaufnahme. Ob die Medizin des Mittelalters bereits Bananen kannte, ist umstritten, Hülsenfrüchte wie Bohnen, Linsen oder Erbsen jedoch wurden bereits unter Karl dem Großen großflächig angebaut und ihr hoher Nähr- und Gesundheitswert wurde allgemein geschätzt, da sie das Blut positiv beeinflussen können. Hülsenfrüchte sind nicht nur wegen ihres hohen Mineralstoffgehalts von großem Wert für eine ausgewogene Herzfunktion, sondern auch aufgrund des Coenzyms Q10, das in ihnen steckt und das die Herzkraft stärken kann.

✦ Die herzregulierende Aminosäure Taurin ist vor allem in **Muscheln** enthalten, in geringeren Mengen auch in Fischen und im Muskelfleisch von Rind, Schwein und Lamm. Lamm- und Rindfleisch haben dazu einen hohen Carningehalt, der zu einer Stabilisierung der Herztätigkeit beiträgt. Zwar vermag der menschliche Körper Carnitin selbst zu bilden, doch hauptsächlich nimmt er es über Fleisch auf.

✦ Zu den Q10-Lieferanten zählen u. a. auch **Kohl**, Sardinen, Makrelen und Knoblauch, wobei Letzterer noch zusätzlich die Eigenschaft hat, schädliche Stoffe aus dem Körper auszuleiten. Die Mönche empfahlen schon Knoblauch zum Schutz der Blutgefäße.

BEHANDELN UND HEILEN
DURCH ERNÄHRUNG

Zur Vorbeugung: Achten Sie grundsätzlich auf eine gesunde, ausgewogene, vitamin- und mineralstoffreiche Ernährung. Essen Sie möglichst immer langsam. Dadurch können Sie den Darm bereits effektiv entlasten. Denn durch gutes Kauen stellt sich ein Sättigungsgefühl schneller ein. Zelebrieren Sie jede Mahlzeit, damit sie für Körper und Seele zur Entspannung wird. Dadurch können auch alle wertvollen Inhaltsstoffe der Lebensmittel besser aufgenommen werden.

Essen Sie nicht zu viel, sondern kaloriengerecht und fettarm, damit der Darm nicht überlastet wird. Denn durch zu viel Stuhl und Blähungen kommt es zu Fehlverdauungen. Dadurch wird der Darm aufgetrieben und benötigt zu viel Platz. Das bedingt eine Hochstellung des Zwerchfells, welche den Brustraum einengt. Kompensatorisch wird dann der Schultergürtel hochgestellt und der Brustkorb seitlich erweitert. Die Beweglichkeit der Rippen wird eingeschränkt und die gesamte Brustkorbmuskulatur verspannt. Schließlich wird jeder Atemzug behindert und das Herz liegt statt schräg links unten quer. Dadurch werden alle Funktionen dieser beiden Organe erheblich erschwert.

Die letzte Mahlzeit am Abend sollten Sie nicht zu spät zu sich nehmen, damit über Nacht keine unverdauten Essensreste im Darm liegen bleiben, sich zersetzen und somit Gärungsgifte bilden können. Nehmen Sie am besten noch vor 18 Uhr Ihr Abendessen zu sich. Und ziehen Sie es vor, Rohkost morgens oder während des Tages zu essen statt abends, da besonders Rohkost über Nacht unverdaut bleibt und nicht selten im Darm zu Gären beginnt und so die bekannten Beschwerden auslöst.

Lassen Sie sich nicht dazu verleiten, unter Stress zu essen. Wenn Sie hektisch Ihr Essen hinunterschlingen, nehmen Sie einerseits zu viel Nahrung zu sich und andererseits verkrampft sich der Darm und kann nicht mehr auf gewohnte Weise funktionieren. Es entstehen Fäulnisprozesse, die ihrerseits weitere Beschwerden und Funktionsstörungen nach sich ziehen.

222

FUNKTIONELLE HERZBESCHWERDEN

Bei funktionellen Herzbeschwerden: Wenn Sie übergewichtig sind, ist es ganz wichtig, als Erstes Ihr Gewicht zu regulieren. Denn jedes Kilo zu viel belastet Ihr Herz. Dadurch lässt sich auch der bereits beschriebene Zwerchfellhochstand bekämpfen, der oft zu Herzbeschwerden führt.

Zu viel Kochsalz kann Wassereinlagerungen begünstigen und damit das Herz beeinträchtigen, daher sollten Sie Salz nur sparsam verwenden und gesalzene Lebensmittel wie beispielsweise Käse, Wurst, Sauerkraut, Salzstangen oder Chips nur in geringen Maßen genießen.

Wichtig ist, den Verzehr so genannter Mineralstoffräuber wie Kaffee, Alkohol, Zucker und Weißmehlprodukte stark zu reduzieren, z. B. auf 1 bis 2 Tassen Kaffee pro Tag bzw. ein achtel Liter Rotwein täglich. Trinken Sie stattdessen am besten Kräutertees oder stilles Wasser.

Süßspeisen, abgesehen von gelegentlich etwas Schokolade, die einen Kakaoanteil von über 70 Prozent hat und Magnesium liefert, sollten Sie auf alle Fälle von Ihrem Speiseplan streichen.

Nach Schwitzen durch anstrengende Bewegung oder auch durch Hitze oder Krankheit sollten Sie dafür sorgen, dass Sie Ihrem Körper wieder genügend Mineralstoffe, vor allem Magnesium und Kalium, zuführen. Dafür genügen bereits zwei Bananen oder 1 Liter magnesiumreiches Heilwasser. Setzen Sie Speisen wie Muscheln, Fisch, Muskelfleisch von Rind, Schwein und Lamm jeden zweiten Tag auf Ihren Speiseplan, da sie die das Herz regulierende Aminosäure Taurin enthalten. Auch Kohl, Knoblauch, Sardinen oder Makrelen sollten Sie am besten dreimal wöchentlich genießen, um die Herzaktion zu regulieren und damit funktionellen Herzbeschwerden entgegenzuwirken.

Wechseln Sie insgesamt möglichst regelmäßig ab zwischen vegetarischen Mahlzeiten mit reichlich Spinat, Hülsenfrüchten, Blattsalaten und Fleischmahlzeiten. Leiden Sie unter einer Histaminintoleranz, sollten Sie auf histaminreiche Lebensmittel wie Käse, Rotwein, Schokolade oder abgehangenes Fleisch (Wild, Rind-, Kalb-, Lamm- und Schweinefleisch) sowie Thunfisch vollkommen verzichten.

Integrieren Sie auch Soja zweimal wöchentlich in Ihren Speiseplan, sei es in Form von Tofu, Sojamehl oder anderen Sojaprodukten. Verzehren Sie täglich Kakao, getrocknete Aprikosen, Sonnenblumenkerne oder Amarant im Müsli oder auch pur, um hinreichend Magnesium aufzunehmen. Auf diese Weise ergibt sich eine ausgewogene Ernährung fast wie von selbst. Kombinieren Sie dazu reichlich weiteres Obst und Gemüse und achten Sie möglichst auf die Qualität der Lebensmittel, die Sie zu sich nehmen, da nur qualitativ hochwertige Nahrung auch die für die Herzgesundheit nötigen Stoffe enthält.

Gefäßverkalkung

Die mittelalterlichen Mönche erwähnten bereits das Problem der »verdickten Körpersäfte«, wobei sie das Blut meinten. Auch dass sich »strangartige Leitungen«, wie Blutgefäße und Nervenbahnen, verengen, war ihnen bewusst. Sie führten »die Verstopfung der Blutgefäße durch verdickte Körpersäfte« auf einen Mangel an Wärme und ein Übermaß an kalt-feuchten (Schleim, *Phlegma*) und kalt-trockenen Stoffen (schwarze Galle) zurück. Als eine Hauptursache dafür machten sie Fehl- und Überernährung aus: Man stellte sich vor, dass zu viel Essen ein Übermaß an Schleim (*Phlegma*) zur Folge hat. Da der Schleim nicht gebraucht wird, wird er im Körper eingedickt.

Falsche Ernährung spielt auch nach heutigen Erkenntnissen bei der Entstehung von Arteriosklerose eine große Rolle. Da die Lebensweise bei uns mit wenig Bewegung, aber viel fettem Essen der Erkrankung stark Vorschub leistet, ist sie zur häufigsten Todesursache geworden.

Die moderne Medizin bezeichnet mit Gefäßverkalkung (Arteriosklerose) infolge von Ablagerungen verengte Arterien. Die Krankheit entsteht, indem sich an der Gefäßinnenwand kleine Entzündungen und Verletzungen bilden, sodass sich Immunzellen ansammeln, die mit schlechtem Cholesterin gefüllt sind und die schießlich absterben und sich an den vorgeschädigten Arterienwänden anlagern – ein Cholesterin-Plaque hat sich gebildet. Nach einiger Zeit lagert sich in dem Plaque Kalk an. Da der Plaque eine Unebenheit im Gefäß erzeugt, gerinnt hier außerdem Blut. Der so entstandene Blutthrombus pfropft sich auf den Plaque auf und verengt das Blutgefäß noch weiter. Das Gefährliche daran ist, dass sich ein Plaque in der Halsschlagader lösen und so einen Schlaganfall zur Folge haben kann. Außerdem sind verkalkte Herzkranzgefäße die Wegbereiter eines Herzinfarkts.

URSACHEN UND SYMPTOME

Arteriosklerose ist eine sehr komplexe Erkrankung, auf die viele verschiedene Faktoren einwirken, die wir jedoch ganz wesentlich mit unserer Lebensweise beeinflussen können. So steigern Rauchen, erhöhter Alkoholkonsum, falsche Ernährung und bewegungsarme Lebensweise das Risiko, an Arteriosklerose zu erkranken. Aber auch viele andere Faktoren sind für die Krankheitsentstehung von Bedeutung, da sie die Gefäßinnenwände schädigen können:

◆ Freie Sauerstoffradikale sind sehr aggressive Moleküle, die Zellen aller Art angreifen und auch die Innenwände der Arterien schädigen.

◆ Erhöhter Blutdruck führt zu einer Belastung der Blutgefäße und schädigt die Gefäßwände.

◆ Ein hoher Blutzuckerspiegel wirkt auf das Gewebe direkt aggressiv und verursacht leichte, aber zerstörerische Entzündungen an der Innenwand der Arterien. Daher ist ein Diabetes mellitus, bei dem der Blutzuckerspiegel dauerhaft hoch ist, ein großer Risikofaktor für Arteriosklerose.

◆ Das Hormon Insulin benötigen unsere Körperzellen, um den Blutzucker aufnehmen zu können. In zu großen Mengen schadet es jedoch, da es die Arterien angreift. Bei Diabetes Typ II reagieren die Körperzellen zunehmend schwächer auf das Insulin, und die Bauchspeicheldrüse ist gezwungen, immer mehr von dem Hormon zu produzieren. So kommt es zu einem erhöhten Insulinspiegel, der die Blutgefäßwände schädigt, den Blutdruck steigen lässt und so das Risiko für Arteriosklerose fördert.

◆ Bakterien aus chronischen Entzündungen (z. B. bei chronischer Bronchitis) oder aus einem überlasteten Darm (siehe Leaky-Gut-Syndrom, Seite 241) können die Gefäßwände weiter schädigen, weil sie Entzündungen hervorrufen, die die Bildung von Plaques begünstigen.

GEFÄSSVERKALKUNG

Die Mönche setzten Leinöl, das wegen seiner Linolensäure bei Arteriosklerose auch heute noch empfohlen wird, gegen »verdickte Körpersäfte« ein. Knoblauch, Artischocke, Lachs und Äpfel enthalten weitere Wirkstoffe gegen Gefäßverkalkung.

EINFLUSS DER ERNÄHRUNG

Mit der Nahrung können Sie einige wichtige Risikofaktoren von Arteriosklerose beeinflussen, nämlich den Cholesterin-, den Blutzucker- und den Insulinspiegel. Auch können die Eigenschaften des Bluts direkt beeinflusst werden und die Gefäßwände geschützt werden.

1. Beeinflussen des Insulinspiegels:

✦ Wenn über einen längeren Zeitraum zu viele schnell verdauliche Kohlenhydrate wie etwa Süßigkeiten und Weißmehlprodukte (Weißbrot, Kuchen, Plätzchen) aufgenommen werden, werden die Zellen des Körpers gegen Insulin resistent und sowohl Insulin- als auch Blutzuckerspiegel steigen (Diabetes Typ II).

✦ Ballaststoffreiche Ernährung beeinflusst die Insulin-, Blutzucker- und Cholesterinwerte günstig, denn sie führt zu einem ausgewogenen Blutzuckerspiegel und damit zu einem konstant niedrigen Insulinspiegel. Darüber hinaus senken lösliche Ballaststoffe den Cholesterinspiegel, da sie Gallensäuren binden, die aus Cholesterin hergestellt werden. Diese Gallensäuren werden gemeinsam mit den Ballaststoffen ausgeschieden. Lösliche und unlösliche Ballaststoffe senken allgemein das Risiko für Arteriosklerose.

2. Senken des Cholesterinspiegels:

✦ Einige Inhaltsstoffe der Lebensmittel, wie Omega-3-Fettsäuren und Lauchöle, haben cholesterinsenkende Eigenschaften.

HEILEN DURCH ERNÄHRUNG

✦ Bei einer Ernährung, die auf zu viel fettem Fleisch und Innereien beruht, und gleichzeitigem Bewegungsmangel steigt der Cholesterinspiegel an. Damit wird der Ablagerungsprozess an den Gefäßwänden gefördert.

3. Verdünnen des Bluts: Durch eiweißarme Ernährung und viel trinken wird das Blut dünnflüssiger und verklumpt weniger leicht, weil weniger von der Substanz Fibrinogen gebildet wird, die das Blut gerinnen lässt. Die Gefahr eines Gefäßverschlusses durch eine Thrombose sinkt.

4. Schutz der Gefäßwände:

✦ Gifte wie Pestizide, Alkohol, Röststoffe aus Kaffee oder Verbranntes sowie zu stark erhitztes Fett sind schädlich, denn durch sie bilden sich vermehrt freie Radikale, die die Gefäßwände angreifen können.

✦ Freie Radikale können gezielt durch Vitamin C und E sowie Selen unschädlich gemacht werden.

✦ Wenn schneller gegessen wird, als sich das Sättigungsgefühl einstellen kann, isst man leicht zu viel. Das überlastet den Darm, und die Nahrung wird nicht mehr verdaut, sondern von den Darmbakterien zersetzt. Dabei entstehen Gärungs- und Fäulnisprodukte, die den Darm irritieren und Darmbakterien ins Blut gelangen lassen (Leaky-Gut-Syndrom). Diese schädigen die Gefäßwände durch kleine Entzündungen.

✦ Auch Alkohol macht die Darmschleimhaut für Bakterien durchlässig.

5. Erweitern der Blutgefäße: Lebensmittel, die gute Magnesiumlieferanten sind (siehe unten), helfen, die Blutgefäße zu erweitern.

WELCHE LEBENSMITTEL HELFEN?

✦ Schon die Gesundheitstafeln des Ibn Butlan aus dem frühen 11. Jh. beschreiben Meeresfische als wärmend und trocknend. Damit wirken sie gegen kalte und feuchte Erkrankungen, zu denen die Arteriosklerose gerechnet werden muss. Die Kaltwasserfische aus dem Meer (besonders **Lachs** und **Hering**) gelten auch heute bei Arteriosklerose als Lebensmittel der ersten Wahl, denn sie enthalten reichlich Omega-3-Fettsäuren, die das schädliche Cholesterin senken, entzündungshemmend wirken und auch verhindern, dass Blutplättchen verklumpen und eine Thrombose entsteht.

Vitamin E und Selen sind in diesen Fischen ebenfalls in größeren Mengen vorhanden. Vitamin E schützt die Zellmembranen vor dem Angriff durch freie Radikale, und Selen ist Bestandteil eines der wichtigsten Enzyme, die freie Radikale unschädlich machen.

✦ Auch die **Artischocke** spielte in der Klosterheilkunde schon eine Rolle: Sie regt nicht nur die Bildung von Gallensäure an und wirkt verdauungsanregend, sondern hemmt auch die körpereigene Produktion von Cholesterin. Wegen ihres hohen Gehalts an bestimmten Polyphenolen werden in der Heilkunde die Kelchblätter der Blütenknospen verwendet und nicht die als Delikatesse geltenden Herzen. Die Artischockenherzen enthalten zwar ebenfalls diese Polyphenole, allerdings in viel geringerem Maße.

✦ **Grüner Blattsalat** ist ein wichtiger Lieferant für Antioxidanzien, die der Plaquebildung entgegenwirken. Außerdem ist Blattsalat die am leichtesten verdauliche Rohkost und birgt weniger Gärungsgefahr als z. B. Möhre, Paprika, Zwiebel oder Gurke.

✦ Schon im Mittelalter war die antientzündliche Wirkung von **Kohlgemüse** bekannt: Es wurde gegen die »schlechten Säfte« eingesetzt; so bezeichnete man damals Entzündungen. Heute wissen wir, dass diese Wirkung auf die Senfölglykoside zurückzuführen ist, die gegen Bakterien wirken. Kohlgemüse ist noch aus anderen Grün-

226

den zu empfehlen: Es enthält große Mengen an Carotinoiden, mit denen sie freie Radikale unschädlich machen, und Ballaststoffe, die den Cholesterinspiegel senken und den Blutzuckerspiegel stabilisieren.

✦ Der **Apfel** ist ein weiteres ideales Lebensmittel zur Vorbeugung und Behandlung von Arteriosklerose, denn er enthält viel von dem löslichen Ballaststoff Pektin, mit dem er Gallensäuren zu binden vermag und so letztlich dazu beiträgt, den Cholesterinspiegel zu senken.

✦ Im 14. Jh. war schon bekannt, dass gekochter **Knoblauch** gegen Entzündungen wirkt, die Arteriosklerose begünstigen, wenn sie die Blutgefäßwände befallen.
Heute wissen wir, dass für diese Wirkung u. a. Lauchöle verantwortlich sind, die darüber hinaus den Cholesterinspiegel leicht senken können.

✦ Die Klosterheilkunde empfielt **Nüsse** bei »kalten Komplexionen«. In die heutige Sprache übersetzt sind das Verstopfungen der Blutgefäße, die bei Arteriosklerose die ernsthaften Folgeerkrankungen (Herzinfarkt, Schlaganfall) auslösen. Pistazien lösen »böse Feuchtigkeiten« des Körpers. In Nüssen, besonders Walnüssen, sind nennenswerte Mengen an Omega-3-Fettsäuren enthalten. Sie sättigen schon nach kleinen Mengen anhaltend und helfen, den Appetit, besonders auf Süßes, zu zügeln.

✦ **Erbsen**, Amarant, Sojabohnen und Kohlrabi helfen, die Blutgefäße zu erweitern und den Herzmuskel zu schonen, denn sie sind sehr reich an Magnesium.

✦ **Leinöl** schätzte man im Mittelalter sehr als Lebensmittel, das besonders die Körpersäfte verdünnen kann. Auch die moderne Ernährungslehre empfiehlt Lein- und Rapsöl bei Arteriosklerose. Beide Öle enthalten viel Linolensäure, die im Körper u. a. dafür sorgt, dass Cholesterin vermehrt in der Leber gespeichert wird und zugleich die Fresszellen des Immunsystems aktiviert werden, die das Cholesterin aufnehmen.

✦ **Olivenöl** besteht etwa zu 75 Prozent aus Ölsäure (eine Omega-9-Fettsäure), die ebenfalls den Spiegel an schlechtem Cholesterin senkt.

✦ **Weizenkeimöl** und **Weizenkeime** enthalten reichlich Vitamin E, ein wichtiges antioxidativ wirksames Vitamin.

BEHANDELN UND HEILEN DURCH ERNÄHRUNG

Das Risiko für Arteriosklerose können Sie selbst stark beeinflussen, denn es ist durch Ernährung und Bewegung möglich, eine noch nicht fortgeschrittene Arteriosklerose wieder zurückzubilden. Eine Ernährungsumstellung ist besonders dem zu empfehlen, der bereits schlechte Blutwerte und Übergewicht hat. Aber auch schon zur Vorbeugung kann man einiges mit der richtigen Ernährung tun.

Prinzipiell wirken alle Lebensmittel der Arteriosklerose entgegen, die durch viele Ballaststoffe den Cholesterin-, Blutzucker-, und Insulinspiegel senken. Bei Arteriosklerose wichtig sind außerdem Lebensmittel, die antioxidativ wirksame Substanzen enthalten: Essen Sie deshalb möglichst viel der empfohlenen Obst-, Gemüse- und Salatsorten. Bei der Salatzubereitung und auch beim Kochen verwenden Sie am besten Weizenkeim-, Oliven-, Lein- oder Rapsöl.

Fleisch sollten Sie nur in kleinen Mengen und möglichst selten zu sich nehmen. Achten Sie darauf, mageres Fleisch von solchen Tieren zu wählen, die kein Mastfutter erhalten und in der freien Wildbahn aufwachsen. Man konnte nämlich beobachten, dass das Fleisch von Tieren, die sich viel bewegen und kein Mastfutter, sondern viel frisches Gras fressen, mehr Omega-3 Fettsäuren enthält als das von Tieren, die aus konventioneller Tierhaltung stammen. Wild- und Lammfleisch sind ganz besonders zu empfehlen. Wenn Sie an sich gesunde Lebensmittel zur falschen Zeit essen, enstehen im Darm Gärungs- und Fäulnisprodukte. Daher sollten Sie niemals Rohkost am Abend zu sich nehmen.

Denken Sie bei Arteriosklerose unbedingt auch daran, ausreichend zu trinken. Mindestens 2,5 Liter am Tag sind anzuraten. Wasser verbessert die Fließfähigkeit des Bluts und verringert die Thromboseneigung.

Zur Vorbeugung: Auch wenn Sie normalgewichtig und gesund sind, gute Blutwerte haben und hin und wieder Sport treiben, sind Sie nicht vor Arteriosklerose gefeit, denn jeder kann daran erkranken. Daher sollten Sie einige Ratschläge beherzigen: zweimal wöchentlich Fisch und zweimal pro Woche vegetarisch essen. Täglich auf dem Speiseplan stehen sollte grüner Blattsalat mit kaltgepresstem Olivenöl. Als Nascherei ist Schokolade mit über 70 Prozent Kakaoanteil geeignet, denn Kakao hält das Blut dünnflüssig. Weiter sind zu empfehlen: Nüsse und möglichst mageres Fleisch. Täglich ein achtel bis ein viertel Liter junger Wein vorzugsweise aus höher liegenden Anbaugebieten dient durch sein Resveratrol als weiterer guter Arterioskleroseschutz.

Normalgewichtige mit erhöhtem Cholesterinspiegel und erhöhten Blutfettwerten: Für Sie besteht ein mittleres Risiko, im Laufe des Lebens einen Schlaganfall oder Herzinfarkt zu erleiden. Wenn Sie zu dieser Gruppe gehören, ist es schon wichtiger, die Entzündungsbereitschaft des Körpers zu senken und zu verhindern, dass die Blutplättchen verklumpen. Essen Sie deshalb dreimal pro Woche Kaltwasserfisch (Lachs, Hering, Dorsch und Kabeljau). Einmal pro Woche sollte mageres Fleisch aus Freilandhaltung ohne Mäs-

tung auf dem Speiseplan stehen. Wichtig ist dreimal wöchentlich vegetarische ballaststoffreiche Kost wie Gemüse und Obst (besonders Kohlgemüse und Äpfel), weil Ballaststoffe die Cholesterinausscheidung fördern. Ansonsten gelten die gleichen Empfehlungen wie zur vorbeugenden Behandlung.

Übergewichtige mit zusätzlichen Risikofaktoren: Zu diesen Risikofaktoren zählen Bluthochdruck, erhöhte Cholesterin- und Blutfettwerte, erhöhte Harnsäurewerte, Diabetes mellitus Typ II oder gar schon überlebter Herzinfarkt oder Schlaganfall. Finden Sie sich in dieser Gruppe wieder, sollten Sie unbedingt dreimal wöchentlich Kaltwasserfische (Lachs, Hering, Dorsch und Kabeljau) zu sich nehmen. Vermeiden Sie Innereien, denn sie besitzen viel Cholesterin. Auch Fleischbrühen sind nicht zu empfehlen, denn sie enthalten schlechte Fette und viel Purin, aus dem Harnsäure entsteht, die Entzündungen fördert. Dreimal wöchentlich sollten Sie vegetarisch essen, mit Betonung auf ballaststoffreicher Kost wie Gemüse und Obst (besonders Kohlgemüse und Äpfel), weil Ballaststoffe die Cholesterinausscheidung aus dem Körper fördern. Lebensmittel mit einer glykämischen Last von mehr als 25 (siehe Tabelle auf Seite 187) sollten Sie unbedingt vermeiden: Der Zucker im Blut und das Insulin greifen die Wände der Arterien an. Wenn Sie nicht von Diabetes betroffen sind, lassen Sie das Abendessen hin und wieder ausfallen, denn damit verbessern Sie Ihre Blutzucker- und Blutfettwerte. Wenn trotzdem abends quälender Hunger alle Vorsätze zum Scheitern verurteilen will, hilft noch eine gemütliche Teezeremonie, ein kleines Stück dunkle Schokolade mit über 80 Prozent Kakaoanteil, ein paar wenige Nüsse oder schlicht ein halber Liter Wasser: Oft täuscht nämlich Durst den Hunger vor.

Bluthochdruck

Die Tatsache, dass das Blut einem beständigen Kreislauf im Körper unterworfen ist, entdeckte man erst im 17. Jh. Auch wenn deshalb in der mittelalterlichen Klosterheilkunde noch nicht direkt die Rede von »Bluthochdruck« war, wies man der Qualitätenlehre entsprechend dem Choleriker die charakteristischen Eigenschaften eines Bluthochdruckpatienten zu. So schrieb Hildegard von Bingen, der Choleriker brause öfter im Zorn auf, beruhige sich aber rasch wieder, weil er die Gutmütigkeit liebe.

Der Blutdruck wird durch die Tätigkeit des Herzes erzeugt und sorgt für den Blutstrom durch die Gefäße. Weil sich das Herz abwechselnd zusammenzieht und wieder entspannt, schwankt der Blutdruck zwischen der Auspressphase (Systole) und der Entspannungsphase (Diastole) stark. Gemessen wird er in der Einheit Millimeter Quecksilbersäule (mmHg). Die Obergrenze eines gesunden systolischen Drucks liegt bei etwa 155 mmHg, eines normalen diastolischen »Ansaugdrucks« bei 85 mmHg. Wenn einer der beiden Werte oder gar beide überschritten sind, liegt Bluthochdruck (arterielle Hypertonie) vor.

Etwa jeder fünfte Deutsche ist von Bluthochdruck betroffen, Tendenz steigend. Mit zunehmendem Alter erhöht sich das Risiko: Fast jeder Zweite über 65 leidet unter Bluthochdruck. Da meistens erst dann körperliche Symptome auftreten, wenn sich schon Organschäden (z. B. am Herzen, am Gehirn) gebildet haben, die sich nicht mehr rückgängig machen lassen, ist die Erkrankung sehr tückisch, wenn sie nicht rechtzeitig durch Blutdruckmessung erkannt wird.

URSACHEN UND SYMPTOME

Der Blutdruck ist vor allem abhängig von der Kraft des Herzens, der Weite und Elastizität der Gefäße, von der Fließfähigkeit des Bluts und vom Blutvolumen. Diese Faktoren werden von einem komplizierten Netzwerk aus verschiedenen Regelungsmechanismen gesteuert.

Bei 90 Prozent aller Betroffenen lassen sich keine direkten Ursachen für Bluthochdruck finden. Man bezeichnet diese Form von Bluthochdruck auch als »primäre Hypertonie« oder »essenzielle Hypertonie«. Bei etwa 10 Prozent aller Bluthochdruckpatienten lässt sich eine auslösende Erkrankung finden. Man spricht in diesen Fällen von »sekundärer Hypertonie«. Zugrunde liegen kann beispielsweise eine Schilddrüsenüberfunktion oder eine Nieren- oder Nebennierenerkrankung. Wird die verursachende Erkrankung bei diesen Patienten erfolgreich behandelt, so normalisiert sich der Blutdruck wieder.

Neben direkten Ursachen gibt es Risikofaktoren, die die Wahrscheinlichkeit erhöhen, an Hypertonie zu erkranken. Die wichtigsten Risikofaktoren sind Rauchen, Diabetes, Übergewicht, Bewegungsmangel, Alkoholmissbrauch, zu salzreiche Ernährung, zu dickflüssiges Blut und Erbfaktoren. Bis auf die erbliche Veranlagung lassen sich die Faktoren leicht beeinflussen.

EINFLUSS DER ERNÄHRUNG

Die wesentlichen am Krankheitsprozess beteiligten Faktoren, die sich durch Ernährung steuern lassen, sind die Erweiterung der Arterien und die Fließeigenschaften des Bluts.

1. Beeinflussen der Arterienweite:

◆ Natrium, z. B. aus Kochsalz, verengt die bei Bluthochdruck ohnehin engen Blutgefäße und vergrößert zugleich das Blutvolumen, was letztlich den Blutdruck erhöht. Die Chlorid-Ionen aus Kochsalz (Natriumchlorid) führen außerdem dazu, dass in der Niere mehr Natrium aus dem Urin zurückgewonnen wird – Kochsalz ist also gleich in zweifacher Hinsicht schädlich.

HEILEN DURCH ERNÄHRUNG

Spargel und Lauch senken den Blutdruck, indem sie mit ihrem Kalium für reichlich Wasserausscheidung sorgen. Knoblauch hingegen wirkt mit seinen Lauchölen erhöhtem Blutdruck entgegen.

Der Natriumgehalt kann jedoch nicht nur durch Kochsalz, sondern auch durch das Hormon Insulin erhöht werden, das ebenfalls dafür verantwortlich ist, dass mehr Natrium in der Niere zurückgewonnen wird.

✦ Kalium dagegen neutralisiert an den Blutgefäßwänden den Effekt des Natriums und ist deshalb bei Bluthochdruck hilfreich. Kaliumreiche Lebensmittel (siehe Seite 231) senken zudem den Blutdruck, indem sie den Körper entwässern.

✦ Kalzium erhöht die Gefäßspannung, sodass sich die Blutgefäße verengen und der Blutdruck steigt. Sich wegen Bluthochdrucks kalziumarm zu ernähren wäre jedoch fatal, da wir ohnehin zu Kalziummangel neigen, was zu Folgekrankheiten wie Osteoporose führen kann. Stattdessen ist magnesiumreiche Ernährung sinnvoll, denn dieser Mineralstoff reduziert den Einfluss von Kalzium auf die Gefäßwände.

✦ Lebensmittel, aus denen im Körper Säuren werden, führen zum einen dazu, dass sich feinste Arterien verengen und verringern zum anderen die Flexibilität der roten Blutkörperchen.

✦ Allicin und Lauchöle sind in der Lage, den Blutdruck zu senken. Besonders effektiv wirken sie in Verbindung mit Kalium und Magnesium.

2. Beeinflussen des Fließverhaltens des Bluts:

✦ Eine eiweißarme Ernährung hat zur Folge, dass das Blut dünnflüssiger wird, sodass der Druck bei gleicher Durchblutung sinken kann.

Dann können auch Eiweißverbindungen, die zwischen den Zellen abgelagert wurden (so genannte Verschlackungen), leichter abgebaut werden. Somit verbessert sich der Ernährungszustand der Zellen, und es müssen weniger Notsignale ausgesendet werden, die zu einer Erhöhung des Blutdrucks führen.

◆ Ebenfalls wichtig für die Fließfähigkeit des Bluts ist eine ausreichende Trinkmenge, denn sie trägt dazu bei, dass das Blut verdünnt wird.

◆ Omega-3-Fettsäuren verbessern die Verformbarkeit der roten Blutkörperchen sowie die Elastizität der Gefäßwände und unterstützen so die Senkung des Blutdrucks.

WELCHE LEBENSMITTEL HELFEN?

◆ Schon in der mittlelalterlichen Klosterheilkunde machte man sich die entwässernden Eigenschaften des **Spargels** zunutze, die auf das Zusammenspiel von Flavonoiden, Sulfiden und Kalium zurückzuführen sind. Das Kalium wirkt zudem der gefäßverengenden Wirkung von Natrium entgegen.

◆ Aus mehreren Gründen besonders bemerkenswert und empfehlenswert bei Bluthochdruck ist auch **Reis**: Zu einen hat er ein günstiges Kalium-Natrium-Verhältnis zu bieten. Zum anderen liefert er leicht verdauliche lösliche Ballaststoffe, mit denen Bluthochdruckpatienten nach heutiger Lehrmeinung meist unterversorgt sind und die zugleich sättigen, ohne viel Kalorien zu liefern. Naturreis ist außerdem ein guter Basenlieferant. Daneben ist Reis ist eine gute Quelle für Magnesium.

◆ Reichlich Kalium stellen **Weizenkleie** und Weizenkeime, aber auch Lauch, Spinat, Grünkohl und Feldsalat zur Verfügung. Das in der Weizenkleie ebenfalls vorhandene Magnesium hilft, die Gefäßmuskulatur zu entspannen.

◆ Bei Bluthochdruck empfahl die mittelalterliche Klosterheilkunde, **Forellen** zu essen. Sie seien ideal, um dem Übermaß an warmer und trockener gelber Galle, wie sie beim Choleriker vorherrscht, entgegenzuwirken. Die moderne Ernährungslehre führt die positive Wirkung der Forelle bei Bluthochdruck auf ihren hohen Magnesiumgehalt zurück.

◆ Wegen ihrer entwässernden Wirkung ideal bei Bluthochdruck sind zudem **Melone**, Kürbis und Gurke. Das geht nicht nur auf das günstige Kalium-Natrium-Verhältnis zurück, sondern besonders auch auf ihren hohen Wassergehalt.

◆ Zur Behandlung von Bluthochdruck bewährt haben sich viele Getreidearten, wie z. B. **Gerste** oder Hafer. Dank ihres Magnesiumreichtums sind sie in der Lage, die Arterien zu weiten.

◆ Weitere Magnesiumlieferanten sind Bananen, Soja, Brennnessel, Blumenkohl sowie Sonnenblumenkerne und **Kakao**.

◆ **Knoblauch** ist seit dem Mittelalter besonders als hilfreiches Mittel bei Bluthochdruck akzeptiert. Seine wirksamen Bestandteile sind Lauchöle, die ebenfalls in Zwiebeln und Bärlauch enthalten sind.

◆ Lein- und Rapsöl, Hering und **Lachs** stellen reichlich Omega-3-Fettsäuren bereit, die Gefäße und rote Blutkörperchen flexibel halten.

BEHANDELN UND HEILEN DURCH ERNÄHRUNG

Zur Vorbeugung: Hier ist es wichtig, die Risikofaktoren möglichst gering zu halten. Um das Normalgewicht zu erhalten, sollten Sie Süßspeisen, Fett und Alkohol nur in Maßen verzehren. Mit einer ausreichenden Flüssigkeitsaufnahme (mindestens 2 Liter täglich) stellen Sie sicher, dass Ihr Blut nicht eindickt. Und wenn Sie zwei- bis dreimal wöchentlich Weizenkeime, Weizenkleie,

Lauchgemüse, Feldsalat, Brennnessel, Spinat, Pastinaken, Gurken oder Kürbis oder zwischendrin auch mal Forelle essen, nehmen Sie genügend pflanzliches Kalium und Magnesium auf und wirken so erhöhtem Blutdruck entgegen. Auch Knoblauch kann den Blutdruck senken, seinem starken Geruch kann mithilfe von Dill entgegengewirkt werden.

Bezüglich des Kochsalzes muss typenspezifisch gehandelt werden: Wenn Sie zu Übergewicht und Wassereinlagerungen neigen, sollten Sie die Kochsalzzufuhr auf etwa 5 bis 6 Gramm täglich drosseln. Wenn Sie eher feingliedrig und dünnhäutig sind, können Sie jedoch ohne Einschränkung salzen. Dann muss das Salz helfen, mehr Flüssigkeit in Ihr Gewebe zu bringen.

Bei bestehendem Bluthochdruck: Neben der medikamentösen Behandlung ist bei Bluthochdruckpatienten eine Änderung der Lebensführung unumgänglich. Erstes Therapieprinzip ist die Besserung der persönlichen Risikofaktoren: Da Übergewicht einen eigenen Risikofaktor für Bluthochdruck darstellt, sollte es dringend abgebaut werden (siehe Seite 229). Abgesehen von der richtigen Ernährung sollten Sie sich mehr bewegen und das Rauchen einstellen. Allein durch diese Änderungen des Lebensstils könnte bei etlichen Blutdruckpatienten die Krankheit geheilt werden.

Übergewichtige und Diabetes-Typ-II-Patienten mit Bluthochdruck, die beide einen erhöhten Insulinspiegel aufweisen, sollten ganz besonders darauf achten, vorwiegend Lebensmittel zu sich nehmen, die den Insulinspiegel nur moderat steigen lassen. Essen Sie also besonders viel ballaststoffreiches Obst und Gemüse mit niedriger glykämischer Last (siehe Seite 187).

Täglich 1 bis 1,5 Liter basisches Heilwasser mit über 1000 Milligramm Hydrogencarbonat pro Liter werden empfohlen, damit das Blut verdünnt und der Körper zugleich entsäuert wird.

Alkohol wirkt zwar entwässernd, aber schwemmt viele Mineralstoffe aus. Daher sollten Sie auf alkoholische Getränke verzichten.

Kochsalz müssen Sie streng auf 5 bis 6 Gramm täglich reduzieren. Verzichten Sie ganz auf Pökelfleisch, Konservenkost, Kartoffelchips oder Salzgebäck, die meist sehr salzig sind. Statt Kochsalz können Sie z. B. Kochsalzersatz aus Kaliumchlorid verwenden, das im Reformhaus erhältlich ist. Um Ihre Eiweißzufuhr in Grenzen zu halten, sollten Sie jeden zweiten Tag vegetarisch essen. Um sich dennoch mit ausreichend Eiweiß zu versorgen, empfehlen sich Kaltwasserfische wie Hering und Lachs, die zudem reich an Omega-3-Fettsäuren sind. Essen Sie diese Fische oder die kaliumhaltige Forelle drei- bis viermal wöchentlich. Täglich auf dem Esstisch landen sollten Blattsalate entweder mit Knoblauch, Bärlauch oder Zwiebeln. Rühren Sie hierfür ein Dressing mit Lein- oder Rapsöl an und träufeln Sie es über den Salat. Bärlauch können Sie im Frühjahr als Kur einsetzen (Quark mit Bärlauch, Bärlauchpesto, Bärlauchsuppe, Bärlauchsalat).

Als tägliche Beilage oder vegetarisches Gericht versorgen Sie Grünkohl, Weizenkeime, Lauchgemüse, Feldsalat, Spinat, Gurken, Kürbis und Spargel in größeren Mengen mit den Nährstoffen, die der Erkrankung entgegenwirken. Kombinieren Sie aber den im Körper sauer wirkenden Spargel unbedingt mit basischen Lebensmitteln wie z. B. Kartoffeln.

Als Kohlenhydratquellen zu jeder Mahlzeit eignen sich am besten Reis, Gerstenflocken oder -grütze, Weizenkeime, Haferflocken und Kartoffeln. Täglich eine Rippe Schokolade mit über 70 Prozent Kakaoanteil, Melone oder eine Banane darf Ihre Lust auf Süßes stillen.

Niedriger Blutdruck

Die mittelalterlichen Mönche und Nonnen haben bereits die typischen Symptome des niedrigen Blutdrucks beschrieben: häufige Müdigkeit, Antriebsschwäche und leichter Kopfschmerz. Nach der Qualitätenlehre (siehe Seite 12) weist der Phlegmatiker, die typischen Eigenschaften von niedrigem Blutdruck auf: In ihm ist das *Phlegma* (Schleim) vorherrschend und er friert oft. Dem Phlegmatiker werden wärmende und teilweise trocknende Mittel empfohlen, zu denen auch das Salz gehört.

Die moderne Medizin spricht von niedrigem Blutdruck (Hypotonie), wenn beim Mann unter Ruhebedingungen der systolische Blutdruck unter 110 mmHg, der diastolische unter 60 mmHg und bei der Frau der systolische Blutdruck unter 100 mmHg, der diastolische unter 60 mmHg liegt (vergleiche Bluthochdruck auf Seite 229).

URSACHEN UND SYMPTOME

Niedriger Blutdruck verursacht nur sehr allgemeine Beschwerden und fällt meist erst auf, wenn er zu ernsthaften Kreislaufproblemen führt. Die Symptome entstehen durch eine ungünstige Verteilung des Bluts im Körper. Normalerweise befinden sich etwa 85 Prozent des Blutes in den Venen, die das Blut zum Herz zurückführen und 20 Prozent in den Arterien, die den Körper mit Sauerstoff und Nährstoffen versorgen. Bei zu niedrigem Blutdruck sackt ein großer Teil des Bluts in die Venen der Beine und des Unterleibs ab, sodass zu wenig zum Herzen zurückfließt. Das verursacht typische Symptome wie Müdigkeit, Konzentrationsschwäche, kalte Hände und Füße, blasse Haut, Gleichgewichtsstörungen, Schwindel, Schwitzen, Übelkeit und Sehstörungen.

Zwar schwankt der Blutdruck von Natur aus, doch können verschiedene Umstände einen zu niedrigen Blutdruck verursachen. Zu den Ursachen gehören genetische Veranlagung und Untergewicht, das zu einem geschwächten Herz führen kann. Ist das Herz etwa nach einem Herzinfarkt oder infolge einer Herzinsuffizienz geschwächt, bringt es oft nicht mehr die nötige Kraft auf, um einen normalen Blutdruck aufrechtzuerhalten. Durch zu starkes Schwitzen kann Natriummangel eintreten, der ebenfalls eine Senkung des Blutdrucks bewirkt. Bei langem Stehen, plötzlichem Aufstehen und großer Hitze sackt leicht ein größerer Teil des Bluts in die großen Gefäße der Beine ab. Wenn das Herz nicht von der Beinmuskulatur in seiner Pumpfunktion unterstützt wird (Muskelpumpe), sinkt der Blutdruck oft. Weitere Gründe sind:

✦ Histaminunverträglichkeit oder zu viel Histamin durch Allergien, Insektenstiche oder infolge histaminhaltiger Nahrung,

✦ Schockzustände, z.B. durch Verletzungen, schwere Erkrankungen und psychische Traumata,

✦ Überdosierung von Medikamenten gegen zu hohen Blutdruck (Antihypertensiva).

EINFLUSS DER ERNÄHRUNG

1. Vermeiden von Histamin: Bei Hypotonie spielen histaminhaltige Lebensmittel die größte Rolle, denn Histamin erweitert u. a. die Blutgefäße und senkt so den Blutdruck stark. Histaminreiche Lebensmittel (siehe Tabelle auf Seite 190) sollten daher von Menschen mit einem zu niedrigen Blutdruck gemieden werden. Auch ein überlasteter und entzündeter Darm beeinflusst den Histaminspiegel, weil er dann weniger histaminabbauendes Enzym (Diaminoxidase) herstellt. Daher ist ein gesunder, nicht überlasteter Darm wichtig.

2. Verengen der Blutgefäße:

✦ Natrium aus Kochsalz (Natriumchlorid) erhöht den Blutdruck, indem es die Gefäße verengt und zugleich durch das Binden von Wasser das

Bei niedrigem Blutdruck ist es wichtig, dem Herz zu Kraft und einem regelmäßigen Schlag zu verhelfen. Dafür sind Bohnen, Nüsse, Spinat und Schweinefleisch geeignet, aber auch scharfe Gewürze können helfen.

Blutvolumen vergrößert. Darüber hinaus verstärken die Chlorid-Ionen aus dem Kochsalz die Natriumrückgewinnung aus dem Urin in der Niere.

✦ Scharfe Speisen steuern niedrigem Blutdruck ebenfalls entgegen, indem sie den Kreislauf insgesamt anregen. Sind sie allerdings so scharf, dass sie eine entzündliche Reaktion der Schleimhäute hervorrufen, wirken sie durch Histamin entgegengesetzt. Pure Chilischoten können z. B. eine solch fatale Wirkung auslösen.

3. Stärken des Herzes:

✦ Für die Kraft des Herzes ist das Coenzym Q10 (Ubichinon) aus Lebensmitteln wichtig, da es bei der Energiegewinnung in den Mitochondrien der Herzmuskelzellen beteiligt ist. Bei Menschen mit Herzproblemen ist der Coenzym-Q10-Gehalt in vielen Fällen stark verringert.

✦ Positiv auf die Kraft des Herzes wirken sich außerdem taurinhaltige Lebensmittel aus. Neben einer antioxidativen und entgiftenden Wirkung steigert Taurin die Kraft des Herzschlags und stabilisiert den Herzrhythmus.

✦ Auch manche ätherischen Öle, besonders aus Gewürzen (siehe Seite 235), können blutdrucksteigernd wirken, indem sie die Schlagkraft des Herzes erhöhen.

✦ Ein beliebtes Mittel gegen niedrigen Blutdruck ist der Kaffee, doch er ist tückisch: Zwar regt das Koffein den Kreislauf zunächst an, indem es zentral anregend wirkt und zudem die Schlagkraft und die Frequenz des Herzschlags erhöht, doch wird es in etwa einer halben Stunde abgebaut. Innerhalb dieser Zeit antwortet der Körper mit einer Gegenreaktion und lässt den Blutdruck daraufhin sinken. Also wirkt Kaffee nur vorübergehend. Auch andere koffeinhaltige Getränke wie Schwarztee oder Matetee haben einen ähnlichen Effekt wie Kaffee.

WELCHE LEBENSMITTEL HELFEN?

✦ Die mittelalterliche Klosterheilkunde empfahl Phlegmatikern, also trägen und müden Menschen, **Meersalz** und Steinsalz – und auch heute noch rät man zu besonders gesalzenen Speisen bei niedrigem Blutdruck. Meer- oder Steinsalz sind vor allem deshalb wertvoll, weil sie außer Natriumchlorid (Kochsalz) noch weitere Mineralstoffe enthalten.

✦ Lebensmittel, die in den Schriften der Klosterheilkunde bei Herzbeschwerden aufgeführt waren, dienten meist zugleich dazu, Leber und Magen zu stärken – kein Wunder also, dass scharfe Gewürze wie **Pfeffer**, Chili und Kardamom zur Belebung bei niedrigem Blutdruck eingesetzt wurden. Die Erfahrungsheilkunde bestätigt ihre Wirkung bis heute.

✦ Überaus bewährt zur Behandlung von niedrigem Blutdruck hat sich ein weiteres Gewürz, nämlich der **Rosmarin.** Er enthält ein campherartiges ätherisches Öl, das blutdrucksteigernd wirkt. Es wird angenommen, dass es die Durchblutung des Herzes fördert. Auch die ätherischen Öle und Curcuminoide des **Ingwers** stärken die Schlagkraft des Herzens.

✦ Hülsenfrüchte (vor allem **Sojabohnen**), aber auch Nüsse, Spinat, Kohl, Sardinen und Makrelen werden empfohlen, um das Herz zu stärken, denn sie enthalten viel Q10 (Ubichinon), das das Herz benötigt, um Energie zu gewinnen.

✦ Die moderne Ernährungslehre rät bei niedrigem Blutdruck zu **Schweine-** und Lammfleisch, um den Herzschlag zu stabilisieren und zu stärken. Beide haben einen hohen Tauringehalt.

✦ Reichlich Taurin ist außerdem in allen Meerestieren wie **Muscheln** und Thunfisch enthalten.

BEHANDELN UND HEILEN DURCH ERNÄHRUNG

Da schwere Mahlzeiten den Blutdruck für einige Zeit senken, sollten Sie nach Möglichkeit mehrere kleine Portionen über den Tag verteilt essen. Fleisch und Fisch, wie etwa ein Steak mit Bohnen oder Hülsenfrüchten, können täglich ohne Beschränkung genossen werden. Idealerweise stehen drei- bis viermal wöchentlich herzstärkendes Schweine- und Lammfleisch, Sardinen und Makrelen auf dem Speiseplan. Dabei sollen die Speisen gut gesalzen und mit Rosmarin und Ingwer gewürzt sein. Ein Lammbraten, gewürzt mit Rosmarin, dazu Linsen, Spinat oder Kohlgemüse, sind ein optimales Herzstärkungsgericht, das noch dazu schmeckt. Mit Pfeffer und auch anderen scharfen Gewürzen sollten Sie dabei nicht zu sparsam umgehen.

Es ist wichtig, viel zu trinken, das heißt mindestens 2,5 Liter am Tag: am besten mehrmals am Tag mit Salzen angereicherte Getränke, z. B. Wasser, in dem etwas Salz gelöst ist, oder eine warme Brühe. Die Flüssigkeit bringt Natrium und Chlorid, erfrischt und nährt, ohne zu belasten, und erhöht den Druck im Gewebe und in den Gefäßen. Eine Tasse Kaffee, Schwarz- und Matetee kann eine akute hypotone Blutdruckkrise abfangen, wirkt jedoch nur kurz.

HEILEN DURCH ERNÄHRUNG

Reizmagen und Magenschleimhautentzündung

Das klosterheilkundliche Spektrum an Arzneien und Therapieformen gegen Magenbeschwerden aller Art war einst sehr groß. Das deutet darauf hin, dass diese Leiden sehr ernst genommen wurden. Besondere Berücksichtigung fanden Symptome wie Sodbrennen, Aufstoßen, Magenkrämpfe, Völlegefühl, Appetitlosigkeit, Übelkeit und Erbrechen. Generell wurden als Ursachen für Verdauungsbeschwerden entweder ein Übermaß an Galle oder an Schleim gesehen. Bei einem Übermaß an Schleim im Magen wurde gleichzeitig ein kalter, das heißt träger Magen diagnostiziert. Bei einem Übermaß an Galle sprach man von einem heißen oder gereizten Magen.

Heute werden alle Leiden, die vor und nach dem Essen verstärkt oder abgeschwächt auftreten und für die sich keine organischen Ursachen finden lassen, den so genannten funktionellen Magenbeschwerden zugeordnet. »Hat einem was auf den Magen geschlagen«, so ist zusätzlich auch die Seele durch übermäßige Belastung mit beteiligt. Oft wird der Reizmagen (funktionelle Dyspepsie), ähnlich wie der Reizdarm, zu den psychosomatischen Erkrankungen gezählt, um ihn von den organischen wie akute und chronische Gastritis (Magenschleimhautentzündung) sowie Magengeschwür abzugrenzen. Allerdings sind die Grenzen zwischen Reizmagen und Gastritis sehr fließend, da sich ein ständig gereizter Magen mit der Zeit zu einer Magenschleimhautentzündung entwickeln kann.

URSACHEN UND SYMPTOME

Für den Reizmagen als auch für die Gastritis und das Magengeschwür lässt sich eine Vielzahl von Ursachen finden, da die Verdauung ein sehr komplexer Vorgang darstellt. Zu Beginn des Verdau-

ungsprozesses werden zunächst Salzsäure und Pepsin, ein eiweißverdauendes Enzym, in den Magen abgegeben. Um die Zellen der Magenschleimhaut vor der zerstörerischen Wirkung dieser für die Verdauung aber nötigen Stoffe zu schützen, ist sie mit einer Schleimschicht überzogen, die verhindert, dass der Magensaft die Zellen der Magenschleimhaut erreicht. Darüber hinaus scheidet die Schleimhaut eine Base in die Schleimschicht aus, welche die eingedrungene Säure neutralisiert. Die ständige Erneuerung der Schleimschicht kann durch Stress, Medikamente oder Rauchen gestört werden. Dann verliert die Magenschleimhaut ihre schützende Barriere. Auf der anderen Seite können reizende Lebensmittel (siehe Seite 238) oder psychische Belastung zu ständiger Überproduktion von saurem Magensaft führen. Dieses Übermaß an Säure überfordert die Schutzmechanismen der Magenschleimhaut. Hält die Reizung über längere Zeit an, kommt es zu einer Entzündung der Magenschleimhaut. Wenn diese Entzündung chronische Form annimmt und in tiefere Schichten bis zu den Magensaftdrüsen vordringt, bilden sich diese zurück. Es wird nun zu wenig Verdauungssaft gebildet, was zu einer langsamen und unvollständigen Verdauung der Speisen führt. Dieses Krankheitsbild wird chronische atrophe Gastritis genannt. Hat die Schleimhaut keine Möglichkeit, sich zu erholen, besteht die Gefahr, dass ein Magengeschwür entsteht.

Die häufigste Ursache für eine Magenschleimhautentzündung ist allerdings eine Infektion mit dem Bakterium *Helicobacter pylori*. Dieses Bakterium wird (oft schon im Kindesalter) von Mund zu Mund oder in unhygienischen Verhältnissen über den Stuhl übertragen.

236

REIZMAGEN

Bei Reizmagen sind grundsätzlich leicht verdauliche und zinkhaltige Lebensmittel zu empfehlen. Dazu zählen gedünstetes Gemüse wie Fenchel, Gurke, Kartoffeln, Chicorée sowie Muscheln und Hülsenfrüchte.

Für die chronische Gastritis kommt als Ursache zusätzlich eine Autoimmunerkrankung in Betracht, bei der das Immunsystem Abwehrstoffe gegen die Magenschleimhautzellen bildet.
Je nach Ursache zeigen sich für den Reizmagen und für die akute Magenschleimhautentzündung folgende Symptome: starker Magenschmerz oder Magenkrämpfe, Völlegefühl, Sodbrennen, Übelkeit, Erbrechen und Blähungen. Oft ist damit Appetitlosigkeit verbunden und bestimmte Nahrungsmittel werden nicht vertragen.
Die chronische Gastritis macht sich vor allem bemerkbar durch diffuse, auch krampfartige Oberbauchbeschwerden, Blähungen, Aufstoßen und Völlegefühl nach den Mahlzeiten.

EINFLUSS DER ERNÄHRUNG
1. Vermeiden einer Übersäuerung:
✦ In den meisten Fällen führt Fehlernährung zu einem Reizmagen, indem sie einer Übersäuerung des Magens Vorschub leistet und den Magen anregt, Magensaft zu produzieren, obwohl er leer ist. Eine chronische Übersäuerung wiederum kann die Magenschleimhaut schädigen. Und wenn schwer verdauliche Nahrung aufgenommen und zudem noch schlecht gekaut wird, kann der Nahrungsbrei nicht rechtzeitig in den Zwölffingerdarm abgegeben werden. Infolgedessen bleibt dieser bis zu einem halben Tag im Magen liegen und wird dadurch immer stärker sauer, was ebenfalls die empfindliche Schleimhaut

reizt. Da der Zwölffingerdarm einen zu stark übersäuerten Mageninhalt nicht aufnimmt (dies steuert er über Hormone), versucht der Magen, die saure Flüssigkeit durch Aufstoßen mit Sodbrennen wieder loszuwerden.

Neben der optimalen Nahrungsauswahl spielen für die Gesundheit des Magens auch die Essgewohnheiten eine ganz wesentliche Rolle. Mehrere kleine Mahlzeiten sind beispielsweise gesünder als wenige große, da der Magen sie wesentlich leichter verdauen kann.

Um den Magen zu schonen, sind Lebensmittel, die zu einer vermehrten Magensaftproduktion führen und damit die Magenschleimhaut reizen, weitgehend zu meiden. Dazu gehören:

✦ Scharfe Gewürze und Speisen.

✦ Süßspeisen.

✦ Milch und Milchprodukte.

✦ Bohnenkaffee, indem er durch seine eigenen Säuren den Magen reizt und eine verstärkte Magensaftproduktion provoziert.

✦ Fette, frittierte Speisen; sie sind Säurelocker.

✦ Weißwein, Champagner und höherprozentige Alkoholika wie Schnäpse, Liköre.

✦ Sehr kalte und sehr heiße Getränke und Speisen, da sie allein schon aufgrund ihrer Temperatur die Schleimhaut angreifen.

✦ Rohkost, die am Abend genossen wird. Denn sie überlastet den gesamten Verdauungstrakt und führt zu Verdauungsverzögerung.

✦ Grobe Getreidekörner, denn sie reizen die Schleimhaut schon rein mechanisch.

2. Lindern der Entzündung:

✦ Gegen Entzündungen sind Omega-3-Fettsäuren wirksam, da sie zu entzündungshemmenden Botenstoffen abgebaut werden.

✦ Histaminreiche Lebensmittel (siehe Seite 190) gilt es möglichst zu vermeiden, da sie die Entzündung noch verstärken können.

3. Regenerieren der Magenschleimhaut:

✦ Schleimhaltige (polysaccharidhaltige) Lebensmittel kleiden den Magen mit Schleim aus, der die entzündeten Stellen vor reizenden Stoffen schützen kann, sodass sich die Magenschleimhaut besser regenerieren kann.

✦ Das Spurenelement Zink hilft, die Magenschleimhaut zu regenerieren, da zinkabhängige Enzyme für die Zellteilung entscheidend sind.

4. Anregen der Verdauung: Die verschiedenen Bitterstoffe in Gemüse oder Gewürzen regen die Magensaftproduktion an, sind aber nur bei verminderter Magensaftproduktion empfehlenswert. Einen übersäuerten, entzündeten oder gar an Geschwüren leidenden Magen könnten sie zusätzlich angreifen!

5. Herstellen einer Balance: Basische Nahrungsmittel (siehe Seite 182) sind grundsätzlich zu bevorzugen. Sie entfalten ihre positive Wirkung nicht nur im Magen selbst, sondern erleichtern auch im Zwölffingerdarm die Weiterverdauung, was dem Magen zugute kommt.

6. Bekämpfen der Helicobacter-Infektion: Die Behandlung einer Infektion durch *Helicobacter pylori* kann durch ätherisches Öl unterstützt werden. Das ätherische Öl mancher Gewürze hat eine antiseptische und antibakterielle Wirkung.

WELCHE LEBENSMITTEL HELFEN?

✦ Alle milden, leicht verdaulichen und vollwertigen Lebensmittel wie **Zucchini**, Möhren, Kürbis, Gurken, Fenchel, Auberginen, Pastinake, Sellerie und Kartoffeln entlasten den Magen aufgrund ihrer reizarmen Inhaltsstoffe, vor allem wenn sie klein geschnitten und gedünstet sind.

✦ Kaltwasserfische wie **Hering**, Lachs und Makrele, Leinöl, Rapsöl, Nussöl und Hanföl enthalten eine Menge Omega-3-Fettsäuren und sind damit ideale Entzündungshemmer.

◆ **Rote Bete** und Spinat besitzen Stoffe, die den Schutz der Schleimhaut, gerade auch der Magenschleimhaut verbessern: Die Betalaine der Roten Bete mildern Entzündungen und schützen die Schleimhaut von Magen und Darm. Spinat liefert Mangan, ein wichtiger Baustein für zellschützende Enzyme.

◆ Wegen ihrer schleimhautschützenden Eigenschaften empfohlen werden **Leinsamen**, Reis, Hafer und Gerste. Diese Wirkung verdanken sie den reichlich vorhandenen Schleimstoffen.

◆ **Muscheln**, insbesondere Austern, Kalbsleber Lammfleisch und Hülsenfrüchte sind hervorragende Zinklieferanten.

◆ Chicorée, **Endivien**, Artischocken, Kardamom und Beifuß enthalten Bitterstoffe, die nur bei Magensaftmangel, keinesfalls jedoch bei Magenschleimhautentzündung oder gar -geschwür empfehlenswert sind.

◆ Thymian, Lorbeerblätter, Majoran, Oregano und Salbei wirken durch ihren Gehalt an ätherischen Ölen antibakteriell und können deshalb zur Nachbehandlung einer Helicobacter-pylori-Infektion empfohlen werden und zur Vorbeugung von verschiedenen bakteriellen Magen-Darm-Infekten dienen.

BEHANDELN UND HEILEN DURCH ERNÄHRUNG

Wer unter den Beschwerden eines Reizmagens leidet, sollte seine Essgewohnheiten genauer unter die Lupe nehmen und sich gegebenenfalls neue angewöhnen. Das Wichtigste bei allen Magenbeschwerden ist das hundertprozentige Kauen und Einspeicheln der Speisen im Mund, da auf diese Weise die Nahrung bereits vorverdaut wird und der Magen nicht mit zu viel Magensäure die Zerkleinerung fortsetzen muss. Essen Sie also langsam und kauen Sie jeden Bissen sehr

gründlich. Nehmen Sie keine späten und üppigen Abendessen ein (nicht nach 18 Uhr), da der Magen nachts nicht arbeiten sollte und der Mageninhalt beim Liegen leichter zurück in die Speiseröhre rinnen kann. Essen Sie nur so viel, bis ein leichtes Sättigungsgefühl auftritt, damit der Magen nicht überdehnt wird. Wenn Sie ein Völlegefühl verspüren, ist es leider schon zu spät! Nehmen Sie grundsätzlich statt zwei großen Mahlzeiten lieber mehrere kleine zu sich.

Stellen Sie sich vor jeder Mahlzeit ganz bewusst auf das Essen ein. Eine ruhige Tischatmosphäre wirkt nämlich heilsam und verdauungsfördernd. Verzichten Sie auf Knoblauch und Zwiebeln. Sie sind wegen ihrer schleimhautreizenden Wirkung bei Magenbeschwerden ungeeignet. Meiden Sie außerdem blähende Speisen, säurebildende Lebensmittel und solche, die sauer verstoffwechselt (siehe Seite 182) werden, sowie alles, was Sie erfahrungsgemäß nicht vertragen. Bedenken Sie, dass Kaffee, Zigaretten und Süßigkeiten die Verdauungsvorgänge beschleunigen und die Nerven im Verdauungtrakt stressen. Probieren Sie aus, welche Gewürze Ihnen gut tun und welche Sie lieber weglassen. Kümmel, Kreuzkümmel und Curry können zwar helfen, die Verdauung zu verbessern, doch manchmal werden sie auch nicht so gut vertragen.

Bevorzugen Sie insgesamt reizarme Kost, welche die Säuren gut abpuffert, wie z. B. Pellkartoffeln, Kartoffelpüree, Reis- und Gerstenschleim, nur in Wasser erhitzte Haferflocken, gekochter Sellerie, Pastinake und Möhren. Und verwenden Sie insgesamt nur sparsam Fett.

Bei Aufstoßen mit Sodbrennen und Magenschleimhautentzündung mit zu viel Magensäure: Stellen Sie unbedingt von Kaffee auf Tee um. Streichen Sie Alkohol, Süßspeisen und histaminhaltige Lebensmittel (siehe Tabelle auf Seite 190) wie Rotwein, Käse und luftgetrocknetes Fleisch (z. B. Parmaschinken, Bündner Fleisch und Salami) von Ihrem Speiseplan. Verzichten Sie generell auf brennende, scharfe Nahrungsmittel und Gewürze wie Pfeffer, Zwiebel, Knoblauch, Paprika und Zitrusfrüchte. Verwenden Sie nur milde Gewürze beim Kochen (z. B. Anis, Majoran, Basilikum, Muskat, Wacholder, Zimt) und lassen Sie auf alle Fälle Bitterstoffe weg, denn diese regen die Magensaftproduktion an und helfen nur bei einer Unterfunktion der Schleimhaut.

Für die Regeneration der Magenschleimhaut ist es wichtig, täglich zinkhaltige Lebensmittel wie Sojabohnen, Erbsen, Gartenbohnen oder Kichererbsen, Muscheln und Kalbsleber zu sich zu nehmen. Zur Hemmung der Entzündung sollten unbedingt dreimal wöchentlich Omega-3-Fettsäure-haltige Fische wie Lachs oder Hering auf dem Speiseplan stehen. Bei akut entzündeter Magenschleimhaut sollte ein Schutz aus Schleimstoffen aufgebaut werden, indem täglich schleimstoffhaltige Lebensmittel gegessen werden. Für Reis- und Haferschleim gießen Sie nach dem Kochen des Getreides die übrige Flüssigkeit ab und trinken Sie sie langsam über den Tag verteilt. Alternativ können Sie 2 Esslöffel Leinsamen 2 Stunden mit 2 Tassen Wasser einweichen, abgießen und den Schleim über den Tag verteilt trinken. Zum Frühstück ist ein basisch wirkendes, gemahlenes Müsli mit etwas Leinöl und frischen Datteln sehr empfehlenswert. Mittags können Sie eine normale Mahlzeit essen, z. B. Kartoffelpüree mit leicht angedünstetem Gemüse und etwas magerem Fleisch. Leicht verdauliche Gmüsesorten, die gedünstet werden, wie Kürbis, Zucchinioder Fenchelgemüse, sowie Chicoréesalat können Sie immer wieder auftischen. Abends nach 18 Uhr sollten Sie entweder keine oder nur eine kleine Mahlzeit zu sich nehmen, die Sie mit ausreichend Eiweiß, Mineralstoffen und Vitaminen versorgt. Trinken Sie zwei Stunden nach dem Essen einen Viertel bis einen halben Liter basisches Heilwasser (Hydrogencarbonatanteil von über 1500 Milligramm pro Liter), da es den sauren Nahrungsbrei etwas neutralisiert, bevor er in den Zwölffingerdarm eintritt.

Bei einer Unterfunktion der Magenschleimhaut ohne Entzündung: Machen Sie Ihrem Magen die Arbeit so einfach wie möglich. Essen Sie mehrere kleine Mahlzeiten pro Tag (lieber fünf statt zwei bis drei). Bei jeder Speisefolge sollten verdauungsfördernde Beilagen und Gewürze (z. B. Beifuß) enthalten sein. Ein kleines Glas Rotwein zu der Mahlzeit kann ebenso dazu beitragen wie ein Magenbitter, ein Artischockenpresssaft, ein Tee mit bitteren Kräutern oder ein Espresso nach dem Essen. Auch der saure Essig auf dem Salat kann die Verdauung unterstützen. Lebensmittel, die reich an Bitterstoffen (Chicorée, Endivien oder Löwenzahnblätter) oder ätherischem Öl (Kardamom, Anis, Kümmel) sind, wirken ebenfalls überaus verdauungsfördernd. Schärfere Gewürze (z. B. Ingwer, Paprika) können Sie einsetzen, wenn sicher keine Entzündung, also keine chronische atrophische Gastritis vorliegt.

Versorgen Sie sich möglichst zweimal wöchentlich mit Zink in Form von Muscheln oder Hülsenfrüchten (z. B. Erbsen, Bohnen, Linsen oder Sojabohnen), denn das Spurenelement unterstützt das Enzym, das für die Produktion der Magensäure verantwortlich ist. Auch Lammfleisch liefert eine Menge Zink und ist eine bekömmliche und stärkende Speise für den Magen. Um eine bakterielle Infektion durch eine zu schwache Säureabwehr zu verhindern, sollten Sie so oft wie möglich die bakterizid wirkenden Gewürze wie Thymian, Majoran, Oregano, Lorbeerblätter und Salbei in Ihrer Küche verwenden.

Reizdarm

Auch wenn das Krankheitsbild des Reizdarms typisch für unsere moderne Zivilisation ist, beschrieben die Mönche und Nonnen des Mittelalters doch schon sehr genau die Symptome (siehe unten). Als Ursachen sah man, ähnlich wie bei Problemen des Magens, vor allem ein Übermaß an Schleim oder an Galle an; oft führte man die Erkrankung auch auf einen Wechsel zwischen den beiden Körpersäften zurück.

Die Diagnose »Reizdarm« wird heutzutage dann gestellt, wenn der Arzt trotz genauester Untersuchung des Patienten keine organischen Ursachen ausmachen konnte. In Deutschland sind bis zu 16 Prozent der Frauen und bis zu 8 Prozent der Männer von einem Reizdarm betroffen.

URSACHEN UND SYMPTOME

Obwohl sich die Bezeichnung »Reizdarm« nicht nach einer ernsthaften Erkrankung anhört, kann sie doch sehr unangenehme Symptome hervorrufen, wie Völlegefühl, Bauchkrämpfe, starke Blähungen, Durchfall und Verstopfung. Durchfall tritt in der Regel morgens direkt nach dem Aufstehen oder nach dem Essen auf. Wenn Sie diese Symptome an sich feststellen, sollten Sie auf jeden Fall einen Arzt aufsuchen. Aus einem Reizdarm können sich nämlich ernsthafte entzündliche Darmerkrankungen entwickeln, die unbedingt in die Hand eines Facharztes und Ernährungsspezialisten gehören. Ursachen des Reizdarms können z. B. emotionale Faktoren sein, aber auch falsche Ess- und Ernährungsgewohnheiten (siehe unten) oder Medikamente.

EINFLUSS DER ERNÄHRUNG

1. Verändern der Essgewohnheiten: Zu schnelles, zu üppiges und zu spätes Essen, aber auch unter Stress eingenommene Mahlzeiten und zu wenig trinken überlasten das Verdauungssystem.

Häufig hilft es daher bei einem Reizdarm schon ganz wesentlich, seine Essgewohnheiten zu verändern. Ist das Verdauungssystem nämlich überlastet, werden die Nährstoffe nicht wie üblicherweise durch die Enzyme von Magen und Darm zerlegt. Vielmehr gelangen sie kaum verdaut in tiefere Darmabschnitte, in denen sie von Darmbakterien zersetzt werden – Gär- und Fäulnisprozesse laufen ab. Die in der Folge entstehenden Säuren, Alkohole, Fäulnisprodukte und Gase reizen die Darmschleimhaut. Der Darm reagiert zuerst mit einer akuten Abwehrhaltung und versucht daraufhin, mit Durchfall die Gifte auszuscheiden. Nach längerer Belastung wird er jedoch geschwächt und träge: Verstopfung tritt auf. Nun bleibt der gärende oder faulende Nahrungsbrei noch länger im Darm und reizt ihn noch intensiver. Letztlich schwillt die Darmschleimhaut an und wird durchlässiger. Fachleute bezeichnen dies als Syndrom des undichten Darms (Leaky-Gut-Syndrom). Substanzen, die vorher von der Darmschleimhaut zurückgehalten wurden, können so ungestört in die Blutbahn gelangen und dann eine generalisierte Allergie oder Nahrungsmittelallergie auslösen. Diese verschwinden jedoch sofort, wenn der Darm wieder gesund und dicht ist. Auch die an sich gesunden Darmbakterien können so in die Blutbahn gelangen und Infektionen der Nachbarorgane (z. B. Harnwegsinfekte) verursachen.

2. Vermeiden unverträglicher Nahrung:
✦ Vielen fehlt das Enzym zur Verdauung von Milchzucker, die Laktase. Wenn dann dennoch Milch oder Milchprodukte gegessen werden, die Milchzucker enthalten, wird der Milchzucker im Darm vergoren und wieder entstehen Gärungsprodukte und Gase. Betroffene müssen daher all jene Lebensmittel, die Milchzucker enthalten, unbedingt meiden.

241

HEILEN DURCH ERNÄHRUNG

Schon im Mittelalter waren die Symptome des Reizdarms wohlbekannt. Besonders Leinsamen, Fenchel und auch Joghurt setzten die Mönche ein, um den Patienten Linderung zu verschaffen.

✦ Das Gleiche trifft für all jene zu, die Fruchtzucker nicht verwerten können: Sie müssen auf Lebensmittel verzichten, die Fruchtzucker enthalten (siehe Seite 188).

✦ Wer unter einem Reizdarm leidet, soll glutenhaltige Getreide meiden, da Gluten, das Klebereiweiß des Getreides, die Darmschleimhaut reizt.

3. Vermeiden darmreizender Lebensmittel: Scharfe Gewürze, wie Chili, Pfeffer, scharfe Paprika oder Pepperoni, reizen die Schleimhaut des Darms. Das gilt genauso für hochprozentige Alkoholika, wie etwa Schnaps, oder aber für Kaffee, dessen Röststoffe schleimhautreizend wirken. Je nach individueller Empfindlichkeit können aber auch schon Zwiebel und Knoblauch die Darmschleimhaut angreifen. Säurehaltige Lebensmittel, wie Weißwein, Salatsauce mit Essig und Zitronensaft, sind ebenfalls nicht zu empfehlen, weil sie die Schleimhäute reizen.

4. Entzündungen lindern:

✦ Einige Lebensmittel haben direkte entzündungslindernde Eigenschaften; dazu zählen vor allem Lebensmittel, die Omega-3-Fettsäuren in größeren Mengen enthalten (siehe Seite 243).

✦ Lebensmittel, die einen hohen Gehalt an so genannten Antioxidanzien haben, wirken ebenfalls Entzündungen entgegen. Sie fangen die infolge von oxidativem Stress entstandenen freien Radikale ab, die Zellmembranen schädigen können und so zu Entzündungen führen.

5. Regenerieren der Darmschleimhaut:

✦ Der Darm benötigt außerdem ausreichend Ballaststoffe. Sie binden Wasser und vergrößern so die Menge des Stuhls, wodurch er weicher und schneller transportiert wird. Sie werden zwar vom menschlichen Körper nicht verdaut, dafür aber umso besser von den Darmbakterien.

✦ Die gestörte Darmflora lässt sich weiterhin durch so genannte probiotische Milchprodukte wiederherstellen. Die probiotischen Bakterien sind in der Lage, das saure Milieu des Magens unbeschadet zu passieren, gelangen so in tiefere Darmabschnitte, wo sie sich an die Darmschleimhaut heften und krank machende Bakterien verdrängen. Außerdem säuern sie das Darmklima im Dickdarm etwas an, was Erregern das Überleben schwer macht.

6. Nerven regenerieren und beruhigen:
Lebensmittel mit Vitaminen der B-Gruppe sind in der Lage, eine Überreizung des Darms zu dämpfen, indem sie beruhigend auf die Nerven wirken.

WELCHE LEBENSMITTEL HELFEN?

✦ Der **Fenchel** galt schon in der Klosterheilkunde als ideales Gemüse bei Verdauungsproblemen. Auch andere weich gedünstete Gemüsesorten wie Zucchini, Möhren, Chicorée, Gurken und Brokkoli fördern durch ihre Bitter- bzw. Ballaststoffe und ihren hohen Wassergehalt die Verdauung. Brokkoli und Möhren sind zudem ideal, um freie Radikale abzufangen, da sie reichlich Vitamin C und Carotinoide aufweisen.

✦ Makrele, Hering, Thunfisch und **Lachs** besitzen einen sehr hohen Anteil an Omega-3-Fettsäuren, die helfen, Entzündungen zu lindern. Dank ihrer B-Vitamine sind sie auch in der Lage, einer Überreizung des Darms entgegenzuwirken. Das Vitamin E und Selen der Fische hilft, freie Radikale unschädlich zu machen.

✦ **Leinöl** sowie Raps- und Nussöl werden bei Reizdarm empfohlen, denn sie liefern dem Darm reichlich Omega-3-Fettsäuren, die der Entzündungsreaktion entgegenwirken.

✦ **Weizenkeime** sowie Weizenkeimöl, Sonnenblumenöl und Nüsse versorgen den Körper gut mit Vitamin E. Vitamin E hilft, die freien Radikale, die u.a. zu Entzündungen führen, zu neutralisieren und wirkt Entzündungen entgegen.

✦ **Leinsamen** schätzt man seit dem Mittelalter zur Behandlung von Darmbeschwerden. Heute empfiehlt man bei Verstopfung und auch bei Durchfall geschrotete Leinsamen, da sie mit ihren Ballaststoffen die Darmaktivität regulieren und im geschroteten Zustand den Darm nicht reizen. Leinsamen enthalten darüber hinaus reichlich Vitamin E und Omega-3-Fettsäuren.

✦ **Äpfel** und Haferschleim besitzen den gelösten Ballaststoff Pektin, der vor allem hilft, Giftstoffe zu binden und so aus dem Körper zu entfernen.

✦ **Joghurt**, vor allem solcher mit probiotischen Bakterien, und Kefir haben sich nicht nur bei Reizmagen, sondern auch bei Reizdarm bewährt.

✦ Weil sie eine Überreizung des Darms dämpfen können, sind **Hühnerbrust** und Pute zu empfehlen. Diese Eigenschaft geht auf die reichlich vorhandenen B-Vitamine zurück.

BEHANDELN UND HEILEN DURCH ERNÄHRUNG

Bei Reizdarm ganz besonders wichtig ist es, dass Sie sich Zeit für das Essen nehmen. Kauen Sie jeden Bissen ausgiebig, damit die Nahrung im Mund vorverdaut wird und nicht den Magen sowie die oberen Darmabschnitte überlastet. Achten Sie auch darauf, dass Sie die Mahlzeit in entspannter Atmosphäre zu sich nehmen. Denn bei Stress ist der Verdauungsnerv abgeschaltet und die Verdauungsleistung herabgesetzt.

Wasser sollten Sie eine halbe Stunde vor den Mahlzeiten trinken, da es die Verdauungssäfte verdünnen würde, wenn Sie es während der Mahlzeit trinken. Insgesamt ist stilles Wasser zu bevorzugen, da die Kohlensäure den Magen reizen könnte.

Zwar ist eine insgesamt ballaststoffreiche Kost mit reichlich Obst und Gemüse bei Reizdarm besonders angeraten. Dennoch sollten Sie abends keine Rohkost wie Salat und Obst mehr essen. Scharfe Gewürze sollten Sie möglichst vermeiden oder zumindest nur sparsam verwenden.

Leichte Beschwerden mit Blähungen und Völlegefühl: Im Vordergrund der Ernährung müssen bei Ihnen leicht verdauliche Speisen stehen. Hier empfiehlt es sich, dreimal wöchentlich die genannten Fische wie Makrele oder Lachs zu verzehren. Hühner- oder Putenbrust können zweimal wöchentlich gegessen werden, z. B. mit gedünstetem Gemüse wie Fenchel, Möhren, Zucchini, Brokkoli, Chicorée oder Gurke zu kombinieren. Geeignete Kohlenhydratlieferanten sind Kartoffeln, Reis, Polenta, Amarant oder Hirse.

Essen Sie jeden Mittag einen Salat, über den Sie ein Dressing aus Weizenkeim-, Lein-, Raps- oder Sonnenblumenöl träufeln.

Alkohol dürfen Sie in diesem Stadium der Krankheit noch trinken, allerdings natürlich in Maßen. Bier ist dabei am verträglichsten, da es kaum Säuren enthält. Noch besser ist alkoholfreies Bier, das den Darm kaum reizt, da es nur wenig Säure enthält. Rotwein steht an zweiter Stelle der tolerierbaren Alkoholika.

Lassen Sie von einem Arzt überprüfen, ob Sie Fruchtzucker oder Milchzucker nicht verwerten können. Es gibt eine Reihe von süßen Obstsorten, die keine Fruktose enthalten und die Sie alternativ essen können. Dazu gehören Banane, Zucker- und Honigmelone und Mandarine.

Ausgeprägte Beschwerden mit breiigem Stuhl, Bauchkrämpfen und Aufstoßen: Alkohol ist für Sie jetzt ganz tabu. Bei stärkeren Beschwerden ist es auch wichtig, dass Sie glutenhaltiges Getreide wie Weizen, Roggen, Dinkel, Grünkern, Emmer und Einkorn meiden. Kohlenhydrate, die Sie stattdessen verwenden können, sind Reis, Polenta, Hirse, Buchweizen, Quinoa (Reismelde) und Amarant. Bei Durchfall wirkt besonders auch Reisschleim lindernd. Von den Eiweißlieferanten essen Sie dreimal wöchentlich Makrele, Lachs, Thunfisch oder Sardine und zweimal wöchentlich Hühner- oder Putenbrust.

Über den Salat oder auch über gedünstetes Gemüse geben Sie täglich einen Esslöffel geschroteten Leinsamen; dazu müssen Sie jedoch viel trinken, damit die Schleime im Leinsamen aufquellen und ihre regulierende Wirkung entfalten können; ansonsten kann es zu Blähungen und Verstopfungen kommen.

Wenn die Blähungen säuerlich riechen, finden zu starke Gärungsprozesse in Ihrem Darm statt. Sie sollten für die Dauer der Beschwerden basisch wirkende Lebensmittel bevorzugen, d. h. viel gedünstetes Gemüse wie Möhren, Fenchel oder Zucchini kombiniert mit Fisch, Hühner- oder Putenbrust essen. Wenn die Blähungen und der Stuhl nach Fäulnis riechen, sollten Sie hingegen überwiegend Lebensmittel essen, die im Körper sauer verstoffwechselt werden. Fäulnis kann nämlich nur im basischen Milieu stattfinden und deutet auf einen Säuremangel im Dickdarm hin: Essen Sie also sehr viele Kohlenhydrate in Form von Reis und glutenfreiem Getreide und zweimal täglich mindestens ein Joghurt mit rechtsdrehender Milchsäure. Wenn Sie unter Durchfall leiden, sollten Sie drei bis vier Tage nichts anderes außer Haferschleimsuppe essen, in die Sie jeweils eine Banane hineingeben.

Leberbeschwerden

Dass die Leber ein zentrales Organ für die Gesundheit ist, war den mittelalterlichen Ärzten und Mönchen bereits bewusst, und auch dass ihr Zustand mehr oder weniger davon abhängt, welche Nahrung man sich einverleibt: »Wenn ein Mensch die verschiedenartigen Speisen ohne Maß und ohne Vernunft zu sich nimmt, dann wird infolge der verschiedenen Säfte von diesen Speisen seine Leber geschädigt und verhärtet, sodass ihr heilsamer Saft (die Galle) ... verdorben ist«, schrieb bereits Hildegard von Bingen.

Die heutigen Mediziner sehen in der Leber das »Zentrallabor« des Körpers, das über 500 Funktionen zu erfüllen hat: Die Leber stellt nicht nur aus Nahrungsbestandteilen die lebenswichtigen Grundbausteine wie Fett, Eiweiß und Kohlenhydrate her, sondern greift u.a. auch regulierend in das Immun- und Hormonsystem ein. Eine ihrer wichtigsten Funktionen ist die Entgiftung von Fremdstoffen aller Art, wie z.B. Fäulnisprodukten, Alkohol, Medikamenten und chemischen Rückständen aus Nahrung und Umwelt.

Wenn die Leber nicht mehr funktioniert, fällt der Körper in ein toxisches Leberkoma, ein Leben ohne Leber ist daher nur wenige Stunden möglich. Lebererkrankungen werden jedoch nur selten in einem frühen Stadium festgestellt und behandelt, da die Warnzeichen meist unspezifisch sind. Bei Verdacht auf eine Lebererkrankung sollten Sie sich unbedingt in ärztliche Behandlung begeben. Mithilfe der richtigen Ernährung können Sie die ärztliche Therapie unterstützen.

URSACHEN UND SYMPTOME

Insgesamt sind die Ursachen für eine Leberbelastung oder -erkrankung sehr vielfältig. Nur in der Hälfte der Fälle spielt Alkohol eine Rolle. Weitere Gründe sind Virusinfektionen, Übergewicht sowie Stoffwechsel- und Autoimmunkrankheiten.

✦ Zu den **Virusinfektionen**, die eine Leberentzündung auslösen, gehören Hepatitis A, B und C. Viele Menschen wissen gar nicht, dass sie einmal eine **Hepatitis-A** durchgemacht haben. Diese wird meist durch verunreinigte Nahrung übertragen. Nach ein paar Tagen Übelkeit und Appetitlosigkeit ist die Krankheit meist überstanden, und eine lebenslange Immunität wurde erworben. Die Leber kann infolgedessen etwas vergrößert bleiben und ihre Belastbarkeit herabgesetzt sein. Die **Hepatitis-B** ist eine seltenere und schwerere Entzündung der Leber. Sie wird nur über Körpersäfte direkt ins Blut übertragen. Da sie fast immer eine gut sichtbare Gelbsucht auslöst, wird sie meist erkannt. Heimtückischer dagegen ist **Hepatitis-C**, die ebenfalls über Körpersäfte übertragen und oft als Primärerkrankung übersehen wird. Durch Sexualverkehr und andere Übertragungswege, bei denen Körpersäfte ins Blut eindringen, kann der Träger von Hepatitis-C-Viren unwissentlich weitere Menschen infizieren. Wird die Hepatitis-C-Infektion rechtzeitig erkannt, kann sie oft geheilt werden. Verläuft sie unerkannt und chronisch, kann sie eine Leberzirrhose oder gar Leberkrebs zur Folge haben.

✦ **Toxische Belastungen** bzw. Erkrankungen der Leber werden durch Alkohol, Pilzvergiftungen, Umweltgifte und Medikamente ausgelöst. Da die Leber keinen Schmerz empfindet, werden die Erkrankungen oft zu spät bemerkt. Daher sollten Symptome wie Aufwachen zwischen 1 und 3 Uhr morgens, Nachtschweiß, ständige Müdigkeit, Druckgefühl im rechten Oberbauch, Juckreiz sowie ein Schulterhochstand rechts (die Leber braucht mehr Platz) immer ernst genommen werden. Auch Aggressionen (»es kommt die Galle hoch«) sind Hinweise darauf, dass die Leber überlastet ist. Zu den äußeren Anzeichen zählen gelbliches Augenweiß und eine gelblichere Haut

Artischocken sind bei Leberbeschwerden auf vielerlei Weise hilfreich: Sie schützen das sehr stoffwechselaktive Organ gegen freie Radikale, regenerieren die Leberzellen und erhöhen den Gallenfluss.

(in einer Ausprägung, die noch nicht Gelbsucht genannt werden muss) sowie geschwollene Zungenränder. Lassen Sie diese Symptome unbedingt von einem Arzt abklären.

✦ Immer häufiger diagnostiziert wird die nichtalkoholische Steatohepatitis (NASH), die insbesondere Übergewichtige und Diabetiker betrifft. Eine Infektion mit Hepatitisviren ist hierbei nicht nachzuweisen. Die NASH äußert sich durch leichten Druckschmerz im Oberbauch, die Leber ist vergrößert sowie verfettet. Anders als die gewöhnliche **Fettleber** muss die NASH unbedingt behandelt werden, da sie leicht in eine Leberzirrhose übergehen kann. Die durch übermäßigen Alkoholkonsum verursachte Fettleber macht sich weder durch Schmerzen noch durch andere Symptome bemerkbar. Bei entsprechend gesunder Lebensführung ist sie jedoch völlig heilbar.

✦ Ist die Leber durch chronische Entzündung überlastet, kommt es zum Zellsterben. Die kranke Leber vernarbt und schrumpft. Das Endstadium nennt sich **Leberzirrhose**. Sie ist irreversibel, das heißt, sie ist nicht mehr heilbar und lässt sich höchstens in ihrem Fortschreiten stoppen.

EINFLUSS DER ERNÄHRUNG
1. Vermeiden von Lebergiften:

✦ Das A und O einer Leberdiät ist der drastisch reduzierte Konsum von Alkohol bzw. der völlige Verzicht. Seien es Bier, Rot- oder Weißwein,

Champagner, Liköre oder Hochprozentiges wie Whiskey oder Cognac, alle Alkoholika zählen zu den Genussmitteln, die trotz vereinzelter gesundheitsförderlicher Eigenschaften bei zu hoher Dosis die Leber zu stark in Anspruch nehmen. Denn beim Abbau von Alkohol entsteht das Zellgift Acetaldehyd, das über mehrere biochemische Reaktionen die Leberzellen schädigt und sich dort anreichert.

✦ Wenig bekannt ist, dass auch **Bohnenkaffee** als Lebergift angesehen werden muss. Dabei ist das Koffein nicht der störende Faktor, sondern die sich beim Rösten der Kaffeebohne bildenden Substanzen. Diese aromatischen Verbindungen, auch Kaffeeöle genannt, fordern der Leber viel Arbeit ab. Dabei spielt es keine Rolle, ob entkoffeinierter oder koffeinhaltiger Bohnenkaffee genossen wird. Bereits der tägliche Konsum von 6 bis 8 Tassen kann zu einer Leberbelastung führen.

✦ **Bratfette** wie Butterschmalz, aber auch Pflanzenöle wie Kokospalmfett, Oliven- oder Sonnenblumenöl, die über den Rauchpunkt hinaus erhitzt werden, enthalten giftige, stark leberbelastende Aromate wie Acrolein.

✦ Ballaststoffhaltige Lebensmittel verhindern, dass Lebertoxine im Darm reabsorbiert werden und sorgen für eine Cholesterinausschwemmung.

2. Anregen von Gallenfluss und Fettverdauung: Bitterstoffhaltige Lebensmittel regen den Gallenfluss und die Sekretion der Bauchspeicheldrüse an und unterstützen somit die Verdauung von Fetten, Kohlenhydraten und Eiweiß. Da die Leber alle fettlöslichen und ausscheidungspflichtigen Substanzen in den Gallensaft abgibt, fördern die Bitterstoffe über den vermehrten Gallenfluss auch die Entgiftung der Leber. Zudem sind die Bittermittel leicht abführend, was über eine schnellere Ausscheidung von Abfallstoffen die Leber entlastet.

3. Eiweißzufuhr: Die Eiweißzufuhr (mageres Fleisch, Magerquark, Putenbrust usw.) sollte ausreichend sein, da eine belastete Leber weniger lebenswichtige Eiweiße produziert. Eiweiße gären zudem nicht im Darm und werden nicht so leicht in Fett umgewandelt.

4. Ausgleichen des Säure-Base-Haushalts: Die Leber benötigt für ihren Stoffwechsel viele Basen und reagiert empfindlich auf Säuren. Hilfreich sind daher basisch wirkende Lebensmittel.

5. Unterstützen des Leberstoffwechsels:

✦ Für eine reibungslose Eiweißsynthese in der Leber sind viele Leberenzyme auf eine ausreichende Versorgung mit Zink angewiesen.

✦ Der Vitamin-B-Komplex hilft bei der Aufnahme und Verstoffwechslung von Aminosäuren und unterstützt die Regeneration der Leber.

6. Schutz der Leber: Insbesondere der Wirkstoff Silymarin bewahrt die Leberzellen vor Zellgiften, indem er die Zellmembran so verändert, dass die schädlichen Substanzen nicht in die Zelle gelangen können. Außerdem fördert Silymarin die Regeneration der Leber. Ein weiterer anerkannter Leberschutzstoff ist das Lezithin, das ein zentraler Bestandteil von Zellmembranen ist und leberschützend ist, indem es die Regeneration und Stabilisierung der Membranen beschleunigt.

WELCHE LEBENSMITTEL HELFEN?

✦ Lebensmittel erster Wahl bei Leberbeschwerden sind die bitterstoffhaltigen Salate wie **Chicorée**, Endivien, Rucola und Löwenzahn. Die Bitterstoffe sind optimale Verdauungshelfer und ihre wohltuende Wirkung ist seit Jahrhunderten bekannt. Außerdem unterstützt ihre basische Wirkung den Leberstoffwechsel.

✦ Die **Artischocke** gehört ebenfalls zu den idealen Lebensmitteln bei Leber- und Gallebeschwerden. Verantwortlich für ihre Wirkung sind

HEILEN DURCH ERNÄHRUNG

Polyphenole wie das Cynarin, die vor allem in den Sprossblättern, aber auch etwas im Artischockengemüse vorkommen: Sie steigern den Gallenfluss, wirken antioxidativ und entzündungshemmend und sollen die Leberzellen regenerieren und schützen.

✦ Des Weiteren hilft **Grapefruit** nach dem Verständnis der mittelalterlichen Klosterheilkunde bei einer entzündeten Leber, indem sie kühlt und Feuchtigkeit zuführt. Grapefruit ist außerdem reich an Bitterstoffen.

✦ Außerdem wirken viele Gewürze stimulierend auf den Gallenfluss und tragen so zur Entlastung der Leber bei, wie etwa der bitterstoffhaltige **Beifuß** und der Wermut. **Galgant**, Gelbwurz und Ingwer besitzen ätherisches Öl und Scharfstoffe, die zudem über eine gute entzündungshemmende Kraft verfügen. Pfeffer kann durch seinen Gehalt an Piperin und Flavonoiden zum Schutz der Leber beitragen, sein ätherisches Öl vermehrt den Gallenfluss. Kümmel, bekannt für sein krampflösendes ätherisches Öl, regt in Versuchen die verstärkte Bildung des entgiftenden Enzyms Glutathion-S-Transferase an, das für den Abbau von Abfallstoffen in der Leber sorgt. Auch die **Muskat**blüte und die Muskatnuss sollen die Entgiftungsprozesse in der Leber fördern.

✦ **Weizenkleie**, aber auch Leinsamen, Sojabohnen, Edamer-Käse und Muscheln, insbesondere Austern, sind dank ihres hohen Zinkgehalts für eine reibungslose Eiweißsynthese in der Leber wichtig. Sojabohnen enthalten außerdem leberschützendes Lezithin.

✦ Hilfreich sind außerdem Vitamin-B-reiche Lebensmittel wie **Gerste**, viele Fischarten wie die Forelle, aber auch Kürbis und die meisten Nüsse. Der Vitamin-B-Komplex hilft bei der Aufnahme und Verstoffwechslung von Aminosäuren und unterstützt die Regeneration der Leber.

✦ Der **Sellerie** galt in der mittelalterlichen Klosterheilkunde als heilsames Gemüse, das den Verdauungstrakt zu reinigen und Übelkeit zu lindern vermag. Heute kann der Sellerie aufgrund seines Gehalts an Zink und B-Vitaminen und seiner allgemein ausleitenden Wirkung bei Lebererkrankungen empfohlen werden.

✦ Die **Mariendistel**, eine klassische Heilpflanze, die aber auch als Gewürz eingesetzt werden kann, besitzt nachweislich leberschützende Eigenschaften. Ihr Hauptwirkstoff ist das Silymarin.

BEHANDELN UND HEILEN DURCH ERNÄHRUNG

Zur Vorbeugung: Falls Sie auf Alkohol nicht verzichten mögen, sollten Sie sich zumindest auf einen halben Liter Bier oder einen viertel Liter Wein am Tag beschränken.

Haben Sie eine schwache Verdauung, sollten Sie vor dem Essen jeweils ein viertel Glas bitterstoffhaltigen Frischpflanzenpresssaft trinken. In Reformhaus und Apotheke erhältlich sind z. B. Artischocken-, Löwenzahn- oder Schafgarbensaft.

Bestandteil jeder Mahlzeit sollten gallenflussfördernde Lebensmittel sein: Essen Sie z. B. Grapefruit zum Müsli oder Chicorée, Endivien, Rucola oder Löwenzahn als Salat. Und würzen Sie Ihre Speisen mit Beifuß, Pfeffer, Muskatnuss, Galgant, Gelbwurz oder Ingwer.

Meiden Sie am besten in Fett gebratene oder frittierte Lebensmittel und essen Sie insgesamt nicht zu viel, da auch Übergewicht die Leber strapaziert. Ihr Body Mass Index sollte keinesfalls über 27 liegen. Genießen Sie möglichst nur zwei Tassen Filterkaffee oder vier Tassen Espresso pro Tag. Und essen Sie abends keine Rohkost, da die entstehenden Gärungsgifte im Darm die Leber ebenfalls belasten würden. Lebensmittel wie rohe Muscheln, z. B. Austern, sollten Sie nur essen, wenn sie garantiert unbelastet sind. Oft stammen sie aus verschmutzten Gewässern, die mit Hepatitis-A-Viren kontaminiert sind. Das Gleiche gilt auch für Salate und Gemüse in Ländern mit heißerem Klima und großzügigerer Hygieneauffassung. Diese sollten Sie vor dem Verzehr immer kochen oder lieber meiden.

Bei bestehender Fettleber oder/und nach Hepatitis: Beschränken Sie Ihren Alkoholkonsum auf einen halben Liter Bier oder ein achtel Liter Rotwein pro Tag und trinken Sie nur 2 Tassen Espresso. Meiden Sie Frittieröle, Wurstwaren und Innereien ganz. Nehmen Sie nur ein ganz kleines Abendessen zu sich oder verzichten Sie am besten ganz darauf. Jede Mahlzeit sollte überwiegend aus basischen Lebensmitteln bestehen, da sie der Leber beim Abbau von Stoffwechselendprodukten helfen. Trinken Sie häufig bittere Kräutertees wie Wermut-, Beifuß-, Löwenzahn- und Schafgarbentee, die die Leber in besonderer Weise unterstützen. Streichen Sie zumindest für etwa vier Wochen Eier, Weißbrot, Zucker, Honig, Schokolade, fetten Käse, Zitrusfrüchte, Pilze und Nüsse ganz von Ihrem Speiseplan, bis sich die Leber wieder regeneriert hat: Eier, fetter Käse, Vollmilch und Schokolade belasten die Leber wegen ihres hohen Fettgehalts, Pilze sind fast immer mit Schwermetallen belastet und Nüsse häufig mit Pilzen. Zucker, Honig, Weißmehlprodukte können im Darm leicht zu Gärungsprozessen führen; die dadurch gebildeten Gärungsprodukte belasten wiederum die Leber. Danach dürfen Sie zweimal wöchentlich auch wieder »verbotene Dinge« in begrenzten Mengen essen.

Bei beginnender Zirrhose, schwerer Fettleber oder/und bekannter Hepatitis C: Hier steht das Alkoholverbot an erster Stelle. Auch Bohnenkaffee sollten Sie vollkommen durch bittere Kräutertees ersetzen. Trinken Sie täglich etwa 1,5 Liter basische Heilwässer, die einen Hydrogencarbonatanteil von über 1000 Milligramm pro Liter aufweisen. Achten Sie darauf, nur wertvolle Eiweißlieferanten in Form von Fisch, magerem Fleisch und Hülsenfrüchten zu sich zu nehmen. Verspeisen Sie am besten Kohlenhydrate und Eiweiß getrennt voneinander. Da Gemüse meist basisch wirkt, ist die Kombination der sauren Fleischspeisen und säuernden Kohlenhydrate mit Gemüsen immer im Sinne eines ausgewogenen Säure-Base-Gleichgewichts. Zusätzlich wird die Vedauung erleichtert, wenn die Eiweiße, die im sauren Milieu verdaut werden, nicht zusammen mit den Kohlenhydraten, die im basischen Milieu verdaut werden müssen, in den Magen gelangen. Zweimal wöchentlich gehören Artischocken auf den Tisch, da ihr Inhaltsstoff Cynarin die Leberfunktion unterstützt. Alternativ können Sie auch vor jeder Mahlzeit ein halbes Glas Artischockenpresssaft trinken.

Gallenflussfördernde Lebensmittel wie z. B. Sojaprodukte, Chicorée, Endivien, Rucola, Löwenzahn und Gewürze wie Ingwer und Gelbwurz gehören täglich auf den Speiseplan. Zweimal wöchentlich sollten Sie idealerweise auch Sellerie essen. Mariendistelsamen können teelöffelweise dem Essen beigefügt oder z. B. in einem Dip integriert werden. Dazu mahlen Sie die Samen am besten ganz fein, rühren sie in eine sämige Masse wie Senf, Quark, Joghurt, Tomatenmark ein und schmecken nach Geschmack mit Pfeffer, Kümmel und Gelbwurz ab.

Setzen Sie eines der zinkhaltigen Lebensmittel – Weizenkleie, Sojabohnen, Austern und Edamer-Käse – möglichst täglich auf Ihren Speiseplan, um sich mit dem Spurenelement Zink zu versorgen. Geschroteten Leinsamen können Sie zum morgendlichen Müsli oder mittags zum Salat dazugeben (ein Esslöffel genügt jeweils).

Bauchspeicheldrüsen- und Zwölffingerdarmentzündung

Die Aufgaben der Bauchspeicheldrüse wurden im Mittelalter der Milz zugeschrieben. Man hielt sie für eines der vier zentralen Organe des menschlichen Körpers – neben Leber, Herz und Gehirn. Die Leber galt als wichtigstes Organ der Verdauung und des Stoffwechselsystems: Man wusste jedoch, dass wenigstens ein weiteres Organ, das zusätzliche Verdauungssäfte liefert, vorhanden ist. Weil die Milz vor der Bauchspeicheldrüse liegt, wurde sie als das gesuchte Organ identifiziert. Ihren Saft nannte man die schwarze Galle. Bei Erkrankungen der Milz ging man in der Regel von einem Übermaß an kalten und trocknenden Säften aus, die sich in der Milz ansammelten. Entzündungen des Zwölffingerdarms wurden auch einem Übermaß der heißen und trockenen Galle zugeschrieben. Sie wurden mit kühlenden und befeuchtenden Mitteln behandelt.

Die moderne Medizin erklärt sich die Entwicklung der Bauchspeicheldrüsen- und Zwölffingerdarmentzündung folgendermaßen: Die Speisen, die im Magen vorverdaut wurden, wandern nach etwa 2 Stunden in den Zwölffingerdarm, das Duodenum. Hier muss der gesamte saure Mageninhalt nicht nur neutralisiert, sondern sogar etwas basisch gemacht werden, denn nur im basischen Milieu können die Verdauungsenzyme ihre Wirkung entfalten. Im Zwölffingerdarm werden dem Speisebrei alle Enzyme der Bauchspeicheldrüse (Pankreas) und der Zwölffingerdarmdrüsen sowie die Galle beigemengt. Sie liefern Enzyme zur Verdauung von Kohlenhydraten, Eiweißen und Fetten. Wird nun die Schleimhaut des Zwölffingerdarms gereizt, kann sich eine Entzündung entwickeln (Duodenitis), die dazu führen kann, dass sich auch die Bauchspeicheldrüse entzündet (Pankreatitis).

URSACHEN UND SYMPTOME

Um mit der Verdauungsarbeit zu beginnen und zugleich mit der Nahrung aufgenommene Bakterien zu töten, produziert der Magen Salzsäure. Da zwischen den Säuren und Basen im Körper ein mehr oder weniger stabiles Gleichgewicht besteht, bleibt für jedes Molekül Salzsäure, das die Zellen der Magenschleimhaut in den Magen abgeben, auf der Blutseite ein Molekül einer starken Base übrig. Dieses wird dann im Zwölffingerdarm wieder benötigt, um die Verdauungssäfte basisch genug machen zu können, also den sauren Mageninhalt neutralisieren zu können. Ist das Gewebe jedoch insgesamt übersäuert (z. B. durch säurebildende Nahrung, Sauerstoff- und Bewegungsmangel oder Stress), wird ein Teil dieser Basen schon vorher verbraucht. Sie fehlen dann im Zwölffingerdarm, die Säuren im Speisebrei werden nicht ausreichend neutralisiert und die Schleimhaut des Zwölffingerdarms entzündet sich (**Duodenitis**). Wegen des zu sauren Milieus können die Verdauungsenzyme darüber hinaus nicht optimal wirken und die typischen Symptome einer Zwölffingerdarmentzündung entwickeln sich: Sie reichen von unspezifischem Druck- und Völlegefühl im Oberbauch über Blähungen mit Bauchkrämpfen bis zu starken stechenden Schmerzen im Oberbauch. Im Gegensatz zu einer Magenschleimhautentzündung (Gastritis) und einem Magengeschwür sind die Schmerzen am stärksten, wenn länger nichts gegessen wurde. Eine Mahlzeit lindert diesen Nüchternschmerz.

Schwillt die Schleimhaut des Zwölffingerdarms durch eine Entzündung an, kann sie den Ausführungsgang der Bauchspeicheldrüse verschließen, deren Enzyme können nicht mehr abfließen

BAUCHSPEICHELDRÜSENENTZÜNDUNG

Auch wenn im Mittelalter die Aufgaben der Bauchspeicheldrüse der Milz zugeschrieben wurden, wusste man die Beschwerden mit leicht verdaulichen Speisen wie gedünstetem Gemüse und magerem Fisch zu lindern.

und beginnen, die Drüse zu zersetzen. Die Hauptursachen für diese Erkrankung sind Alkoholmissbrauch, Virusinfektionen und Gallenerkrankungen. Eine solche Entzündung der Bauchspeicheldrüse nennt man **Pankreatitis**. Man unterscheidet eine akute und eine chronische Form mit plötzlich oder allmählich einsetzenden Schmerzen im mittleren Oberbauch, die häufig bis in den Rücken ausstrahlen. Oft kommt es außerdem zu Übelkeit und Erbrechen von Gallensaft. Nicht selten ist die Bauchdecke durch die entzündete Drüse gespannt.

Eine akute Pankreatitis ist eine lebensbedrohliche Erkrankung, in deren Verlauf es zu Schockzuständen, Organversagen und starker Bauchentzündung kommen kann. Wenn Sie die beschriebenen Symptome an sich feststellen, suchen Sie unverzüglich einen Arzt auf!

Eine chronische Pankreatitis verläuft oft schleichend und macht sich vor allem durch eine Verdauungsschwäche und immer wieder auftretende Oberbauchbeschwerden bemerkbar.

EINFLUSS DER ERNÄHRUNG

Durch hastiges Essen, schwere Mahlzeiten und einen überfüllten Magen liegt der Speisebrei zu lange im Magen und nimmt besonders viel Magensäure auf. Wenn der sehr saure Mageninhalt in den Zwölffingerdarm gelangt, wird seine Schleimhaut gereizt. Dann gelingt es auch nicht mehr, den Speisebrei zu neutralisieren. Derart gereizt, produziert der Zwölffingerdarm ein Hormon, das den Darm verschließt, sodass der Speisebrei noch länger im Magen verbleibt und ihn weiter ansäuert. Wird der Speisebrei zu sauer, reichen die Essenspausen nicht mehr, dass sich der Zwölffingerdarm erholen kann. So wird er immer weiter gereizt, bis er sich entzündet:

1. Neutralisieren des sauren Mageninhalts: Mithilfe einer Reihe von basisch wirkenden Lebensmitteln (siehe Tabelle auf Seite 182) kann gezielt Abhilfe gegen einen übersäuerten Mageninhalt geleistet werden.

2. Entlasten der Bauchspeicheldrüse:

✦ Ist die Verdauungsleistung durch eine chronische Entzündung der Bauchspeicheldrüse geschwächt, muss die Nahrung in mehreren kleineren Mahlzeiten eingenommen werden. Damit haben die Verdauungsfermente nach jeder Mahlzeit weniger Arbeit.

✦ Zur Verdauungsunterstützung können Lebensmittel eingesetzt werden, die selbst Verdauungsenzyme enthalten (siehe unten). Der bekannteste Vertreter solcher Enzyme ist das eiweißspaltende Bromelain und Papain.

3. Dämpfen der Entzündung: Gegen die Entzündungsreaktionen sind die wertvollen Omega-3-Fettsäuren wirksam, da sie im Körper zu einem Botenstoff umgebaut werden, der die Entzündungen hemmt.

4. Regenerieren der Schleimhaut des Zwölffingerdarms: Lebensmittel, die einen hohen Zinkgehalt aufweisen, können die Regeneration der Schleimhaut unterstützen.

WELCHE LEBENSMITTEL HELFEN?

✦ Die mittelalterliche Klosterheilkunde empfahl bei diesen Beschwerden leicht verdauliche Lebensmittel, wie etwa **Sellerie** und Fenchel. Aber auch Zucchini, Auberginen, **Möhren**, Blumenkohl oder Brokkoli entlasten die Verdauungsorgane, weil sie nur wenig Zellulose enthalten und wasserreich sind. Zudem liefern sie wertvolle Vitamine und basische Mineralstoffe.

✦ Geschälter **Reis** und Polenta, ein Brei aus Mais-Gries, und gedünstete Kartoffeln liefern leicht verdauliche Kohlenhydrate. Reis und Mais besitzen anders als viele Getreidearten kein Gluten, das den Darm reizt. Beide helfen darüber hinaus, die angegriffene Schleimhaut zu regenerieren, denn sie enthalten viel Zink

✦ Auch wasserreiches Obst, wie Zucker- und **Honigmelonen**, sind leicht verdaulich. Sie wurden auch in der mittelalterlichen Klosterheilkunde zur Behandlung von entzündlichen Vorgängen der inneren Organe empfohlen, weil sie als kühlend und befeuchtend galten. Sie enthalten keine Fruktose, gären daher nicht so leicht und auch Säuren sind kaum vorhanden.

✦ Die Verdauungsleistung kann man mit zwei sehr aromatischen Obstsorten unterstützen und auf diese Weise Magen und Darm entlasten: mit Ananas und Papaya. Das Bromelain der **Ananas** und das Papain der Papaya sind beides Enzyme, die in der Lage sind, Eiweiß aus der Nahrung in kleinere Bruchstücke zu zerlegen.

✦ Als Eiweißlieferanten sind Magerfische zu empfehlen, die besonders leicht verdaulich sind: Dazu zählen Forelle und Hecht, besonders jedoch **Scholle** und Seezunge. Diese Fische liefern außerdem reichlich Zink und Selen für den Aufbau der Schleimhäute und die Immunabwehr.

✦ Nicht ganz so leicht verdaulich wie die Magerfische sind **Hering** und Lachs, die zu den Fettfischen zählen. Sie sind aber wegen ihrer hoch wirksamen Omega-3-Fettsäuren empfehlenswert, mit denen sie Entzündungsprozesse effektiv Einhalt gebieten können.

◆ Weitere sehr gute Lieferanten für Omega-3-Fettsäuren sind **Leinöl** und Rapsöl.

◆ **Austern**, Huhn- und Putenfleisch sowie Kalbfleisch helfen durch ihren hohen Zinkgehalt, die Schleimhaut zu regenerieren.

BEHANDELN UND HEILEN DURCH ERNÄHRUNG

Bei leichterer Zwölffingerdarmentzündung: Eine schwere und akute Entzündung gehört unbedingt in ärztliche Behandlung. Wenn Sie an Völlegefühl und Druckschmerz im Oberbauch leiden, der besonders bei leerem Magen auftritt, können folgende Empfehlungen als Begleitung der ärztlichen Behandlung hilfreich sein: Fleisch und Kohlenhydrate sollten Sie möglichst nicht gemeinsam essen, damit sich die Verdauungsenzyme auf eines von beidem konzentrieren können. Kombinieren Sie jeden zweiten Tag leicht verdauliches Gemüse wie gedünstete Möhren, Zucchini oder Brokkoli mit leicht verdaulichem Fisch oder Fleisch wie Puten- oder Hühnerbrust und Kalbfleisch. Dabei sollte der mengenmäßige Schwerpunkt auf dem basischen Gemüse liegen. Die übrigen Tage und auch abends sollten Sie vegetarisch essen, aber Rohkost abends vermeiden. Kombinieren Sie dann beispielsweise Kartoffeln, Reis oder Polenta mit gedünsteten Möhren, Zucchini, Brokkoli oder Sellerie. Dabei unterstützen Sie den Zwölffingerdarm bei seiner Arbeit, wenn Sie täglich 1 Liter basisches Heilwasser mit mindestens 1000 Milligramm pro Liter Hydrogencarbonat trinken. Als Nachspeise zum Mittagessen eignet sich leicht verdauliches Obst, wie Zucker- oder Honigmelone. Mit täglich etwas Ananas, Papaya und Mango können Sie Ihre Verdauung unterstützen, da diese Obstsorten die Enzyme Bromelain und Papain enthalten, die Magen und Darm unterstützen.

Meiden müssen Sie alles, was die Magensaftproduktion anregt. Dazu zählen Kaffee, Alkohol, Süßspeisen und scharfe Gewürze.

Bei akuter Bauchspeicheldrüsenentzündung: Eine akute Entzündung gehört in die fachärztliche Behandlung, bei der Ihnen die Nahrung eine Zeit lang ausschließlich per Infusion zugeführt wird, um den Verdauungstrakt still zu stellen. Anschließend wird das Magen-Darm-System Schritt für Schritt an eine normale Kost mit langsam steigendem Fettgehalt gewöhnt.

Bei chronischer Bauchspeicheldrüsenentzündung: In diesem Fall sollte die Ernährung fettarm und leicht verdaulich sein, da man vermutet, dass so der Entzündungsprozess langsamer fortschreitet. Fettarme Kost ist notwendig, damit möglichst wenig Gallensäuren in den Zwölffingerdarm abgegeben werden und ihn belasten. Also gelten für Sie die gleichen Empfehlungen wie bei leichter Zwölffingerdarmentzündung, mit einigen Ergänzungen: So sollten Sie statt drei großer mehrere kleine Mahlzeiten zu sich nehmen. Nach 18.00 Uhr sollten Sie nichts mehr verzehren, um dem Darm genug Zeit zur Erholung zu geben. Jeden zweiten Tag sind entweder Kaltwasserfisch, ein Teelöffel Leinöl oder Rapsöl empfehlenswert, um Ihren Bedarf an entzündungshemmenden Omega-3-Fettsäuren zu decken. Ansonsten sollten Sie sich überwiegend vegetarisch ernähren, da die Bauchspeicheldrüse vor allem für die Eiweißverdauung zuständig ist und möglichst wenig Arbeit haben soll. Um die Entzündungsreaktion nicht mit Histamin zu verstärken, sollten Sie auf histaminhaltige Lebensmittel (siehe Tabelle auf Seite 190) verzichten. Schwer zu verdauende Lebensmittel wie gebratene und frittierte Speisen sowie Hülsenfrüchte sollten vollständig gemieden werden. Außerdem gilt für Sie ein kompletter Verzicht auf Alkohol.

Darmpilzerkrankungen

Die Symptome einer Darmmykose wie starke Blähungen, Entzündungen und schwere Bauchkrämpfe wurden in den Schriften der Klosterheilkunde sehr häufig beschrieben. Allerdings führte man sie noch nicht direkt auf einen Pilzbefall zurück, denn einzellige Pilze waren noch unbekannt. Als eigentliche Ursache sah man vielmehr einen Befall durch »Würmer« an. Als Gegenmaßnahmen wurden vor allem Ziegenmilch, Salz, Honig und bittere Mittel wie Wermut verwendet.

Pilzerkrankungen (Mykosen), so lehrt es die heutige Medizin, können im menschlichen Körper von einzelligen Pilzen hervorgerufen werden. Da Pilze mithilfe ihrer Sporen unter den lebensfeindlichsten Bedingungen überleben können, ist man nirgends vor Pilzerkrankungen sicher. Man unterscheidet Hautmykosen, Schleimhautmykosen wie die Darmmykose und Mykosen, die ganze Organsysteme oder den gesamten Körper betreffen. Hier soll vor allem auf die Darmmykose eingegangen werden, da sie ganz unmittelbar mit der Ernährung in Zusammenhang steht.

URSACHEN UND SYMPTOME

Jeder gesunde Darm enthält Pilze. Die meisten sind völlig harmlos und nur wenige kommen als Krankheitserreger in Betracht. Auch die prinzipiell krankheitserregenden (pathogenen) Pilze sind für den gesunden Menschen ungefährlich, da die Pilze in einem natürlichen Gleichgewicht mit den Darmbakterien zusammenleben und von diesen und dem darmassoziierten Immunsystem im Zaum gehalten und kontrolliert werden. Wird die Darmflora nun z.B. durch Antibiotika oder Infektionen geschädigt, geht das natürliche Gleichgewicht, die Kontrolle über die Pilze verloren, und sie können sich ungehindert vermehren und ausbreiten. Eventuell kann auch eine unvollständige Verdauung der Nahrung, etwa durch einen Mangel an Verdauungsenzymen, die Darmbakterien beeinträchtigen und das Pilzwachstum begünstigen. Insgesamt sind die verschiedenen Faktoren, die über die Entwicklung einer Darmpilzerkrankung letztlich entscheiden, bis heute noch nicht im Detail verstanden.

Der häufigste und bekannteste Pilz, der den Darm befällt, ist der Hefepilz *Candida albicans*. Daher wird der Pilzbefall des Darms oft auch »Candidose« genannt.

Die wichtigsten Ursachen für den übermäßigen Pilzbefall des Darms sind: Antibiotika, die die Pilze kontrollierenden Darmbakterien töten; längere hoch dosierte Kortisontherapie, denn sie schwächt das Immunsystem, und immunschwächende Krankheiten wie Leukämie und Aids. Auch Fehlernährung mit zu viel Zucker, zu wenig Ballaststoffen und Lebensmitteln, die individuell nicht vertragen werden (siehe Seite 255), ist eine weitere Ursache.

Folgende Symptome treten bei einem Befall des Darms mit Pilzen auf: Die Gärungsaktivität der Pilze führt zu Blähungen. Diese und die mit dem Pilzbefall verbundene Entzündung der Darmschleimhaut haben schließlich Bauchkrämpfe und Durchfall oder breiigen Stuhl zur Folge. Wer von einem Darmpilz betroffen ist, ist häufig müde, was durch die Gärungsgifte hervorgerufen wird, die der Pilz produziert. Auch sind Betroffene häufig anfällig für Infekte, denn das Immunsystem im Darm ist gestört. Wenn die Darmmykose schon länger besteht, kann sich eine Allergie gegen Pilze entwickeln. Wandern die Pilze aus dem Darm zu den Genitalien, können sie sich dort optimal ausbreiten, denn dort ist es warm und feucht. Wenn Sie an sich die Symptome einer Darmmykose feststellen, sollten Sie einen Arzt aufsuchen, der eine Diagnose stellen und die Ursache der Mykose ermitteln kann.

DARMPILZERKRANKUNGEN

Einer Darmpilzinfektion können Sie mit den antibiotisch wirkenden Lebensmitteln Thymian, Knoblauch, Zwiebeln und Lauch entgegenwirken. Joghurt, Kefir und Sauermilch helfen, die Darmflora zu regenerieren.

EINFLUSS DER ERNÄHRUNG

1. Herstellen eines für den Pilz ungünstigen Darmmilieus: Pilze ernähren sich durch Gärung und bevorzugen einfache Kohlenhydrate als Nährstoffe. Lebensmittel, die solche einfachen Kohlenhydrate enthalten (Zucker, weißes Brot oder Gebäck, Honig, Marmeladen, Speiseeis und süße Früchte), gilt es daher zu meiden.

2. Abtöten der Pilze im Darm: Einige Inhaltsstoffe der Lebensmittel, wie ätherische Öle, Senf- oder Lauchöle, wirken direkt antibiotisch.

3. Herstellen einer gesunden Darmflora: Die natürliche Darmflora wirkt in einem gesunden Darm der ungehemmten Ausbreitung von Pilzen entgegen. Daher ist es bei einer Pilzinfektion im Darm wichtig, die Darmflora wieder herzustellen. Dies ist möglich mit so genannten probiotischen Lebensmitteln. Sie enthalten Bakterien, die typisch für die gesunde Darmflora sind wie etwa Laktobazillen. Die Bakterien können den Magen größtenteils unbeschadet passieren und sind in der Lage, sich im Darm anzusiedeln.

✦ Die Aktivität und Vermehrung der Darmflora wird außerdem durch Lebensmittel, die Milchsäure enthalten oder lösliche Ballaststoffe besitzen, gefördert.

4. Entlasten des Darms:

✦ Wenn die Darmmykose schon so weit fortgeschritten ist, dass eine Pilzallergie auftritt, die den Darm zusätzlich reizt und außerdem zu systemischen Beschwerden wie z. B. Hautausschlag führen kann, sind alle Lebensmittel schädlich, die Pilze enthalten. Hefepilze sind vor allem in Brot, Kuchen und Bier enthalten.

✦ Besonders üppige, späte und kohlenhydratreiche Abendessen führen zu einer unzureichenden nächtlichen Verdauung, die der Ernährung der Darmpilze entgegenkommt.

✦ Individuell unverträgliche Lebensmittel reizen die Darmschleimhaut und schwächen damit die Abwehr gegen die Pilze.

✦ Hingegen werden Omega-3-Fettsäuren der Lebensmittel (siehe unten) zu Botenstoffen umgebaut, die Entzündungsreaktionen hemmen und so die Darmschleimhaut entlasten.

✦ Bitterstoffe wirken verdauungsfördernd, indem sie u. a. die Verdauungsdrüsen anregen und die Darmperistaltik (Darmbewegung) erhöhen. Außerdem unterstützen sie die Reinigung des Darms, sorgen für ein besseres Darmmilieu, frei von halb verdauten Speisen und entziehen den Pilzen auf diese Weise die Nahrung.

5. Stärken des Immunsystems:

✦ Zinkhaltige Lebensmittel (siehe unten) fördern die Abwehrkräfte des Körpers und schützen zugleich die Schleimhaut des Darms.

✦ Lebensmittel, die gute Lieferanten der Aminosäuren Cystein, Arginin und Glutamin sind, steigern die Vermehrung und die Aktivität der weißen Blutkörperchen.

6. Abfangen freier Radikale: Wie bei allen Infektionen sind auch bei Pilzinfektionen Antioxidanzien von großer Bedeutung: Eine Infektion lässt immer freie Radikale entstehen, die Zellwände schädigen, zu weiteren Infektionsherden führen und Entzündungsprozesse in Gang setzen können. Deswegen sind Antioxidanzien wie Vitamin C und E, Selen, Flavonoide und Anthocyane auch bei Mykosen überaus wichtig.

WELCHE LEBENSMITTEL HELFEN?

✦ **Knoblauch** war schon in der Antike wegen seiner pilzhemmenden Eigenschaften geschätzt. Seine Wirkung geht auf das Alliin zurück, aus dem die antimykotisch wirksamen Lauchöle hervorgehen. Bärlauch, Zwiebel und Lauch enthalten weniger Alliin, können aber in jedem Fall vorbeugend und zur unterstützenden Behandlung eingesetzt werden.

✦ Auch **Rettich**, Radieschen und Kapuzinerkresse helfen dabei, Pilze zu beseitigen. Entscheidend für ihre Wirkung sind die antimikrobiellen Senföle und andere schwefelhaltige Verbindungen. Dieselben Inhaltstoffe sorgen im Senf für die keimhemmende Eigenschaft gegen Mikroorganismen wie Hefepilze. Der weiße Senf wurde schon in der mittelalterlichen Klosterheilkunde bei Bauchweh, Blähungen und Bauchgrimmen, den häufigen Symptomen der Darmmykose, angewendet.

✦ Von vielen Gewürzen mit ätherischem Öl sind pilzhemmende Effekte bekannt: von Nelken, Kümmel, Kardamom, **Salbei**, Bergbohnenkraut, Basilikum, Galgant und Koriander.

✦ In den mittelalterlichen Gesundheitsregimen spielte auch die **Gelbwurz** eine wichtige Rolle bei Blähungen und anderen Symptomen der Darmmykose und sollte den Körper von belastenden Stoffen befreien. Neuere Forschungsergebnisse haben antimykotische Eigenschaften des ätherischen Öls ergeben, das zusammen mit den Curcuminoiden außerdem eine verdauungsfördernde Wirkung hat.

✦ **Leinsamen** dienen zur Pflege der natürlichen Darmflora, da die löslichen Ballaststoffe ein ideales Milieu im Darm schaffen.

✦ Die löslichen Ballaststoffe, die im Gegensatz zu den komplett unverdaulichen Ballaststoffen von den Darmbakterien gespalten werden können,

DARMPILZERKRANKUNGEN

dienen der Ernährung der gesunden Darmbakterien. Sie tragen auf diese Weise nicht nur zur Regenerierung der Darmflora, sondern auch zur Darmreinigung bei. Gemüse und Salat, die sich durch einen hohen Gehalt an löslichen Ballaststoffen auszeichnen, sind z. B. **Fenchel**, Rote Bete, Sellerie, Erbsen, weiße Bohnen und Chicorée.

◆ Saure **Äpfel** wie Boskop und Granny Smith sowie Feigen, Haferkleie und Roggen haben ebenfalls reichlich lösliche Ballaststoffe zu bieten.

◆ Die Bakterien aus probiotischen Milchprodukten siedeln sich im Darm an und tragen so zum Aufbau einer gesunden Darmflora bei, die unerwünschte Pilze im Zaum hält. Probiotischer **Joghurt**, Kephir und Sauermilch jeweils mit rechtsdrehender Milchsäure sind dafür geeignet.

◆ Von der modernen Erfahrungsheilkunde werden Lebensmittel mit Bitterstoffen bzw. Gewürze empfohlen, die durch ihren aromatischen scharfen Geschmack die Verdauung fördern. Dazu gehören Salate wie **Endivien**, Romana, Chicorée und Löwenzahn. Als Gewürze eignen sich vor allem bitterer **Beifuß** und Wermut, Pfeffer, Ingwer und Galgant sowie der aromatische Zimt usw.

◆ Ebenfalls empfohlen zur Behandlung von Darmmykosen werden Kaltwasserfische aus dem Meer wie **Lachs** und **Hering**, die reich an Omega-3-Fettsäuren sind, die im menschlichen Körper zu entzündungshemmenden Botenstoffen umgebaut werden. Lachs ist außerdem sinnvoll, um das Immunsystem zu stärken, da er größere Mengen an Cystein bereitstellt.

◆ **Raps-**, Nuss- und Leinöl sind ebenfalls geeignete Omega-3-Fettsäure-Lieferanten und enthalten zudem antioxidativ wirkendes Vitamin E.

◆ Muscheln, besonders **Austern**, aber auch Hülsenfrüchte, Edamer, Gouda, Muskelfleisch vom Rind und Weizenkeime stärken das Immunsystem und schützen die Schleimhäute mit Zink.

◆ Ideal, um die Abwehrkräfte zu stärken, sind weiterhin **Garnelen**, Putenbrust, Lammfleisch, Rinderfilet, Hühnereier, Sojabohnen, Erdnüsse und Haselnüsse. Ihre immunstärkende Wirkung verdanken sie besonders den in größeren Mengen enthaltenen Aminosäuren Cystein, Arginin oder Glutamin. Garnelen enthalten reichlich antioxidativ wirkende Inhaltsstoffe wie Selen, Vitamin E und Zink. Die Sojabohne bietet zudem Folsäure, die wichtig für den Aufbau der Darmschleimhaut ist. Ebenfalls gleich in zweifacher Weise bei Darmpilzen wirksam sind Hühnereier, die mit ihrem Selen und Zink freie Radikale unschädlich machen können.

◆ Butter und pflanzlichen Ölen wurde in der mittelalterlichen Klosterheilkunde eine reinigende Wirkung zugesprochen. Man nahm an, dass sie fettige Stoffe lösen und wässrige binden und so manche fettlösliche Abfallstoffe aus dem Verdauungstrakt ausleiten können. **Weizenkeimöl** und Sonnenblumenöl werden heute wegen ihres hohen Gehalts an Vitamin E empfohlen und Olivenöl wegen seiner antioxidativen Polyphenole.

◆ Alle **Kohlsorten** sind Lieferanten wertvoller Antioxidanzien, die das Immunsystem stärken und freie Radikale abfangen können.

◆ Vitamin C ist sehr reichlich auch in Brokkoli, Grünkohl und **Sanddorn** vorhanden sowie in Schwarzen Johannisbeeren, Kiwis und Orangen.

◆ Die **Makrele** ist ein guter Verbündeter im Kampf gegen zerstörerische freie Radikale, denn sie liefert zwei überaus wichtige Antioxidanzien, nämlich Coenzym Q10 und Vitamin E.

◆ In der mittelalterlichen Klosterheilkunde noch unbekannt, aber wegen ihrer zahlreichen Radikalfänger nicht unerwähnt bleiben dürfen die Vitamin-C-reiche Paprika und Tomaten (besonders gekocht oder als Mark). Wirksamer Inhaltsstoff der Tomaten ist vor allem das Lycopin.

257

BEHANDELN UND HEILEN DURCH ERNÄHRUNG

Zur Vorbeugung: Abgesehen davon, dass die Ernährung insgesamt ausgewogen ist, sollten Sie Folgendes beachten: Vollkornbrot enthält komplexe Kohlenhydrate, die nur langsam ins Blut übergehen und dem Pilz kaum Nahrung bieten. Greifen Sie daher bei Brot und Kuchen nur auf Vollwertprodukte zurück. Grundsätzlich sollten Sie abends nichts Süßes mehr essen. Da die Kohlenhydrate wegen der nächtlichen Verdauungspause nur langsam verdaut werden, gelangen sie in tiefere Darmabschnitte, wo die Pilze wegen des üppigen Nahrungsangebots ideale Voraussetzungen erhalten.

Um die Bildung einer gesunden Darmflora zu unterstützen, ist es zweckmäßig, mindestens zweimal pro Woche einen probiotischen Joghurt mit rechtsdrehender Milchsäure zu essen.

Auf Ihrem Speiseplan stehen sollte täglich ein Salat, dessen Dressing Sie aus Lein- oder Weizenkeimöl zubereiten. Als weiterer Schutz vor Entzündungen kann zweimal wöchentlich Lachs oder Hering auf den Tisch kommen. Zur Stärkung des Immunsystems ist es wichtig, jeden zweiten Tag zinkreiche Lebensmittel wie Edamer, Gouda, Hülsenfrüchte oder Weizenkeime zu essen.

Bei Neigung zu rezidivierenden Darmmykosen: Wenn Sie unter wiederkehrenden Darmmykosen leiden, sollten Sie grundsätzlich nichts Süßes zu sich nehmen, um den Pilzen möglichst wenig Nahrung zu bieten. Sie stabilisieren Ihre Darmflora, wenn Sie an vier Tagen der Woche einen viertel Liter probiotischen Joghurt, Kefir oder Sauermilch mit rechtsdrehender Milchsäure essen. Ein Ei zum Frühstück ist wegen seines Selengehalts wertvoll. Ein gemahlenes Müsli mit vielen Nüssen gibt Kraft für den ganzen Tag, bietet dem Pilz aber nur wenig Nahrung.

Dreimal wöchentlich Lammfleisch, Hühnerbrust, Putenfleisch oder Rinderfilet sorgen dafür, dass Ihr Immunsystem gut mit den drei wichtigen Aminosäuren Arginin, Cystein und Glutamin versorgt ist. Dreimal wöchentlich sollten Fische wie Lachs und Hering auf Ihrem Speiseplan stehen, damit Sie optimal mit Omega-3-Fettsäuren versorgt sind. Und jeden zweiten Tag sollten Sie zinkhaltige Lebensmittel (z. B. Muscheln, Hülsenfrüchte) verzehren, um die Darmschleimhaut zu stärken und das Immunsystem zu unterstützen.

Mit antioxidativem Vitamin C sind Sie gut versorgt, wenn Sie jeden zweiten Tag z. B. Brokkoli, Kohlgemüse, Schwarze Johannisbeeren oder Orangen zu sich nehmen. Alternativ kann ein morgendliches Glas ungesüßter Sanddornsaft als Vitamin-C-Lieferant dienen. Genügend Vitamin E nehmen Sie auf, wenn Sie den Salat täglich mit Weizenkeim- oder Leinöl zubereiten.

Bestehende Darmmykose: Bei einer bereits bestehenden Darmmykose richten Sie sich nach den Ernährungsempfehlungen wie bei rezidivierenden Darmmykosen. Verzehren Sie zudem möglichst täglich zum Mittagessen einen der bitterstoffhaltigen Salate wie Endivien- oder Löwenzahnsalat und würzen Sie reichlich mit verdauungsfördernden Gewürzen (Pfeffer, Ingwer, Beifuß) sowie pilztötenden Gewürzen (z. B. Knoblauch, Basilikum, Galgant, Salbei, Nelken). Auch Kapuzinerkresse, Rettich oder Radieschen sind mit ihren antimykotischen Senfölen für den täglichen Verzehr geeignet. Darüber hinaus unterstützen Sie Ihre Darmflora, wenn Sie täglich einen halben Liter Joghurt mit rechtsdrehender Milchsäure über den Tag verteilt essen. Um sich optimal mit löslichen Ballaststoffen zu versorgen, sollten Sie täglich einen geriebenen Apfel verzehren oder einen Esslöffel Leinsamen in Ihr morgendliches Müsli geben und viel dazu trinken.

Übergewicht

Dass Essen und Trinken Leib und Seele zusammenhalten, darin waren sich die Mönche und Nonnen einig. Zwar waren sie in der Regel auch keine Kostverächter, doch Abbildungen klerikaler Beleibtheit, wie wir sie heute kennen, stammen aus der Zeit der Romantik und des Biedermeier. Im frühen und hohen Mittelalter, in der Zeit der Klosterheilkunde, galten sehr strenge Essensregeln, mit zwei Fastenperioden im Jahr: dem Advent und der eigentlichen Fastenzeit, den sieben Wochen vor Ostern. Damit sollte der Leib entlastet und der Geist gestärkt werden.

Insgesamt kann der einstige klösterliche Speisezettel, der überwiegend vegetarisch war und Getreide, Gemüse, Salate, Kräuter sowie ein wenig Obst enthielt und dadurch ausreichend Vitamine, Mineralstoffe und andere wertvolle Pflanzenstoffe lieferte, heute noch als Ideal einer gesunden Ernährung empfohlen werden. Das trifft besonders angesichts des wachsenden Problems des Übergewichts zu, das aufgrund moderner Zivilisationskost und Bewegungsmangel heute schon bei Kindern festzustellen ist. Rund 40 Prozent der Deutschen sind derzeit – auch medizinisch gesehen – zu dick. Als Bezugsgröße für das Normalgewicht gilt heute der so genannte Body-Mass-Index (BMI), der das Körpergewicht in Relation zur Körperlänge stellt und sich aus Gewicht (in Kilogramm) dividiert durch das Quadrat der Größe (in Metern) errechnet.

Zum Beispiel: Eine Frau mit 60 kg Gewicht und einer Größe von 175 cm hat einen BMI von 19,6: $60 \text{ kg} / (1,75 \text{ m})^2 = 19,6$

Grundsätzlich gilt:

BMI 20 – 25:	Normalgewicht
BMI 25 – 30:	mäßiges Übergewicht
BMI 30 – 40:	deutliches Übergewicht
BMI > 40:	extremes Übergewicht

URSACHEN UND SYMPTOME

Eine zu reichliche Nahrungsaufnahme kombiniert mit einem Mangel an Bewegung ist einer der Hauptgründe für Übergewicht (Adipositas). Wenn man mehr Energie aufnimmt, als man verbraucht, wird der überschüssige Brennwert ganz einfach in Form von Körperfett gespeichert. Der eigene Nahrungsbedarf wird von den meisten Menschen überschätzt und ist in der Regel weit geringer, als gemeinhin angenommen. Und viele Menschen nehmen mit den Jahren auch zu, weil sie ihre Essgewohnheiten aus früheren, aktiveren Zeiten beibehalten, als ihr Energiebedarf noch höher war. Auch ungelöste psychische Probleme bringen Menschen oft dazu, sich zu viel Nahrung einzuverleiben. Während manche Menschen den zugeführten Energieüberschuss sofort in Fettdepots (Fettzellen) abspeichern, setzen andere diesen mehr in Wärmeerzeugung um. Denn jeder Mensch hat einen bestimmten – **Grundumsatz** genannten – Kalorienverbrauch in Ruhe. Seine Höhe wird unter anderem auch durch **genetische Faktoren** beeinflusst. Um den normalen Grundumsatz, also den Energieverbrauch in Ruhe, zu erhöhen, ist regelmäßige **Bewegung** nötig. Nur selten ist ein verlangsamter Stoffwechsel oder eine gestörte Appetitsteuerung im Gehirn ein Grund fürs Dicksein. Bestimmte Medikamente oder eine mangelhaft arbeitende Schilddrüse können ebenfalls Ursachen für starkes Übergewicht sein.

Zu den Folgen von Übergewicht zählen zahlreiche Zivilisationskrankheiten wie Diabetes und Gicht. Aber auch das Risiko, an Bluthochdruck, Herzinfarkt, Schlaganfall, Arterienverkalkung, Fettleber, Thrombosen, Gelenkerkrankungen sowie Gallensteinen zu erkranken, steigt durch Fettleibigkeit erheblich. Auch Schnarchen und Schlafapnoe wird durch Fettleibigkeit begünstigt.

Wer zu viel wiegt, kann mit gedünstetem Gemüse wie Kürbis und Zucchini sowie magerem Fleisch überschüssige Pfunde verlieren. Nüsse können in kleinen Mengen die Lust auf Süßes stillen.

EINFLUSS DER ERNÄHRUNG
1. Gezielte Nährstoffaufnahme:

✦ Der einzig vernünftige Weg zur Gewichtsregulierung bzw. -reduzierung führt über eine individuell ausgewogene Ernährung mit möglichst frischen und wenig industriell aufbereiteten Lebensmitteln. Während sich die ideale Ernährung bisher aus etwa 15 Prozent Eiweiß, 30 Prozent Fett und 55 Prozent Kohlenhydraten zusammensetzte, wird derzeit von Ernährungsexperten diskutiert, dass der Anteil an Eiweiß erhöht, der Anteil an Kohlenhydraten und Fett jedoch eher vermindert werden sollte. Denn das Sättigungsgefühl setzt erst ein, wenn der Eiweiß-Appetit gestillt ist, also genügend Proteine aufgenommen wurden. Da das Eiweiß in der Regel von zu vielen Kohlenhydraten und Fetten begleitet wird, kommt es sowohl zu einem Kohlenhydrat- als auch zu einem Fettüberschuss, der letztendlich zu Adipositas führt. Dabei ist Fett nicht gleich Fett: Gesättigte Fette werden sofort als Energiereserve in Fettzellen gespeichert, während ungesättigte Fette vom Körper verstoffwechselt werden.

✦ Das Gleiche gilt für Kohlenhydrate: Während Obst, Gemüse und Vollkornprodukte naturbelassene (komplexe) Kohlenhydrate mit viel Ballaststoffen liefern und daher als »gut« eingeschätzt werden, fallen Zucker, weiße Nudeln und beispielsweise Marmeladenbrötchen unter die Kategorie »schlecht«, da sie schnell verdaut werden und den Blutzuckerspiegel rasch ansteigen lassen. Hohe Zuckerkonzentrationen sind für die Gefäße gefährlich, daher wird das Stoffwechselhormon Insulin gebildet. Es öffnet die Körperzellen und lässt den Zucker aus dem Blut eintreten. Dadurch sinkt der Blutzucker wieder auf Normalwert und die Zellen werden mit Energie versorgt. Werden zu viel Zucker bzw. Kohlenhydrate aufgenommen, wird sehr viel Insulin ausgeschüttet. Dadurch kann der Blutzucker auf Werte unter dem Normalwert fallen, und es entsteht ein Unterzucker, der ein Heißhungergefühl auslöst. Diesen Kreislauf kann man unterbrechen, wenn man Kohlenhydrate zu sich nimmt, die nur langsam in das Blut aufgenommen werden und den Blutzuckerspiegel nicht zu sehr ansteigen lassen. Bei welchen Lebensmitteln die Kohlenhydrate rasch ins Blut gelangen, darüber gibt der **glykämische Index** Auskunft. Er besagt: Je leichter die Kohlenhydrate verdaubar sind, desto höher ist ihr glykämischer Index. Allerdings berücksichtigt der Index nicht die Menge der enthaltenen Kohlenhydrate. Möhren haben z. B. einen hohen glykämischen Index, enthalten aber nur wenig Kohlenhydrate und beeinflussen den Blutzucker dementsprechend wenig. Wie stark ein Lebensmittel den Blutzucker beeinflusst, besagt die **glykämische Last**. Sie kombiniert den glykämischen Index und den Gehalt an Kohlenhydraten eines Lebensmittels in der Formel (glykämischer Index / 100) * Gramm Kohlenhydrate (pro 100 Gramm Lebensmittel). Eine Tabelle mit der glykämischen Last für die wichtigsten Lebensmittel finden Sie auf Seite 187.

✦ Neben den Essgewohnheiten und der Zusammensetzung der täglichen Ernährung muss insgesamt der **Kaloriengehalt** der einzelnen Mahlzeiten berücksichtigt werden. Um nämlich langfristig Gewicht zu verlieren, müssen täglich mindestens 600 Kilokalorien eingespart werden. Durchschnittlich beträgt der tägliche Energieverbrauch eines Erwachsenen etwa 25 bis 35 Kilokalorien pro Kilogramm Körpergewicht. Bei einem Gewicht von 60 Kilogramm werden also ein täglicher Kalorienverbrauch zwischen 1500 und 1800 Kilokalorien empfohlen, je nach Geschlecht und ausgeführter täglicher Bewegung.

2. Richtiges Essverhalten: Wer Gewicht reduzieren will, sollte sich nicht nur ausgewogen ernähren, sondern auch ein angemessenes Essverhalten einüben. Denn wer zu schnell isst, nimmt ebenfalls zu viele Kalorien auf und reagiert nicht rechtzeitig auf sein Sättigungsgefühl. Auch wer nicht genügend trinkt, neigt dazu, mehr Nahrung als nötig zu sich zu nehmen. Denn oft wird Durst mit Hunger verwechselt. Darüber hinaus spielt es eine Rolle, zu welchem Zeitpunkt welche Menge an Nahrung aufgenommen wird. So wird beispielsweise nachts das Wachstumshormon Somatotropin gebildet, aber nur, wenn eine Zeit lang ein leichter Unterzucker im Körper herrscht. Dieses Hormon trägt dazu bei, Fett ab- und Muskelmasse aufzubauen. Isst man abends zu viel, sinkt der Blutzuckerspiegel nachts nicht weit genug ab, um das Hormon zu bilden.

WELCHE LEBENSMITTEL HELFEN?

Wichtig ist, eine Ernährungsweise zu wählen, bei welcher die Energiezufuhr zwar reduziert wird, die aber dennoch den Körper mit allen notwendigen Nährstoffen versorgt. Diese Kost sollte überwiegend aus folgenden Lebensmitteln bestehen:

✦ **Mageres Fleisch und Geflügel:** In Lammfleisch findet sich relativ viel Carnitin, eine Aminosäure, die Fett schneller zu den Mitochondrien, den Verbrennungsmotoren der Zellen, transportiert. So verstärkt es die Fettverbrennung. Aber auch andere magere Fleischsorten wie Hühnerbrust, Putenfleisch, Muskelfleisch von Rind und Schwein oder Tofu und Hülsenfrüchte sind ideale fettarme Eiweißlieferanten.

✦ **Fisch:** Hauptsächlich die fetten Seefische wie Lachs und Hering enthalten viele Omega-3-Fettsäuren, die den Folgen des Übergewichts entgegenwirken, indem sie auf natürliche Weise die Fettzellen bremsen und damit das Übel an der Wurzel bekämpfen. Aber auch magere Fische wie z. B. Zander, sind sehr empfehlenswert, da sie den Körper mit gut verdaulichem Eiweiß versorgen.

✦ **Fettarme Milchprodukte:** Fettarme Milch und Milchprodukte wie Joghurt, Quark, Buttermilch oder Dickmilch versorgen den Körper mit wichtigem Eiweiß und wertvollen Mineralstoffen. Fettarme Käsesorten mit weniger als 30 Prozent Fett im Trockengewicht (i. Tr.), wie Hüttenkäse, Harzer, fettarmer Camembert, bringen Abwechslung in den Speiseplan.

✦ **Gemüse:** Besonders Gemüse mit niedriger glykämischer Last wie Zucchini, Tomaten, Zwiebeln, Möhren, Pastinaken, Rote Bete, Kürbis, Erbsen und auch Kartoffeln sind empfehlenswert. Denn Gemüse und frische Blattsalate liefern wichtige Ballaststoffe, Vitamine und sekundäre Pflanzenstoffe, welche die Verdauung und den Stoffwechsel anregen.

✦ **Vollkornprodukte:** Ganzes gekochtes Getreide wie Buchweizen, Weizen oder Roggen lassen den Blutzuckerspiegel nur wenig steigen und sättigen anhaltend. Brot, Reis und Nudeln sollten als Vollwertprodukte genossen werden, da sie erheblich mehr Vitamine, Mineralstoffe und Rohfasern liefern als industriell verarbeitete Lebensmittel. Bei einer Verdauungsschwäche und bei entzündlichen Darmerkrankungen dürfen Vollwertprodukte allerdings nicht gegessen werden. Wegen ihrer schweren Verdaulichkeit sind sie auch nicht für das Abendessen geeignet.

✦ **Obst:** Äpfel, Birnen, Kirschen, Erdbeeren, Pflaumen und Weintrauben enthalten wichtige Mineralstoffe, Vitamine und wenig Kalorien.

✦ **Pflanzliches Fett:** Ungesalzene Nüsse wie Hasel-, Walnüsse oder Mandeln können z. B. Naschereien ersetzen, wenn sich die konsumierte Menge in Grenzen hält. Statt tierischer Fette sind kaltgepresste Pflanzenöle wie Sonnenblumen- oder Olivenöl vorzuziehen, da sie Vitamin E liefern und den Stoffwechsel anregen.

✦ **Stoffwechselanregende Lebensmittel:** Zu ihnen gehören frische Kräuter (z. B. Basilikum, Bärlauch, Oregano und Schnittlauch) und Gewürze (Fenchel, Anis, Kümmel, Senf, Pfeffer, Piment, Chili, Knoblauch und Curry), welche die Verdauung ankurbeln. Ingwer und Artischocken wirken ebenfalls verdauungsfördernd und können den Fettstoffwechsel positiv beeinflussen.

BEHANDELN UND HEILEN DURCH ERNÄHRUNG

Zur Vorbeugung gegen Übergewicht: Um den Eiweißbedarf zu decken und den Fettkonsum so gering wie möglich zu halten, verwenden Sie möglichst nur mageres Fleisch und schneiden Sie vor der Zubereitung alles sichtbare Fett weg bzw. entfernen Sie bei Geflügel die Haut. Meiden Sie am besten grundsätzlich fettes Fleisch sowie Speck und fette Wurst.

Statt zu braten und zu frittieren, empfiehlt es sich, Fisch, Fleisch und Gemüse zu grillen, zu dämpfen oder zu pochieren.

Verwenden Sie statt vollfetten Milchprodukten nur fettarme wie Magermilch, Magerjoghurt und fettarmen Käse wie Schicht- und Hüttenkäse. Essen Sie Milchprodukte jedoch nur in Maßen.

Stellen Sie Ihre Ernährung auf vollwertige Produkte um, wie Obst, Gemüse, Vollwertprodukte und kaltgepresste pflanzliche Öle. Bei Kohlenhydratlieferanten ist es wichtig, solche mit geringer glykämischer Last zu wählen (siehe Seite 187). Knapp die Hälfte der Energie sollten Sie durch möglichst »gute« (komplexe) Kohlenhydrate, wie Stärke, zu sich nehmen.

Verzichten Sie auf Zucker, so weit es geht, und meiden Sie weitgehend Alkohol (denn 1 Gramm reiner Alkohol enthält fast so viel Energie wie Fett, der energiereichste Nährstoff!).

Trinken Sie genügend, mindestens 2 Liter Wasser pro Tag. Nicht selten verwechselt man Durst mit Hunger. Versuchen Sie, besonders eine Stunde vor dem Essen reichlich zu trinken.

Nehmen Sie abends grundsätzlich nur kleine Mahlzeiten zu sich oder noch besser: Lassen Sie ab und zu das Abendessen ausfallen.

Versuchen Sie, nicht zu schnell zu essen, sondern in Ruhe und mit Aufmerksamkeit. Denn je schneller man isst, desto größere Mengen nimmt man zu sich, weil der Blutzucker mit einiger Zeitverzögerung steigt und erst dann ein Sättigungsgefühl eintritt.

Bei Übergewicht: Ernähren Sie sich dreimal wöchentlich von Fisch und einmal wöchentlich von magerem Lammfleisch. Die restlichen Tage sollten am besten vegetarische Gerichte auf dem Tisch stehen. Als Beilage eignen sich besonders Gemüse mit niedriger glykämischer Last wie Zucchini, Möhren, Rote Bete oder Kürbis.

Verzichten Sie abends vollkommen auf Kohlenhydrate. Lassen Sie regelmäßig das Abendessen ausfallen oder nehmen Sie höchstens Fisch oder etwas mageres Fleisch zu sich. Als kaltes Abendessen bietet sich magerer Käse wie Harzer oder Hüttenkäse, magerer kalter Braten oder gedünsteter Fisch an.

Wenn Sie Appetit auf Süßigkeiten verspüren, sollten Sie eine begrenzte Menge an sättigenden Nüssen oder etwas Obst wie Äpfel, Birnen, Kirschen oder Erdbeeren zu sich nehmen, denn Obst enthält nicht nur wenig Fett, sondern liefert auch wertvolle Vitamine und Mineralstoffe.

Ihr Frühstück sollte aus einem gemahlenen Müsli mit reichlich Obst und einer Scheibe Vollkornbrot bestehen. Dazu können Sie etwas grünen Tee trinken, der die Fettverbrennung anregt.

Meiden Sie grundsätzlich Kartoffelchips, Kekse, Kuchen und Torten, da sie große Mengen an verstecktem Fett und Zucker enthalten.

Machen Sie Salate statt mit fetten Dressings und Mayonnaise nur mit Zitronensaft und Magerjoghurt und frischen Kräutern an.

Verwenden Sie regelmäßig frische Kräuter wie Basilikum, Bärlauch, Oregano, Petersilie und Schnittlauch. Sie liefern zahlreiche Bitter-, Gerb- und Schleimstoffe, Enzyme und pflanzliche Hormone, die die Verdauung anregen. Auch die stoffwechselanregenden Gewürze wie Fenchel, Anis, Kümmel, Senf, Pfeffer, Piment, Chili, Knoblauch und Curry sollten immer wieder zum Einsatz kommen.

Trinken Sie regelmäßig Ingwertee. Er hat aufgrund seiner ätherischen Öle Zingiberol und Zingiberen eine stark stoffwechselanregende Wirkung und hilft bei Magen- und Darmträgheit.

Setzen Sie immer wieder Artischocken auf Ihren Speiseplan. Sie liefern den Bitterstoff Cynarin, der das Leber-Galle-System wieder in Balance bringt und dadurch die Fettverdauung fördert.

Essen Sie nur, wenn Sie wirklich hungrig sind, und hören Sie mit Essen auf, sobald Sie ein leichtes Sättigungsgefühl spüren. Essen Sie niemals aus Langeweile. Versuchen Sie in diesem Fall, sofort einer anderen Tätigkeit nachzugehen.

Vergessen Sie nicht, sich zu bewegen. Wenn Ihnen das zunächst schwer fällt, auch regelmäßige sanfte Tätigkeiten wie flottes Spazierengehen oder Radfahren helfen gegen Übergewicht.

Diabetes mellitus

In der mittelalterlichen Klosterheilkunde unterschied man zwischen einer ersten, zweiten und dritten Verdauung. Mit der ersten ist die Stoffwechselleistung der eigentlichen Verdauungsorgane gemeint, angefangen vom Mund über den Magen bis hin zum Darm. Die zweite Verdauung sorgt für die Aufnahme der Nährstoffe in das Blut und wird aus damaliger Sicht von Leber und Milz bestritten. Der Aufbau von Körpersubstanz wie Muskeln und Haaren ist der dritte und letzte Verdauungsschritt.

Die Bauchspeicheldrüse, die aus heutiger Sicht eine zentrale Rolle bei Diabetes spielt, würde in die Gruppe der zweiten Verdauung gehören. Sie wurde jedoch nicht als eigenes Organ beschrieben, sondern der Milz zugeordnet. Als typische Symptome von Diabetes betrachtete man damals abnormen Appetit, starken Durst, einen süßen Urin sowie eine Störung der Sexualfunktion. Die Therapie bestand u. a. in einer Diät, die eine Balance zwischen kühlenden und wärmenden sowie zwischen trocknenden und befeuchtenden Lebensmitteln herstellen sollte.

Nach heutigem Verständnis wird bei Diabetes mellitus Zucker mit dem Urin ausgeschieden, weil der Blutzuckerspiegel einen Schwellenwert überschreitet – daher die Bezeichnung »Zuckerkrankheit«. Prinzipiell kann das zwei Gründe haben: Entweder produziert die Bauchspeicheldrüse zu wenig oder nichts mehr von dem Hormon Insulin, das die Leber und die Körperzellen veranlasst, Zucker aus dem Blut aufzunehmen (Diabetes Typ I), oder aber die Wirkung des Insulins an seinem Zielort ist vermindert (Diabetes Typ II).

URSACHEN UND SYMPTOME

✦ **Diabetes mellitus Typ I:** Bei diesem Diabetes-Typ, der in der Regel angeboren ist, sind die insulinproduzierenden Zellen in der Bauchspei-

cheldrüse vollständig oder teilweise zugrunde gegangen. In seltenen Fällen ist aber auch die gesamte Bauchspeicheldrüse durch Unfall oder Entzündung zerstört.

✦ **Diabetes mellitus Typ II:** Eine der Hauptursachen für diesen Diabetes-Typ ist Übergewicht. Durch die ständige Insulinüberschwemmung bei Überernährung »ermüden« die Zielzellen des Hormons, sodass es an Wirkung verliert. Fachleute bezeichnen dies als »Insulinresistenz«. Die Zellen nehmen dann weniger Zucker aus dem Blut auf und der Blutzuckerspiegel steigt. Die Bauchspeicheldrüse versucht einige Jahre, diese Resistenz der Zielzellen mit steigenden Insulinmengen zu kompensieren. Durch den ständig erhöhten Insulinspiegel ist die Bauchspeicheldrüse jedoch irgendwann erschöpft und kann kein Insulin mehr produzieren. Dann muss Insulin von außen zugeführt werden. Neben genereller Überernährung und dadurch permanent erhöhtem Blutzuckerspiegel unterstützt Fehlernährung die Entwicklung der Erkrankung ganz wesentlich (siehe Seite 261).

Besonders Diabetes Typ II bleibt oft lange Zeit symptomlos und wird häufig zufällig bei einer Routineuntersuchung entdeckt. Die Erkrankung kann auch viele weit reichende Folgen haben, die sich von einer Schädigung der Blutgefäße, Nieren, Augen und Nervenzellen bis zu Schmerzen und Sensibilitätsstörungen von Armen und Beinen und letztlich Herzinfarkt erstrecken. Auch der Fettstoffwechsel ist bei Diabetespatienten häufig gestört.

EINFLUSS DER ERNÄHRUNG

In diesem Kapitel wird lediglich auf Diabetes mellitus Typ II eingegangen, da Typ I durch diätetische Maßnahmen weder verhindert noch geheilt werden kann.

Bei Diabetes ist es wichtig, den Blutzuckerspiegel niedrig zu halten. Dies können Sie mit Hülsenfrüchten, Getreide wie Dinkel und Gemüse erreichen. Hülsenfrüchte stellen darüber hinaus Zink bereit, das für die Bildung von Insulin wichtig ist.

1. **Beeinflussen der Insulinresistenz:** Lebensmittel, deren Kohlenhydrate nur langsam ins Blut übergehen, also eine niedrige glykämische Last (siehe Seite 187 und 261) aufweisen, bewirken nur einen geringen Insulinanstieg. Viele Lebensmittel mit einem niedrigen glykämischen Index sind reich an löslichen und unlöslichen Ballaststoffen, die andere Nährstoffe wie Zucker an sich binden und so dessen Aufnahme ins Blut verzögern. Wenn über einen längeren Zeitraum ausschließlich Lebensmittel mit niedrigem glykämischem Index gegessen werden, kann die Resistenz der Insulin-Zielzellen sogar vollständig rückgängig gemacht werden. Um der Insulinresistenz entgegenzuwirken, sollte die Nahrung insgesamt möglichst fettarm sein, denn durch die Stoffwechselstörung sind die Blutfettwerte in der Regel ohnehin erhöht.

2. **Nervenschäden vermeiden:** Mit Vitamin-B-haltigen Lebensmitteln kann man den für Diabetes typischen Nervenschäden vorbeugen.

3. **Nährstoffmangel ausgleichen:** Da Diabetiker in der Regel einen Mangel an den Mineralstoffen Zink und Chrom aufweisen, gilt es, diesen durch gezielte Ernährung auszugleichen.

4. **Freie Radikale unschädlich machen:** Weil Diabetes besonders mit oxidativem Stress verbunden ist, ist die Aufnahme von Antioxidanzien (vor allem Vitamin C, E) wichtig, die freie Radikale unschädlich machen können.

WELCHE LEBENSMITTEL HELFEN?

✦ Lebensmittel, die wegen ihrer niedrigen glykämischen Last besonders bei Diabetes empfohlen werden, sind **Möhren**, Pastinaken, Sellerie, Pilze, Rote Bete und Kürbis. Kartoffeln, die in der mittelalterlichen Klosterheilkunde zwar noch keine Rolle spielten, zeichnen sich jedoch ebenfalls durch ihre niedrige glykämische Last aus.

✦ Empfohlen bei Diabetes werden auch Hülsenfrüchte, Muscheln, **Weizenkeime**, Weizenkleie Dinkel und Buchweizen. Sie enthalten reichlich Zink, das zum einen wichtig ist für das Enzym Carbopeptidase, das die Insulinbildung mitsteuert. Zum anderen ist Zink notwendig, da es in der Bauchspeicheldrüse als Zink-Insulin-Komplex gespeichert wird. Die Hülsenfrüchte sind darüber hinaus wegen ihrer niedrigen glykämischen Last ideal bei Diabetes. Und insbesondere Miesmuscheln und Austern, aber auch Buchweizen zeichnen sich durch ihren hohen Chromgehalt aus.

✦ Hilfreich sind zudem **Eier**, Ziegenmilch, Roggen- und Weizenvollkorn. Sie alle sorgen dafür, dass ausreichend des so genannten Glukosetoleranzfaktors gebildet wird, da sie das dafür notwendige Chrom in größeren Mengen liefern. Der Glukosetoleranzfaktor steigert die Wirkung von Insulin auf seine Zielzellen und verbessert die Aufnahme des Bluzuckers in die Zellen.

✦ Zur vorbeugenden Behandlung der Nervenschäden, die typisch für Diabetes sind, haben sich **Brokkoli**, Bananen, Nüsse, Weizenkeimlinge und Haferflocken bewährt. Ihre B-Vitamine unterstützen die Energiegewinnung aus Zucker und die Regeneration geschädigter Nerven.

✦ Reich an B-Vitaminen sind außerdem **Kalbsleber** und Bierhefe.

✦ **Pilze** werden in der mittelalterlichen Klosterheilkunde bei Erkrankungen von Organen empfohlen, die für die zweite Verdauung, das heißt im heutigen Sinn für die Freisetzung der Nährstoffe in das Blut verantwortlich sind. Durch ihre Nährstoffzusammensetzung sind sie ideal bei Diabetes: Sie enthalten kaum Kohlenhydrate, Eiweiß und Fett, dafür umso mehr Ballaststoffe, und stellen u. a. Chrom, Zink und einige B-Vitamine in größeren Mengen zur Verfügung.

✦ Um zu verhindern, dass freie Radikale Entzündungen hervorrufen, sind Lebensmittel hilfreich, die die antioxidativen Vitamine E und C sowie Bioflavonoide besitzen. Sie neutralisieren freie Radikale und wirken so dem oxidativen Stress bei Diabetes entgegen. Besonders gut versorgen Sie alle Kohlsorten mit Vitamin C, E und Carotinoiden. **Sanddorn**, Schwarze Johannisbeeren, Petersilie und Spinat sind ebenfalls sehr reich an Vitamin C. Vitamin E ist u. a. sehr reichlich enthalten in Weizenkeimöl, Sojaöl, Mandeln, Walnuss und Eigelb.

BEHANDELN UND HEILEN DURCH ERNÄHRUNG

Bei der Behandlung von Diabetes Typ II spielt neben der Art der Ernährung auch die zugeführte Kalorienmenge eine wichtige Rolle. Dabei soll der tägliche Energiebedarf nur zu höchstens 30 Prozent durch Fette gedeckt werden. Ein Großteil der Fette sollte aus Omega-3-Fettsäuren bestehen. Genau genommen ist bei Diabetes eine ausgewogene, vollwertige und im Nährstoffgehalt optimierte Ernährung entscheidend, welche zuckerreduziert und kalorienberechnet ist. Das ist eigentlich eine Ernährung für jedermann. **Zur Vorbeugung eines Diabetes mellitus Typ II:** Achten Sie bei der Auswahl der kohlenhydrathaltigen Lebensmittel unbedingt auf die glykämische Last, die einen Wert von 25 nicht übersteigen sollte. Geeignete Lebensmittel finden Sie in der Tabelle auf Seite 187.

Zum Frühstück können Sie z. B. ein ungezuckertes Müsli mit Früchten essen. Noch besser ist es, den größten Hunger schon vorher mit mariniertem (graved) Lachs zu stillen.

Mittags können Sie als Vorspeise reichlich Salat aus Roten Beten, Möhren, Blatt- und Feldsalat verzehren, der reich an wertvollen Vitaminen und Mineralstoffen ist und mit seinen Ballaststoffen sättigt. Ein optimaler Hauptgang besteht aus einem Kaltwasserfisch oder magerem Fleisch mit gedünstetem Gemüse und Kartoffeln.

Statt einer Nachspeise können Sie ein kleines Stück Schokolade mit über 70 Prozent Kakaoanteil naschen, denn Schololade mit hohem Kakaoanteil hat eine verhältnismäßig niedrige glykämische Last und sättigt schnell.

Abends sollten Sie nur eine Kleinigkeit zu sich nehmen, die eiweißlastig sein sollte, um den Blutzuckerspiegel nicht ansteigen zu lassen. Dies ist wichtig, damit der Körper Somatotropin bilden kann, das den Fettabbau unterstützt und so Diabetes vorbeugt. Hier eignet sich Fisch oder ein mageres Fleisch mit gedünstetem Gemüse, ohne Reis oder Nudeln, oder aber ein kaltes, fettarmes Abendessen mit italienischen Antipasti, graved Lachs, kaltem Roastbeef, magerem Käse, magerem Aufschnitt und Vollkornbrot.

Bei beginnendem Diabetes: Die folgenden Empfehlungen richten sich an all jene, die noch nicht regelmäßig Insulininjektionen erhalten (noch nicht insulinpflichtiger Diabetes). Als wichtigste therapeutische Maßnahme bei Krankheitsbeginn sollte Übergewicht abgebaut werden. Darüber hinaus ist es wichtig, dass auch nach den Mahlzeiten der Insulinspiegel nicht zu stark steigt. Das erreichen Sie, indem Sie überwiegend Lebensmittel zu sich zu nehmen, deren Kohlenhydrate langsam ins Blut übergehen und daher nur einen geringen Insulinanstieg zur Folge haben. Auf diese Weise kann die Resistenz der Insulin-Zielzellen im Laufe der Zeit sogar rückgängig gemacht werden. Daher ist eine der wichtigsten Maßnahmen, die Nahrung auf solche mit niedriger glykämischer Last mit einem Wert von maximal 20 umzustellen. Das sind vor allem Vollkornprodukte, einige Obstsorten und Gemüse (siehe Tabelle auf Seite 187). Süßspeisen sind für Sie generell tabu. Der Kohlenhydratanteil sollte dabei etwa 55 Prozent der gesamten Kalorienzufuhr betragen.

Außerdem sind eher mehrere kleine Mahlzeiten anstelle von zwei bis drei größeren zu empfehlen, da dadurch nicht so viel Insulin auf einmal ausgeschüttet wird.

Eines der zinkhaltigen Lebensmittel (Hülsenfrüchte, Muscheln, Weizenkeimlinge oder Weizenkleie) und ein Lebensmittel, das viel Chrom enthält (z. B. Eier, Ziegenmilch, siehe Seite 266) sollte möglichst täglich auf Ihren Teller kommen. Um sich ausreichend mit den Vitaminen C und E zu versorgen, sollten Sie täglich entweder Kohl als Beilage zu sich nehmen, ein Glas Sanddornsaft trinken oder reichlich Schwarze Johannisbeeren genießen. Vitamin E und andere Antioxidanzien liefern Ihnen Weizenkeimöl, Leinöl und Olivenöl, die Sie als Dressing über Ihren Salat träufeln können.

Bei fortgeschrittenem Diabetes: Bei Patienten, die auf Insulininjektionen angewiesen sind (insulinpflichtiger Diabetes) gelten im Prinzip die Empfehlungen wie bei beginnendem Diabetes. Täglich empfohlen werden außerdem Vitamin-B-reiche Lebensmittel (siehe Seite 266), ergänzt um Lebensmittel, die die körpereigene Insulinproduktion anregen, wie z. B. Linsen oder Erbsen.

Harn- und Nierensteinleiden

Harnsteine sind krankhafte, feste Ablagerungen, die sich in der Niere (Nierensteine), dem Harnleiter (Harnleitersteine) und auch der Blase (Blasensteine) bilden können. Sie entstehen, wenn sich Säuren und Mineralstoffe, vor allem Oxalsäure und Kalzium, zu Salzen verbinden und zu größeren Kristallen heranwachsen.

Nach dem Verständnis der mittelalterlichen Klosterheilkunde entstehen Steine in der Niere und der Blase vor allem durch das Trinken »schlammigen«, das heißt kalkhaltigen Wassers oder aber durch den häufigen Verzehr von Speisen, die zu einer vermehrten Bildung von »schwarzem Gallensaft« führen und damit den Anteil an sauren Substanzen sowie »festen Partikeln« im Harn vergrößern. Zu diesen Speisen gehören besonders Hülsenfrüchte und abgehangenes Fleisch (z. B. Wild, Rind-, Lamm- und Schweinefleisch). Werden sie im Übermaß genossen, verursachen sie »Verstopfungen« in Niere und Blase.

URSACHEN UND SYMPTOME

Die Hauptursachen für Harnsteine sind:
✦ Zufuhr von zu vielen steinbildenden Lebensmitteln (siehe unten),
✦ Verengungen der Harnwege (durch Harnwegsentzündung oder genetisch bedingt), an denen sich der Harn staut,
✦ zu geringe Flüssigkeitszufuhr, wodurch der Harn stark konzentriert wird,
✦ erbliche Stoffwechselstörung mit erhöhter Ausscheidung von kristallbildenden Substanzen (z. B. Cystin, Xanthin),
✦ Überernährung und damit verstärkte Ausscheidung von steinbildenden Substanzen,
✦ rezidivierende Harnwegsinfekte, die die Blasenschleimhaut ansäuern, was Steine fördert,
✦ allgemeiner Bewegungsmangel, wodurch auch die Harnflüssigkeit wenig bewegt wird.

Die meisten Steine bemerkt man kaum. In der Regel nimmt man sie erst wahr, wenn sie im Nierenbecken oder im Harnleiter wandern und sich dabei verklemmen. Dann verursachen sie übermäßige Schmerzen, eine so genannte Nierenkolik. Wenn ein Nierenstein nicht ausgeschieden wird und er den Harnabfluss aus der Niere verhindert, kann der dabei entstehende Staudruck das Nierengewebe zerstören.

Blasensteine verursachen weniger Schmerzen. Wenn sie allerdings groß sind, reizen sie mechanisch die Blasenwand, was zu Entzündungen und Blutungen führen kann.

EINFLUSS DER ERNÄHRUNG

Harnsteinleiden sind sehr stark von der Ernährung abhängig, da diese die Zusammensetzung des Harns zu großen Teilen bestimmt.

1. Steinbildende Mineralstoffe vermeiden: Weil Harnsteine in der Regel aus Kalziumoxalat oder Harnsäure bestehen, sind all jene Lebensmittel potenzielle Steinbildner, die Kalzium, Oxalsäure oder harnsäurebildende Purine enthalten. Dazu gehören insbesondere Spinat, Mangold, Milch, Milchprodukte, Innereien, Sesam, Spargel, Rhabarber, Kakao und Rote Bete.

2. Durchspülen der Harnwege:
✦ Begünstigt werden Harnsteine auch durch konzentrierten Harn, der entsteht, wenn nicht genug getrunken wird. Eine ausreichende Flüssigkeitszufuhr ist deshalb wichtig (siehe Seite 270).
✦ Eine Reihe von harntreibenden Lebensmitteln (siehe Seite 270) unterstützt den Körper dabei, die großen Flüssigkeitsmengen auszuscheiden.

3. Vermeiden von Eiweiß: Täglicher Konsum von tierischem Eiweiß kann ebenfalls Harnsteine verursachen, weil es zum einen den Harn ansäuert und zum anderen die Kalziumausscheidung über die Niere fördert.

HARN- UND NIERENSTEINE

Im Mittelalter versuchte man genauso wie heute, Harnsteine auszuspülen. Dabei verließ man sich auch auf die harntreibende Wirkung von Melone und Gurke. Zitronen säuern den Harn an und verhindern, dass sich die Steine vergrößern.

4. Ausgleichen des Säure-Base-Haushalts:
✦ So lange noch keine Steine vorhanden sind, sollten überwiegend basische Lebensmittel aufgenommen werden (siehe Tabelle Seite 182), weil sich ohne Säure keine Steine bilden. Im Körper basisch wirken die meisten Gemüse- und Obstsorten sowie Kräuter und Pilze.
✦ Wenn sich schon Steine im Nierenbecken oder der Harnblase gebildet haben, müssen sauer wirkende Lebensmittel bevorzugt werden (um den Stein aufzulösen), die aber weder größere Mengen an Oxalsäure noch an Purinen enthalten dürfen.
5. Magnesiumreiche Ernährung: Magnesiumhaltige Lebensmittel (siehe Seite 270) hemmen die Bildung von Kalziumoxalatsteinen.

WELCHE LEBENSMITTEL HELFEN?
✦ Die harntreibende Wirkung von **Gurke**, Melonen, Kürbis, Fenchel, Sellerie und Brennnessel hat sich schon die mittelalterliche Klosterheilkunde zunutze gemacht. Der hohe Wassergehalt in Verbindung mit einem günstigen Verhältnis von Kalium und Natrium ist der Grund für die entwässernde Wirkung von Gurke, Melonen, Fenchel, Sellerie und Kürbis. **Brennnessel** enthält reichlich Kaffeoylchinasäure, das die Durchspülung der Nieren sanft anregt, wenn viel dazu getrunken wird.
✦ Sanddorn, Zitronen und **Hagebutte** können mit großen Mengen an Vitamin C dienen und sind daher optimal, um den Harn anzusäuern.

HEILEN DURCH ERNÄHRUNG

◆ Dank ihres sehr hohen Magnesiumgehalts wirken **Amarant**, Sorghum (rote Hirse) und Buchweizen einer Bildung von Kalziumoxalatsteinen direkt entgegen. Gute Magnesiumlieferanten sind auch Bierhefe, Sonnenblumenkerne und Kakao.

BEHANDELN UND HEILEN
DURCH ERNÄHRUNG

Grundsätzlich können Sie Harnsteinen entgegenwirken, indem Sie viel trinken! 3 Liter Flüssigkeit (kein Alkohol), am besten Wasser, sollen gleichmäßig über den Tag verteilt und vor dem Schlafengehen zugeführt werden. Berücksichtigen Sie, dass bei stärkerem Schwitzen mehr Flüssigkeit verloren geht und Sie entsprechend mehr trinken müssen. An heißen, windigen Tagen spüren Sie oft nicht, dass Sie schwitzen, da der Schweiß sofort verdunstet. Erst wenn Ihr Urin eine dunkelgelbe Farbe zeigt, sehen Sie, dass Sie zu wenig getrunken haben. Sie sollten immer so viel trinken, dass der Urin fast farblos ist.

Zur Vorbeugung: Vermeiden Sie es, oxalsäure- und kalziumreiche Lebensmittel bei den Mahlzeiten zu kombinieren, weil sich sonst leicht Kalziumoxalatsteine bilden können. Oxalsäurehaltige Lebensmittel (siehe Seite 268) sollten Sie außerdem generell nicht täglich essen.

Aus Purinen entsteht Harnsäure, daher sollten Sie purinreiche Lebensmittel (z. B. Innereien, Wurst) maximal einmal wöchentlich essen.

Eine überwiegend basische Ernährung (siehe Seite 182) in Kombination mit viel Flüssigkeit ist empfehlenswert, wenn Sie noch keine Harnsteine haben. Die Basen verhindern nämlich, dass sich aus Oxal- oder Harnsäure Steine entwickeln können. Ein zur Vorbeugung geeignetes Getränk ist vor allem magnesiumreiches Mineralwasser (mit einem Magnesiumgehalt von mehr als 100 Milligramm pro Liter), da es die Bildung von Kalziumoxalat verhindern kann, und bicarbonatreiches Mineralwasser (mit einem Bicarbonatgehalt von mehr als 1000 Milligramm pro Liter), das den Harn basisch machen kann.

Außerdem sollten Sie so oft wie möglich als Beilage harntreibendes Gemüse wie Melone, Kürbis, Gurke oder Brennnessel wählen.

Zur Behandlung und Vorbeugung vor erneuten Steinleiden: Verzichten Sie völlig auf oxalsäurereiche und purinhaltige Lebensmittel.

Kalzium sollten Sie nur so viel zu sich nehmen, wie notwendig ist, damit das überschüssige Kalzium nicht in den Urin gerät: also 800 bis 1000 Milligramm pro Tag. Da man mit einer milchlosen Kost allein schon 500 Milligramm Kalzium pro Tag aufnimmt, sollten Sie nicht mehr als täglich 0,3 Liter Milch und 50 Gramm Gouda oder Emmentaler sowie einen Joghurt essen. Wichtiger ist es, mineralstoffraubende Lebensmittel wie Zucker, Weißmehl, Bohnenkaffee und Alkohol zu vermeiden, da aus ihnen Säuren werden, die zusammen mit Mineralstoffen Steine bilden.

Im Gegensatz zur Prophylaxe soll bei vorhandenen Harnsteinen der Harn angesäuert werden, damit sich die Steine auflösen können: Trinken Sie deshalb täglich einen halben Liter Sanddorn- oder Zitronensaft. Alternativ können Sie auch über den Tag verteilt 1 Liter Hagebuttentee zu sich nehmen. Zur Durchspülung der Harnwege hat es sich bewährt, täglich eine harntreibende Mahlzeit aus Melone, Gurke oder Kürbis essen. Wer möchte, kann stattdessen auch Brennnesselsalat oder -suppe zu sich zu nehmen.

All diese Vorschläge sind nur erfolgreich, wenn 3 Liter täglich getrunken werden. **Vorsicht:** In seltenen Fällen kann zu viel trinken bewirken, dass der Harnstein wandert, was zu einer schmerzhaften Nierenkolik führt. Dann ist sofortige ärztliche Behandlung angesagt.

Harnwegsinfekte

Ein Harnwegsinfekt entsteht, wenn sich Bakterien in den sonst sterilen Harnwegen, also der Niere, dem Harnleiter oder der Blase, ansiedeln. Harnwegsinfekte werden für viele Menschen zu einem häufig wiederkehrenden Leiden. Erwachsene Frauen sind etwa 50-mal so oft betroffen wie Männer, da Frauen eine kürzere Harnröhre besitzen: Auf diese Weise können leichter Bakterien von außen in die Harnwege wandern. Da Frauen auch meist weniger trinken, verringern sie den Harnfluss und erhöhen damit zusätzlich das Risiko für eine Infektion.

URSACHEN UND SYMPTOME

Für Hildegard von Bingen ist Harndrang das Hauptsymptom einer Blasenerkältung. Generell wurden in der mittelalterlichen Klosterheilkunde zur Behandlung von Harnwegsinfekten wärmende und trocknende Mittel eingesetzt. So empfahl die Äbtissin z. B. wärmende Speisen, wenn jemand durch Kälte verursacht seinen Harn nicht halten konnte. Wärmende Speisen waren für sie warme Getränke (Salbeitee), erwärmende Speisen wie Ingwer oder Meerrettichwurzel oder saure Speisen z. B. mit Essig zubereitete. Zu den trocknenden Methoden gehörte auch das ausleitende Verfahren einer Durchspülungstherapie, die noch heute eingesetzt wird (siehe unten). Normalerweise ist der Harn kein guter Nährboden für Bakterien, da er bakterientötende und pilztötende Eigenschaften besitzt. Die meiste Zeit ist der Urin sauer, was ein Bakterienwachstum zusätzlich erschwert.

Wenn der Darm überlastet, gereizt oder gar entzündet ist, wird seine Schleimhaut durchlässig für Bakterien, die dann leicht in benachbarte Organe, also auch in den Harntrakt, gelangen. Und in der Tat entstammen die Bakterien dort oft der natürlichen Darmflora. Alkohol, manche Medikamente und Nahrungsmittelunverträglichkeiten unterstützen dieses Phänomen. Haben sich Bakterien in der Blase angesiedelt, machen sie den Harn basisch, indem sie aus Harnstoff Ammoniak bilden. Stoffwechselerkrankungen, z. B. Diabetes, aber auch Harnsteine, eine verengte Harnröhre oder ein allgemein geschwächtes Immunsystem können weitere Ursachen sein. Speziell bei Frauen begünstigt ein Östrogenmangel in oder nach den Wechseljahren, aber auch eine Schwangerschaft die Infektion. Eine vergrößerte Prostata bei Männern fördert das Wachstum von Bakterien, weil sie sich im zurückgestauten Harn leichter vermehren können.

Die häufigste Form des Harnwegsinfekts ist die Blasenentzündung. Sie äußert sich durch ständigen Harndrang, brennende Schmerzen beim Urinieren und, wenn die Entzündung fortgeschritten ist, mit Blut im Urin. Die große Gefahr einer Blasenentzündung besteht darin, dass sie von der Harnblase in die Niere aufsteigen kann. Die dann entstehende Nierenbeckenentzündung kann im Extremfall sogar die Niere zerstören.

Verspüren Sie starke Schmerzen im Lendenbereich oder bemerken Sie eine Trübung (Eiter) bzw. Blut im Urin, sollten Sie daher unbedingt einen Arzt aufsuchen.

EINFLUSS DER ERNÄHRUNG

1. Durchspülen der Harnwege:

✦ Damit Harnwegsinfekte gar nicht erst entstehen, ist es wichtig, darauf zu achten, dass ständig ein relativ farbloser Urin mit nur wenig Mineralstoffen und Harnsäure produziert wird. Entscheidend ist es deshalb, viel Flüssigkeit zu sich zu nehmen, mindestens 2,5 Liter täglich.

✦ Harntreibende Lebensmittel (siehe Seite 272) sind hilfreich, damit der Körper die großen Flüssigkeitsmengen umgehend ausscheidet.

HEILEN DURCH ERNÄHRUNG

Bei Harnwegsinfektionen ist es wichtig, im Urin lebensfeindliche Bedingungen für die Bakterien zu schaffen. Preiselbeeren und Hagebutten gehören zu den Lebensmitteln, die das Bakterienwachstum im Harn hemmen können.

2. Entlasten des Darms: Alle Einflüsse, die den Darm belasten, sind zu vermeiden, damit die Schleimhaut nicht durchlässig wird: Lebensmittel, die nicht vertragen werden, reizen den Darm ebenso wie zu scharfe Gewürze, Alkohol und histaminreiche Nahrung (siehe Seite 190).
3. Keimhemmung: Um den Bakterien kein angenehmes Milieu zu bieten, kann der Harn durch Lebensmittel gezielt angesäuert werden, die z. B. Vitamin-C-haltig sind (siehe unten). Außerdem gibt es auch eine Vielzahl an bakterienhemmenden Lebensmitteln (siehe unten).
4. Stärken des Immunsystems: Zinkhaltige Lebensmittel (siehe unten) stärken die Abwehrkräfte und regenerieren die Blasenschleimhaut.

WELCHE LEBENSMITTEL HELFEN?
✦ Lebensmittel erster Wahl sind hier **Sanddorn** und **Hagebutte.** Sie haben im Körper eine saure Wirkung und sind vor allem auch in der Lage, den Urin anzusäuern, damit Bakterien keine Chance haben, zu wachsen. Den gleichen Effekt haben auch Eier.
✦ **Kürbis**, Brennnessel, Spargel und Löwenzahn haben sich in der Vorbeugung und Behandlung von Harnwegsinfekten wegen ihrer harntreibenden Wirkung bewährt. Ihr hoher Kaliumgehalt reguliert den Wasserhaushalt, indem das Kalium die Nieren anregt, verstärkt Wasser auszuscheiden. Dank ihres hohen Wassergehalts sind auch Gurke und Melone harntreibende Lebensmittel.

HARNWEGSINFEKTE

◆ Die harntreibende Wirkung der **Petersilie** schätzte man bereits im Mittelalter. Ihre wirksamen Inhaltsstoffe sind ätherische Öle, die zudem antibakteriell wirken.

◆ **Austern**, Linsen, Kalbsleber, weiße Bohnen, Weizenkleie und Rindfleisch enthalten viel Zink, welches das Immunsystem stärkt.

◆ **Kohl**, Meerrettich, Schwarzer Rettich und Kapuzinerkresse sind reich an Senfölglykosiden und deswegen überaus wirksam gegen Bakterien.

◆ **Preiselbeeren** haben sich als Harnwegstherapeutikum u. a. mit ihrer antibakteriell wirkenden Benzoesäure gut bewährt.

◆ Weiterhin wirken **Knoblauch**, Zwiebel, Oregano, Thymian, Nelken, Lorbeerblätter, Rosmarin und Majoran antibiotisch. Die wichtigsten Wirkstoffe sind bei Knoblauch und Zwiebel Lauchöle, bei den Gewürzen die ätherischen Öle.

◆ **Ingwer**, Zimt und Muskat wurden bereits in der mittelalterlichen Klosterheilkunde als harntreibende Gewürze sehr geschätzt und auch heute werden sie von der Erfahrungsheilkunde empfohlen. Ingwer besitzt nach der Qualitätenlehre stark wärmende Eigenschaften und kann deshalb optimal den durch Kälte verursachten Harnwegsinfekten entgegenwirken.

BEHANDELN UND HEILEN DURCH ERNÄHRUNG

Um Ihren Darm nicht unnötig zu überlasten, sollten Sie langsam essen und gut kauen – so sorgen Sie dafür, dass es nicht zu einer Fehlverdauung kommt, die die Darmschleimhaut durchlässiger macht. Aus dem gleichen Grund ist es wichtig, das Abendessen nicht zu spät zu sich zu nehmen. **Zur Vorbeugung und zum Schutz vor erneut auftretenden Harnwegsinfekten:** Auch wenn Sie keine der typischen Symptome von Harnwegsinfekten haben, sollten Sie täglich 2,5 bis

3 Liter trinken. Die Getränke sollen vorzugsweise warm sein. Außerdem ist eine ausgewogene, vollwertige Ernährung, die den Verdauungstrakt nicht überfordert, zu empfehlen.

Bei bestehendem Harnwegsinfekt: Trinken Sie täglich 3 bis 5 Liter (außer bei Herzinsuffizienz, da diese Flüssigkeitsmenge das Herz zu sehr belasten würde), davon idealerweise einen viertel bis einen halben Liter Preiselbeersaft, der keinen Zucker enthalten sollte. Verzichten Sie auf jeden Fall vollständig auf Alkohol. Wegen seines hohen Vitamin-C-Gehalts sollten Sie außerdem täglich zwei Gläser Sanddornsaft trinken. Zur Ansäuerung des Urins empfehlenswert ist außerdem Hagebuttentee, von dem Sie täglich einen halben Liter trinken können.

Auch ein tägliches Frühstücksei säuert den Harn an und versorgt Sie zudem gut mit Zink. Zwei- bis dreimal wöchentlich abwechselnd Leber, Linsen, Weizenkleie oder Austern runden die Versorgung mit diesem Mineralstoff ab und stärken Schleimhaut und Immunsystem.

Harntreibendes Gemüse wie Spargel, Gurke oder Kürbis sollten Sie möglichst dreimal wöchentlich verzehren, würzen Sie Ihre Speisen außerdem mit reichlich Petersilie. Ebenfalls dreimal wöchentlich empfohlen werden Kohl, Meerrettich oder Schwarzer Rettich. Ansonsten gilt für Sie eine normale, ausgewogene Ernährung. Ideale Gewürze bei Harnwegsinfekten sind Zwiebel, Knoblauch, Oregano, Thymian, Majoran, Nelken, Lorbeerblätter und Rosmarin.

Prostatabeschwerden

Harnträufeln und Harnverhalt, die typischerweise bei Prostatabeschwerden auftreten, wurden im Mittelalter auf eine Verstopfung des Harnleiters zurückgeführt. Man behandelte sie mit Kürbiskernen sowie harntreibenden Mitteln, wie z. B. Gurke, Petersilie und Löwenzahn, sowie stark wärmenden Mitteln wie Zimt und Pfeffer.

Die Prostata (oder Vorsteherdrüse) ist eine Drüse, die beim Mann unter der Blase liegt und in den Samenstrang mündet. Das Sekret dieser Drüse enthält Nährstoffe für die Spermien, fördert ihre Beweglichkeit und erhält ihre Befruchtungsfähigkeit. Prostatabeschwerden treten bei mehr als der Hälfte aller Männer ab dem 50. Lebensjahr auf. Sie können von drei Erkrankungen hervorgerufen werden, nämlich einer Prostataentzündung, einer gutartigen Prostatavergrößerung und Prostatakrebs. Da eine gutartige Vergrößerung der Drüse von Laien nicht von Prostatakrebs zu unterscheiden ist, ist eine regelmäßige Vorsorgeuntersuchung durch den Arzt angeraten.

In diesem Kapitel soll lediglich auf die Prostataentzündung und die Vergrößerung der Vorsteherdrüse eingegangen werden.

URSACHEN UND SYMPTOME

Die Ursache für eine **Prostatavergrößerung** ist unbekannt, jedoch vermutet man einen Zusammenhang mit hormonellen Veränderungen. Bekannt ist, dass Testosteron das Wachstum der Prostata anregen kann, aber nicht muss.

Eine gutartige Vergrößerung der Drüse erzeugt früh Symptome, die denen einer Harnwegsinfektion ähneln können. So treten Schmerzen beim Wasserlassen sowie nächtlicher Harndrang auf. Darüber hinaus lässt die Strahlstärke beim Harnlassen nach und die Blase kann nur noch unvollständig entleert werden. Im Exremfall kann die Blasenentleerung ganz blockiert sein.

Wenn die Blase nicht mehr vollständig entleert werden kann, erhöht der verbleibende Restharn die Gefahr für Harnwegsentzündungen: Eventuell im Harn vorhandene Bakterien werden nicht vollständig aus der Blase gespült und können sich leicht vermehren.

Eine **Prostataentzündung** kann durch Bakterien hervorgerufen werden und erzeugt u. a. ähnliche Symptome wie eine gutartige Prostatavergrößerung, also häufiges, teilweise von Schmerzen begleitetes Wasserlassen, Restharnbildung und Harnzwang. Manchmal können noch Fieber und starke Schmerzen hinzukommen. Die Bakterien, die solche Entzündungen hervorrufen, gelangen meistens über die Harnröhre in die Prostata, da die Prostata und der Harnleiter sehr eng aneinander liegen. Bei einer Prostataentzündung wird das Prostatasekret angesäuert, was zu nachlassender Zeugungsfähigkeit während der Zeit der Entzündung führen kann.

Wenn Sie die Symptome einer Prostataerkrankung an sich feststellen, sollten Sie unbedingt den Arzt aufsuchen, um eine bösartige Zellwucherung auszuschließen.

EINFLUSS DER ERNÄHRUNG

1. Ausgleichen des Hormonhaushalts: Bei einer Prostatavergrößerung wirken so genannte Phytoöstrogene, östrogenähnliche Substanzen aus einigen Lebensmitteln (siehe Seite 274), dem weiteren Wachstum der Drüse entgegen.

2. Freimachen der Harnwege: Gegen die Störungen beim Harnlassen sind solche Substanzen aus Lebensmitteln wirksam, die dafür sorgen, dass sich die Prostata zusammenzieht und den Harnleiter freigibt.

3. Infektionen vorbeugen: Da sich eine Prostata- und eine Harnwegsinfektion gegenseitig bedingen können und eine Vergrößerung der Vor-

PROSTATABESCHWERDEN

Die typischen Beschwerden der Prostata führte man im Mittelalter auf einen verengten Harnleiter zurück. Daher wurden sie unter anderem mit Kürbiskernen behandelt, denen man eine erweiternde Wirkung zuschrieb.

steherdrüse ebenfalls das Risiko für eine Harnwegsinfektion erhöht, ist es wichtig, einer solchen Infektion effektiv entgegenzuwirken. Dazu eignen sich kaliumhaltige Lebensmittel, die harntreibend wirken und solche, die den Harn steril halten bzw. antibakteriell wirken.

4. Entsäuern: Weil die Prostata hauptsächlich Basen produziert, kann die Ansäuerung durch eine Prostataentzündung zu empfindlichen Funktionsstörungen der Spermien führen, da diese sich nur im basischen Milieu bewegen können. Durch eine überwiegend vegetarische und auf Vollkorn basierende Ernährung kann dem entgegengewirkt werden (siehe Seite 182), da Gemüse und Obst meistens basisch wirken.

WELCHE LEBENSMITTEL HELFEN?

✦ Schon im Mittelalter war die Wirkung von **Kürbiskernen** gegen Beschwerden beim Harnlassen bekannt. Sie unterdrücken durch ihre Phytohormone die Bildung und Wirkung des Sexualhormons Testosteron, das an der Vergrößerung der Prostata mitbeteiligt sein soll. Zudem wirken die Kürbiskerne und ihr Öl harntreibend. Selen oder Carotinoide, Flavonoide und Vitamin E im Kürbis beugen Prostatakrebs vor.

✦ **Sojabohnen** und die aus ihnen hergestellten Produkte (z. B. Tofu), Rotklee sowie geschrotete Leinsamen und Leinöl sollen bei hormonell bedingter Vergrößerung der Prostata das weitere Wachstum der Drüse verzögern können.

◆ Die **Brennnessel** galt in der mittelalterlichen Klosterheilkunde als ausleitend und »öffnend«, weshalb sie bis heute als probates Mittel bei Harnverhalt gilt. Ihre wichtigsten Inhaltsstoffe sind ausleitendes Kalium sowie Kaffesäureester und Flavonoide mit antioxidativen und entzündungshemmenden Eigenschaften.

◆ Auch **Melonen** und **Gurken** waren bewährte Mittel, um den Harnfluss anzuregen. Dieser Effekt ist auf den hohen Kalium- und Wassergehalt zurückzuführen.

◆ Gegen die Bakterien bei Prostataentzündungen hilfreich sind Lauchöle aus **Knoblauch** und anderen Lauchgewächsen.

◆ Das ätherische Öl Thymol aus **Thymian** ist eines der stärksten natürlichen Antibiotika, weshalb man sich seine Wirkung auch bei Prostataentzündung zunutze macht.

◆ **Preiselbeeren** schmecken nicht nur hervorragend, sondern beugen mit ihrer Benzoesäure, Flavonoiden sowie Gerbstoffen Bakterien in den Harnwegen vor. Somit schützen sie vor Harnwegsenzündungen und vor Prostataentzündung.

BEHANDELN UND HEILEN DURCH ERNÄHRUNG

Zur Vorbeugung einer Prostatavergrößerung: Um eine störungsfreie Funktion der Prostata zu gewährleisten, sollten Sie mindestens jeden zweiten Tag ausschließlich vegetarisch essen. Dadurch verhindern Sie eine Übersäuerung des Gewebes. Mit Phytoöstrogenen, die das Wachstum der Prostata hemmen, sind Sie gut versorgt, wenn Sie an zwei Tagen in der Woche ein Sojaprodukt oder Rotklee mit einem Dressing aus Leinöl im Salat essen. Alternativ können Sie auch morgens ein Müsli mit geschroteten Leinsamen einnehmen. Ansonsten sollten Sie sich ausgewogen und vollwertig ernähren.

Bei Prostatavergrößerung: Wenn Ihre Prostata bereits vergrößert ist, gelten grundsätzlich die gleichen Empfehlungen wie zur Vorbeugung. Darüber hinaus sollten Sie täglich einen Salat mit einem Dressing aus Kürbiskernöl zubereiten und auch die Kerne immer wieder mal als Snack zwischendurch knabbern. Idealerweise essen Sie viermal wöchentlich harntreibendes Gemüse wie Kürbis, Melone, Gurke oder Brennnessel, damit Ihre Blase stets gut durchspült wird und sich so eine Infektion nicht festsetzen kann. Mindestens dreimal in der Woche sollten Sie Soja zu sich nehmen, damit Sie möglichst viele Phytoöstrogene erhalten. Dazu eignen sich besonders Tofu, Sojamilch und Sojasprossen. Alternativ können Sie auch Rotklee im Salat essen. Ebenfalls reichlich Phytoöstrogene sind in geschroteten Leinsamen enthalten, von denen Sie täglich einen Esslöffel in Ihr morgendliches Müsli geben sollten. Um einer Harnwegsinfektion vorzubeugen, sollten Sie täglich mindestens zweieinhalb Liter Wasser trinken – dann werden eventuell vorhandene Bakterien aus den Harnwegen gespült.

Bei Prostataentzündung: Ist die Prostata entzündet, muss besonders auf eine basische Ernährung geachtet werden: Essen Sie während der Erkrankung an mindestens fünf Tagen in der Woche vegetarisch, da die pflanzlichen Lebensmittel vorwiegend basisch wirken, während durch Fleisch und Weißmehlprodukte im Körper Säuren entstehen (siehe Seite 182). Darüber hinaus sollten Sie reichlich mit Knoblauch und Thymian würzen, da diese Lebensmittel antibiotische Inhaltsstoffe enthalten. Mit einem Glas Preiselbeersaft täglich mindern Sie das Risiko beträchtlich, dass sich die Bakterien noch weiter vermehren. Außerdem sollten Sie täglich mindestens zweieinhalb Liter Wasser und Kräutertee trinken, um eine Harnwegsinfektion zu vermeiden.

Zyklusstörungen und Klimakterium

Die Geschlechtsorgane der Frau sind während ihrer fruchtbaren Lebensphase ständig mit der Vorbereitung auf eine mögliche Befruchtung und Schwangerschaft beschäftigt. Das Ei wächst im Eierstock heran und entspringt diesem, um für die Spermien empfänglich zu sein. Die Gebärmutterschleimhaut bereitet sich daraufhin auf das Einnisten der befruchteten Eizelle vor und verdickt sich entsprechend. Kommt es zu keiner Befruchtung, wird die überschüssige Gebärmutterschleimhaut alle vier Wochen im Rahmen der Regelblutung abgestoßen.

Regelmäßigkeit, Stärke und Länge der Menstruation wurden im Mittelalter auf die Menge an Körpersäften und den Zustand der Gefäße zurückgeführt. Eine zu starke Blutung resultiere aus einem Überfluss an Körpersäften und deren zu großer Hitzewirkung. Eine schwache Blutung erklärte Hildegard von Bingen durch zu enge Gefäße, welche »die Bächlein führen«, und durch »stürmische Komplikationen bei den Säften«. Die Äbtissin schrieb ferner, dass Frauen vom 50. Lebensjahr an keine Monatsblutungen haben und ihre Gebärmutter zu schrumpfen beginnt, sodass sie keinen Nachwuchs mehr bekommen können. Die Wechseljahre sind keine Krankheit, sondern eine normale Umstellung des Körpers.

URSACHEN UND SYMPTOME

Zyklusstörungen und Beschwerden in den Wechseljahren sind in der Regel hormonell bedingt und lassen sich auf eine Störung im Zusammenspiel von Östrogen und Progesteron oder einem Östrogenmangel bzw. -überschuss zurückführen. Neben einem Ungleichgewicht im Hormonhaushalt können organische Erkrankungen (z. B. Erkrankung der Schilddrüse) und Störungen des vegetativen Nervensystems (z. B. durch psychische Belastungen) Ursache von Zyklusstörungen

sein. Darüber hinaus wirken sich extreme körperliche und psychische Belastungen negativ auf den weiblichen Zyklus aus. Bei Leistungssportlerinnen oder bei magersüchtigen Frauen bleibt z. B. die Monatsblutung häufig ganz aus. Jede Art von Zyklusstörungen muss deshalb von einem Frauenarzt untersucht werden, um abzuklären, welche Ursachen dahinter stecken.

Ungefähr 8 bis 12 Tage vor der Menstruation reagieren Körper und Seele der Frau auf die hormonellen Veränderungen. Viele Frauen sind dann gereizt, angstvoll, unkonzentriert oder depressiv. Das sind die typischen Symptome des so genannten **prämenstruellen Syndroms**.

Vor und während der Menstruation kommt es manchmal zu kolikartigen Unterbauchschmerzen. Manche Frauen plagt gleichzeitig Übelkeit, sie müssen erbrechen und haben Kopfschmerzen. Diese Menstruationsschmerzen werden ebenfalls durch Botenstoffe vor allem Prostaglandine, ausgelöst, die hauptsächlich in der Gebärmutterschleimhaut gebildet und während der Blutung freigesetzt werden.

Sehr lange oder starke Blutungen sowie Zwischenblutungen sind bei den meisten Frauen auf ein hormonelles Ungleichgewicht zurückzuführen: ein Zuviel an den Hormonen Östrogen und Prolaktin und gleichzeitig ein Mangel an Progesteron und Dopamin. Oft haben sie aber auch eine organische Ursache. Deshalb sollten sie unbedingt von einem Arzt untersucht werden. Durch starke und lange Blutungen (Menorrhagie) kann der Blutverlust so hoch sein, dass es vorübergehend zu einer echten Blutarmut (Anämie) und Mangelerscheinungen an blutbildenden Stoffen kommt.

Die **Wechseljahre** (Klimakterium) sind ebenso wie die Pubertät eine ganz normale biologische Phase im Leben einer Frau. Im Laufe des Älter-

Schon in mittelalterlichen Kräuterbüchern wurde die Schafgarbe gegen Frauenleiden empfohlen. Rotklee wirkt wegen seiner reichlich enthaltenen Phytoöstrogene ausgleichend auf den Hormonhaushalt.

werdens, zwischen dem 45. und 55. Lebensjahr lässt die Bildung der Hormone Östrogen und Progesteron rapide nach. Der Menstruationszyklus wird unregelmäßig, die Menstruation tritt immer seltener ein. Infolge der hormonellen Veränderungen können plötzliche Hitzewallungen auftreten, denen oft ein Frösteln nachfolgt. Durch den Rückgang des Östrogenspiegels steigt der Einfluss des Testosterons, was durch einen zaghaften Bartwuchs zum Ausdruck kommen kann.

Mit diesen Beschwerden verbunden sind oft Schwindelgefühle und Herzjagen, die Gelenke schwellen an und auch stärkere Stimmungsschwankungen und Angstgefühle treten bei vielen Frauen in dieser Zeit auf.

Veränderte Lebensumstände im Klimakterium haben ebenfalls einen sehr großen Einfluss auf das körperliche und psychische Befinden der Frau. Die Kinder sind flügge geworden, die Partnerschaft ist häufig erstarrt und verschiedene gesundheitliche Beschwerden erinnern dann an die scheinbare Vergänglichkeit jugendlicher Regenerationskraft. Fatal ist die Neigung mancher Frauen, sich als minderwertig, »entfraut«, irgendwie aus dem Auftrag der Natur ausgeschlossen zu fühlen, wenn sich die Phase der Fruchtbarkeit für immer verabschiedet hat. Hier muss massiv umgedacht werden und ein Bewusstsein für die Vorzüge und den Wert des Älterwerdens mit steigender Lebenserfahrung geweckt werden!

EINFLUSS DER ERNÄHRUNG

1. Regulieren des Hormonhaushalts: Um den Hormonhaushalt auszugleichen, empfehlen sich in erster Linie jene Lebensmittel, die pflanzliche Phytoöstrogene enthalten. Da sie wesentlich schwächer wirken als die körpereigenen, ist es mit ihnen möglich, Hormonschwankungen auf sanfte Weise auszugleichen: Indem sie sich an die Östrogenrezeptoren der Zellen binden, ersetzen sie bei Östrogenmangel das fehlende Hormon. Bei einem Östrogenüberschuss dagegen verringern sie dessen Wirkung durch die Blockade der Rezeptoren und ihrer geringeren Wirkungsstärke. Darüber hinaus wirken sie antioxidativ, wodurch sie das Zellwachstum verlangsamen und sogar einen Schutz vor Tumoren bieten.

2. Lösen der Krämpfe: Entkrampfende Inhaltsstoffe der Lebensmittel (siehe Seite 279) helfen bei Unterbauchschmerzen, z. B. spielt der Mineralstoff Magnesium eine wichtige Rolle bei der Erregungsübertragung von Nerven auf Muskeln und bei der Muskelkontraktion.

3. Unterstützen der Blutbildung: Wenn Blutarmut (Anämie) durch übermäßige Menstruationsblutungen eingetreten ist, müssen über die Nahrung verstärkt Eisen, Folsäure und Vitamin B12 aufgenommen werden. 75 Prozent des Mineralstoffs Eisen wirken als Bestandteil des roten Blutfarbstoffs Hämoglobin. Vitamin B12 und Folsäure sind lebenswichtig für die Bildung der roten Blutkörperchen im Knochenmark. Und Vitamin B12 ist darüber hinaus am Aufbau des Glückshormons Serotonin beteiligt. Auch Vitamin C darf nicht fehlen, da es die Aufnahme von Eisen verbessert.

4. Ausgleichen eines Vitamin-B6-Mangels: Lebensmittel mit einem hohen Vitamin-B6-Gehalt können zusätzlich zu den Phytoöstrogenen dem prämenstruellen Syndrom entgegenwirken. Ein Mangel an Vitamin B6 soll das prämenstruelle Syndrom hingegen fördern. Da Vitamin B6 eng mit Vitamin B12 und Folsäure zusammenarbeitet und für die Verwertung von Eisen sorgt, ist es auch bei Blutarmut sehr wirkungsvoll.

5. Abbauen von Übergewicht: In der Menopause verändert sich mit der hormonellen Umstellung auch der Fettstoffwechsel. Das Hormon Testosteron begünstigt Bauchfett und erhöht die Gefahr von Herz-Kreislauf-Erkrankungen, Östrogen kann zu mehr Hüftfett führen. Gerade in einer Zeit des Wandels, in der eventuell öfter die Sinnfrage gestellt wird und in der sich leider oft Unzufriedenheiten einschleichen, neigen viele Frauen dazu, dies mit Süßigkeiten, Naschereien und womöglich sogar vermehrtem Alkoholkonsum zu bekämpfen. Entsprechend gewissenhafter muss einer Gewichtserhöhung entgegengewirkt werden.

6. Erhöhen der Eiweißzufuhr: Da der veränderte Stoffwechsel die Muskelmasse zugunsten des Körperfetts schwinden lässt, soll die Nahrung im Verhältnis mehr Eiweiß enthalten. Eiweiß ist u. a. für die Bildung von Muskeln notwendig und wird außerdem nicht so leicht in Fett umgewandelt wie Kohlenhydrate. Im Gegenzug ist es ratsam, vor allem raffinierte Kohlenhydrate zu reduzieren. Ein Zuviel an Kohlenhydraten wird mithilfe von Insulin schnell in Fett umgewandelt und als solches in den Fettzellen gespeichert. Optimal ist ein Nährstoffverhältnis von 35 Prozent Eiweiß, 40 Prozent Kohlenhydraten und 25 Prozent Fett, das sich letztlich auch ausgleichend auf den Hormonhaushalt auswirkt.

7. Unterstützen der Ausschüttung von Glückshormonen: Bei großen Gefühlsschwankungen helfen auch (in Maßen!) kohlenhydrathaltige Speisen, die das Glückshormon Serotonin im Lustzentrum des Gehirns stimulieren.

WELCHE LEBENSMITTEL HELFEN?

✦ **Sojabohnen** und **Rotklee** haben einen sehr hohen Phytoöstrogengehalt, weshalb sie Lebensmittel erster Wahl sowohl bei Zyklusstörungen (inklusive prämenstruellem Syndrom) als auch bei Wechseljahrsbeschwerden sind. Beide Lebensmittel wirken ausgleichend auf den Hormonhaushalt und können damit der Hauptursache dieser Beschwerden entgegenwirken. Und Sojabohnen sind darüber hinaus ein sehr guter Magnesiumspender.

✦ Im Mittelalter zählte man **Leinsamen** und Leinöl zu den besten Mitteln bei allen Frauenkrankheiten. Die äußere Hülle der Leinsamen ist reich an Lignanen (Phytoöstrogenen), die helfen, den Hormonhaushalt auszugleichen. Das Leinöl, das vor allem aus dem Inneren des Samens gewonnen wird, enthält Omega-3-Fettsäuren.

✦ In nicht geringen Mengen finden sich Lignane auch in **Sonnenblumenkernen**, Buchweizen sowie in zahlreichen Getreidearten wie Roggen, Hirse, Hafer und Weizen.

✦ Dass die Wirkung des **Keuschlamms**, auch **Mönchspfeffer** genannt, die Sexualorgane betrifft, wusste man bereits im Mittelalter. Die Hauptwirkstoffe der Früchte, Iridoide und Diterpene, können das hormonelle Ungleichgewicht wieder ausgleichen.

✦ Günstig beeinflussen lassen sich Unterbauchkrämpfe durch den Verzehr von **Weizenkleie**, Weizenkeimen, Amarant, Sorghum (rote Hirse) sowie Linsen und Erbsen. Sie alle zeichnen sich durch ihren sehr hohen Magnesiumgehalt aus. Weizenkeime und Brokkoli stellen außerdem reichlich Folsäure bereit.

✦ Ausgezeichnete Magnesiumlieferanten sind ferner Erd- und **Haselnüsse**, Cashewnüsse und Bananen. Erd- und Cashewnüsse versorgen den Körper außerdem mit Vitamin B6.

✦ Um einer Anämie entgegenzuwirken, bieten sich **Leber**, Schweine- und Kalbsmilz, Kalbsniere, Bündner Fleisch sowie Blutwurst an. Diese Lebensmittel stellen große Mengen an Eisen zur Verfügung. Leber ist hier noch aus anderen Gründen ideal: Sie enthält größere Mengen an Vitamin B6, Folsäure und Vitamin B12.

✦ Damit das Eisen vom Körper besser verwertet werden kann, helfen Vitamin-C-reiche Lebensmittel wie **Sanddorn**, Paprika, Brennnesselblätter, Walderdbeeren, Johannis- und Brombeeren.

✦ **Eier** und **Milchprodukte** unterstützen u. a. die Vitamin-B12-Versorgung, Eier zählen außerdem zu den sehr eisenreichen Lebensmitteln.

✦ Wegen ihres hohen Vitamin-B6-Gehalts sind auch Hühner- und Schweinefleisch sowie die **Avocado** zu empfehlen. Hühnerfleisch ist darüber hinaus ein guter Vitamin-B12-Lieferant.

BEHANDELN UND HEILEN DURCH ERNÄHRUNG

Zur Vorbeugung von Wechseljahrsbeschwerden: Schon vor den Wechseljahren kann durch die richtige Lebensweise vorbeugend auf die Umstellungen im Körper Einfluss genommen werden. Wenn Sie sich konsequent mit vollwertigen Lebensmitteln ernähren und zudem kontinuierlich sanften Sport wie Gymnastik, Radfahren und Walken betreiben, können Sie die Menopause immerhin etwa zwei bis drei Jahre hinausschieben und auch größere Stimmungsschwankungen ausgleichen.

Wichtig ist es außerdem, schon frühzeitig Übergewicht abzubauen, denn das Fettgewebe bewirkt durch das Enzym Aromatase eine Umwandlung des männlichen Hormons Testosteron in Östrogen, weshalb es leicht zu einem Östrogenüberschuss kommt. Versuchen Sie deshalb, nicht zu kohlenhydratlastig zu essen, und vermeiden Sie vor allem Lebensmittel mit einer hohen glykämischen Last. Optimal ist eine Nahrungzusammensetzung aus 35 Prozent Eiweiß, 40 Prozent Kohlenhydraten und 25 Prozent Fett. Der im Vergleich zu jüngeren Erwachsenen erhöhte Eiweißbedarf kann durch Hülsenfrüchte Fisch und Fleisch (viermal wöchentlich zum Verzehr empfohlen) und reichlich Milch, Milchprodukte (jeden zweiten Tag zum Verzehr empfohlen) und Eier (dreimal wöchentlich zum Verzehr empfohlen) gedeckt werden. Um Hormonschwankungen vorzubeugen, sollten Sie täglich zwei bis drei Tassen Sojamilch trinken oder morgens ein Müsli mit Sonnenblumenkernen essen, dem Sie einen Esslöffel geschroteten Leinsamen zugeben (dazu viel trinken!) und mittags einen Salat mit Rotklee und Kürbiskernen anreichern, den sie beim Bauern erhalten können.

Bei Wechseljahrsbeschwerden: Der durcheinandergeratene Hormonhaushalt lässt sich sehr erfolgreich durch eine gezielte Ernährung beeinflussen. Insgesamt muss man jedoch bedenken, dass nicht die hormonähnlichen Substanzen allein die endgültige Wirkung ausmachen, sondern ein Zusammenspiel aller in den Nahrungsmitteln enthaltenen Stoffe.

Optimal ist auch hier wieder eine Nahrungzusammensetzung aus 40 Prozent Eiweiß, 35 Prozent Kohlenhydraten und 25 Prozent Fett (siehe oben). Eine ausreichende therapeutische Wirkung gegen Beschwerden, die auf einem Östrogenmangel oder Östrogenüberschuss beruhen, ist gegeben, wenn Sie täglich 2 bis 3 Tassen Sojamilch trinken oder 100 bis 150 Gramm Tofu genießen. Bereiten Sie sich jeden Mittag phytoöstrogenhaltigen Rotklee, mit dem Sie ab und zu Ihren Salat bereichern können (Rotklee erhalten Sie auf vielen Bauernhöfen). Essen Sie morgens und abends auch einmal ein Leinsamenbrot. Aus

Leinöl können Sie ein Dressing bereiten, das Sie über den täglichen Salat träufeln.Wenn Sie unter Hitzewallungen leiden, sollten Sie Ihre Speisen mit Mönchspfeffer würzen, der ähnlich wie Pfeffer verwendet werden kann. Er passt gut zu Käse, Salat, Nudeln oder Kartoffeln. Die empfohlene Tagesdosis darf jedoch 20 bis 30 Milligramm nicht überschreiten.

Fühlen Sie sich ängstlich und depressiv, dürfen Sie täglich zwei Rippen Schokolade essen.

Bei Zyklusstörungen: Zum Ausgleich des Hormonhaushalts trinken Sie am besten täglich 2 bis 3 Tassen Sojamilch oder essen alternativ dazu täglich 100 Gramm Tofu. Wer möchte, kann stattdessen täglich einen Salat essen, der mit Rotklee angereichert wird und über den ein Dressing aus Leinöl gegeben wird.

Bei Unterbauchkrämpfen können magnesiumhaltige Lebensmittel lindern wirken. Essen Sie dann z. B. Amarantmüsli mit Weizenkeimen zum Frühstück oder über Nacht eingeweichten, geschälten Buchweizen oder Linsen und Erbsenkeimlinge zum Salat. Für Zwischendurch empfiehlt es sich, Nüsse zu knabbern oder eine Banane zu verzehren. Auch ein Schafgarbentee kann bei krampfartigen Beschwerden Linderung verschaffen. Trinken Sie drei- bis fünfmal täglich eine Tasse Schafgarbentee: Einen Teelöffel Kraut mit einer großen Tasse heißem Wasser übergießen und zugedeckt 10 Minuten ziehen lassen. Wenn Sie sehr starke Blutungen haben, ist Vitamin C notwendig, um das für den Blutfarbstoff wichtige Eisen zu transportieren. Reichen Sie in dem Fall zu den Mahlzeiten öfter einmal Paprika oder Brennnesselgemüse und trinken Sie während der Blutungen jeden Morgen ein Glas Sanddornsaft. Während der Menstruation sollten Sie dann jeden zweiten Tag ein bis zwei Eier, Rinderleber oder Blutwurst essen.

Hauterkrankungen

Im Mittelalter wurde die Haut neben Niere und Darm als ein wichtiges Ausscheidungsorgan betrachtet. Durch das Schwitzen würden giftige und schädliche Stoffe aus dem Körper gespült. Dementsprechend deutete man Hautausschläge sogar positiv als bereits überwundene Krankheiten, in deren Verlauf nun die schädlichen Stoffe ausgeschieden würden. Die Hautreaktionen zu unterdrücken hielt man für gefährlich, da die Krankheit auf die empfindlicheren inneren Organe zurückgedrängt werden könnte.

Auch in der heutigen Medizin gilt die Haut als ein Spiegel nicht nur »der Seele«, sondern als Indikator von Fehlfunktionen und Unregelmäßigkeiten der inneren Organe und des Stoffwechsels mit dem Immunsystem und seinem Hormonhaushalt. Umgekehrt schützt ihr natürlicher Säuremantel sie gegen Bakterien, Viren und Verschmutzungen aller Art.

Ein nicht intakter Säuremantel wirkt sich auch ungünstig auf fettige Haut und **Akne** aus. Akne ist vor allem in der Pubertät verbreitet und entsteht, wenn der Hormonhaushalt aus dem Gleichgewicht geraten ist.

Bei der **Neurodermitis**, auch als »endogenes Ekzem« oder »atopisches Ekzem« bezeichnet, handelt es sich um einen entzündlichen Hautausschlag, der von einem besonders quälenden Juckreiz begleitet ist. In den meisten Fällen tritt diese Erkrankung bereits im Kindesalter auf und zählt bei Kindern und Jugendlichen zu den häufigsten Hauterkrankungen überhaupt.

Ist das Immunsystem fehlgeleitet oder geschwächt, kann man das unter Umständen wie in einem Buch auf der Haut ablesen. Die Haut reagiert allergisch mit Rötungen, Schwellungen und Pusteln, wie das häufig bei einer **Nesselsucht** der Fall ist. Sie gehört zu den häufigsten Hauterkrankungen überhaupt.

Menschen mit großem seelischem Druck, Ängsten und Stress leiden wesentlich öfter unter Hautausschlägen als ausgeglichene Individuen. Sich wohl zu fühlen in seiner Haut heißt daher, körperlich und seelisch die Balance zu halten.

URSACHEN UND SYMPTOME

Bei entzündlichen Hauterkrankungen wie **Akne** können mehrere Ursachen zusammenwirken:

✦ In der Pubertät produziert der Körper vermehrt Sexualhormone; der erhöhte Testosteronspiegel wiederum sorgt für eine Überproduktion der Talgdrüsen. Die Haut wird fettig und unregelmäßig. Staut sich der Talg an, bilden sich harte Pfropfen, die Mitesser. Die Poren verstopfen und so entstehen die berüchtigten Pickel.

✦ Empfindliche Haut und talgbedingte Pickel neigen zu Entzündungen, wenn das Gewebe etwa durch Fehlernährung, falsche Essgewohnheiten oder Stress (siehe Seite 286) übersäuert ist. Überschüssige Säuren scheidet der Körper nämlich über die Lunge, die Niere und als Schweiß über die Haut aus. Dieser »saure« Schweiß reizt die Haut, wodurch sie ihre Schutzfunktion verliert. Bakterien und Pilze lagern sich an und können in die entzündete Haut eindringen.

Die Hautausschläge erfassen bei einer **Neurodermitis** besonders die Kniekehlen, den Ellenbogen, den Hals und die Handgelenke. Die meist trockene Haut neigt zu Schuppenbildung, denn die äußere schützende Hornschicht der Haut wird nicht mehr wie beim Gesunden über Lipide zusammengehalten. Die Hornschicht wird löchrig und damit durchlässiger für reizende Substanzen, die entzündliche Prozesse hervorrufen. Für äußere Störfaktoren ist die Haut eines Neurodermitikers aber noch aus einem anderen Grund anfällig: Der Stoffwechsel der Betroffenen ist insofern außer Balance geraten, als dass sie eine wichtige

HAUTERKRANKUNGEN

Im Mittelalter glaubte man, Hautausschläge entstünden durch die Ausscheidung von schädlichen Stoffen. Lebensmittel wie Tofu, Hafer- und Hefeflocken sowie Weizenkeime können die Haut positiv beeinflusssen.

entzündungshemmende und das Immunsystem regulierende Substanz, das Prostaglandin E1, nicht mehr selbstständig produzieren können.
Die Ursachen einer Neurodermitis sind bis heute nicht genau verstanden. Hauptsächlich scheint sie durch erbliche Faktoren bedingt zu sein. Meist wird sie aber durch Wasch- oder Pflegemittel, Tierhaare, Wollkleidung, Hausstaubmilben, Pollen sowie Nahrungsmittel ausgelöst. Durch psychische Faktoren wie Stress oder Angst verschlimmern sich die Symptome oft.
Auch die **Nesselsucht** fängt zunächst mit einem Juckreiz an. Danach bilden sich rötliche Nesseln oder Quaddeln unterschiedlicher Größe. Weil die Haut wie nach einem Kontakt mit Brennnesseln aussieht, lautet ihr deutscher Name Nesselsucht, Fachleute bezeichnen sie auch als Urtikaria. Nesselsucht kann auf einer Nahrungsmittelunverträglichkeit oder einer -allergie beruhen, auslösende äußere Reize sind auch Kälte, Sonnenlicht, Druck oder Wasser. Medikamente oder Insektenstiche können ebenfalls zu dem typischen Nesselausschlag führen.

EINFLUSS DER ERNÄHRUNG
1. Ausgleichen des Säure-Base-Haushalts: Eine einseitige Ernährung, die überwiegend auf säurebildenden Lebensmitteln beruht (siehe Seite 182), wirkt sich ungünstig auf den Säure-Base-Haushalt aus. Das ist der Fall, wenn z. B. über-

wiegend Weißmehlprodukte und Produkte tierischer Herkunft gegessen werden. Die mit dem Schweiß ausgeschiedene Säure reizt die Haut und führt zu Entzündungen. Die Symptome zeigen sich besonders in Regionen, in denen der Schweiß nicht so leicht verdunsten kann, wie in den Achseln, in der Leiste und zwischen den Zehen.

2. Verringern der Entzündungsbereitschaft:

✦ Lebensmittel mit einem hohen Arachidonsäuregehalt (z. B. Schweineschmalz, Leber, Wurstwaren, siehe Seite 184) fördern die Entstehung von so genannten Entzündungsmediatoren, unterstützen also die Entzündungsprozesse. Sie gilt es besonders zu meiden.

✦ Omega-3-Fettsäure-haltige Lebensmittel hemmen die Bildung von Arachidonsäure hingegen und wirken so ebenfalls ganz unmittelbar Entzündungen entgegen. Eine besondere Rolle kommt hier der Gamma-Linolensäure, ebenfalls eine Omega-3-Fettsäure, zu. Sie ist eine Vorstufe von Prostaglandin E1 und kann deshalb einen Mangel an dieser Substanz ausgleichen, der häufig bei Neurodermitis gegeben ist.

✦ Histaminhaltige Lebensmittel gilt es möglichst zu vermeiden (siehe Tabelle auf Seite 190): Histamin ist ein Entzündungsförderer und verstärkt auch Schmerzen und Juckreiz.

3. Ausgleichen des Hormonhaushalts: Bei einer Überproduktion der Talgdrüsen aufgrund des erhöhten Testosteronspiegels in der Pubertät zeigen phytoöstrogenhaltige Lebensmittel eine ausgleichende Wirkung (siehe auch Seite 285).

4. Meiden von allergie- und Unverträglichkeitenauslösenden Lebensmitteln:

✦ Ärztlich geklärt werden sollte unbedingt, auf welche Substanzen man allergisch reagiert. Liegt eine Nahrungsmittelallergie vor, muss die allergieauslösende Substanz, das Allergen, vom Speiseplan verschwinden.

✦ Bei allen Allergien wirken sich histaminhaltige Lebensmittel negativ aus (siehe Seite 190). Histamin ist ein biogenes Amin, das sowohl an Entzündungsreaktionen beteiligt ist als auch bei allergischen Reaktionen ausgeschüttet wird.

✦ Empfindliche Haut reagiert sensibel auf scharfe Gewürze und solche mit einem hohen Gehalt an Capsaicin (z. B. Pfeffer, Chili) oder säurehaltige Zitrusfrüchte. Ihre ätzenden Inhaltsstoffe werden über die Hautdrüsen und den Schweiß ausgeschieden, wo sie Rötungen und Ausschläge hervorrufen können.

5. Entlasten des Darms: Bei Allergien und Nahrungsmittelunverträglichkeiten handelt es sich häufig um eine Immunantwort auf fälschlicherweise ins Blut gelangte und unverdaute Nahrungsmittelmoleküle. Wenn der Darm überlastet ist und in der Folge »undicht« wird (siehe Seiten 241 ff.), können Nahrungsbestandteile durch die Darmschleimhaut ins Blut gelangen, wo sie als Fremdkörper empfunden werden. Das Immunsystem reagiert dann zu Recht auf diese Stoffe und täuscht eine Nahrungsmittelunverträglichkeit oder Allergie vor. Allein schon durch veränderte Essgewohnheiten kann es gelingen, den Darm zu entlasten (siehe Seite 241 ff.).

6. Stärken des Immunsystems:

✦ Das Immunsystem kann z. B. durch Lebensmittel gestärkt werden, die reichlich Zink enthalten. Zink hilft bei der Antikörperbildung und macht die so genannten Fresszellen aktiver. Ebenfalls aktiv an der Immunantwort beteiligt ist Vitamin C, das darüber hinaus freie Radikale unschädlich macht.

✦ Die auch für die Haut schädlichen freien Radikale, die sich nach übermäßigem Sonnengenuss und bei Entzündungsprozessen bilden, können ansonsten durch Carotinoide, Vitamin E, Selen, Coenzym Q10 neutralisiert werden.

7. Optimale Nährstoffversorgung der Haut: Lebensmittel, die den Körper mit Biotin versorgen, einem Vitamin aus der B-Gruppe, tragen besonders zum Wachstum der Zellen bei und unterstützen die Hautbildung.

WELCHE LEBENSMITTEL HELFEN?

Nachfolgend lesen Sie, welche Lebensmittel grundsätzlich bei Hauterkrankungen angeraten sind. Diese Empfehlungen treffen jedoch nicht zu, wenn Sie auf eines dieser Lebensmittel allergisch reagieren oder dieses nicht vertragen.

✦ Besonders wertvolle Lebensmittel bei entzündlichen Hauterkrankungen sind Kaltwasserfische aus dem Meer wie **Lachs** und **Hering**, die mit ihren Omega-3-Fettsäuren Entzündungsprozesse aufhalten können.

✦ Ebenfalls mit einem hohen Gehalt an Omega-3-Fettsäuren sowie Vitamin E dienen **Leinsamen**, Lein- und Rapsöl.

✦ Borretsch- und **Nachtkerzenöl** sind Lebensmittel, die besonders für Neurodermitis-Patienten sehr wertvoll sind. Sie stellen dem Körper Gamma-Linolensäure zu Verfügung, das er dann in Prostaglandin E1 umwandelt.

✦ Zur Behandlung unreiner Haut und Akne empfahl schon Hildegard von Bingen: »Wenn Säfte bei dem Menschen an einer Stelle oder an mehreren unter der Haut zusammengekommen sind und da ein Geschwür (...) verursacht haben, dann soll sie der Mensch reif werden lassen, damit sie ausfließen können.« Gegen eine Überproduktion der Talgdrüsen sind phytoöstrogenhaltige Lebensmittel wirkungsvoll, weil sie für einen Ausgleich des durcheinander geratenen Hormonhaushalts sorgen. Das pflanzliche Phytoöstrogen ist in hohem Anteil in **Sojabohnen**, Leinsamen (geschrotet!) und seinem Öl, dem Leinöl, vorhanden. Neben den Phytoöstrogenen liefern Leinsamen und Leinöl auch Alpha-Linolensäure, eine Omega-3-Fettsäure, und wirken so Hautentzündungen entgegen.

✦ Weizenvollkorn, **Weizenkeime** und Hülsenfrüchte (z. B. Erbsen, Soja, Linsen) sind ideal, um den Zinkbedarf zu erfüllen. Weizenkeime – gute Vitamin-E-Lieferanten – und Linsen versorgen den Körper außerdem mit viel Biotin und Hülsenfrüchte mit reichlich Coenzym Q10.

✦ Gute Zinkspender sind außerdem Muscheln, insbesondere **Austern** und Krebstiere.

✦ Vitamin-C-haltige Lebensmittel, die hier wegen ihres niedrigen Säuregehalts empfohlen werden, sind **Brokkoli** (der außerdem beachtenswerte Mengen an Coenzym Q10 liefert), Rosenkohl und Fenchel. In der mittelalterlichen Klosterheilkunde riet man bei Hauterkrankungen besonders zu Johannisbeeren, die ebenfalls einen hohen Vitamin-C-Gehalt aufweisen.

✦ Das für den Aufbau und Schutz der Zellmembranen so wichtige Vitamin A kommt ausschließlich in tierischen Lebensmitteln vor und wird in der Leber gespeichert. Reich an Vitamin A sind **Leber**, frischer und geräucherter **Aal** sowie Butter. Leber hat außerdem noch viel Biotin und Selen zu bieten, sie ist aber nur bei nicht zu sehr entzündeter Haut zu empfehlen (siehe Seite 284).

✦ Betacarotin, das im Körper in Vitamin A umgewandelt wird, ist dagegen nur in Pflanzen gespeichert. Besonders gelbes und grünes Gemüse (**Möhren** und **Brokkoli**) und orangefarbene Obstarten (z. B. **Aprikosen**) liefern viel davon.

✦ Einen hohen Anteil an Selen haben Meeresfrüchte (Muscheln, Hummer, Garnelen), viele Fische wie **Forelle**, Hecht, Scholle und Seezunge, daneben findet sich das Spurenelement auch in Hühnerei und in Steinpilzen.

✦ **Sardinen** und Makrelen sind ideale Lieferanten von Coenzym Q10.

HEILEN DURCH ERNÄHRUNG

◆ Das wachstumsfördernde Biotin kommt in sehr vielen Lebensmitteln vor, vor allem aber in **Haferflocken**, Hefe und Walnüssen sowie in Blumenkohl und Champignons. Walnüsse zeichnen sich darüber hinaus durch ihren hohen Gehalt an Omega-3-Fettsäuren und an Vitamin E aus.

BEHANDELN UND HEILEN DURCH ERNÄHRUNG

Zur Vorbeugung von entzündlichen Hauterkrankungen: Zur Vorbeugung nicht nur von Hautkrankheiten sollten Sie sich unbedingt basenüberschüssig ernähren. Besonders zu empfehlen als Gemüse sind hier Kohl, Brokkoli und Kartoffeln (siehe Seite 182). Zur Herstellung von Brot oder Kuchen empfiehlt es sich, gemahlenes Vollkorn zu benutzen, das basischer als Brot oder Kuchen aus Weißmehl ist und darüber hinaus reichlich immunstärkendes Zink liefert. Obst muss immer die volle Reife besitzen, denn unreifes Obst übersäuert den Körper und schädigt besonders empfindliche Haut. Auch wenn Sie scharfe Gewürze (z. B. Pfeffer) vermeiden, wird es Ihnen Ihre Haut danken.

Um Ihren Darm zu entlasten, ist es wichtig, dass Sie sich Zeit fürs Essen nehmen. Kauen Sie jeden Bissen ausgiebig, um die Nahrung im Mund vorzuverdauen. Achten Sie auch darauf, dass Sie die Mahlzeit in entspannter Atmosphäre zu sich nehmen. Rohkost am Abend sollten Sie meiden, denn sie fängt leicht an, im nächtlich ruhenden Darm zu gären. Wenn Sie Ihr Abendessen noch vor 18 Uhr zu sich nehmen, tun Sie ein Weiteres, um Ihren Darm zu entlasten (siehe Seiten 241 ff.).

Bei Akne: Hier gelten ebenfalls die Empfehlungen zur Vorbeugung, besonders eine überwiegend basische Kost ist anzuraten (siehe Seite 182). Insgesamt sollten Sie sich ausgewogen und vollwertig ernähren.

Verzehren Sie die genannten Obst- und Gemüsesorten also reichlich. Blumenkohl und Champignons sollte möglichst wöchentlich auf Ihrem Speiseplan stehen, da sie sich außerdem durch einen besonders hohen Biotingehalt auszeichnen. Bei Akne können Sie dem durcheinander geratenen Hormonhaushalt Rechnung tragen, indem Sie Lebensmittel zu sich nehmen, die Phytoöstrogene enthalten. Dazu trinken Sie täglich 2 Tassen Sojamilch und essen Tofu. Geben Sie morgens einen Esslöffel geschroteten Leinsamen und einen Teelöffel Hefeflocken in Ihr Müsli. Ideal für das Müsli sind auch Haferflocken und Nüsse durch das hautstärkende Biotin. Schweineschmalz und andere arachidonsäurereiche Lebensmittel (siehe Seite 184) sollten Sie möglichst meiden; auch Leber ist sehr arachidonsäurehaltig, wegen ihrer anderen Inhaltsstoffe bei Hauterkrankungen aber wiederum hilfreich. Essen Sie sie also nicht öfter als einmal alle zwei Wochen und streichen Sie sie ganz aus Ihrem Ernährungsplan, wenn sich dadurch die Symptome verschlechtern. Hühner- oder Putenfleisch können Sie hingegen einmal wöchentlich verzehren.

Verzichten Sie auf histaminreiche Lebensmittel wie Innereien und viele Käsesorten (siehe Seite 190), die Entzündungsprozesse im Körper fördern würden. Essen Sie stattdessen zweimal die Woche Omega-3-Fettsäure-haltige Fische (z. B. Lachs, Hering) und träufeln Sie über Ihren täglichen Salat ein Dressing aus Leinöl – so versorgen Sie Ihren Körper optimal mit entzündungshemmenden Inhaltsstoffen. Einmal wöchentlich sollten Sie Coenzym-Q10-haltige Makrele oder Sardine verzehren. Ein zinkreiches Lebensmittel, z. B. Weizenkeime, Erbsen, Muscheln, sollte täglich auf Ihrem Esstisch landen. Sehr empfehlenswert sind Linsen als Zinklieferanten, die Sie außerdem mit reichlich Biotin versorgen.

Bei Neurodermitis: Eine schwere Neurodermitis gehört immer in die Hand eines erfahrenen Allergologen, der Sie genau untersucht und im Falle von Nahrungsmittelallergien oder -unverträglichkeiten eine mehr oder weniger umfangreiche Weglassdiät durchführt. Erweist sich ein deutlicher Zusammenhang zwischen den gemiedenen Nahrungsmitteln und den Krankheitssymptomen, dann bessern sich die Beschwerden. Anschließend werden einzeln nacheinander weitere Lebensmittel in den Speiseplan aufgenommen. Dabei werden ganz gezielt auch die potenziell allergenen Nahrungsmittel gegeben. Erst wenn diese dann eine nachweisbare Reaktion auslösen, sollten sie vom Speiseplan gestrichen werden.

Bei leichteren Formen einer Neurodermitis und zur Fortsetzung der ärztlichen Therapie können Sie aber selbst schon einiges bei der Ernährung beachten. Ernähren Sie sich grundsätzlich ausgewogen und vollwertig und setzen Sie möglichst frische Lebensmittel ein. Leber, Schweineschmalz und andere arachidonsäurereiche Lebensmittel (siehe Seite 184) sollten Sie möglichst ganz meiden; das gilt auch für histaminreiche Lebensmittel (siehe Seite 190).

Vorsichtig sollten Sie bei Fertigprodukten sein, deren Zutatenliste Sie genau lesen sollten. Aber selbst wenn dies auf der Zutatenliste nicht ausgewiesen ist, kann es durch die Herstellungsprozesse zu einer Verschleppung von Allergenen auf eigentlich allergenfreie Produkte kommen (z. B. Spuren des Erdnussproteins in Schokolade). Oft hilft es schon, das allergieauslösende Lebensmittel zu kochen, essen Sie z. B. statt frischer Äpfel im Falle einer Allergie lieber Apfelmus. Kochen hilft allerdings nichts bei Sellerie und Nüssen.

Und führen Sie ein genaues Ernährungstagebuch, um festzustellen, nach welchen Lebensmitteln Beschwerden auftreten.

Verzehren Sie zum Frühstück ein Müsli, das Haferflocken und geschrotete Leinsamen enthält. Essen Sie ansonsten reichlich der genannten Obst- und Gemüsesorten, vor allem auch Blumenkohl und Champignons. Empfohlen wird, dreimal wöchentlich Fisch (z. B. Lachs, Hering) zu essen und über den täglichen Salat ein Dressing aus Leinöl und Nachtkerzen- oder Borretschöl zu träufeln. Täglich auf Ihrem Esstisch landen sollte ebenfalls ein zinkreiches Lebensmittel, z. B. Weizenkeime, Linsen, Erbsen oder Muscheln. Einmal pro Woche sollten Sardinen und Makrelen gegessen werden, die viel Coenzym Q10 liefern. Verzehren Sie ebenfalls einmal wöchentlich selenhaltige Fische wie Forelle oder Hecht oder Garnelen und Muscheln, um sich mit ausreichend Selen zu versorgen. Wenigstens jeden zweiten Tag sollten Walnüsse die Nahrung ergänzen, die Vitamin E, Biotin, Omega-3-Fettsäuren und Coenzym Q10 liefern.

Bei Nesselsucht: Hier gelten grundsätzlich die gleichen Empfehlungen wie zur Vorbeugung und bei Neurodermitis. Allerdings ist eine spezielle Zufuhr von Gamma-Linolensäure hier nicht zu beachten. Die häufigsten Nahrungsmittelallergien bestehen gegen Milcheiweiß (Kuhmilchprodukte), Weizen, Hühnereier, Soja und Krustentiere. Diese Hauptallergene sollten vorsorglich vom Speiseplan gestrichen werden, wenn das schädigende Allergen nicht bekannt ist.

Gelenkbeschwerden

Im Mittelalter nannte man fast alle Erkrankungen von Muskeln und Gelenken Gicht. Die Schmerzen erklärte man sich durch ein Übermaß eines Körpersafts, vor allem des *Phlegmas* (Schleim). Dieser Saft reichert sich an einem oder mehreren Gelenken an, vorzugsweise an Händen, Füßen oder an der Hüfte. Ist das Phlegma die Ursache für die Beschwerden, dann schadet Kälte und Feuchtigkeit. Man kannte aber auch rheumatische Leiden, bei denen Kälte die Schmerzen lindert, dann wurde die Ursache in einer Ansammlung der gelben Galle oder auch des Bluts gesehen.

Wohl kaum ein moderner Zivilisationsmensch hat nicht hin und wieder einmal Beschwerden in dem einen oder anderen Gelenk oder in der Wirbelsäule, die auf die verschiedensten Ursachen zurückzuführen sind. Die Ernährung kann bei drei Arten von Beschwerden am Bewegungsapparat helfen: bei rheumatischen Erkrankungen (Arthritis, entzündliches Rheuma), bei Gicht und bei Haltungsschäden, die die Folge von Übergewicht oder eines aufgeblähten Darms sind.

URSACHEN UND BESCHWERDEN

Entzündliche rheumatische Erkrankungen können mehrere Ursachen haben: Zum einen handelt es sich um Immunerkrankungen, die gegen eigenes Knorpelgewebe gerichtet sind und die Gelenke, Sehnen und Muskeln stark schädigen. Zum anderen gehen rheumatische Erkrankungen auf bakterielle Infektionen zurück (hervorgerufen z. B. durch Streptokokken, Chlamydien und Borrelien). Die Krankheitserreger ziehen sich in das Gelenk zurück, in dem sich relativ wenig Immunzellen befinden.

Gicht, eine Stoffwechselerkrankung, hängt mit einem zu hohen Harnsäurespiegel im Blut zusammen. Die Harnsäure kristallisiert im Gelenk aus, führt zu Reizungen bis hin zu schwersten Entzündungen mit Gelenkszerstörung. Die Kristalle und die zerstörerischen Reizungen bleiben auch dann bestehen, wenn sich die Harnsäurewerte im Blut schon längst wieder normalisiert haben, da sich die Kristalle nicht mehr auflösen. Ob bei Gicht oder rheumatischen Erkrankungen – durch all die entzündlichen Vorgänge werden vermehrt freie Radikale gebildet, die die Entzündungen weiter verschlimmern.

Fehlernährung oder großes Übergewicht erzwingen eine unnatürliche Körperhaltung, die zu Muskelverkürzungen, einseitigen Muskelschwächen und Muskelverspannungen führen kann. **Fehlhaltungen** und Beschwerden am Bewegungsapparat im Bereich der Halswirbelsäule und der Lenden-Becken-Hüft-Region sind die Folge.

EINFLUSS DER ERNÄHRUNG

1. Verringern der Entzündungsbereitschaft:
Mithilfe der Ernährung kann man in erster Linie die Entzündungsneigung verringern, die sowohl bei rheumatischen Erkrankungen als auch bei Gicht eine Rolle spielt:

✦ Histaminhaltige Lebensmittel (siehe Tabelle auf Seite 190): Histamin ist ein Entzündungsförderer und verstärkt auch die Schmerzen.

✦ Lebensmittel, die einen hohen Arachidonsäuregehalt haben (z. B. Schweineschmalz, Leber Wurstwaren, siehe Seite 184), fördern die Entstehung von so genannten Entzündungsmediatoren, unterstützen also die Entzündungsprozesse. Sie gilt es besonders zu meiden.

✦ Einen wichtigen Beitrag zur Entzündungsreduktion liefern die antioxidativen Vitamine C und E sowie Selen. Sie bekämpfen die u. a. durch Entzündung entstandenen freien Radikale, damit diese aufgehalten werden, Zellbestandteile zu zerstören, was letztlich zu neuen Entzündungsprozessen führen würde.

Meeresfische wie der Hering beseitigten nach der Vorstellung der Mönche das überschüssige Phlegma, das als Ursache für Gelenkbeschwerden betrachtet wurde. Leinöl, Weizenkeime und Ananas besitzen ebenfalls heilsame Wirkung.

✦ Omega-3-Fettsäuren hemmen die Bildung von Arachidonsäure und wirken so ebenfalls ganz unmittelbar Entzündungen entgegen.

✦ Auch auf indirektem Weg kann den Entzündungen entgegengewirkt werden, indem für Entzündungen typische Eiweißstoffe abgebaut werden: Bromelain z. B. ist ein besonderes Enzym, das in der Ananas vorkommt und schädliche Eiweißsubstanzen (Verschlackungen) abbaut, die bei Entzündungen vermehrt gebildet werden.

2. Verringern der Harnsäurebildung: Innereien, dunkles Fleisch (Rind, Lamm, Wild) und Hülsenfrüchte enthalten viele Purine, aus denen Harnsäure gebildet wird, die sich bei Gicht bekanntlich als Kristalle ablagern.

3. Vermeiden einer Darmüberlastung: Ein durch Fehlernährung aufgeblähter Darm führt zu einer unnatürliche Körperhaltung. Fehlhaltungen und Beschwerden am Bewegungsapparat im Bereich der Halswirbelsäule und der Lenden-Becken-Hüft-Region sind die Folge. Hastiges Essen und zu spätes Abendessen sowie unverträgliche und reizende Lebensmittel gilt es daher unbedingt zu meiden.

4. Ausgleichen des Säure-Base-Haushalts: Da der Gelenkknorpel keine Blutgefäße enthält und somit nicht durchblutet wird, ist er auf die Ernährung durch die Gelenkflüssigkeit angewiesen. Ist diese übersäuert, sauerstoff- und mineralstoffarm, verkümmert der Knorpel. Basische

Lebensmittel wirken der Entmineralisierung des Knorpels entgegen, während Säurespender (siehe Tabelle auf Seite 182) wie Alkohol, Kaffee und Fleisch die Übersäuerung des Gewebes fördern. Die Säuren binden die Mineralstoffe aus Knorpel (und Knochen), schwemmen sie mit dem Urin aus und entziehen so dem Körper wichtige Mineralstoffe, wodurch auch Gelenkknorpel und Bandscheiben ausgelaugt werden.

5. Optimale Nährstoffversorgung des Knorpels: Durch die richtige Ernährung kann man gezielt die Nährstoffversorgung des Knorpels beeinflussen. Hier spielen vor allem die Spurenelemente Mangan, Silizium, Zink und Chrom eine Rolle. Darüber hinaus ist Magnesium wichtig, das die Muskelarbeit unterstützt und dabei hilft, Knochen und Knorpel zu regenerieren.

6. Vermeiden von Übergewicht: Übergewicht belastet alle Gelenke und Bandscheiben mechanisch und fördert deren Abnützung.

WELCHE LEBENSMITTEL HELFEN?

✦ Kaltwasserfische aus dem Meer, wie Hering und **Lachs**, sind Lebensmittel erster Wahl bei Gelenkbeschwerden. Sie sind vor allem deshalb als positiv zu bewerten, weil ihr Fett zu großen Teilen aus den gesunden Omega-3-Fettsäuren besteht. Beide stellen auch Selen zur Verfügung, das freie Radikale unschädlich machen kann. Nach der mittelalterlichen Klosterlehre sollen Meeresfische auch das überschüssige *Phlegma* beseitigen, das sich in den Gelenken angesammelt hat.

✦ **Lein**- und Rapsöl besitzen ebenfalls viel Omega-3-Fettsäuren in Form von Linolensäure.

✦ Auch wenn die mittelalterliche Klosterheilkunde die **Ananas** nicht kannte, kann ihr Nutzen bei Gelenkbeschwerden nicht genug betont werden, denn sie vermag entzündliche Schwellungen abzubauen. Ihr Wirkstoff ist das Bromelain.

✦ Weizenvollkornmehl in Honigwasser gekocht empfahl die mittelalterliche Klosterheilkunde bei innerlichen Entzündungen. An wirksamen Inhaltsstoffen liegen im **Weizenvollkorn** essenzielle Aminosäuren, wie z. B. Lysin und Arginin, sowie Vitamin B6 vor, die wichtig für den Kollagenaufbau sind. Weizenvollkorn, aber auch **Sojabohnen** haben reichlich antioxidativ wirksames Zink und Selen sowie Mangan zu bieten. Letzteres trägt zur Knorpelregeneration bei. In beiden Lebensmitteln sind darüber hinaus nennenswerte Mengen an Magnesium enthalten, welches hilft, die Muskulatur zu entspannen und Knochen und Knorpel zu regenerieren.

✦ Die Blätter des **Weißkohls** wurden von den Mönchen innerlich und äußerlich gegen alle Arten von Gelenkbeschwerden eingesetzt. Kohlgemüse ist reich an Antioxidanzien (Vitamin C in Brokkoli, Vitamin E in Wirsing, Grünkohl, Rosenkohl, Anthocyane in Rotkohl), weshalb es freie Radikale unschädlich machen und so entzündliche Prozesse im Körper aufhalten kann.

✦ Weizenkeime, **Weizenkeimöl** sowie Sonnenblumen- und Rapsöl werden wegen ihres hohen Vitamin-E-Gehalts besonders bei rheumatischen Erkrankungen empfohlen.

✦ Zahlreiche weitere Antioxidanzien liefern **Paprika**, Tomaten (besonders gekocht oder als Mark), Wassermelone, rote Grapefruit, Sanddorn, Weizenkeime, blaue Weintrauben, Makrele, Soja und Zwiebeln.

✦ Die lindernde Wirkung von **Brennnesseln** bei Gelenkbeschwerden schätzte man schon im Mittelalter: Einen Weinsud mit Blättern oder aber ein Mus aus Wurzeln der Brennnessel bereitete man damals gegen schmerzende Gelenke. Das Silizium in **Brennnesseln**, aber auch in Hirse, Dinkel, Möhren und Knollensellerie ist wichtig für den Knorpelaufbau.

GELENKBESCHWERDEN

◆ Antioxidativ wirksames Zink ist besonders reichhaltig vorhanden in Muscheln, vor allem in **Austern**, und Weizenkleie. Letztere zeichnet sich auch durch ihren hohen Vitamin-B6-Gehalt aus, der für den Kollagenaufbau entscheidend ist. Außerdem stellt sie Magnesium in größeren Mengen zur Verfügung, hilft also bei der Muskelarbeit.
◆ **Eier** und Ziegenmilch sind optimale Chromlieferanten und versorgen somit den Knorpel mit wichtigen Nährstoffen.
◆ Sorghum (rote Hirse), Reis, **Amarant**, Gerste, Buchweizen und Bohnen sind gut für die Muskeln, denn sie enthalten viel Magnesium.

BEHANDELN UND HEILEN DURCH ERNÄHRUNG

Generell sind basische Lebensmittel, also Obst und Gemüse, zu bevorzugen (siehe Seite 182), da die Entsäuerung des Gewebes eine der wichtigsten Strategien gegen rheumatische Beschwerdebilder und Muskelverspannungen ist. Wie Sie überschüssige Pfunde wieder loswerden, um die Gelenke zu entlasten, lesen Sie ab Seite 259.

Bei gelegentlichen muskulären Beschwerden ohne akute Entzündung: Essen Sie einmal wöchentlich Fleisch und zwei- bis dreimal wöchentlich Fisch. Als Kohlenhydratquellen eignen sich wegen des hohen Magnesiumgehalts unpolierter Reis, Gerste, Sorghum, Amaranth, Buchweizen und Sojamehl. Ideale Durstlöscher sind magnesiumreiche Heilwässer.

Bei Entzündungen mit geschwollenen und schmerzhaften Gelenken: Wenn Sie an Gelenkentzündungen leiden, sollten Sie die folgenden Empfehlungen für einige Wochen als Therapie durchführen. Wenn Ihre Beschwerden nachlassen, können Sie wieder normale ausgewogene Kost zu sich nehmen, sollten dabei aber basischen Lebensmitteln den Vorzug geben. Trinken Sie deshalb auch keinen Alkohol und keinen Kaffee. Wie bei vielen Erkrankungen ist es auch hier wichtig, eine Überlastung des Darms zu vermeiden, was Sie allein schon durch richtiges Essverhalten (siehe Seite 243) erreichen können.

Bei akuter Entzündung gilt: Vermeiden Sie histaminreiche (siehe Seite 190) und arachidonsäurereiche Lebensmittel wie Innereien und Schweineschmalz (siehe Seite 184). Essen Sie täglich etwas Ananas morgens im Müsli und mittags als Nachspeise. Verzehren Sie zweimal wöchentlich Fisch wie Hering oder Lachs. Außerdem sollten Sie vorwiegend vegetarisch leben, um säuernde und mineralstoffraubende Lebensmittel zu vermeiden. Stellen Sie mindestens zwei- bis dreimal wöchentlich Weizenkeime, Wirsing-, Grün- oder Rosenkohl auf den Speiseplan. Auch die anderen, auf Seite 290 genannten Gemüse- und Obstsorten sollten Sie möglichst oft verzehren, um sich mit genügend Antioxidanzien zu versorgen. Bereiten Sie den täglichen Salat mit Weizenkeim-, Lein- oder Rapsöl zu. Als Kohlenhydratquelle empfehlen sich grundsätzlich Gerste, Reis, Buchweizen, Amaranth und Hirse. Um sich optimal mit Zink und Chrom zu versorgen, sollten Sie zweimal wöchentlich Muscheln oder Weizenkleie sowie Eier und Ziegenmilch auf Ihren Speiseplan stellen.

Bei Gicht: Hier gelten die gleichen Empfehlungen wie bei Gelenkentzündungen. Sie sollten jedoch unbedingt auf Hülsenfrüchte, Innereien, dunkles Fleisch und Sardinen verzichten.

Bei Fehlhaltung durch falsche Ernährungsgewohnheiten: Um Gärungsprozesse im Darm aufzuhalten (siehe Reizdarm, Seite 241), ist es wichtig, dass Sie nicht zu schnell, zu viel und zu schwer essen, denn das schwächt letztlich die Verdauungsleistung und den Darm.

Achten Sie auch darauf, welche Lebensmittel Sie nicht vertragen, und vermeiden Sie diese.

291

Osteoporose

Die mittelalterlichen Arzneibücher führen Knochenschwäche auf »übermäßige Übung und Arbeit«, also auf zu starke Beanspruchung zurück. Das bei jungen Menschen noch elastische, rote Knochenmark, so die Vorstellung, würde im Alter zunehmend ausgetrocknet und dadurch steifer und brüchig. Als geeignetes Lebensmittel, um Knochen zu festigen, galt das Beinfleisch (Hachse) von Säugetieren, insbesondere von Lämmern und Ziegen.

Heute können gegen den Knochenschwund (Osteoporose) zahlreiche Vorsorgemaßnahmen getroffen werden. Sowohl regelmäßige Bewegung als auch eine angemessene Ernährung helfen bei dieser Stoffwechselerkrankung der Knochen.

URSACHEN UND SYMPTOME

Osteoporose entsteht, wenn die Zellen, die die Knochenmasse abbauen (Osteoklasten) schneller arbeiten als diejenigen, die die Knochen aufbauen (Osteoblasten). Dadurch verlieren die Knochen mit der Zeit an Masse und Stabilität. Bis zum 40. Lebensjahr überwiegen meistens die Aufbauprozesse. Die Matrix, das Gewebe, das die Knochen formt, ist dann intakt und die Mineralstoffe Kalzium und Phosphat halten die Knochen stabil. Nach dem 40. Lebensjahr wird die Matrix langsam löchrig und es wird nicht mehr ausreichend Kalzium in die Knochen eingebaut. Dadurch wird die Knochenstruktur allmählich zerstört und die Knochen können leichter brechen.

Meist treten zunächst kaum Symptome auf. Gelegentliche Rücken- und Skelettschmerzen können auf Osteoporose hinweisen. Im weiteren Krankheitsverlauf treten Knochenbrüche ohne erkennbaren Anlass auf. Diese Brüche sind sehr schmerzhaft. Typisch für Osteoporose sind Einbrüche der Wirbelkörper, wobei es zum Rundrücken (»Witwenbuckel«) kommt.

Wichtige Risikofaktoren und Ursachen für schwache Knochen sind:

✦ Zu wenig Bewegung: Die Zellen, die für die Knochenmasse und -festigkeit verantwortlich sind, benötigen zum Knochenaufbau minimale elektrische Impulse. Diese werden bei Bewegung durch Be- und Entlastung der Knochen erzeugt.

✦ Verschiedene Hormone steuern die Auf- und Abbauprozesse der Knochenmasse: Während Vitamin D und das Schilddrüsenhormon Calcitonin dafür sorgen, dass sich Kalzium in die Knochen einlagert, löst das Parathormon aus der Nebenschilddrüse es wieder heraus. Die Sexualhormone Östrogen und Testosteron wiederum sind für die Bildung und Wirkung dieser »Knochenhormone« verantwortlich. Besonders Frauen nach den Wechseljahren sind aufgrund des Östrogenmangels osteoporosegefährdet. Männer hingegen sind nur selten von Osteoporose durch Testosteronmangel betroffen.

✦ Zu wenig Sonnenlicht: Mithilfe der UV-Strahlen des Sonnenlichts bildet der Körper in den oberen Hautschichten das Hormon Vitamin D. Dieses Vitamin sorgt für den Transport von Kalzium aus der Nahrung ins Blut.

✦ Darmerkrankungen, wie etwa chronischer Durchfall, Morbus Crohn, Colitis ulcerosa, Zöliakie und Bandwurmbefall hemmen die Aufnahme von Kalzium und Vitamin D aus dem Darm, wodurch die Knochenbildung gestört wird. Auch Milchzuckerunverträglichkeit verhindert die Aufnahme von Kalzium.

✦ Familiäre Veranlagung: Genetische Faktoren werden als Mitursache angesehen, wenn Osteoporose gehäuft in bestimmten Familien auftritt.

✦ Da Kortison ein Gegenspieler der Sexualhormone ist, kann ein zu hoher Kortisonspiegel, z. B. durch Medikamente, im Körper zu Knochenabbau führen.

OSTEOPOROSE

Nicht nur Kalzium, sondern auch Vitamine und Aminosäuren sind für feste Knochen wichtig. Daher empfiehlt man heute Lebensmittel wie Hartkäse, Eier, Hülsenfrüchte und Brokkoli für ein stabiles Knochengerüst.

◆ Ein Überschuss an Schilddrüsenhormonen durch Schilddrüsenüberfunktion beschleunigt den Stoffwechsel und begünstigt dadurch ebenfalls den Knochenabbau.

◆ Raucher leiden unter einer mangelnden Versorgung des Knochengewebes durch chronischen Sauerstoffmangel.

EINFLUSS DER ERNÄHRUNG
1. Optimale Nährstoffversorgung der Knochen:
◆ Schon im Kindesalter entscheidet sich, wie kompakt und stark die Knochen in den späteren Jahren sein werden. Daher sollten Kinder von Anfang an kalziumreiche Kost erhalten. Der erwachsene Körper benötigt etwa 1000 Milligramm dieses Mineralstoffs pro Tag. Allerdings sollte dabei darauf geachtet werden, dass keine Milchzuckerunverträglichkeit (Laktoseintoleranz) vorliegt. Denn in diesem Fall, der immerhin auch über 10 Prozent der Erwachsenen betrifft, hat der Körper nicht die Möglichkeit, Milch als Kalziumlieferanten zu verdauen und gleichzeitig den Milchzucker als Kalziumtransporteur zu nutzen.

◆ Um Kalzium aufnehmen zu können, benötigt der Körper ausreichend Vitamin D. Es wird mithilfe von Sonnenlicht gebildet, findet sich aber auch in einigen Lebensmitteln (siehe Seite 294).

◆ Um die Knochen stabil und gesund zu erhalten, müssen neben Kalzium noch weitere Mineralstoffe und Spurenelemente zugeführt werden,

293

z. B. Magnesium, Zink und Fluor. Kalium ist ebenfalls wichtig für die Knochen, wird aber bei normaler Ernährung ausreichend aufgenommen.

✦ Für die Synthese von Eiweißstoffen, die einen nicht geringen Teil der Knochenmasse ausmachen, werden die Vitamine Folsäure, Biotin und Vitamin K benötigt.

✦ Starker Alkoholkonsum verringert die Rückgewinnung von Mineralstoffen in der Niere und beschleunigt den Kalziumverlust. Auch Koffein entzieht dem Blut diesen wertvollen Mineralstoff.

✦ Oxalsäurehaltige Lebensmittel (siehe unten), hemmen die Kalziumresorption, indem sie Kalziumoxalat bilden, welches schwer löslich ist.

2. Ausgleichen des Säure-Base-Haushalts: Insgesamt sollte eine basische Kost bevorzugt werden und Lebensmittel, die im Körper sauer wirken (Zucker, Weißbrot, Kaffee etc., siehe Seite 182) sollten weitgehend vermieden werden. Denn Säuren lösen Kalzium und andere wichtige Mineralstoffe aus den Knochen.

3. Ausgleichen des Hormonhaushalts:

✦ Biotin ist für die Synthese von Sexualhormonen verantwortlich. Diese spielen eine wesentliche Rolle bei der Entstehung von Osteoporose.

✦ Phytoöstrogenhaltige Lebensmittel (siehe unten) können bei einem Östrogenmangel wirksam sein und dadurch den drohenden Knochenabbau verhindern helfen.

WELCHE LEBENSMITTEL HELFEN?

✦ Bereits ein halber Liter **Milch** und 40 Gramm **Emmentaler** liefern den Tagesbedarf von etwa 1000 Milligramm Kalzium. Auch Parmesan, Appenzeller oder Camembert sowie Joghurt, Buttermilch, Kefir oder Quark versorgen mit Kalzium und zusätzlich mit Vitamin D.

✦ Zu kalziumreichem Gemüse zählen **Brokkoli**, Grünkohl, Fenchel, Lauch, Schwarzwurzeln,

Löwenzahn, Bohnen und Linsen. Daneben findet sich in diesen Lebensmitteln auch Vitamin K, das beim Aufbau des Eiweißgerüsts in den Knochen beteiligt ist. Brokkoli ist außerdem ein guter Folsäurelieferant.

✦ Mandeln, **Haselnüsse** oder Sesamsamen sind ebenfalls kalziumreich und sehr empfehlenswert, um die Knochen stabilisieren zu helfen.

✦ **Kalbsleber**, Hering, Lachs, Thunfisch, Hühnerei und Pilze helfen dem Darm mit ihrem Vitamin D, Kalzium aufzunehmen. Lachs versorgt den Körper zudem mit viel Fluor, und Kalbsleber liefert darüber hinaus Folsäure und Zink.

✦ Muscheln, insbesondere **Austern**, Hülsenfrüchte und Vollkornweizen liefern das für die Knochenstabilität nötige Spurenelement Zink. Sojabohnen bzw. Sojaprodukte sind noch aus vier weiteren Gründen hilfreich: Mit ihren Phytoöstrogenen können sie einen Östrogenmangel ausgleichen, das enthaltene Kalium ist für die Stabilität der Knochen wichtig, und mit ihrem Biotingehalt stärken sie das Knochengerüst. Außerdem zeichnen sich Sojabohnen auch durch ihren hohen Fluorgehalt aus.

✦ Daneben versorgen **Gerste**, Datteln, Bananen und Reis den Körper mit viel Magnesium, das für die Knochendichte notwendig ist.

✦ Die in **Weizenkleie**, roten Bohnen und Eiern enthaltene Folsäure wird für die Eiweißsynthese in den Knochen benötigt. Leber enthält darüber hinaus reichlich Biotin.

✦ Sehr wirkungsvolle Phytoöstrogenlieferanten, die einen Östrogenmangel ausgleichen können, sind **Rotklee** und Leinsamen.

✦ In Nüssen und Eidotter findet sich reichlich **Biotin** (Vitamin H), das dem Körper hilft, das Eiweißgerüst des Knochens aufzubauen und zu erhalten. Besonders Walnüsse zeichnen sich durch einen hohen Fluoridgehalt aus.

BEHANDELN UND HEILEN
DURCH ERNÄHRUNG

Bedenken Sie, dass gesunde Essgewohnheiten dazu beitragen können, Fehlverdauung und Darmirritationen zu vermeiden, sodass eine gute Resorption aller für den Knochenaufbau und -erhalt wichtigen Nahrungsbestandteile aus dem Darm sichergestellt ist. Versuchen Sie daher, langsam zu essen, kauen Sie gründlich und nehmen Sie am besten nur kleine Abendmahlzeiten ein.

Um den täglichen Kalziumverlust von 300 Milligramm über Stuhl, Urin und Schweiß auszugleichen, sollten Sie diesen Mineralstoff am besten über den ganzen Tag verteilt in mehreren kleinen Portionen zuführen. Dabei ist zu beachten, dass das Kalzium aus pflanzlichen Lebensmitteln oft schlechter resorbiert wird als das aus tierischen. Hilfreich ist es auch, täglich 1,5 Liter Mineralwasser mit einem Kalziumgehalt ab 150 Milligramm pro Liter zu trinken.

Zur Vorbeugung von Osteoporose: Halten Sie sich grundsätzlich an eine ausgewogene und vollwertige Ernährung. Außerdem sollten Sie täglich kalziumreiche Lebensmittel verzehren, wie Milch und Milchprodukte, besonders Hartkäse, sowie Grüngemüse. Trinken Sie außerdem möglichst täglich kalziumhaltiges Mineralwasser. Setzen Sie dreimal wöchentlich Fische (Lachs, Sardinen und Barsch) auf Ihren Speisezettel, da sie Sie mit ausreichend Vitamin D versorgen – eine Voraussetzung für die Kalziumresorption. Alkohol, Kaffee und Süßspeisen sollten Sie nur selten konsumieren, denn sie lösen aufgrund ihrer Säuren Mineralstoffe aus dem Körper.

Bei diagnostizierter Osteoporose: Auch hier ist grundsätzlich wichtig, dass Sie sich ausgewogen und vollwertig ernähren; pflanzliche Lebensmitteln sollten insgesamt bevorzugt werden und den Schwerpunkt der Ernährung bilden, weil sie basisch wirken. Wenn Sie unter Osteoporose leiden, sollten Sie täglich zwei Scheiben Hartkäse (60 Gramm) essen, da er etwa 660 Milligramm Kalzium und Vitamin D enthält. Nehmen Sie jeden zweiten Tag Brokkoli, Fenchel und Grünkohl zu sich, denn sie liefern reichlich Kalzium, Folsäure und Vitamin K. Um Ihrem Körper die benötigten Phytoöstrogene zuzuführen, sollten Sie täglich einen Salat essen, in den Sie etwas Rotklee und einen Esslöffel geschroteten Leinsamen geben (Rotklee erhalten Sie bei vielen Biobauernhöfen). Dazu sollten Sie viel trinken. Trinken Sie außerdem täglich 2 bis 3 Gläser Sojamilch.

Dreimal wöchentlich können Fische, wie Lachs oder Hering, oder auch Tofu die Hauptspeise bilden. Fleisch und Eier stehen idealerweise zweimal wöchentlich auf dem Speiseplan. Einmal wöchentlich sollten Sie Erbsen, Linsen oder je nach Jahreszeit Pilze essen. Kalbsleber ist oft schon recht belastet, weshalb sie nicht öfter als jede zweite Woche auf Ihrem Tisch landen sollte. Um Ihre Lust auf Süßes zu stillen, können Sie jeden zweiten Tag Datteln, Bananen oder Milchreis genießen, da sie viel Magnesium enthalten.

Vermeiden Sie Zucker, Weißmehlprodukte, Alkohol und Bohnenkaffee sowie Rohkost am Abend, denn sie wirken säurebildend und entziehen dem Körper wertvolle Mineralstoffe. Da Phosphat aus Cola, Wurst, Hefe, Bier und Süßigkeiten die Verfügbarkeit von Kalzium ebenfalls senkt, sollten Sie auf diese Lebensmittel möglichst ganz verzichten. Aufgrund des Gehalts an Oxalsäure, die ebenfalls die Kalziumresorption hemmt, sollten Sie Spinat, Rhabarber, Mandeln und Schokolade nur in sehr geringen Mengen essen. Auch ein hoher Proteinkonsum (vor allem zu viel Wurst) kann den Kalziumverlust erhöhen, denn Wurst enthält viel Phosphat, aus dem das schwer lösliche Kalziumphosphat entsteht.

DIE REZEPTE

Gesund bleiben und werden durch die Heilkraft der Ernährung. Eine Auswahl an Rezepten, damit Sie die Ernährungsempfehlungen garantiert zu Hause umsetzen können.

Süßsaures Wok-Gemüse mit Weizenkeimlingen

Für 4 Personen
10 g getrocknete Pilze, 70 g Erbsen (tiefgekühlt), 100 g Blumenkohl, 100 g Kürbis, 50 g Rettich, 100 g Stangensellerie, 1 rote Paprikaschote, 20 g Weizenkeimlinge, 1 haselnussgroßes Stück Ingwer, 1 EL Olivenöl, 1 TL brauner Zucker, Meersalz, Pfeffer aus der Mühle, 2 EL Sojasauce, 2 EL Reiswein, 1 TL Rotweinessig, 1 TL Maisstärke, Koriander

1. Die Pilze mit kochendem Wasser übergießen und ziehen lassen. Die Erbsen antauen. Das restliche Gemüse putzen und waschen bzw. schälen. In gleichmäßig große Scheiben, Würfel oder Stücke schneiden. Die Weizenkeimlinge in ein kleines Sieb geben, waschen und abtropfen lassen.

2. Den Ingwer schälen und fein reiben. Das Öl im Wok erhitzen, den Ingwer dazugeben, den Zucker darüber streuen und unter Rühren ein wenig karamellisieren lassen.

3. Die Gemüsestücke in den Wok geben und unter ständigem Rühren anbraten. Mit Salz und Pfeffer würzen und mit der Sojasauce ablöschen. Reiswein und Essig hinzugeben und das Gemüse bei schwacher Hitze bissfest garen. Die Stärke mit wenig Wasser anrühren und die Sauce damit binden. Die Weizenkeimlinge unter das Wok-Gemüse mischen, nach Belieben mit Korianderblättern bestreuen und zusammen mit Reis servieren.

 ## Flockenmüsli mit Weintrauben und Banane

Für 4 Personen
8 EL Getreideflocken, 4 EL Weizenkeime oder Weizenkeimflocken, 1/4 l fettarme Milch, 150 g weiße Weintrauben, 1 Banane, 50 g Heidelbeeren, 250 g Joghurt, 1 TL Agavendicksaft

1. Die Getreideflocken und die Weizenkeime auf vier Müslischalen verteilen. Die Milch darüber gießen und das Getreide quellen lassen.

2. Die Weintrauben waschen, von den Stielen zupfen, längs halbieren und bei Bedarf entkernen. Die Banane schälen und in Scheiben schneiden. Die Heidelbeeren in ein kleines Sieb geben, waschen und ausreichend abtropfen lassen.

3. Den Joghurt mit dem Agavendicksaft verrühren und mit den Trauben und den Bananenscheiben auf den Flocken verteilen. Zum Schluss die Heidelbeeren darüber streuen und das Müsli servieren.

TIPP: Die Weizenkeime oder die daraus gepressten Flocken können Sie im Reformhaus oder im Bioladen kaufen.

Einfache Dinkel-Brotfladen

Für 4 Stück
1 EL Kürbis- oder Sonnenblumenkerne,
125 g fein gemahlenes Dinkel-Vollkornmehl,
1/8 Liter kohlensäurehaltiges Mineralwasser,
Meersalz

1. Die Kürbis- oder Sonnenblumenkerne in einer Pfanne ohne Fett anrösten, abkühlen lassen und grob hacken.

2. Den Backofen auf 220 °C vorheizen. Das Mehl in eine Schüssel sieben, die Kerne, das Wasser und etwas Salz dazugeben und alles zu einer geschmeidigen Masse verrühren.

3. Ein Backblech mit Backpapier belegen. Aus dem Teig mithilfe eines nassen Esslöffels 4 Teigportionen auf das Backblech setzen und mit dem Löffel glatt streichen, den Löffel dabei immer wieder in Wasser tauchen. Je dünner der Teig, desto besser werden die Fladen.

4. Die Teigfladen im Backofen auf der mittleren Schiene etwa 20 Minuten backen, dann vom Blech nehmen und auf einem Gitter erkalten lassen.

TIPP: Am besten mahlen Sie das Dinkelmehl erst kurz vor der Verwendung selbst! Diese Fladen können Sie auch frisch essen, da keine Hefe dabei ist.

Gerstenbrei aus Flocken und Milch

Für 4 Personen
1/2 l Gemüsebrühe, 120 g Gerstenflocken,
1/2 l Milch, Meersalz, 2 EL Mandelmus

1. Die Gemüsebrühe in einem Topf zum Kochen bringen, die Gerstenflocken gut einrühren und bei mittlerer Hitze etwa 5 Minuten kochen lassen.

2. Die Milch dazugießen, unterrühren und den Gerstenbrei weitere 3 Minuten leicht kochen lassen.

3. Den Brei nach Belieben durch ein Sieb streichen, das Mandelmus untermischen und servieren.

TIPP: Verwenden Sie für den Brei nur beste Flocken, am besten kaltgewalzte Gerstenflocken aus biologischem Anbau, sie sind im Reformhaus oder im Bioladen erhältlich. Wenn Sie möchten, können Sie auch auf die Milch verzichten und sie durch Wasser oder Brühe ersetzen. Statt Mandelmus können Sie den Brei auch mit der gleichen Menge Sesammus (Tahine) aromatisieren.

Paprika-Hirsotto mit Hefeflocken

Für 4 Personen
½ kleine Stange Lauch, ½ rote Paprikaschote, 1 EL Olivenöl, 200 g Goldkernhirse, ½ l Gemüsebrühe, 50 g Bärlauch, 50 g Bergkäse, Meersalz, geriebene Muskatnuss, 2 EL Hefeflocken

1. Den Lauch putzen, waschen und in feine Streifen schneiden. Die Paprikaschote putzen, entkernen, waschen und in kleine Würfel schneiden.

2. Das Öl im Wok oder einer weiten Pfanne erhitzen und das Gemüse darin unter Rühren andünsten. Die Hirse dazugeben und kurz mitdünsten. Die Gemüsebrühe angießen und alles zugedeckt bei kleiner Hitze etwa 25 Minuten quellen lassen, dabei hin und wieder umrühren.

3. Den Bärlauch verlesen, dabei die groben Stiele entfernen. Die Blätter waschen und gut abtropfen lassen. Den Bärlauch in feine Streifen schneiden. Den Bergkäse grob reiben.

4. Das Paprika-Hirsotto mit einer Gabel auflockern und mit Salz und Muskat abschmecken. Den Bärlauch und den geriebenen Bergkäse untermischen und mit den Hefeflocken bestreut servieren.

Salat aus grünen Bohnen und Tomaten

Für 4 Personen
500 g grüne Bohnen, Meersalz, 1 rote Zwiebel, 4 reife Tomaten, 2 EL Aceto Balsamico, 4 EL bestes Olivenöl, Pfeffer aus der Mühle, 4 Bohnenkrautstiele

1. Die Bohnen putzen und waschen und gut abtropfen lassen. Die Bohnen je nach Länge halbieren oder dritteln.

2. Salzwasser in einem Topf zum Kochen bringen, die Bohnen dazugeben und etwa 15 Minuten gerade eben weich kochen. Die Bohnen in ein Sieb abgießen und kalt abschrecken, damit sie schön grün bleiben.

3. Die Zwiebel schälen, halbieren und in feine Streifen schneiden. Die Tomaten waschen und das Fruchtfleisch in Würfel schneiden.

4. Für das Dressing in einer Schüssel Essig, Öl, Meersalz und Pfeffer mit dem Schneebesen verrühren. Das Bohnenkraut waschen, trockenschütteln und die Blätter von den Stielen zupfen.

5. Abgetropfte Bohnen, Zwiebeln und Tomaten in eine Salatschüssel geben, das Dressing untermischen und den Salat etwa 10 Minuten ziehen lassen. Die Bohnenkrautblättchen untermischen, den Salat abschmecken und servieren.

Scharfer Tofu auf Bohnen und Linsen

Für 4 Personen
300 g Tofu, 1 EL Sojasauce, 3 Bohnenkrautstiele, 300 g breite Bohnen, 300 g rote Linsen, 2 Schalotten, 2 EL Olivenöl, 1/2 l Weißwein, 1/2 l Tomatenfond, 65 g Sahne, Meersalz, Pfeffer aus der Mühle, 1 TL Honig, 1 EL Sambal Oelek

1. Den Tofu in Scheiben schneiden, auf einen Teller legen und mit Sojasauce beträufeln. Das Bohnenkraut waschen, trockenschütteln und die Blättchen abzupfen.

2. Die Bohnen putzen, dabei die Enden abknipsen und schräg in etwa 4 cm lange Stücke schneiden. Die Bohnen und die Linsen in kochendem Salzwasser etwa 15 Minuten kochen, in ein Sieb abgießen und kalt abschrecken.

3. Die Schalotten schälen und in Streifen schneiden. In 1 EL Olivenöl glasig dünsten, mit dem Weißwein ablöschen und etwas einkochen. Den Tomatenfond zugeben und erneut einkochen lassen. Die Bohnen, die Linsen und die Sahne hinzufügen, aufkochen, mit Salz, Pfeffer und Honig abschmecken und das Bohnenkraut einrühren.

4. Die Tofuscheiben mit wenig Salz und Pfeffer würzen und in einer Pfanne im restlichen Olivenöl beidseitig goldbraun braten. Mit dem Sambal Oelek bestreichen und mit dem Bohnen-Linsen-Gemüse servieren.

 ## Tofubratlinge mit Möhrengemüse

Für 4 Personen
400 g Tofu, 2 EL saure Sahne, 2 EL Sojasauce, 1 EL gehackte Kräuter nach Belieben, Meersalz, 400 g Möhren, 1/2 Bund Kerbel, 2 EL Butter, 1/4 l kohlensäurehaltiges Mineralwasser, 1 TL Rapsöl

1. Den Tofu in eine Schüssel geben und mit der Gabel fein zerkrümeln. Die saure Sahne, die Sojasauce, die Kräuter und etwas Salz unter den Tofu mischen.

2. Die Möhren putzen, schälen und in Scheiben schneiden. Den Kerbel waschen, trockenschütteln, die Blätter von den Stielen zupfen und fein hacken.

3. Die Butter in einer Pfanne erhitzen und die Möhrenscheiben darin kurz andünsten. Nach und nach das Mineralwasser hinzufügen und die Möhren etwa 10 Minuten zugedeckt weich dünsten. Mit Salz würzen und den Kerbel untermischen.

4. Aus der Tofumasse mit angefeuchteten Händen vier flache Bratlinge formen. Das Öl in einer Pfanne erhitzen und die Tofubratlinge darin auf beiden Seiten kurz anbraten. Mit dem Möhrengemüse auf Tellern anrichten und servieren.

TIPP: Sie können zur Tofumasse klein geschnittenes und weich gedämpftes Gemüse untermischen. Gut geeignet sind Möhren, Brokkoli, Mangold oder Blattspinat.

Sommersalat mit grünen Bohnen und Thunfisch

Für 4 Personen
250 g grüne Bohnen, Meersalz, 250 g Tomaten, 100 g Gurke, 50 g Frühlingszwiebeln, 1 Stangensellerieherz, 1 kleine Fenchelknolle, 1 Kopfsalatherz, 1 Hand voll Portulak, 250 g Thunfisch aus der Dose (naturell, im eigenen Saft), 1 Knoblauchzehe, 1 EL Kapern, 1 TL Zitronensaft, 3 EL Weißweinessig, 5 EL kaltgepresstes Hanf-, Oliven- oder Rapsöl, Pfeffer aus der Mühle, 10 entsteinte schwarze Oliven

1. Die Bohnen putzen, waschen und die Enden abknipsen und in Salzwasser bissfest kochen, abgießen. Kalt abschrecken.

2. Die Tomaten und die Gurke waschen und in Scheiben schneiden. Die Frühlingszwiebeln, das Stangensellerieherz und den Fenchel putzen, waschen und in mundgerechte Stücke schneiden. Den Kopfsalat und den Portulak waschen, trockenschleudern und die Blätter in mundgerechte Stücke zupfen.

3. Den Thunfisch abgießen und mit einer Gabel zerpflücken. Mit den Bohnen und den restlichen Zutaten in eine Schüssel geben.

4. Für das Dressing den Knoblauch schälen, mit den Kapern fein hacken und mit Zitronensaft, Essig, Öl, Salz und Pfeffer verrühren. Über den Salat gießen, die Oliven dazugeben, gut vermischen und kurz ziehen lassen. Den Blattsalat und den Portulak erst kurz vor dem Servieren untermischen.

 ### Geröstete Paprikaschoten mit Rotklee-Pesto

Für 4 Personen
1 kg Paprikaschoten, 3 EL Aceto Balsamico bianco, Meersalz, Pfeffer aus der Mühle, 6 EL kaltgepresstes Hanf-, Oliven- oder Rapsöl, 2 EL Rotklee-Pesto (siehe Rezepte Seite 321), 1 Handvoll Basilikum oder Oregano

1. Den Backofen auf 220 °C vorheizen. Die Paprikaschoten halbieren und mit der Schnittfläche nach unten auf ein mit Alufolie ausgelegtes Backblech legen.

2. Die Paprikaschoten im vorgeheizten Backofen etwa 25 Minuten garen, bis sich auf der Haut braune Blasen bilden.

3. Die Paprikaschoten in einen Gefrierbeutel geben, verschließen und einige Minuten liegen lassen. Die Paprikaschoten häuten, entkernen, einmal längs halbieren und auf einen Platte oder einem großen Teller anrichten und 10 Minuten ziehen lassen.

4. Die Kräuterblätter waschen und trockentupfen. Über die gerösteten Paprikaschoten streuen und servieren.

TIPP: Man kann die Paprikaschoten auch einfach samt Haut in große Stücke schneiden, in der Pfanne braten und anschließend 10 Minuten zugedeckt marinieren.

Fencheltopf mit Polenta

Für 4 Personen
1 kg Fenchel, 200 g fest kochende Kartoffeln, 140 g Rinderschinken am Stück (oder geräucherte Putenbrust), 4 EL Butter, 800 ml Gemüsebrühe, 200 g Polenta (Maisgrieß), 2 EL Crème fraîche, Meersalz, geriebene Muskatnuss

1. Den Fenchel putzen und waschen, das Fenchelgrün beiseite legen. Die Fenchelknollen halbieren und den harten Strunk herausschneiden. Die Fenchelhälften in dickere Scheiben schneiden. Die Kartoffeln schälen, halbieren und in dickere Scheiben, den Schinken in kleine Würfel schneiden.

2. In einem Topf 2 EL Butter zerlassen, die Fenchel- und Kartoffelscheiben darin unter Rühren kurz andünsten. ½ l Gemüsebrühe angießen und das Gemüse zugedeckt etwa 8 Minuten garen.

3. Die restliche Brühe aufkochen, den Maisgrieß unter Rühren einrieseln lassen und mit der Butter mischen. Die Polenta zugedeckt bei geringer Hitze 15 Minuten quellen lassen.

4. Etwa ein Viertel des gegarten Gemüses mit etwas Brühe und Crème fraîche im Mixer pürieren. Unter das Fenchelgemüse mischen, mit Salz und Muskat abschmecken, den Schinken und das Fenchelgrün untermischen. Den Fencheltopf auf tiefe Teller verteilen und die Polenta dazu anrichten.

Möhrenauflauf mit Portulak

Für 4 Personen
500 g mehlige Kartoffeln, 200 g Möhren, 500 g Brokkoli, 100 g Tomaten, 100 g Frühlingszwiebeln, 2 Bund Portulak, 100 g Schafskäse, 100 g Mozzarella, 2 EL Olivenöl, 250 g Crème fraîche, 2 Eigelb, Meersalz, Cayennepfeffer, Kreuzkümmelpulver, geriebene Muskatnuss

1. Die Kartoffeln waschen, etwa 15 bis 20 Minuten nicht ganz weich kochen, abgießen, abschrecken und abkühlen lassen.

2. Die Möhren putzen, schälen und in Scheiben schneiden. Den Brokkoli putzen, waschen und in Röschen teilen. Die Tomaten überbrühen, häuten, entkernen und in Würfel schneiden. Die Zwiebeln putzen, waschen, in Scheiben schneiden. Den Portulak verlesen, waschen, trocknen und zupfen.

3. Den Schafskäse und den Mozzarella in Würfel schneiden. Die Kartoffeln pellen und in Scheiben schneiden. Den Backofen auf 200 °C vorheizen. Das Olivenöl in einer Pfanne erhitzen, Zwiebeln, Möhren und Brokkoli andünsten und zugedeckt etwa 5 Minuten weitergaren.

4. Kartoffeln und Gemüse in einer ofenfesten Form mit Portulak, Crème fraîche und Eigelben mischen. Mit Salz und den Gewürzen würzen. Tomaten- und Käsewürfel darüberstreuen und etwa 20 Minuten goldbraun überbacken.

Artischocken alla Romana

Für 4 Personen
1 Zitrone, 8 Artischocken, 1 Bund Minze, 50 g Semmelbrösel, 5 EL Olivenöl, Meersalz, 200 ml Gemüsebrühe

1. Die Zitrone halbieren und den Saft auspressen. Die Artischocken waschen und gut abtropfen lassen. Die holzigen Außenblätter entfernen, die oberen Spitzen der äußeren Blätter mit einer Schere abschneiden. Die Stiele der Artischocken abschneiden und die Schnittflächen in Zitronensaft tauchen.

2. Die Minze waschen, trockenschütteln, die Blätter von den Stielen zupfen und fein hacken. Die Minze mit dem Zitronensaft, den Semmelbröseln und dem Öl vermischen. Die Masse mit etwas Salz würzen.

3. Den Backofen auf 220 °C vorheizen. Die Artischockenblätter mit den Fingern auseinander spreizen, die Semmelbröselmasse hineingeben und die Blätter wieder fest andrücken. Die Artischocken kopfüber nebeneinander in eine ofenfeste Form setzen, die Gemüsebrühe angießen und mit Alufolie abdecken. Die Artischocken im Backofen etwa 1 Stunde garen. Heiß servieren.

Blumenkohl- und Brokkoliröschen mit Pinienkernen

Für 4 Personen
60 g Pinienkerne, 1 kleiner Blumenkohl (etwa 500 g), 500 g Brokkoli, Meersalz, ¼ l Kräuter-Basensauce (siehe Rezept Seite 306), 2 EL kaltgepresstes Olivenöl, Pfeffer aus der Mühle, geriebene Muskatnuss

1. Die Pinienkerne in einer Pfanne ohne Fett unter Rühren anrösten, beiseite stellen, etwas abkühlen lassen und grob hacken.

2. Den Blumenkohl und den Brokkoli putzen, in größere Röschen teilen, waschen und in einem Sieb abtropfen lassen.

3. In einem großen Topf Wasser mit Meersalz zum Kochen bringen, die Blumenkohl- und Brokkoliröschen hineingeben und in etwa 8 Minuten nicht zu weich kochen. Die Basensauce in einem kleinen Topf separat erwärmen.

4. Das Gemüse abgießen und gut abtropfen lassen. Das Gemüse in einer Schüssel mit der Basensauce, dem Olivenöl und den gehackten Pinienkernen mischen und mit Meersalz, Pfeffer aus der Mühle und Muskatnuss abschmecken.

TIPP: Noch schonender wird das Gemüse beim Dämpfen gegart, dabei verfärbt sich allerdings der Brokkoli bräunlich.

Grünkohleintopf
mit Tofu und Schafskäse

Für 4 Personen
400 g Grünkohl, 2 Möhren, 1 Petersilienwurzel, 100 g Knollensellerie, 5 Schalotten, 3 EL Olivenöl, 3/4 l Gemüsebrühe, 150 g Sahne, 300 g Tofu, 100 g Schafskäse, 1/2 Bund Petersilie, 3 Tomaten, Meersalz, Pfeffer aus der Mühle

1. Vom Grünkohl welke Blätter und den harten Strunk entfernen, den Kohl waschen, abtropfen und in breite Streifen schneiden.

2. Die Möhren, die Petersilienwurzel, den Knollensellerie und die Schalotten schälen und alles in Würfel schneiden.

3. In einem großen Topf 2 EL Öl erhitzen und das klein geschnittene Gemüse darin unter Rühren andünsten. Die Gemüsebrühe dazugießen und den Eintopf zugedeckt etwa 30 Minuten leicht kochen lassen.

4. Die Sahne hinzufügen und weitere 10 Minuten kochen. Den Tofu und den Schafskäse in Würfel schneiden. Die Petersilie waschen, trockenschütteln, die Blätter von den Stielen zupfen und fein hacken. Die Tomaten waschen, entkernen und das Fruchtfleisch in Würfel schneiden.

5. Den Tofu im restlichen Öl in einer Pfanne anbraten. Mit den Tomatenwürfeln und der Petersilie unter den Grünkohleintopf mischen, mit Salz und Pfeffer abschmecken und mit Schafskäse bestreut servieren.

 ### Kürbissuppe
mit Estragon

Für 4 Personen
4 EL Kürbiskerne, 500 g Kürbis (z. B. Hokkaido- oder Butternusskürbis, 3/4 l Gemüsebrühe, 200 g saure Sahne, Meersalz, Pfeffer aus der Mühle, 2 TL Kürbiskernöl

1. Die Kürbiskerne in einer beschichteten Pfanne ohne Fett unter Rühren anrösten, bis sie duften und beiseite stellen.

2. Den Kürbis mit einem Esslöffel entkernen, dann schälen. Das Fruchtfleisch in kleine Würfel schneiden.

3. Die Gemüsebrühe in einem Topf zum Kochen bringen, die Kürbiswürfel dazugeben und bei mittlerer Hitze etwa 15 Minuten weich kochen.

4. Den Estragon waschen, trockenschütteln, die Blätter von den Stielen zupfen und fein hacken.

5. Die Kürbissuppe mit dem Stabmixer fein pürieren, mit Salz und Pfeffer abschmecken und den Estragon und gut die Hälfte der sauren Sahne mit dem Schneebesen untermischen. Die Suppe darf jetzt nicht mehr kochen.

6. Die Suppe auf tiefe Teller verteilen, mit je einem Klecks saurer Sahne garnieren und mit den gerösteten Kürbiskernen bestreuen. Mit dem Kürbiskernöl beträufelt servieren.

Kartoffel-Basensauce mit Kräutern

Für 4 Personen
200 g mehlig kochende Kartoffeln, 50 g Staudensellerie mit Grün, 1 Bund frische Kräuter (z. B. Bärlauch, Minze, Zitronenmelisse oder Kresse), 1 EL Butter oder Olivenöl, 1 EL saure Sahne, 500 ml Gemüsebrühe (oder 500 ml Wasser mit 1 TL pflanzlicher Streuwürze), Meersalz, frisch geriebene Muskatnuss

1. Die Kartoffeln schälen und vierteln oder achteln. Den Staudensellerie mit dem Grün klein schneiden. Die frischen Kräuter waschen, trocken schütteln und von den Stielen zupfen.

2. Butter in einem großen Topf oder einer Kasserole zerlassen. Sellerie mit dem Grün darin bei mittlerer Hitze andünsten. Die Kartoffeln dazugeben und die Gemüsebrühe oder das Wasser angießen. Etwas Meersalz dazugeben und die Kartoffeln bei mittlerer Hitze 15–20 Minuten weich kochen.

3. Den Topf vom Herd nehmen und die Sauce mit dem Stabmixer pürieren. Die Kräuter und die saure Sahne dazugeben und ebenfalls untermixen. Die Sauce mit Salz und Muskatnuss abschmecken.

4. Die Sauce abkühlen lassen, in ein verschließbares Gefäß umfüllen und bis zum Gebrauch im Kühlschrank aufbewahren. Vor dem Verwenden die Sauce mit etwas Gemüsebrühe verdünnen und abschmecken.

Dinkel-Schmarren mit Datteln

Für 4 Personen
50 g Rosinen, 70 g frische Datteln, 1/4 l Milch, 125 g Sahne, 6 Eigelb, 120 g brauner Zucker, 1/2 TL gemahlene Naturvanille, 250 g Dinkel-Vollkornmehl, 4 Eiweiß, Meersalz, 5 EL Butter, 4 EL Dattelmus, Puderzucker

1. Die Rosinen waschen und in lauwarmem Wasser quellen lassen. Die Datteln längs halbieren, entkernen und würfeln.

2. Milch, Sahne, Eigelbe, 2 EL Zucker, Vanille und Mehl zu einem Pfannkuchenteig verrühren. Die Eiweiße mit dem restlichen Zucker (bis auf 1 EL) und 1 Prise Salz steif schlagen und unterziehen.

3. Die Rosinen in ein Sieb abgießen und gut abtropfen lassen. Die Butter in einer Pfanne schmelzen lassen, einige Rosinen dazugeben. Mit dem Teig auffüllen. Mit den restlichen Rosinen und den Datteln bestreuen.

4. Den Pfannkuchen bei mittlerer Hitze stocken lassen, bis die Unterseite leicht gebräunt ist. Wenden und auf der anderen Seite braten, bis diese Farbe bekommen hat.

5. Den Pfannkuchen in Stücke reißen und kurz weiterbraten. 1 EL Zucker in einer zweiten Pfanne bei mittlerer Hitze karamellisieren, über den Dinkel-Schmarren gießen und untermischen. Mit dem Dattelmus servieren und mit Puderzucker bestreuen.

Quarkauflauf mit Hagebuttenfruchtmark

Für 4 Personen
1 EL zerlassene Butter, 3 Eier, Salz, 2 EL Honig, 125 g saure Sahne, 250 g Magerquark, abgeriebene Schale einer 1/2 unbehandelten Zitrone, 1 TL Vanillezucker, 1 TL Speisestärke, 200 g Hagebuttenmark, Zitronenmelisse

1. Den Backofen auf 180 °C vorheizen. Eine ofenfeste Form mit der zerlassenen Butter auspinseln. Die Eier trennen.

2. Die Eiweiße mit den Schneebesen des Handrührgeräts steif schlagen, dabei 1 Prise Salz zugeben.

3. Die Eigelbe mit dem Honig sehr gut verrühren. Die saure Sahne, den Quark, die abgeriebene Zitronenschale, den Vanillezucker und die Speisestärke dazugeben und alles gut verrühren.

4. Den Eischnee mit dem Schneebesen unterheben, die Masse in die Auflaufform geben und im Backofen auf der mittleren Schiene etwa 20 Minuten garen.

5. Den Quarkauflauf portionieren, mit dem Hagebuttenmark anrichten und mit frischer Zitronenmelisse (oder Minze) garnieren.

TIPP: Die Masse kann auch in einer leicht gebutterten Pfanne wie ein Kaiserschmarren zubereitet werden. Dazu serviert man am besten Apfelkompott.

 ## Weintrauben-Obstsalat mit Ingwersahne

Für 4 Personen
1 Handvoll Sultaninen, 1/2 Orange, 100 g blaue Weintrauben, 1 Apfel, 1 Birne, 1 Banane, 1 walnussgroßes Stück Ingwer, 200 g Sahne, 1 Msp. Kardamompulver, Anispulver

1. Die Sultaninen in ein kleines Sieb geben, waschen, gut abtropfen lassen und in eine Schüssel geben. Die Orange auspressen und den Saft über die Sultaninen gießen.

2. Die Weintrauben waschen, abtropfen lassen und von den Stielen zupfen. Die Trauben halbieren, entkernen und in eine Schüssel geben. Apfel und Birne vierteln, entkernen, in Stücke schneiden und zu den Trauben geben. Die Banane schälen, in dünne Scheiben schneiden und dazugeben.

3. Die Sultaninen mit dem Orangensaft zum klein geschnittenen Obst geben, untermischen und ziehen lassen.

4. Den Ingwer schälen und fein reiben. Die Sahne mit den Schneebesen des Handrührgeräts steif schlagen, dabei den Kardamom, eine Prise Anis und zum Schluss den Ingwer dazugeben.

5. Den Obstsalat portionieren und mit der Ingwersahne garniert servieren.

Rote-Bete-Zitronen-Suppe mit Meerrettichnockerln

Für 4 Personen
4 kleine Rote-Bete-Knollen, Meersalz, 125 g saure Sahne, 2 Eigelb, 100 g Dinkel-Vollkornmehl, 1 TL geriebener Meerrettich, 2 EL Gartenkresse, Pfeffer aus der Mühle, geriebene Muskatnuss, 3 Frühlingszwiebeln, 1 große mehlige Kartoffel, 1 EL Rapsöl, 3/4 l Gemüsebrühe, gemahlener Kümmel, 2 EL Zitronensaft, Brunnenkresse

1. Die Roten Bete waschen und in Salzwasser etwa 50 Minuten weich kochen. Abgießen, abkühlen und klein schneiden.

2. Die Sahne mit den Eigelben verquirlen, Mehl, Meerrettich und Kresse unterrühren und mit Salz, Pfeffer und Muskat würzen. Die Masse etwas ruhen lassen.

3. Salzwasser aufkochen. Aus der Masse mit einem kalten Teelöffel Nockerln formen, ins Salzwasser geben, den Topf beiseite stellen und die Nockerl zugedeckt etwa 15 Minuten gar ziehen lassen.

4. Die Frühlingszwiebeln putzen und waschen, die Kartoffeln schälen. Beides klein schneiden und im Öl andünsten und in der Gemüsebrühe etwa 15 Minuten kochen.

5. Die Roten Bete mit der Suppe mit dem Stabmixer pürieren, mit Salz, Pfeffer, Kümmel und Zitronensaft abschmecken und mit der Sahne verfeinern. Die Suppe mit den Nockerln und der Brunnenkresse servieren.

 ## Kalbsmedaillons in Sauerampfersauce

Für 4 Personen
8 Kalbsmedaillons à 40 g (aus dem Filet), 1 Bund zarte junge Sauerampferblätter (etwa 40 g, falls nicht erhältlich 25 g Salbei oder Oregano), Meersalz, Pfeffer aus der Mühle, 1 EL Öl, 2 EL Butter, 80 g Sahne, 1 TL Zitronensaft, 1/8 l Basensauce (siehe Rezept Seite 306)

1. Das Fleisch waschen und mit Küchenpapier trockentupfen. Den Sauerampfer verlesen, waschen und gut abtropfen lassen. Den Sauerampfer in feine Streifen schneiden. Den Backofen auf 100 °C vorheizen.

2. Die Kalbsfiletscheiben mit Salz und Pfeffer würzen. Das Öl in einer beschichteten Pfanne erhitzen und die Medaillons auf jeder Seite knapp 2 Minuten braten, so dass sie innen noch leicht rosa sind. Die Kalbsmedaillons aus der Pfanne nehmen und im Backofen warm halten.

3. Die Butter im Bratfond zerlassen, den klein geschnittenen Sauerampfer und die Sahne dazugeben und die Sauce unter Rühren etwa 2 Minuten lang kochen. Die Sauce mit Zitronensaft, Salz und Pfeffer abschmecken und nach Belieben mit der Basensauce strecken.

4. Die Medaillons kurz in der Sauce ziehen lassen und nach Belieben mit gedämpftem Gemüse servieren.

Geschnetzeltes Schweinefilet mit Paprikaschoten

Für 4 Personen
1 Zwiebel, je 1/2 grüne, gelbe und rote Paprikaschote, 1 Rosmarinzweig, 400 g Schweinefilet, 2 Tomaten, Meersalz, Pfeffer aus der Mühle, 1 EL Rapsöl, 1/8 Liter Weißwein, 125 g Sahne, 1/8 l Basensauce (siehe Seite 306)

1. Die Zwiebel schälen und in feine Streifen schneiden. Die Paprikaschoten halbieren, entkernen und waschen. Die Tomaten ebenfalls waschen, beides in Würfel schneiden. Den Rosmarin waschen, trockenschütteln, die Nadeln abstreifen und grob hacken.

2. Das Schweinefilet von Häuten und Sehnen befreien, waschen und mit Küchenpapier trockentupfen. Das Fleisch in etwa 2 cm dicke Scheiben schneiden und mit Salz und Pfeffer würzen.

3. Die Filetscheiben im heißen Öl in einer Pfanne auf beiden Seiten anbraten, herausnehmen und warm halten.

4. Zwiebeln, Paprikaschoten und Rosmarin in der Pfanne anbraten, mit Weißwein ablöschen und kurz einkochen lassen. Sahne und Basensauce dazugeben und aufkochen, dann die Tomaten untermischen, abschmecken und das Fleisch dazugeben.

Lamm-Carpaccio mit Knoblauch-Dip

Für 4 Personen
400 g Lammfilet, 3 Knoblauchzehen, 1 Eigelb, 1 TL Leinöl-Senf, 150 ml kaltgepresstes Hanf- oder Rapsöl, 3 EL saure Sahne, EL Zitronensaft, Meersalz, Pfeffer aus der Mühle, 8 Zitronenmelisseblätter

1. Das Lammfilet von möglichen Häuten befreien, waschen und mit Küchenpapier trockentupfen. Das Fleisch in Frischhaltefolie wickeln und etwa 45 Minuten im Tiefkühlfach anfrieren lassen, damit es sich leichter schneiden lässt.

2. Für den Dip den Knoblauch schälen und sehr fein hacken. Das Eigelb und den Senf mit dem Schneebesen gut verrühren, dann das Öl tropfenweise unter ständigem Rühren dazugeben, bis die Mayonnaise dick wird. Zum Schluss die saure Sahne, den Zitronensaft und den Knoblauch unterrühren und mit Salz und Pfeffer abschmecken.

3. Das Lammfilet auf der Brotschneide- oder Aufschnittmaschine in hauchdünne Scheiben schneiden und auf großen Tellern anrichten. Die Zitronenmelisseblätter waschen und trockentupfen. Den Knoblauch-Dip über das angerichtete Carpaccio träufeln und mit Zitronenmelisse garniert servieren.

Roulade von der Putenbrust

Für 4 Personen
550 g Putenbrustfilet, 8 Mangoldblätter, 1 Stange Lauch, 1 Borretschstiel, 1 Rosmarinzweig, 4 Schalotten, 1 TL Olivenöl, 125 g Sahne, ⅛ Liter kalte Gemüsebrühe, Meersalz, Pfeffer aus der Mühle

1. Das Fleisch waschen und mit Küchenpapier trocknen, 250 g abwiegen, in feine Würfel schneiden und kalt stellen.

2. Die Mangoldblätter und den Lauch putzen, waschen und in kochendes Wasser tauchen. Auf einem Küchentuch ausbreiten. Die Kräuter waschen, trockenschütteln, die Blätter bzw. Nadeln abzupfen und fein hacken. Die Schalotten schälen, fein hacken und mit den Kräutern im Öl andünsten.

3. Das klein geschnittene Fleisch, die Sahne und die Gemüsebrühe pürieren. Die Schalotten-Kräuter-Mischung dazugeben und mit Salz und Pfeffer würzen.

4. Das restliche Fleisch in dünne Schnitzel schneiden und flach klopfen. Den Backofen auf 200 °C vorheizen. Die Fleischstücke auf einem großen Stück Alufolie ausbreiten, mit den Mangoldblättern belegen, mit der Farce bestreichen und mit den Lauchstreifen bedecken. Alles mithilfe der Folie zu einer straffen Roulade drehen und auf dem Grillrost ca. 25 Minuten garen. Die Roulade in Scheiben schneiden und servieren.

Gefüllte Kalbsschnitzel

Für 4 Personen
40 g Möhren, 40 g Zucchini, 40 g Blattspinat, Meersalz, 160 g Kalbshackfleisch, 80 g Sahne, 80 ml Gemüsebrühe, Pfeffer aus der Mühle, 400 g Kalbsschnitzel (aus dem Rücken), 1 TL Rapsöl

1. Die Möhre putzen und schälen, den Zucchino putzen und waschen. Beides in sehr feine Würfel schneiden und in wenig Wasser zugedeckt etwa 5 Minuten dünsten.

2. Den Blattspinat verlesen, harte Stiele entfernen, die Blätter waschen und abtropfen lassen. Salzwasser aufkochen, den Spinat kurz darin blanchieren, abgießen und gut abtropfen lassen.

3. Das Kalbshackfleisch mit der Sahne und der Gemüsebrühe fein pürieren. Die gedünsteten Gemüsewürfelchen untermischen und die Farce mit Salz und Pfeffer würzen.

4. Die Kalbsschnitzel waschen und mit Küchenpapier trockentupfen. Die Schnitzel mit den Spinatblättern belegen und mit der Farce bestreichen. Die Schnitzel zusammenklappen und mit Holzspießen fixieren.

5. Das Rapsöl in einer Pfanne erhitzen und die gefüllten Schnitzel bei mittlerer Hitze auf jeder Seite etwa 6 Minuten braten.

Roh gebeizter Lachs mit Koriander

Für 4 Personen
1 filetierter Lachs à etwa 1,5 kg (mit Haut), 40 g grobes Meersalz, 30 g brauner Zucker, 1 TL grob zerstoßene Pfefferkörner, 1 Bund frischer Dill, 60 ml trockener Weißwein, gemahlener Koriander, Pfeffer aus der Mühle

1. Die Seitengräten aus den Lachsfilets mit einer Pinzette vorsichtig herausziehen. Ein Lachsfilet mit der Hautseite nach unten in eine entsprechend große Form oder auf eine Platte mit Rand legen. Das Salz mit dem Zucker und dem grob zerstoßenen Pfeffer mischen und damit das Filet bestreuen.

2. Den Dill waschen, trockenschütteln, samt Stielen grob hacken und darüber streuen. Mit dem Weißwein beträufeln. Mit Koriander und Pfeffer würzen.

3. Das zweite, ebenso gewürzte Filet mit der Hautseite nach oben so darüber legen, dass das Schwanzende auf dem Kopfteil des unteren Filets liegt. Die Filets mit einem Brettchen leicht beschweren.

4. Den Lachs mit Frischhaltefolie bedeckt mindestens 48 Stunden im Kühlschrank ziehen lassen, währenddessen die Filets zweimal wenden.

5. Den Lachs mit einem Filetiermesser schräg in dünne Scheiben schneiden.

Matjeshering in Joghurt-Kräuter-Sauce

Für 4 Personen
4 Matjesheringfilets, 250 g Buttermilch, 1 hart gekochtes Ei, 1 säuerlicher Apfel (z. B. Braeburn oder Elstar), 1 Zwiebel, 1/2 Bund Dill, 1/2 Bund Petersilie, 1/2 Kästchen Gartenkresse, 150 g saure Sahne, 250 g Joghurt, 4 cl Gin, 60 ml Rote-Bete-Saft, Meersalz, Pfeffer aus der Mühle

1. Die Heringe waschen, mit Küchenpapier trockentupfen und in mundgerechte Stücke schneiden, in der Buttermilch einlegen und 30 Minuten ziehen lassen. Das hart gekochte Ei pellen und in feine Würfel schneiden.

2. Den Apfel waschen, vierteln, entkernen und fein blättrig schneiden. Die Zwiebel schälen und in feine Würfel schneiden. Die Kräuter waschen, die Blätter von den Stielen zupfen und fein hacken. Die Kresse mit einer Schere vom Beet schneiden, waschen und gut abtropfen lassen.

3. Saure Sahne und Joghurt verrühren, das Ei, den Apfel, die Zwiebel, den Gin, die Kräuter und den Rote-Bete-Saft untermischen und die Sauce mit Salz und Pfeffer abschmecken.

4. Die Matjesheringe mit etwas Buttermilch auf Teller verteilen, die rote Joghurt-Kräuter-Sauce dazu anrichten. Nach Belieben mit Dillspitzen garnieren.

Miesmuscheln in Weißweinsud

Für 4 Personen
1 kg Miesmuscheln, 30 g Möhren, 30 g Stangensellerie, 30 g Fenchel, 1/4 Bund Petersilie, 2 EL Butter, 1/8 Liter trockener Weißwein, Meersalz

1. Die Muscheln unter fließendem kaltem Wasser sauber bürsten und die Muschelbärte abschneiden. Offene Muscheln aussortieren und wegwerfen.

2. Die Möhre putzen und schälen, Sellerie und Fenchel putzen, waschen und in kleine Würfel schneiden. Die Petersilie waschen, trockenschütteln und die Blätter abzupfen.

3. Die Butter im Topf erhitzen, das Gemüse dazugeben und andünsten. Die Petersilienblätter kurz mitdünsten, den Weißwein angießen und mit etwas Salz würzen.

4. Die Miesmuscheln hinzufügen, den Deckel auflegen und die Muscheln 5 bis 8 Minuten garen, dabei den Topf immer wieder etwas rütteln.

5. Die Muscheln (nicht geöffnete wegwerfen!) samt Sud servieren und frisches Baguette und einen Salat dazu reichen.

TIPP: Wenn Sie keine Magenprobleme haben, können Sie auch klein gehackte Schalotten, etwas Knoblauch und frisch geriebenen Pfeffer zu diesem Rezept verwenden!

 ### Rotkleeaufstrich mit Tofu

Für 4 Personen
2 Handvoll frischer Rotklee, 1 Bund Gartenkresse, 250 g Tofu, 4 EL kaltgepresstes Olivenöl, Meersalz, Pfeffer aus der Mühle, evtl. Sojamilch, einige Rucolablätter

1. Den Rotklee waschen und gut abtropfen lassen. Die Gartenkresse mit einer Schere vom Beet schneiden, in einem kleinen Sieb waschen und ebenfalls gut abtropfen lassen.

2. Den Tofu grob zerkleinern und in einen Mixer oder die Küchenmaschine geben. Das Olivenöl, den Rotklee und die Gartenkresse dazugeben und alles fein pürieren.

3. Den Aufstrich mit Salz und Pfeffer würzen und bei Bedarf etwas Wasser oder Sojamilch untermischen, damit er geschmeidig wird. Den Aufstrich in eine Schüssel füllen und mit gewaschenen Rucolablättern garniert servieren.

TIPP: Statt Tofu können Sie auch Frischkäse aus Schafsmilch, milden Schafskäse oder Hüttenkäse verwenden.

Bärlauchaufstrich mit Oliven und Tofu

Für 4 Personen
2 Bund frischer Bärlauch, 100 g Tofu, 60 g entsteinte grüne oder schwarze Oliven, 40 g Ziegenfrischkäse, 2–3 EL kaltgepresstes Olivenöl, Meersalz, Pfeffer aus der Mühle

1. Den Bärlauch verlesen und die groben Stiele entfernen. Die Blätter waschen, trockenschleudern und in feine Streifen schneiden.

2. Den Tofu mit einer Gabel fein zerdrücken, die Oliven in kleine Würfel schneiden.

3. Den Tofu mit den Oliven, dem Ziegenfrischkäse und dem Olivenöl im Mixer oder in der Küchenmaschine fein pürieren.

4. Den klein geschnittenen Bärlauch mit einer Gabel untermischen und den Aufstrich mit Salz und Pfeffer abschmecken.

TIPP: Die Qualität der Oliven bestimmt maßgeblich den Geschmack! Am besten schmecken die griechischen. Der Aufstrich hält sich gut einige Tage im Kühlschrank. Ausgezeichnet dazu passt ein Dinkelfladen oder ein Vollkornbrot.

Schokoladen-Dessertcreme mit Zimt

Für 4 Personen
100 g Bitterschokolade, 1 Vanilleschote, 2 Eier, 1/4 l Milch, 2 TL Agar-Agar (oder 4 Blatt weiße Gelatine), 250 g Sahne, 1 schwach gehäufter TL Zimtpulver, Meersalz, Schlagsahne, Schokoladenspäne

1. Die Schokolade in kleine Stücke brechen oder schneiden und in einer Schüssel im heißen Wasserbad schmelzen. Die Vanilleschote der Länge nach aufschneiden und das Mark herauskratzen. Die Eier trennen.

2. Milch, Agar-Agar (oder eingeweichte und ausgedrückte Gelatine), Vanillemark und Eigelb in eine Metallschüssel geben, in ein heißes Wasserbad stellen und mit dem Schneebesen cremig aufschlagen. Die geschmolzene Schokolade und das Zimtpulver untermischen. In ein kaltes Wasserbad stellen und unter Rühren abkühlen lassen.

3. Das Eiweiß mit einer Prise Salz steif schlagen, die Sahne ebenfalls steif schlagen. Sobald die Creme zu gelieren beginnt, die Sahne und den Eischnee mit dem Schneebesen unterziehen. Die Schokoladencreme in Gläser füllen und kalt stellen.

4. Zum Servieren die Creme nach Belieben mit Sahnetupfern und Schokospänen garnieren und mit Zimtpulver bestreuen.

Frühlingskräutersuppe mit Kartoffeln und Oregano

Für 4 Personen
300 g mehlig kochende Kartoffeln, 1/2 Bund Frühlingszwiebeln, 2 EL Olivenöl, 1 l Gemüsebrühe, 50 g Bärlauch, 50 g Brunnenkresse, 8 Oreganostiele, 2 EL entsteinte grüne Oliven, 4 EL Sahne, Meersalz, Pfeffer aus der Mühle, geriebene Muskatnuss

1. Die Kartoffeln schälen, waschen und in kleine Würfel schneiden. Die Frühlingszwiebeln putzen, waschen und in Röllchen schneiden.

2. Das Olivenöl in einem Topf erhitzen und die Zwiebelringe darin anbraten. Die Kartoffelwürfel dazugeben und unter Rühren kurz anbraten. Die Brühe angießen, aufkochen und alles etwa 15 Minuten leicht kochen.

3. Den Bärlauch, die Brunnenkresse und den Oregano verlesen, waschen und trockenschütteln. Bärlauch und Brunnenkresse in feine Streifen schneiden, die Oreganoblätter abzupfen.

4. Die Oliven klein schneiden und mit der Sahne, dem Bärlauch und der Brunnenkresse zur Suppe geben. Die Kräutersuppe nach Belieben mit dem Stabmixer pürieren und mit Salz, Pfeffer und Muskat abschmecken. Auf Teller verteilen und mit den Oreganoblättern bestreuen.

 ### Thymian-Kartoffel-Gulasch mit Champignons

Für 4 Personen
400 g mehlig kochende Kartoffeln, 2 kleine Zwiebeln, je 1/2 rote und grüne Paprikaschote, 1 Bund Thymian, 2 EL Olivenöl, 2 EL Paprikapulver (edelsüß), 1 TL Gemüsestreuwürze, Meersalz, Pfeffer aus der Mühle, 150 g Champignons, 100 g Sahne, Dinkelmehl

1. Die Kartoffeln schälen, waschen und in Würfel schneiden. Die Zwiebeln schälen und in feine Würfel schneiden. Die Paprikaschoten entkernen, waschen und in Stücke schneiden. Den Thymian waschen, trockenschütteln und die Blättchen abstreifen.

2. Das Olivenöl in einem Topf erhitzen und die Zwiebelwürfel darin glasig dünsten. Die Paprikaschoten samt dem Paprikapulver dazugeben und unter Rühren mitdünsten.

3. Mit 1 Liter Wasser ablöschen, die Kartoffeln dazugeben und mit Streuwürze, Salz und Pfeffer würzen, die Thymianblättchen dazugeben, aufkochen und das Gulasch etwa 20 Minuten offen leicht kochen.

4. Die Pilze putzen, vierteln und 5 Minuten vor Garzeitende unter das Gulasch mischen. Das Gulasch mit der Sahne verfeinern, bei Bedarf mit in kaltem Wasser angerührtem Dinkelmehl binden und mit Salz und Pfeffer abschmecken.

Pesto aus frischem Bärlauch

Für 4 Personen
80 g Bärlauch, 80 g Petersilie, 100 g Parmesan, 20 g Pecorino, 2 EL Pinienkerne, je 3 EL kalt gepresstes Lein- und Olivenöl, etwa 1/4 l Gemüsebrühe

1. Den Bärlauch verlesen und dabei grobe Stiele entfernen. Die Blätter waschen und gut abtropfen lassen. Die Petersilie waschen, trockenschütteln und die Blätter von den Stielen zupfen. Die Bärlauch- und Petersilienblätter klein schneiden.

2. Den Parmesan und den Pecorino fein reiben. Die Pinienkerne mit den Kräutern und dem Öl in einen Mixer oder in die Küchenmaschine geben und fein zerkleinern.

3. Die Mischung in eine Schüssel geben und den geriebenen Käse mit einem Löffel untermischen. So viel Gemüsebrühe unterrühren, bis das Pesto eine cremige Konsistenz hat.

TIPP: Wer die Zeit und die Muße hat, bereitet das Pesto im Mörser und nicht im Mixer oder in der Küchenmaschine zu.

 ## Goldbrasse mit Kräutern in der Meersalzkruste

Für 4 Personen
1 küchenfertige Goldbrasse (Dorade) à etwa 1 kg, 2 große Rosmarinzweige, je 1/2 Bund Petersilie und Zitronenthymian, 1,5 kg grobes Meersalz, 4 Eiweiß, Pfeffer aus der Mühle

1. Die Dorade innen und außen waschen. Die Kräuter waschen und trockenschütteln. Die Petersilie und den Thymian in die Bauchhöhle der Dorade stecken und mit Pfeffer würzen. Die Rosmarinnadeln abstreifen. Den Backofen auf 200 °C vorheizen.

2. Das Salz in eine Schüssel geben, das Eiweiß leicht schaumig schlagen und unter das Salz rühren. Bei Bedarf etwas Wasser (50 bis 100 ml) dazugeben, so dass ein formbarer Teig entsteht.

3. Eine ausreichend große ovale ofenfeste Form mit hohem Rand mit einem Drittel der Salzmasse füllen, die Hälfte der Rosmarinnadeln darauf verteilen und die Dorade darauf legen. Mit dem restlichen Rosmarin und mit dem restlichen Salz bedecken und glattstreichen.

4. Die Dorade auf der mittleren Schiene im Backofen etwa 25 Minuten garen, in der Salzkruste servieren und erst bei Tisch aufbrechen.

TIPP: Auf die gleiche Weise kann man Hecht, Lachs, Wolfsbarsch oder Zander zubereiten.

Rosmarin-Basensuppe mit Kartoffeln und Gemüse

Für 4 Personen
1 kleine Möhre, 1 kleine Petersilienwurzel, 50 g Knollensellerie, 2 Kartoffeln, 1 l Gemüsebrühe (oder Wasser mit 1–2 TL pflanzlicher Streuwürze), 2 Rosmarinzweige, einige Kerbel- und Zitronenmelisseblätter, 1 EL saure Sahne, Meersalz, geriebene Muskatnuss

1. Die Möhre, die Petersilienwurzel und den Sellerie schälen und in kleine Würfel schneiden. Die Kartoffeln schälen, waschen und ebenfalls in kleine Stücke schneiden.

2. Die Gemüse- und Kartoffelwürfel in einen großen Topf geben, die Gemüsebrühe angießen, salzen und zum Kochen bringen. Die Suppe zugedeckt etwa 15 Minuten leicht kochen.

3. Die Kräuter waschen, trockenschütteln und die Rosmarinnadeln bzw. die Blättchen sehr fein hacken.

4. Die Suppe mit dem Stabmixer pürieren und dabei die saure Sahne untermixen. Die Basensuppe mit Salz und Muskat abschmecken und mit den fein gehackten Kräutern bestreut servieren.

TIPP: Zum Würzen der Basensuppen eignen sich speziell im Winter alle in Öl eingelegten Frischkräuter.

 ## Quarkaufstrich mit frischer Zitronenmelisse

Für 4 Personen
150 g Speisequark (20% Fett), 100 g fettreduzierter Frischkäse, 4 EL Kuh-, Schafs- oder Ziegenmilch, 1 Prise Meersalz, 4 Stiele Zitronenmelisse, 1 kleine Möhre, 1/4 gelbe Paprikaschote

1. Den Quark mit dem Frischkäse und der Milch in einer Schüssel mit dem Schneebesen glattrühren und mit Salz würzen.

2. Die Melisse waschen, trockenschütteln, die Blätter von den Stielen zupfen und fein hacken. Die fein gehackten Kräuter unter den Aufstrich mischen und kalt stellen.

3. Die Möhre putzen und schälen, die Paprikaschote entkernen und waschen. Beides in möglichst feine Würfel schneiden.

4. Den Kräuteraufstrich mit einem Eisportionierer formen, auf kleinen Tellern anrichten und mit den Gemüsewürfelchen bestreuen. Dazu passt das in Scheiben geschnittene Bierbrot.

TIPP: Dieser Aufstrich hält sich im Kühlschrank aufbewahrt gut 2 bis 3 Tage. Anstelle von Milch können Sie auch saure Sahne zum Verdünnen nehmen!

Heiße Gewürzmilch mit Zimt und Ingwer

Für 4 Personen
1 kleines Stück Ingwer, ½ l Milch (3,5 % Fett), 1 Msp. Zimtpulver, 1 TL brauner Rohrzucker oder Honig

1. Den Ingwer schälen und sehr fein hacken oder alternativ durch die Knoblauchpresse drücken.

2. Die Milch in einen Topf füllen, den Ingwer und das Zimtpulver dazugeben und zum Kochen bringen.

3. Die Milch auf Gläser oder Tassen verteilen, den Zucker oder Honig einrühren und die heiße Milch langsam löffeln, nicht trinken! Sie wärmt hervorragend von innen.

TIPP: Zur Abwechslung können Sie dieses Rezept auch mit frischer Schafs- oder Ziegenmilch zubereiten. Als Basis eignen sich aber auch Reis-, Hafer- oder Kokosmilch.

 ### Luftige Apfelcreme mit feinem Zimtaroma

Für 4 Personen
500 g säuerliche Äpfel (z. B. Braeburn oder Elstar), 1 TL Zitronensaft, Meersalz, 2 TL Zimtpulver, 125 g Sahne, 8 kleine Minze- oder Zitronenmelisseblätter, 4 kleine Zimtstangen

1. Die Äpfel vierteln, entkernen, schälen und in kleine Würfel schneiden. Die Apfelwürfel mit dem Zitronensaft und einer Prise Meersalz in einen Topf geben und zugedeckt etwa 10 Minuten weich dünsten.

2. Die gegarten Äpfel mit dem Zimt aromatisieren, anschließend mit dem Stabmixer fein pürieren und die Masse erkalten lassen.

3. Die Sahne mit dem Handrührgerät steif schlagen und mit dem Schneebesen unter die erkalteten Äpfel ziehen.

4. Die Apfelcreme in 4 kleine Gläser oder Schälchen füllen und kurz kalt stellen. Die Kräuterblätter waschen und mit Küchenpapier trockentupfen. Die luftige Apfelcreme mit den Kräuterblätter und den Zimtstangen garniert servieren.

TIPP: Sehr gut schmeckt diese Creme auch, wenn die Äpfel mit der Schale im Backofen gebraten und nach dem Erkalten ausgehöhlt und püriert werden. Die Creme kann auch zur Hälfte mit klein geschnittenem, weichgedämpftem und püriertem Rhabarber (Rhabarbermus) gemischt werden.

Knoblauchsuppe mit gerösteten Brotwürfeln

Für 4 Personen
1 große Gemüsezwiebel, 10 Knoblauchzehen, 2 EL Olivenöl, 2 EL Butter, 2 gehäufte EL Dinkel-Vollkornmehl, ½ l Gemüsebrühe, ½ l Milch, 125 g Sahne, 2 Scheiben Vollkornbrot, ¼ Bund Petersilie, Meersalz, Pfeffer aus der Mühle

1. Die Zwiebel und den Knoblauch schälen und in feine Würfel schneiden. Das Öl und die Butter in einem Topf erhitzen und die Zwiebel- und Knoblauchwürfel darin unter Rühren glasig dünsten.

2. Das Mehl darüberstäuben und unter Rühren anschwitzen. Mit der Gemüsebrühe, der Milch und der Sahne ablöschen und zum Kochen bringen. Etwa 15 Minuten leicht kochen.

3. Die Vollkornbrotscheiben im Toaster rösten und in Würfel schneiden. Die Petersilie waschen, trockenschütteln, die Blätter von den Stielen zupfen und fein hacken.

4. Die Suppe mit dem Stabmixer pürieren, mit Salz und Pfeffer abschmecken, dann die Petersilie unterrühren. Auf Teller verteilen und mit den Brotwürfeln bestreuen.

Pellkartoffeln mit Schnittlauchquark und Leinöl

Für 4 Personen
750 g vorwiegend fest kochende Kartoffeln, 250 g Magerquark, 6 EL Milch, 1 Bund Schnittlauch, Zitronensaft, Meersalz, Pfeffer aus der Mühle, 2 EL Leinöl

1. Die Kartoffeln gründlich waschen, bei Bedarf abbürsten und in einen Topf mit Wasser geben. Die Kartoffeln rasch zum Kochen bringen und zugedeckt bei mittlerer Hitze je nach Größe 30 bis 45 Minuten kochen.

2. Den Quark mit der Milch in einer Schüssel cremig rühren. Den Schnittlauch waschen, trockenschütteln und in Röllchen schneiden. Den Schnittlauch unter den Quark mischen und mit Zitronensaft, Salz und Pfeffer würzen.

3. Die Kartoffeln abgießen und kurz offen abdämpfen lassen. Die Pellkartoffeln mit dem Schnittlauchquark auf Tellern anrichten und mit etwas Leinöl beträufeln.

TIPP: Dieses »Arme-Leute-Essen« ist leicht bekömmlich und eignet sich daher besonders bei Magen-Darm-Beschwerden!

DIE PRAXIS DER KLOSTERHEILKUNDE

Linomel-Sanddorn-Müsli mit Banane

Für 4 Personen
40 g Linomel (geschroteter Leinsamen mit Berberitze und Honig), 100 g Magerquark, 150 g saure Sahne, 2 EL Milch, 1 TL Honig, 2 EL Leinöl (oder ein anders kaltgepresstes Pflanzenöl), 1 große Banane, 2 EL mit Honig gesüßtes Sanddornmark

1. Den geschroteten Leinsamen auf 4 kleine Dessertschalen verteilen.

2. In einer Schüssel den Quark mit der sauren Sahne, der Milch, dem Honig und dem Öl mit dem Schneebesen cremig rühren.

3. Die Quarkcreme auf dem Linomel verteilen. Die Banane schälen, in feine Scheiben schneiden und darauf legen.

4. Das Müsli mit dem Sanddornmark beträufeln und sofort servieren.

TIPP: Sollten Sie das Linomel nicht bekommen, können Sie für das Müsli auch eine Mischung aus geschrotetem Leinsamen und geröstetem Sesam verwenden und eventuell mit etwas Honig nachsüßen.

Gemüsequiche mit Hefeflocken

Für 8 Stück
200 g Dinkel-Vollkornmehl, 140 g Halbfettbutter, Meersalz, 200 g Zucchini, 200 g Tomaten, 100 g Champignons, je 2 Salbei- und Thymianstiele, Fett für die Form, 80 g geriebener Hartkäse (Magerstufe), 80 g saure Sahne, 100 g Sahne, 3 Eier, 2 EL Hefeflocken

1. Das Mehl auf die Arbeitsfläche häufen. 100 g Butter in kleinen Stücken, 4 EL Wasser und etwas Salz dazugeben und alles zum glatten Teig verkneten. In Frischhaltefolie gewickelt 1 Stunde kalt stellen.

2. Zucchini putzen, waschen, in Scheiben schneiden. Tomaten einritzen, überbrühen, häuten, entkernen und in Würfel schneiden. Champignons putzen und in Scheiben schneiden. Kräuter waschen, trocknen und fein hacken. Die restliche Butter zerlassen, das Gemüse darin 2 bis 3 Minuten andünsten, salzen und die Kräuter untermischen, abkühlen lassen. Dem Backofen auf 200 °C vorheizen.

3. Eine Springform (26 cm) einfetten. Den Teig auf der bemehlten Arbeitsfläche ca. 4 mm dick und größer als die Form ausrollen. In die Form geben, den Rand hochziehen und festdrücken. Den Boden einstechen. Das Gemüse auf den Teig geben, mit Käse bestreuen. Saure Sahne mit Sahne und Eiern verquirlen und darüber gießen. Die Quiche im Backofen etwa 40 Minuten backen. Mit den Hefeflocken bestreuen.

Amarant-Leinsamen-Brei mit Banane

Für 4 Personen
½ l Milch, 8 EL frisch gemahlener Amarant, 4 EL geschroteter Leinsamen, 1 EL Butter, Zimtpulver, Meersalz, 2 Bananen, 8 Minzeblätter

1. Die Milch mit dem Amanrant und dem Leinsamen in einen Topf geben und unter Rühren langsam aufkochen.

2. Die Butter, etwas Zimt und eine Prise Salz dazugeben und etwa 5 Minuten bei kleiner Hitze quellen lassen.

3. Die Bananen schälen und 8 dünne Scheiben abschneiden. Den Rest der Bananen in einem Suppenteller mit einer Gabel zerdrücken. Das Bananenmus unter den Getreidebrei mischen.

4. Die Minze waschen und mit Küchenpapier trockentupfen. Den Amarantbrei auf Teller oder Schälchen verteilen und mit den Bananenscheiben und der Minze garnieren.

TIPP: Für diesen Getreidebrei können Sie auch Mais- oder Reismehl verwenden, Getreideflocken eignen sich ebenfalls.

Kürbis-Kartoffel-Suppe mit frischem Ingwer

Für 4 Personen
250 g Muskatkürbis, 2 kleine Kartoffeln, 3 Frühlingszwiebeln, 2 EL Butter, 1 l Gemüsebrühe, 2 EL Kürbiskerne, 1 EL Majoranblätter, 1 haselnussgroßes Stück Ingwer, 2 EL Sahne, 2 EL Kürbiskernöl, Meersalz, Pfeffer aus der Mühle, geriebene Muskatnuss, gemahlener Kümmel

1. Den Kürbis schälen und entkernen. Die Kartoffeln schälen und waschen, beides in kleine Würfel schneiden. Die Frühlingszwiebeln putzen, waschen und in Röllchen schneiden.

2. Die Butter in einem Topf erhitzen und die Zwiebeln darin andünsten, die Kürbis- und Kartoffelwürfel dazugeben, kurz mitdünsten, dann die Gemüsebrühe angießen und die Suppe etwa 15 Minuten leicht kochen.

3. Die Kürbiskerne in einer Pfanne ohne Fett anrösten, beiseite stellen und grob hacken. Die Majoranblättern waschen und trockentupfen. Den Ingwer schälen und fein reiben.

4. Die Sahne, das Kürbiskernöl, die Hälfte der Majoranblätter und den Ingwer zur Suppe geben und mit dem Stabmixer pürieren.

5. Die Suppe mit Salz, Pfeffer, Muskat und Kümmel abschmecken und mit den gerösteten Kürbiskernen und den Majoranblättern bestreut servieren.

Rotklee-Erbsen-Suppe mit Croûtons

Für 4 Personen
2 Scheiben Schwarzbrot, 1 EL Butter, 2 EL frischer Rotklee, 3 Schalotten, 2 EL Rapsöl, 500 g Erbsen (tiefgekühlt), 700 ml Gemüsebrühe, 125 g Sahne, Meersalz, Pfeffer aus der Mühle, geriebene Muskatnuss

1. Die Brotscheiben in kleine Würfel schneiden und in der zerlassenen Butter in einer Pfanne unter Rühren anrösten. Beiseite stellen.

2. Den Rotklee in einem kleinen Sieb waschen und gut abtropfen lassen. Die Schalotten schälen und in feine Würfel schneiden.

3. Das Rapsöl in einem Topf erhitzen und die Schalottenwürfel darin andünsten. Die Erbsen dazugeben, die Brühe angießen und die Suppe etwa 5 Minuten leicht kochen.

4. Die Erbsensuppe mit dem Rotklee und der Sahne im Mixer (geht nicht mit dem Stabmixer!) fein pürieren und mit Salz, Pfeffer und Muskat abschmecken. Auf Teller verteilen und mit den Croûtons bestreut servieren. Nach Belieben mit Rotklee garnieren

TIPP: Sie können die Suppe auch aus getrockneten Erbsen zubereiten, die allerdings über Nacht eingeweicht und länger gekocht werden müssen.

Pesto aus frischem Rotklee

Für 8 Personen
150 g Pinienkerne, 5 Knoblauchzehen, 100 g frischer Rotklee, 150 g Basilikum, ¼ l natives Olivenöl extra, Meersalz, Pfeffer aus der Mühle

1. Die Pinienkerne in einer Pfanne ohne Fett unter Rühren anrösten und beiseite stellen. Den Knoblauch schälen und halbieren.

2. Den Rotklee und das Basilikum waschen, mit Küchenpapier trockentupfen und die Blätter von den Stielen zupfen.

3. Die Pinienkerne, den Knoblauch, den Rotklee und das Basilikum mit dem Öl in einen Mixer oder in die Küchenmaschine geben und fein pürieren.

4. Das Rotklee-Pesto mit Salz und Pfeffer würzen und in Schraubgläser füllen. Mit etwas Olivenöl bedecken und die Gläser fest verschließen.

TIPP: Bei diesem Rezept lohnt es sich, die doppelte Menge zuzubereiten, das spart Arbeit und Zeit. Das Pesto hält sich im Kühlschrank aufbewahrt gut eine Woche lang.

Eiersalat mit frisch geriebenem Meerrettich

Für 4 Personen
6 Eier, 1 kleine Schalotte, 2 EL Apfelessig, Meersalz, Pfeffer aus der Mühle, 2 EL kaltgepresstes Olivenöl, etwa 20 g frische Meerrettichwurzel

1. In einem kleinen Topf Wasser zum Kochen bringen. Die Eier anpiksen, in das kochende Wasser geben und 8 Minuten kochen.

2. Die Eier abgießen und mit kaltem Wasser abschrecken. Die Eier erkalten lassen, schälen und achteln.

3. Die Schalotte schälen, in sehr feine Würfel schneiden und eine kleine Schüssel geben. Essig, Salz, Pfeffer und Öl dazugeben und gut verrühren. Den Meerrettich schälen, fein dazureiben und gut untermischen.

4. Die geachtelten Eier mit dem Meerrettich-Dressing mischen und servieren.

TIPP: Sie können diesen Eiersalat auch fein pürieren und zusammen mit Kartoffeln als Beilage zu Gemüse, Fleisch oder Fisch reichen.

 ## Feine Mousse aus Zartbitterschokolade

Für 4 Personen
225 g Sahne, 75 g Zartbitterschokolade, 1 Ei, 1 Eigelb, 1 EL brauner Zucker, 1 TL Weinbrand, Schokoladenspäne

1. Die Sahne mit den Schneebesen des Handrührgeräts steif schlagen und kalt stellen.

2. Die Schokolade in kleine Stücke brechen oder schneiden und in einer Schüssel in einem heißen Wasserbad schmelzen.

3. Das Ei, das Eigelb und den Zucker in eine Metallschüssel geben, in ein heißes Wasserbad stellen und mit dem Schneebesen cremig aufschlagen. In eine kaltes Wasserbad stellen und unter Rühren abkühlen lassen.

4. Etwa ein Drittel der Sahne, die geschmolzene Schokolade, den Weinbrand und ein Drittel der Eiermasse kräftig verrühren, dann die restliche Sahne und Eimasse mit dem Schneebesen unterziehen.

5. Die Schokoladenmousse in Gläser füllen und 1 Stunde kalt stellen. Nach Belieben mit Schokospänen garniert servieren.

TIPP: Sie können diese Masse auch in eine Schüssel geben, fest werden lassen und mit einem Eisportionierer anrichten!

Kaffeecreme mit Minze

Für 4 Personen
2 Eier, 1/4 l Milch, 4 EL Instant-Kaffee, 3 EL Honig, 2 TL Agar-Agar-Pulver (oder 3 Blatt weiße Gelatine), 2 Msp. gemahlene Vanille (aus dem Reformhaus), Meersalz, 250 g Schlagrahm (Sahne 10% Fett), Minze

1. Die Eier trennen. Milch, Kaffeepulver, Honig, Agar-Agar oder die in kaltem Wasser eingeweichten und ausgedrückten Gelatineblätter, Eigelb und Vanillepulver in eine Schüssel geben und mit dem Schneebesen in einem heißen Wasserbad cremig aufschlagen.

2. Die Creme in ein kaltes Wasserbad setzen und so lange mit dem Schneebesen rühren, bis sie nahezu erkaltet ist.

3. Das Eiweiß mit einer Prise Salz mit dem Handrührgerät steif schlagen. Die Sahne ebenfalls steif schlagen. Sobald die Creme zu gelieren beginnt, zuerst zwei Drittel der Sahne, dann den Eischnee mit dem Schneebesen unter die Creme ziehen.

4. Die Creme in 4 kleine Gläser füllen und 2 Stunden kalt stellen. Vor dem Servieren mit Sahnetupfern und Minze garnieren.

TIPP: Zu dieser Creme können Sie ein Beerenmus oder -püree reichen oder eine schnelle Fruchtsauce aus mit Wasser verdünnter Marmelade.

Löwenzahn-Sauerampfer-Salat mit Ei und Radieschen

Für 4 Personen
4 Eier, 250 g Löwenzahn, 1 Bund junger Sauerampfer, 2 Frühlingszwiebeln, 1 Bund Radieschen, 2 EL Apfelessig, 1 TL mittelscharfer Senf, 1/2 TL brauner Rohrzucker, Meersalz, Pfeffer aus der Mühle, 4 EL natives Olivenöl extra

1. Die Eier anpiksen, in kochendes Wasser legen und etwa 8 Minuten kochen. Die Eier abgießen, kalt abschrecken und gut abkühlen lassen.

2. Den Löwenzahn und den Sauerampfer verlesen, dabei grobe Stiele entfernen. Die Blätter waschen und gut abtropfen lassen.

3. Die Frühlingszwiebeln und die Radieschen putzen, waschen und beides in Scheiben schneiden. Mit dem Löwenzahn und dem Sauerampfer in einer Salatschüssel durchmischen.

4. Für das Dressing den Essig mit Senf, Zucker, Salz und Pfeffer mit dem Schneebesen verrühren, dann das Öl untermischen. Die Eier pellen und der Länge nach vierteln.

5. Das Dressing über den Salat geben und alles gut vermischen. Auf großen Tellern anrichten und mit den geviertelten Eiern garniert servieren.

Personen und Werke

Albertus Magnus

Der Dominikaner Albertus (geb. 1196 oder um 1206 in Lauingen/Schwaben, gest. 1280 in Köln) erwarb seinen Doktortitel in Paris und lehrte an mehreren Dominikanerklöstern, bis er 1248 als Leiter für das neu gegründete »studium generale et solemne« in Köln berufen wurde. Schon zu Lebzeiten hieß er »Doctor universalis«, woher der Beinahme »Magnus« (der Große) kommt, ist unklar. 1622 wurde er selig und 1931 durch Papst Pius XI. heilig gesprochen. Neben theologischen und philosophischen Schriften verfasste Albertus Magnus ein vielbändiges zoologisches (›De animalibus‹) und ein botanisches Werk (›De vegetabilibus‹) in sieben Büchern. Für seine Pflanzenkunde verband er das botanische Wissen antiker Autoren mit Lehrmeinungen aus → Avicennas Schriften und dem ›Circa instans‹, ließ jedoch auch viele auf eigener Erfahrung und Anschauung beruhende Informationen mit einfließen. Albertus Magnus gilt daher als einer der bedeutendsten Naturforscher des Mittelalters.

Al-Wafid

Der lateinische Name von Al-Wafid (997 bis 1074) lautet Abenguefit. Er arbeitete im spanischen Toledo als Arzt und Pharmakologe. Sein wichtigstes Werk ist der ›Aggregator‹, eine Sammlung einfacher Arzneimittel. Das Buch basiert auf den Kenntnissen von Galen und Dioskurides sowie auf eigenen Erfahrungen, wobei er den Einsatz möglichst einfacher Drogen bevorzugt. Teile seines Werks wurden in das Lateinische übersetzt.

Arnald von Montpellier

Der Leibarzt verschiedener Päpste ist auch unter den Namen Arnaldus Bachuone und Arnaldus von Montpellier bekannt. Geboren in Villanova (Aragon) lebte er etwa in der Zeit von 1235 bis 1325. Er studierte bei Casamila in Barcelona Medizin und Philosophie. Sein bekanntestes Werk ist der ›Rosarius philosophorum‹.

Für den König von Aragon schrieb er ein Gesundheitsregimen mit dem Titel ›Regimen sanitatis ad regem Aragonum‹, das zum Vorbild für viele weitere Werke ähnlicher Art gerade auch in Deutschland wurde.

Avicenna

Avicenna ist der lateinische Name für den persischen Gelehrten Abu Ali al-Hussein Ibn Abdallah Ibn Sina, geb. zwischen 973 und 980 in Buchara/Usbekistan, gestorben 1037 im persischen Hamadan. Er gilt als der universelle Wissenschaftler, Philosoph und Arzt des islamischen Ostens im Mittelalter. Seine Schriften in arabischer (und zum Teil persischer) Sprache verarbeiten neben griechischen und lateinischen Autoren auch arabische Quellen, sein Ruhm in der Medizin beruht auf insgesamt ungefähr 40 Werken, als deren wichtigstes man den fünfbändigen ›Canon medicinae‹ bezeichnen kann. Wegen seiner Systematik und übersichtlichen Darstellung war dieses Werk in lateinischen, hebräischen und anderen landessprachlichen Übersetzungen für die damalige Zeit grundlegend und wurde nach Erfindung des Buchdrucks bis ins 17. Jahrhundert nachgedruckt.

Breslauer Arzneibuch

Das Breslauer Arzneibuch ist ein Sammelwerk deutschsprachiger Medizinliteratur mit Texten aus dem 12. und 13. Jh., darin befinden sich u. a. das ›Deutsche Salertanische Arzneibuch‹, die ›Freiberger Arzneimittellehre‹ und ein Pflanzenglossar mit deutschen und lateinischen Bezeichnungen.

Cato (Marcus Portius Cato der Ältere)

Cato (234 bis 149 v. Chr.) war römischer Feldherr, Staatsmann und Schriftsteller. Das bekannteste seiner Werke ist eine Prosaschrift über die Landwirtschaft: ›De agri cultura (De re rustica)‹, ›Der Landbau‹. Darin berichtet er über eigene Erfahrungen als Landwirt und über Mitteilungen von Zeitgenossen. Im Wesentlichen ist dieses Buch auf die Wirtschaftlichkeit des Landbaus ausgelegt. Man findet darin aber auch Heilmittel, Zauberformeln und Kochrezepte.

Constantinus Africanus

Der vermutlich in Karthago geborene Constantinus Africanus (um 1010/15 bis 1087) lebte lange in Kairo, reiste fast 40 Jahre durch den Mittelmeerraum und den Vorderen Orient, um sich anschließend in Tunesien niederzulassen. 1057 floh er nach Salerno und trat er in das Benediktinerkloster Monte Cassino ein. Er übersetzte viele arabische und griechische Werke ins Lateinische und begründete so die lateinische Fachsprache der Medizin. Sein Buch ›Liber de gradibus‹ ordnet die Arzneipflanzen und Mineralien nach den Intensitätsgraden ihrer Wirkung. Es war grundlegend für die Entwicklung der Kräuterheilkunde an der Medizinschule von Salerno und Vorbild für das ›Circa instans‹, die wichtigste Arzneilehre des europäischen Mittelalters.

Ibn Butlan

Ibn Butlan (oft auch Ibn Botlan genannt) wurde Ende des 10. Jahrhunderts in Bagdad geboren. Er widmete sich medizinischen Studien und begründete die Tradition der Gesundheitsbücher in Tabellenform. Sein tabellarisches Werk, das ›Taqwim as-sihha‹ wurde später in die lateinische Sprache übertragen und erfreute sich als ›Tacuinum sanitatis in medicina‹ in Europa überaus großer Beliebtheit. In ihrer ursprünglichen Form waren diese »Schachtafeln der Gesundheit« ohne Abbildungen, später jedoch wurden ihnen farbige Bilder hinzugefügt. Die Tafeln umfassen nicht nur Heilpflanzen, sondern alle Bereiche der Gesundheit, zu denen schon zur damaligen Zeit neben der Ernährung auch die körperliche Betätigung und eine gesunde Lebensführung gehörten. Ibn Butlan starb im Jahr 1066 in einem Kloster in Antiochia. Ob er vom Islam zum Christentum wechselte, ist nicht geklärt, in jedem Fall gab er sein medizinisches Wissen weiter.

Dioskurides

Der Grieche Pedanios Dioskurides (1. Jh. n. Chr.) stammte aus dem kleinasiatischen Anazarbos und war Militärarzt unter den römischen Kaisern Claudius und Nero. Wohl in den Jahren 60 bis 70 n. Chr. verfasste er ein fünfbändiges Buch (›Peri hyles iatrikes‹, lat. ›Materia medica‹), das als das bedeutendste pharmazeutische Werk der Antike gilt und bis weit in die Neuzeit Einfluss auf die Arzneimittellehre genommen hat. Er führte darin alle bis dahin bekannten pflanzlichen, tierischen und mineralischen Heilmittel auf, beschrieb sie sehr sorgfältig und versah die verschiedenen Heilmittel mit genauen Ausführungen zu Indikation, Dosierung und Wirkung. Dioskurides wurde zu einem der meistkopierten, -übersetzten und am häufigsten bearbeiteten Medizinautoren bis in die Neuzeit.

Elsässisches Arzneibuch

Das ›Elsässische Arzneibuch‹ ist 1418 entstanden und wurde 1422 erweitert. Es besteht aus einer in Straßburg erstellten Zusammenfassung aller bis dahin vorliegenden deutschen Texte zur Medizin, so → Ortolf von Baierland, → Konrad von Megenberg und vieler anderer Quellen.

Fuchs, Leonhart

Fuchs lehrte als Professor der Medizin in Ingolstadt und Tübingen. Sein Kräuterbuch ist durch seine Vollständigkeit und Systematik anderen zeitgenössischen Werken überlegen.

Galen von Pergamon

Als unumstrittene medizinische und naturphilosophische Autorität bis in die Neuzeit gilt der in Pergamon (Kleinasien) geborene griechische Mediziner Galen (129 bis etwa 200). Erst Gladiatorenarzt in Pergamon, wurde er später zeitweilig zum Leibarzt Kaiser Marc Aurels in Rom. Als Autor von medizinischen und philosophischen Schriften hinterließ er ein sehr großes Werk, das die damalige Literatur wissenschaftlich auswertet, von → Hippokrates bis zur antiken Lehre von den vier Säften. Auch für die Klosterheilkunde waren Galens Schriften in Übersetzungen und Bearbeitungen eine wichtige Grundlage.

Gart der Gesundheit

Das ›Circa instans‹ aus Salerno ist die Grundlage des Kräuterbuchs von Johann Wonnecke von Kaub, ›Gart der Gesundheit‹, entstanden zwischen 1480 und 1485. Wonnecke war Stadtarzt von Mainz, später dann in Frankfurt. Sein Buch, 1485 verlegt und gedruckt, ist der erste bekannte Druck eines Kräuterbuchs mit Pflanzendarstellungen nach der Erfindung des Buchdrucks.

Hildegard von Bingen

Hildegard von Bingen kam schon im 8. Lebensjahr ins Kloster, wurde mit 16 Jahren Nonne, begann aber erst mit 43 Jahren als Äbtissin zu schreiben. Sie verfasste zwischen 1150 und 1160 den ›Liber subtilitatum diversarum naturarum creaturarum‹, ein Werk zur Natur- und Heilkunde, das erst 1533 in die Titel ›Physica‹ und ›Causae et curae‹ geteilt wurde. Die ›Physica‹ behandelt die Wirkung von Heilmitteln auf den Menschen, während die ›Causae et curae‹ die Physiologie und Pathologie des Menschen zum Thema haben. Hildegard wich in ihrer mystischen Weltanschauung und der Darstellung von Heilwirkungen häufig stark von den antiken und zeitgenössischen Medizinern ab. Sie starb 1179 in ihrem Kloster. Die Nachwirkung ihrer Schriften war eher gering, wohl auch weil etwa gleichzeitig die drogenkundlichen Werke der Schule von Salerno überall Verbreitung fanden.

Hippokrates

Der wichtigste Arzt des griechischen Altertums war Hippokrates (um 460 bis ca. 370 v. Chr.), der der medizinischen Schule von Kos vorstand und dort als Arzt und Autor wirkte. Nach ihm wurde der ›Corpus hippocraticum‹ benannt, eine Sammlung der Schriften der Ärzteschule von Kos. Sein Name ist durch den Hippokratischen Eid der Ärzte bis heute bekannt.

Hortulus → Walahfrid Strabo

Joachim Camerarius

Der Sohn des Philosophen Johann Camerarius d. Ä. lebte von 1534 bis 1598, er war Arzt, Botaniker und Naturforscher. In Nürnberg war er als Arzt und Botaniker tätig und verfasste ein Kräuterbuch, das ›Camerarius Florilegium‹.

Johannes Platearius

Johannes Platearius der Jüngere lebte in der ersten Hälfte des 12. Jh. Bereits sein gleichnamiger Vater war ein bekannter Arzt, der nur durch die Zitate bei seinem Sohn bekannt ist. Dieser schrieb um 1130 bis 1140 sein Werk ›Therapien‹, die lateinisch ›Curae‹ oder auch ›Practica brevis‹ genannt wurden. Hier werden 72 Krankheiten nach ihrer Entstehung, den Symptomen und den Therapien beschrieben.

Konrad von Eichstätt

Konrad von Eichstätt wurde gegen 1275 als Sohn des Eichstätter Richters Hiltbrandt geboren und starb August 1342. Kurz nach 1300 ließ er sich in Eichstätt als Arzt nieder. Bedeutung erlangte er vor allem durch den ›Tractatus de regimine sanitatis‹, ein großes Gesundheitsregimen, das er nach dem Studium der großen arabischen Regimen verfaßte. Dabei orientierte er sich an den »sex res non naturalis«. Unter dem Titel ›Sanitatis conservator« (Erhalter der Gesundheit) erschien eine Kurzfassung. Seine lateinischen Schriften wurden die Hauptquelle für alle weiteren Gesundheitsregimen in Deutschland.

Konrad von Megenberg

Konrad von Megenberg (1309 bis 1374) stammte aus Mainfranken, er lernte und lehrte in Paris. Er wurde zum Rektor der Wiener Domschule berufen und war ab 1348 Domherr in Regensburg, wo er als Lehrer und Autor wirkte. Sein wichtigstes naturwissenschaftliches Werk in deutscher Sprache ist das ›Buch der Natur‹ (um 1350, eine Bearbeitung des ›Liber de natura rerum‹ des Dominikaners Thomas von Cantimpré). Dieses sehr eigenständige Werk erfuhr eine große Verbreitung als ein auch für Laien verständliches medizinisches Handbuch.

Kräuterbuch

Das ›Kräuterbuch‹ (früher als ›Kreüterbuch‹ bezeichnet) des Adam Lonitzer (Frankfurt 1557) ist eine stark erweiterte und verbesserte Fassung des → ›Gart der Gesundheit‹. Lonitzer war wie Wonnecke von Kaub Stadtarzt in Frankfurt am Main, dürfte sich also aufgrund der räumlichen Nähe und des zeitlichen Abstands zu einer Bearbeitung berufen gefühlt haben.

Leipziger Drogenkunde

Die ›Leipziger Drogenkunde‹ (›Von den einveldigen Arzneien‹, auch als ›Leipziger Kräuterbuch‹ bezeichnet) ist in einem sächsischen Kloster um 1435 entstanden. Es besteht aus einer vollständigen Übersetzung der salernitanischen Arzneimittellehre → ›Circa instans‹, in die zahllose Auszüge aus mindestens vier weiteren Quellen eingearbeitet wurden, darunter der ›Liber de gradibus‹ des → Constantinus Africanus und eine deutsche Übersetzung des ›Macer floridus‹ und des ›Aggergator‹ des → Al-Wafid.

Lorscher Arzneibuch

Ein bedeutendes Zeugnis der Klostermedizin aus der Zeit Karls des Großen ist das ›Lorscher Arzneibuch‹ (entstanden um 795), das auf 150 Seiten medizinisch-pharmazeutischen Texten einen Einblick in die damalige Heilkunde bietet. Neben den umfangreichen Pflanzenlisten weist das Werk über 500 Rezepturen für Heilmittel auf, die aus vielfältigen und zum Teil antiken Quellen übernommen wurden. Eine »Rechtfertigung der Heilkunde« verteidigt die Klosterheilkunde gegen Gegner und ein Brief des griechischen Arztes Anthimus enthält Ratschläge zur Ernährung und Vorbeugung von Krankheiten.

Lucius Junius Moderatus Columella

Columella (gest. um 70 n. Chr.) war ein bedeutender römischer Autor aus Spanien. Sein Werk, ›De re rustica‹ (›Vom ländlichen Leben‹), umfasst zwölf Bände, in denen er alle Bereiche der Landwirtschaft behandelt. Besonders ausführlich beschäftigt er sich mit Weinbau.

Macer floridus → Odo Magdunensis

Moses Maimonides

Sein eigentlicher Name war Mosche ben Maimon. Er wurde nach jüdischer Überlieferung 1138 in Cordoba geboren, andere Quellen führen den 30. März 1135 auf, gestorben ist er am 13. Dezember 1204 im heutigen Kairo. Maimonides war Philosoph, Arzt und Rechtsgelehrter. Er verfasste zehn Schriften zu medizinischen Themen in arabischer Sprache.

Odo Magdunensis (von Meung)

Neben → Plinius, → Galen und → Dioskurides war → Walahfrid Strabos ›Hortulus‹ eine der Quellen, auf die sich der französische Mönch, Arzt und Autor Odo von Meung (11. Jh.) bei der Abfassung seines botanischen Lehrgedichts stützen konnte. Der später so genannte ›Macer floridus‹ mit dem ursprünglichen Titel ›De viribus (naturis) herbarum‹ beschreibt um 1080 77 Pflanzen in 2269 Hexametern, eine enorme poetische Leistung. Der ursprüngliche Text in lateinischer Sprache, der eine taxonomische Gruppierung der Pflanzen nach Familienzugehörigkeit versucht, wurde in den folgenden Jahrhunderten in andere Sprachen übersetzt und diente als Quelle für spätere Kräuterbücher (→ ›Gart der Gesundheit‹).

Das Werk wurde einem römischen Dichter des 1. Jh. n. Chr. (Aemilius Macer) zugeschrieben, daher stammt der Name ›Macer floridus‹.

Ortolf von Baierland

Ortolf von Baierland wurde Anfang des 13. Jahrhunderts in Bayern oder in Österreich geboren. Nach umfangreichen Studien, zum Teil vermutlich auch in Paris, wurde er als Arzt des Würzburger Domkapitels verpflichtet. Als Chirurg des dortigen Dietrichspitals verfasste er um 1280 das ›Arzneibuch‹, ein wichtiges medizinisches Werk in drei Bänden, das neben innerer Medizin und Chirurgie auch Säuglingslehre, Gynäkologie und Diätetik umfasste. Dieses Werk ist das erste medizinische Lehrbuch in deutscher Sprache und wurde überaus populär: Mehr als 200 Handschriften und 200 Drucke – auch in anderen Landessprachen – wurden überliefert.

Plinius der Ältere

Dieser Zeitgenosse von → Dioskurides ist der zweite Autor, der sich neben anderen Wissensgebieten auch der Medizin und Pharmazeutik gewidmet hat: Gaius Plinius Secundus (der Ältere, 23 bis 79 n. Chr.) verfasste eine 37 Bände umfassende Enzyklopädie der Naturgeschichte, ›Naturalis historia‹, die damals richtungsweisend war. Die teilweise fast wörtliche Übereinstimmung einiger Passagen der Texte von Dioskurides und Plinius rühren nicht von wechselseitiger Kenntnis der Werke her, sondern habe ihre Ursache in identischen Quellen: Plinius sammelte sein Material nach eigenen Angaben aus Werken von etwa 100 Autoren. Auch sein Werk wurde übersetzt und überarbeitet und so zur Quelle vieler mittelalterlicher Autoren der Klosterheilkunde (→ Odo Magdunensis). Er starb 79 n. Chr. beim Ausbruch des Vesuvs in Pompeji.

Rembertus Dodonaeus (Rembert Dodoens)

Der Flame Rembert Dodoens (1516/17 bis 1585) studierte Medizin an der Universität Leuven. Er wurde später Hofarzt bei Maximillian II. Bekannt geworden ist er durch sein ›Cruyde Boeck‹, ein Buch über die Flora Flanderns. Dieses Kräuterbuch enthält viele Informationen zur Botanik und zur Verwendung der Kräuter.

Rhazes Muhammad ibn Zakariya Ar-Razi, genannt Rhazes

Der im heutigen Iran geborene Rhazes lebte von 865 bis etwa 925. Er gilt als einer der bedeutendsten Ärzte seiner Zeit im Orient. Zur Medizin kam er jedoch erst recht spät und nahm das Medizinstudium erst im Alter von 30 Jahren auf. Rasch erlangte Rhazes einen hervorragenden Ruf als Arzt und wurde an die Fürstenhöfe gerufen. Er arbeitete in den Krankenhäusern von Bagdad und seiner Heimatstadt Raiy. Rhazes verfasste insgesamt 200 Schriften zu den unterschiedlichsten Themenbereichen, die Hälfte davon zu medizinischen Themen. Viele dieser Werke wurden in die lateinische Sprache übersetzt und er galt in Europa noch im 17. Jh. als medizinische Autorität. Er beschrieb insgesamt 33 neue Krankheitsbilder, darunter den Durchfall und die Blinddarmentzündung.

Secretum secretorum

Beim ›Secretum secretorum‹ handelt es sich um eine anonyme Schrift, die oftmals Aristoteles zugeschrieben wird. Daher wird sie auch häufig mit dem Zusatz ›Pseudo-Aristoteles‹ versehen. Es handelt sich um eine Enzyklopädie, die aus dem Arabischen in verschiedene Sprachen übersetzt wurde, u. a. ins Lateinische und Hebräische. Sie ist vor dem 10. Jh. entstanden.

Tacuinum sanitatis → Ibn Butlan

Theophrastos von Eresos

Der Grieche Theophrastos gilt als der Begründer der Botanik (Lehre von den Pflanzen). Er beschrieb etwa 500 Pflanzenarten. Der Philosoph und Naturforscher lebte um 380 v. Chr bis etwa 287 v. Chr., wobei die Angaben der Lebensdaten doch erheblich auseinander gehen. Theophrastos gehörte zunächst der Akademie Platons an, später wechselte er dann zur Schule von Aristoteles. Deren Leitung übernahm er nach dem Tod von Aristoteles im Jahr 322 v. Chr. Insgesamt hatte er wohl 2000 Schüler. Ein Holzmangel in Athen führte dazu, dass er sich als Erster mit der Baum- und Holzkunde beschäftigte. Zu seinen wichtigsten naturwissenschaftlichen Schriften gehört die ›Naturgeschichte der Gewächse‹.

Walahfrid Strabo

Der Benediktiner Walahfrid Strabo (808 bis 849) war Dichter und Gelehrter zugleich. Nach einem Studium an der Fuldaer Klosterschule wurde er zunächst Erzieher Karls des Kahlen, später dann Abt seines Heimatklosters Reichenau (ab 838). Dort verfasste er den ›Hortulus‹ (›De cultura hortorum‹), ein botanisches Lehrgedicht in 444 lateinischen Hexametern. Ausführlich beschreibt Strabo 24 Pflanzen, ihr Aussehen, ihren Anbau sowie ihre Heilwirkung. Er stützt sich zwar auf die üblichen antiken Quellen der Klosterheilkunde, geht aber weit darüber hinaus in der Genauigkeit seiner Beobachtung und Beschreibung, die nur von eigener Erfahrung mit Anbau und Verwendung der Pflanzen herrühren kann.

Wonnecke von Kaub, Johann → ›Gart der Gesundheit‹

Glossar

Adstringierend: zusammenziehende Wirkung.

akute Erkrankung: plötzliche Erkrankung, die schnell und bedrohlich verlaufen kann.

Alkaloide: Gruppe von stickstoffhaltigen Basen, die meist arzneilich wirksam sind.

Anthocyane: wasserlösliche Pflanzenfarbstoffe, in Blüten und Früchten, die durch ihre Färbung die Pflanze vor UV-Strahlung schützen, Insekten anlocken und antioxidativ wirken.

antibakteriell: gegen Bakterien wirkend.

Antigen: vom Körper als fremd erkannter Stoff, der die Bildung von Antikörpern bewirkt.

antikanzerogen: gegen Krebs wirkend.

Antikörper: Substanzen, mit denen das Immunsystem fremde Stoffe bekämpft.

antimykotisch: pilztötend.

Antioxidanzien: Stoffe, die freie Radikale abfangen und so Entzündungen hemmen.

antiviral: gegen Viren gerichtet.

Arterien: Blutgefäße, die das sauerstoffreiche Blut vom Herzen zu den Organen führen.

ätherische Öle: wasserdampfflüchtige Öle, die oft aus vielen Komponenten zusammengesetzt sind und häufig intensiv riechen.

Bakterien: einzellige Lebewesen, deren Erbsubstanz (DNA) sich nicht in einem abgegrenzten Zellkern befindet. Zahlreiche Erkrankungen, werden von Bakterien hervorgerufen.

Ballaststoffe: Stoffe, die von dem Darm unverändert wieder ausgeschieden werden, aber als Füllmaterial dienen und die Darmfunktion positiv beeinflussen.

Basen: alkalisch (basisch; pH > 7) reagierende Verbindungen, die in wässriger Lösung mit Säuren Salze bilden, wobei Wasser entsteht.

Bitterstoffe: bitter schmeckende pflanzliche Inhaltsstoffe, die appetitanregend und verdauungsfördernd wirken.

Carotinoide: Gruppe von gelben und roten Farbstoffen, deren bekanntester Vertreter das Betacarotin ist, eine Vorstufe des Vitamins A. Carotinoide wirken als Antioxidans.

Cholesterin: Lipid, das bei vielen Erkrankungen eine Rolle spielt, aber auch Bestandteil von Zellmembranen und Ausgangsstoff für Stress- und Sexualhormone ist.

chronische Erkrankungen: Sie entwickeln sich im Gegensatz zu akuten Krankheiten.

Eiweißwertigkeit: Eiweiß ist umso hochwertiger, je besser es den Körper mit den Eiweißbausteinen versorgt, die er braucht.

Entzündung: Reaktion des Körpers auf schädigende Reize. Bakterien, Viren und Pilze, aber auch physikalische Einflüsse können solche Reize sein. Allergische Reaktionen sind überschießende entzündliche Reaktionen gegen Fremdstoffe oder bei Autoimmunerkrankungen gegen Stoffe des eigenen Körpers.

Enzyme: Biokatalysatoren, die lebensnotwendige Prozesse mit der erforderlichen Geschwindigkeit ablaufen lassen, denn viele biochemische Reaktionen in Tieren oder Pflanzen würden sonst nur sehr langsam ablaufen.

Fettsäuren: Bestandteil von Fetten. Essenzielle Fettsäuren kann der Körper nicht selbst herstellen, sie müssen über die Nahrung aufgenommen werden. Pflanzliche Speiseöle und Fischöl enthalten sie in hoher Konzentration. Man unterscheidet gesättigte, einfach ungesättigte und mehrfach ungesättigte Fettsäuren.

Flavonoide: meist gelbe pflanzliche Stoffe, die antientzündlich und antioxidativ wirken.

freie Radikale: sehr reaktionsfreudige und aggressive Moleküle, die Zellstrukturen angreifen können.

Gerbstoffe: Substanzen, die Eiweißmoleküle der Haut so verbinden, dass sie nicht mehr quellen oder zersetzt werden.

Gluten (Kleber-Eiweiß): Mischung von Eiweißen, die das Teiggerüst bei Teigen bilden. Kleber kann die Darmschleimhaut reizen und ist Ursache für Allergie gegen Gluten.

Glykoside: Substanzen, die sowohl aus Zuckerkomponenten als auch einem Nichtzuckeranteil bestehen. Zu den Glykosiden gehören die herzwirksamen Substanzen wie Digitalisglykoside aus dem Fingerhut.

Histamin: Botenstoff, der an sehr vielen Vorgängen steuernd beteiligt ist: Gefäßerweiterung, Herzschlag, Schmerz, Juckreiz, Entzündung, Magensaftsekretion, Immunreaktion und allergischen Reaktionen.

Hormone: Botenstoffe des Körpers. Sie werden durch das Blut zu ihrem Zielort transportiert. Mit ihnen reguliert der Körper verschiedene Organfunktionen.

Immunsystem: Abwehrsystem des Körpers gegen körperfremde Stoffe oder Organismen.

Insulin: Hormon, das bei erhöhtem Blutzucker ausgeschüttet wird und die Zellen anregt, Zucker aus dem Blut aufzunehmen.

Lauchöle: Bestandteil von Knoblauch, Bärlauch und anderen Lauchgewächsen. Aus ihnen entstehen die antibiotisch wirkenden und den Cholesterinspiegel senkenden Schwefelverbindungen von Knoblauch und Bärlauch.

Melatonin: Hormon aus der Zirbeldrüse (Epiphyse), das fast ausschließlich nachts gebildet wird und an der Regulation des Schlaf-Wach-Rhythmus beteiligt ist.

Neurotransmitter: Stoffe, die Signale von einer Nervenzelle auf die andere übertragen.

Polyphenole: chemische Substanzklasse, die in Pflanzen als Farbstoff (Flavonoide), Geschmacksstoff und Gerbsäure vorkommt. Polyphenole wirken antioxidativ.

Polysaccharide: Speicher- und Strukturstoffe, die aus vielen aneinander gereihten Zuckermolekülen bestehen.

Saponine: Stoffe, die im Körper umgebaut werden und entzündungshemmend, harntreibend und schleimlösend wirken.

Säuren: sauer (pH < 7) reagierende Verbindungen, die in wässriger Lösung mit Basen Salze bilden, wobei Wasser entsteht.

Sekundärstoffe/sekundäre Pflanzenstoffe: Stoffe, die nicht notwendig für das Wachstum und die Entwicklung einer Pflanze sind und aus Aminosäuren, Fetten oder Kohlenhydraten entstehen.

Senföl: stark reizende Verbindungen, die besonders in Senf, Kohl, Rettich vorkommen.

Serotonin: Botenstoff, der vornehmlich im Darm aus Tryptophan gebildet wird und für das Glücksgefühl verantwortlich ist.

Sorbit: Zucker, der nicht so schnell ins Blut aufgenommen wird und der Karies nicht so stark Vorschub leistet.

Spurenelemente: Sie werden in winzigen Mengen benötigt (weniger als 50 Milligramm pro Kilogramm Körpergewicht), um den Stoffwechsel aufrechterhalten zu können.

Venen: Blutgefäße, die zum Herz hinführen.

Viren: Krankheitserreger ohne eigenen Stoffwechsel, die eine Wirtszelle benötigen.

Register

Abführmittel, leichtes 77, 85, 87
Akne 282, 286
Allergien 191
Altersdemenz 125
Alterungsprozess 87, 89, 95
Amarant 110–111
Ananas 53
Antriebsschwäche 233
Apfel 53, 70–71
Appetitanregung 87, 89, 150, 158, 159, 163, 164
Appetitlosigkeit 51, 152, 161, 236
Arachidonsäure 184
Aristoteles 12
Arterienverkalkung 69, 71, 86, 93, 125
Arteriosklerose 47, 50, 79, 117, 127, 137, 143, 147, 149, 153, 154, 155, 171, 173, 219, 224
Arthritis 73, 85, 91, 125, 288
Arthrose 39
Artischocke 34–35
Atemwegsbeschwerden 69, 131
Aufstoßen 190, 236
Augen, empfindliche 67
Avicenna 17
Ayurveda 13, 14

Bärlauch 50
Basilikum 150
Bauchschmerzen 190, 241, 250, 251, 254
Bauchspeicheldrüsenentzündung 250–253
Baustoffe der Nahrung 184–190
Benedikt von Nursia 21
Bewegungsschmerz 39
Bier 168–169
Bierbrauen 98
Bindegewebe 83, 85, 103, 113
Birne 72–73
Blähungen 37, 40, 43, 47, 59, 73, 95, 99, 107, 117, 119, 150, 151, 153, 154, 156, 157, 158, 161, 190, 191, 241, 250, 254
Blasenentzündung 80, 160, 271
Blasensteine 43, 51, 268
Blumenkohl 36–37, 46
Blutarmut 121, 134, 135, 136

Blutbildung 51, 57, 75, 76, 79, 81, 83, 85, 86, 90, 91, 95, 97, 137, 139, 141, 167
Blutdruck, niedriger 129, 135, 155, 164, 233–235
Blutdruckregulation 77, 79, 161, 173, 191
Blutfettwerte, erhöhte 35, 45, 65, 67, 69, 101, 109, 117, 125, 149, 153, 154, 155, 165
Bluthochdruck 37, 45, 47, 50, 54, 66, 69, 73, 75, 76, 77, 81, 86, 93, 95, 123, 125, 131, 165, 229–232
Blutreinigung 83
Blutungen 111
Blutzuckerwerte, erhöhte 54, 65, 69, 90, 93, 101, 117, 165, 169
Body-Mass-Index (BMI) 259
Bohnen 114–115
Brennnessel 38–39, 53
Brokkoli 36–37, 46
Brombeere 74
Bronchialasthma, allergisches 69
Bronchien, Verkrampfung der 50
Bronchitis 59, 127, 129, 137, 145, 148, 158, 171, 215–218
Buchweizen 111, 112–113
Butter 140, 142–143

Cassiodor 16
Celsus, Aulus Cornelius 15
Chicorée 40
Cholesterin 54, 79, 171, 173
Cholesterinspiegel, erhöhter 47, 50, 54, 71, 73, 87, 89, 90, 93, 95, 101, 115, 121, 127, 132, 133, 135, 136, 143, 147, 154, 173, 224
Chrom 190
Clementine 94

Darmerkrankungen 40, 53, 55, 56, 62, 69, 71, 75, 83, 93, 95, 99, 101, 107, 145, 155, 156, 164, 165, 254
Darmpilzerkrankungen 40, 59, 62, 145, 150, 153, 156, 164, 254–258
Darmreinigung 43, 107, 109, 117
Darmtätigkeit, Aktivierung der 77, 93, 165

Dattel 75
Depressionen 89, 109, 123, 125, 127, 131, 134, 139, 149, 159, 190, 199–201
Depressive Verstimmung 145, 147, 148
Diabetes 35, 50, 53, 55, 57, 80, 97, 101, 103, 107, 119, 141, 146, 167, 264–267, 271
Dill 151
Dinkel 96–97
Dioskurides 19
Duodenitis 53, 250
Durchblutungssteigerung 93, 161, 164
Durchfall 39, 47, 69, 71, 74, 83, 86, 90, 93, 95, 99, 105, 111, 113, 121, 159, 165, 190, 191, 241
Dyspeptische Beschwerden 152, 153, 167, 236

Eier 144–145
Einkorn 108
Einschlafmittel, sanftes 151
Eisen 190
Eisenmangel 53, 57, 119, 121
Eiweiß 184
Ekzeme 282
Emmer 108
Endivie 40
Energielieferant 97, 101, 103, 109, 111, 113, 132, 139, 141, 167
Ente 132
Entgiftung 43, 93
Entschlackung 93
Entwässerung 83, 86, 89, 91, 95, 105, 123
Entzündungen 37, 47, 53, 59, 67, 71, 76, 83, 85, 89, 91, 93, 109, 125, 127, 129, 131, 133, 136, 143, 149, 152, 153, 154, 154, 157, 159, 163, 167, 173, 184, 191
Erbrechen 101, 236, 251
Erbsen 116–117
Erdbeere 76
Erkältungskrankheiten 67, 83, 95, 129, 148, 154, 163
Erschöpfung 162
Esskastanie 146

Fasten 28
Feige 77
Feldsalat 41
Fenchel 42–43
Fette 184, 185
Fettsäuren, einfach ungesättigte 173, 185
Fettsäuren, gesättigte 173, 185
Fettsäuren, mehrfach ungesättigte 184, 185
Fettverdauung, Unterstützung der 139
Fiebrige Erkrankungen 59, 83, 89, 95, 113
Flusskrebs 128
Folsäuremangel 119
Forelle 122–123
Fruktoseunverträglichkeit 188, 190

Galenos von Pergamon 16
Galgant 152
Gallenbeschwerden 35, 40, 44, 51, 65, 115, 121, 159, 173
Gallensaftsekretion, Steigerung der 152, 156, 161, 162
Gallensteine 35, 43, 153
Gans 132
Garnele 128
Gartenmelde 44
Gastritis 150, 167, 236
Gefäßerkrankungen 121
Gefäßverkalkung 53, 54, 73, 83, 89, 119, 125, 224–228
Gehirnfunktion, Unterstützung der 133
Gelbwurz 153
Gelenkbeschwerden 39, 53, 83, 105, 127, 137, 288–291
Gerste 98–99
Gesundheitsregimen 19
Gicht 39, 47, 73, 76, 85, 86, 91, 115, 117, 119, 121, 123, 125, 131, 134, 137, 139, 288
Gluten 99, 105, 107, 109, 113
Glykämische Last 187
Goldbutt 130
Granatapfel 78–79
Grapefruit 94
Graupen 99

Grünkern 96
Grünkohl 46, 47
Gurke 45

Haarprobleme 86, 97, 115, 123
Hafer 100–101
Halsentzündung 74, 90, 127, 129, 143, 160, 167, 171
Haltungsschäden 288
Hämorrhoiden 115
Harnleiterinfektion 80
Harnsäurespiegel, erhöhter 73
Harnsteinleiden 43, 45, 67, 268–270, 271
Harnwegsprobleme 39, 47, 49, 51, 66, 73, 127, 145, 148, 158, 159, 164, 165, 271–273, 274
Haselnuss 149
Hautaufbau 123, 134, 147
Hautprobleme 41, 57, 86, 99, 105, 123, 125, 127, 129, 139, 191, 282–287
Hautregeneration 53, 97, 135, 139, 145
Hecht 122, 123
Heidelbeere 80
Heilbutt 130, 131
Heiserkeit 74, 143
Helicobacter pylori 69, 167
Hepatitis 245
Hering 124–125
Herzbeschwerden 54, 67, 81, 83, 105, 125, 129, 137, 147, 191, 219–223
Herzinfarkt 86, 125, 171, 224
Herz-Kreislauf-Erkrankungen 50, 55, 67, 89, 93, 95, 101, 146, 149, 155, 171
Heuschnupfen 171
Hexenschuss 39
Hildegard von Bingen 20
Himbeere 81
Hippokrates 10, 15
Hirse 101, 102–103
Histamin 171, 190, 191
Honig 166–167
Huhn 133
Hummer 128
Humoralpathologie 12
Husten 90
Hypotonie 233

Ibn Butlan 19, 23
Immunsystem, Stärkung des 43, 49, 57, 63, 71, 74, 77, 79, 81, 83, 86, 87, 90, 95, 97, 103, 107, 111, 113, 117, 123, 127, 129, 131, 132, 133, 134, 135, 137, 141, 145, 148, 149
Impotenz 161
Infektionen 71, 76, 79, 93, 95, 111, 113, 131, 134, 156, 158
Ingwer 154
Insektenstiche 143
Ischias 39

Jod 190
Joghurt 140
Johannisbeere 82–83

Kalbfleisch 134
Kalium 189
Kalzium 189
Karies 54, 127, 159, 206–209
Käse 140–141
Katarrh der oberen Luftwege 59
Keuchhusten 59
Kichererbsen 118–119
Kirsche 84–85
Kleberunverträglichkeit 97, 99, 105
Klimakterium 277–281
Klosterheilkunde 10–31
Knoblauch 69, 155
Knochenerkrankungen 86, 91, 113, 125, 127, 129, 292
Knochenwachstum 85, 95, 99, 103, 105, 119, 123, 131, 134, 139, 141, 145
Knorpelwachstum 103, 105
Kohl 46–47
Kohlenhydrate 184, 185, 186
Kohlrabi 46, 47
Koliken 69, 191
Konzentration, Steigerung der 93, 97
Kopfschmerz 202, 233
Koriander 156
Krabben 128
Krämpfe 37, 117, 150, 151, 152, 154, 156, 162, 163, 165
Krebserkrankungen 37, 71, 73, 74, 76, 79, 80, 81, 83, 87, 89, 93, 95, 107, 131, 152

REGISTER

Kreislaufanregung 164
Kreuzkümmel 157
Kümmel 157
Kupfer 190
Kürbis 48–49
Kurkuma 153

Lachs 122, 126–127
Laktoseintoleranz 191
Lammfleisch 135
Langusten 128
Lauch 50
Lauchzwiebel 68
Leberbeschwerden 35, 40, 47, 51,
    53, 62, 65, 95, 115, 121, 123,
    150, 152, 153, 159, 169, 173,
    245–249
Leberentgiftung 167
Leberschutz 53, 161
Leinöl 172
Leistungssteigerung 93
Lernfähigkeit, Verbesserung der 145
Limette 94
Limone 94
Linsen 116, 120–121
Lorscher Arzneibuch 18
Löwenzahn 51
Lungenerkrankungen 47
Lungenkrebs 71

Macis 159
Magen-Darm-Beschwerden 61, 101,
    155, 157, 158
Magenerkrankungen 59, 69, 93, 99,
    153, 163, 165, 167, 169, 236,
    250
Magensaftsekretion, Anregung der
    59, 152, 156
Magenschleimhautprobleme 47, 61,
    236–240, 250
Magnesium 189
Majoran 158
Makrele 124
Mandarine 94
Mandeln 147
Mangan 190
Mangold 60, 61
Manuka-Honig 166
Meerrettich 58
Megenberg, Konrad von 21
Melone 86

Migräne 45, 154, 171, 191, 202–
    205
Milch 140–141
Milcheiweißallergie 111
Mineralienmangel 135, 136
Mineralstoffe 184, 189, 190
Mirabellen 88
Möhre 52–53
Molke 140
Müdigkeit 45, 93, 233
Mundraum, Entzündungen im 54,
    158
Muscheln 128–129
Muskat 159
Muskelaufbau 101, 107, 115, 121,
    136
Muskelschwäche 83
Mykosen 127, 145, 169

Nachtsichtigkeit 80
Nagelprobleme 86, 97, 115, 123
Nährstoffe 184
Nahrungsmittelunverträglichkeiten
    190
Nasennebenhöhlenentzündung 47,
    59, 210–214
Nasen-Rachen-Raum, Entzündun-
    gen des 43
Nektarinen 87
Nervengesundheit 37, 79, 89, 91,
    93, 105, 115, 147
Nesselsucht 282, 283, 287
Neurodermitis 111, 282, 287
Nierenerkrankungen 63, 65, 66, 87,
    93, 271
Nierensteinleiden 39, 43, 45, 51,
    63, 66, 67, 91, 268–270

Oberbauchbeschwerden 158, 159,
    250, 251
Öle 172–173, 185
Olive 54
Olivenöl 172, 173
Omega-3-Fettsäuren 173, 185
Omega-6-Fettsäuren 173, 185
Orange 94
Oregano 158
Osteoporose 47, 67, 79, 109, 119,
    121, 123, 125, 127, 131, 292–
    295

Pampelmuse 94
Pankreasinsuffizienz 153
Pankreatitis 53, 251
Parodontose 54, 85, 127, 206–209
Pastinake 55
Petersilie 61, 160
Pfeffer 161
Pfirsich 87
Pflaume 88–89
Pilze 56–57
Pilzerkrankungen 127, 155
Pistazien 148
Platon 14
Plattfische 130–131
Polypen 210
Pomeranze 94
Porree 50
Potenzprobleme 134
Prämenstruelles Syndrom 277
Prostatabeschwerden 45, 49, 62,
    86, 274–276
Proteine 184
Prüfungsstress 133, 150

Quark 140, 143
Quitte 90

Rachenraum, Entzündungen im
    54, 158
Radieschen 58–59
Rapsöl 172
Rauchen 95
Reineclauden 88
Reis 104–105
Reiseübelkeit 154
Reizbarkeit 99
Reizblase 49
Reizdarm 40, 55, 62, 101, 125,
    133, 134, 153, 169, 171, 241–
    244
Reizmagen 43, 150, 153, 156, 171,
    236–240
Rekonvaleszenz 95, 111, 113, 115,
    131, 139, 167
Rettich 58–59
Rhabarber 91
Rheuma 51, 73, 86, 91, 139, 160,
    288
Rheumatische Beschwerden 39, 47,
    148, 154, 288
Rindfleisch 134

334

Roggen 106–107
Rosenkohl 46, 47, 61
Rosmarin 162
Rote Bete 60–61
Rotkohl 46, 47
Rückenschmerzen 292
Rundrücken 292

Salat 62
Salatgurken 45
Salbei 163
Salmonellen 145
Samenproduktion, Steigerung der 87
Sanddorn 61
Sardine 124
Sauerampfer 63
Sauerkraut 47
Sauerteig 107
Säure-Base-Gehalt 182
Säure-Base-Haushalt 51, 59, 73
Schaf 135
Schafsmilch 140
Schalotte 68
Schlafapnoe 195
Schlafstörungen 37, 95, 99, 101, 111, 134, 141, 147, 194–198
Schlaganfall 80, 74, 224
Schlehdorn 89
Schleimhautprobleme 105
Schleimhautregeneration 41, 107, 109, 135, 137, 139, 145
Schleimlöser 133
Schmerzen 59, 83, 111, 191
Schnarchen 195
Schnupfen 154
Schollen 130–131
Schwangerschaft 41
Schwarzkümmel 157
Schweinefleisch 136
Schweißbildung 163
Schwellungen 191
Schwermetallausleitung 50
Schwindel 164
Seelachs 127
Seezungen 130–131
Sehvermögen, nachlassendes 67
Selen 190
Sellerie 61, 64–65
Sellerie-Beifuß-Gewürz-Syndrom 156, 157, 160

Sellerie-Birken-Beifuß-Allergie 161
Senf 164
Sinusitis 210
Skelettschmerzen 292
Skorbut 63
Sodbrennen 47, 69, 236
Sojabohnen 114
Spargel 66
Speisepilze 56
Speiseröhrenentzündung 47
Spermienbildung 53
Spinat 67
Sprue 97
Stachelbeere 82–83
Steinbutt 130
Stimmungsaufheller 57, 133, 190
Stoffwechselprobleme 65, 99, 148
Stress 67, 95, 135, 163

Thrombose 69, 80, 93, 133, 171
Traditionelle Chinesische Medizin 13

Übelkeit 101, 156, 158, 190, 191, 236, 251
Übergewicht 35, 45, 53, 66, 71, 103, 105, 111, 113, 119, 123, 131, 135, 143, 145, 259–263, 264
Unruhe, nervöse 89, 163
Untergewicht 103, 115
Unterzucker 109
Urtikaria 283

Verbrennungen 143
Verdauung, Steigerung der 35, 40, 44, 49, 65, 69, 71, 77, 86, 87, 89, 91, 97, 109, 151, 152, 153, 154, 157, 158, 159, 162, 164, 165
Verdauungsprobleme 43, 44, 51, 59, 89, 117, 154, 163, 236
Verstauchung 39
Verstopfung 40, 43, 59, 62, 65, 66, 73, 95, 107, 115, 117, 119, 165, 241
Viersäftelehre 11, 12
Villanova, Arnald von 20
Vitamine 184, 188
Völlegefühl 40, 43, 154, 156, 158, 159, 161, 191, 236, 241, 250
Vorsteherdrüse 274

Walnuss 147, 149
Wassereinlagerungen 77
Wasserhaushalt, Regulation des 79
Wechseljahre 277
Wechseljahrsbeschwerden 163, 277
Wein 170–171
Weintrauben 92–93
Weißkraut 46, 47
Weizen 108–109
Weizenallergie 97
Weizenkeimöl 173
Wild 137
Winterdepression 49
Wirbelsäulenbeschwerden 105
Wirsing 46, 47
Wunden, schlecht heilende 147, 167
Wurmerkrankungen 53, 157

Zahnbeschwerden 90, 74, 79, 86, 91, 113, 123, 160, 206
Zahnwachstum 85, 95, 141
Zellaufbau 47, 76, 103, 105, 107, 109, 119, 132, 139, 141, 145
Zellschutz 41, 61, 65, 87, 89, 145, 162, 171, 189
Zenos von Elea 12
Zerrung 39
Ziege 138–139
Ziegenmilch 140
Zimt 165
Zink 189
Zitrone 94
Zitrusfrüchte 94–95
Zöliakie 97, 103, 107, 109, 111
Zuckerkrankheit 264
Zwetschgen 88
Zwiebel 68–69
Zwölffingerdarmentzündung 250–253
Zyklusstörungen 277–281

Register der Rezepte

Amarant-Leinsamen-Brei mit Banane 320

Apfelcreme, luftige mit feinem Zimt-aroma 317

Artischocken alla Romana 304

Bärlauchaufstrich mit Oliven und Tofu 313

Blumenkohl- und Brokkoliröschen mit Pinienkernen 304

Dinkel-Brotfladen, einfache 299

Dinkel-Schmarren mit Datteln 306

Eiersalat mit frisch geriebenem Meer-rettich 322

Fencheltopf mit Polenta 303

Flockenmüsli mit Weintrauben und Banane 298

Frühlingskräutersuppe mit Kartoffeln und Oregano 314

Gemüsequiche mit Hefeflocken 319

Gerstenbrei aus Flocken und Milch 299

Gewürzmilch, heiße mit Zimt und Ingwer 317

Goldbrasse mit Kräutern in der Meersalzkruste 315

Grünkohleintopf mit Tofu und Schafskäse 305

Kaffeecreme mit Minze 323

Kalbsmedaillons in Sauerampfer-sauce 308

Kalbsschnitzel, gefüllte 310

Kartoffel-Basensauce mit Kräutern 306

Knoblauchsuppe mit gerösteten Brotwürfeln 318

Kürbis-Kartoffel-Suppe mit frischem Ingwer 320

Kürbissuppe mit Estragon 305

Lachs, roh gebeizter mit Koriander 311

Lamm-Carpaccio mit Knoblauch-Dip 309

Linomel-Sanddorn-Müsli mit Banane 319

Löwenzahn-Sauerampfer-Salat mit Ei und Radieschen 323

Matjeshering in Joghurt-Kräuter-Sauce 311

Miesmuscheln in Weißweinsud 312

Möhrenauflauf mit Portulak 303

Mousse, feine aus Zartbitterschoko-lade 322

Paprika-Hirsotto mit Hefeflocken 300

Paprikaschoten, geröstete mit Rot-klee-Pesto 302

Pellkartoffeln mit Schnittlauchquark und Leinöl 318

Pesto aus frischem Bärlauch 315

Pesto aus frischem Rotklee 321

Quarkauflauf mit Hagebuttenfrucht-mark 307

Quarkaufstrich mit frischer Zitronen-melisse 316

Rosmarin-Basensuppe mit Kartoffeln und Gemüse 316

Rote-Bete-Zitronen-Suppe mit Meer-rettichnockerln 308

Rotkleeaufstrich mit Tofu 312

Rotklee-Erbsen-Suppe mit Croûtons 321

Roulade von der Putenbrust 310

Salat aus grünen Bohnen und Tomaten 300

Schokoladen-Dessertcreme mit Zimt 313

Schweinefilet, geschnetzeltes mit Paprikaschoten 309

Sommersalat mit grünen Bohnen und Thunfisch 302

Thymian-Kartoffel-Gulasch mit Champignons 314

Tofu, scharfer auf Bohnen und Linsen 301

Tofubratlinge mit Möhrengemüse 301

Weintrauben-Obstsalat mit Ingwer-sahne 307

Wok-Gemüse, süßsauer mit Weizen-keimlingen 298

Bildnachweis

akg-images: 16 oben, 16 unten, 20, 22, 23, 30

Walter Cimbal: Umschlag oben rechts, unten Mitte, unten rechts, 195, 200, 203, 207, 211, 216, 220, 225, 230, 234, 237, 242, 246, 251, 255, 260, 265, 269, 272, 275, 278, 283, 289, 293, 296/297

Alexander Haseloff: 12 oben, 21, 26, 27 oben

Hausbuch der Cerutti, Ms. Series Nova 2644: 14, 15, 17, 24, 25 oben, 25 unten, 28, 29 oben, 29 unten

Dr. Kai Uwe Nielsen : Umschlag oben Mitte, 8/9, 11, 12 unten, 19 unten, 27 unten, 31 unten, 32/33, 174/175, 192/193

Stockfood: Umschlag oben links, unten links, 10, 13 oben, 13 unten, 18 oben, 18 unten, 19 oben, 31 oben

---

Hinweis:

Die im Buch veröffentlichten Ratschläge wurden mit größter Sorgfalt von Autoren und Verlag geprüft. Eine Garantie kann jedoch nicht übernommen wer-den. Ebenso ist eine Haftung der Autoren bzw. des Verlags und seiner Beauftragten für Per-sonen-, Sach- oder Vermögens-schäden ausgeschlossen. Erkrankungen mit ernstem Hin-tergrund gehören immer in ärzt-liche Behandlung. Bei bereits bestehenden Beschwerden kann das Buch deshalb keinen fachärztlichen Rat ersetzen.